ŒUVRES COMPLÈTES

DE

LAMARTINE

PUBLIÉES ET INÉDITES

HISTOIRE

DE LA RESTAURATION

V

TOME VINGT ET UNIÈME

PARIS
CHEZ L'AUTEUR, RUE DE LA VILLE-L'ÉVÊQUE, 43

M DCCC LXII

ŒUVRES COMPLÈTES

DE

LAMARTINE

TOME VINGT ET UNIÈME

HISTOIRE

DE LA

RESTAURATION

V

HISTOIRE

DE LA

RESTAURATION

LIVRE TRENTE-CINQUIÈME

Animosités des partis. — Réaction passionnée dans les départements; cours prévôtales. — Débats de la loi d'*amnistie*; MM. Royer-Collard, de La Bourdonnaie, Chateaubriand. — Production du testament de Marie-Antoinette. — Attendrissement de l'opinion. — Dissolution de la chambre. — Agitation des départements. — Conspiration de Grenoble. — Didier : son caractère, ses antécédents, ses relations avec le parti orléaniste. — Sa tentative avortée sur Grenoble. — Proclamations et vengeances draconiennes. — Fuite et mort courageuse de Didier. — Recrudescence de réaction. — Intrigues de palais; éclosion du parti *doctrinaire*. — Coup d'État du 5 septembre, ratifié par les élections. — Fureurs des royalistes extrêmes; leur *note secrète* au congrès d'Aix-la-Chapelle. — Évacuation de la France par les alliés. — Mémoire de Louis XVIII sur la crise ministérielle (décembre 1818).

I.

L'exécution du maréchal Ney, au lieu de fermer, comme le roi et les ministres l'espéraient, l'ère des proscriptions et des représailles, et de satisfaire la soif de récriminations de la cour et des chambres, ne fit que les altérer davantage. La France entière, encouragée aux représailles par cette complaisance du gouvernement à ses passions, au lieu de s'occuper de sa délivrance et de sa reconstitution, ne parut occupée qu'à se venger. Le zèle pour les Bourbons se mesurait à la colère et aux dénonciations contre leurs ennemis. Les cours prévôtales, bientôt créées comme une chambre ardente des actes et des opinions, rivalisèrent d'ardeur dans les départements. Le pays n'était qu'un vaste tribunal militaire, jugeant, épurant, condamnant, et trop souvent immolant les complices prétendus de la conspiration bonapartiste. Les motions les plus sinistres s'élevaient tous les jours du sein de la chambre des députés et de la chambre des pairs. L'entraînement était si irrésistible et si général, que, dans les propositions les plus acerbes, deux ou trois voix à peine y protestaient contre les exagérations de la prudence et contre les démences du dévouement. Le roi sentait que les rênes de l'opinion royaliste lui échappaient pour passer dans les mains de son frère le comte d'Artois et de ses conseillers les plus extrêmes, en rapport plus intime que lui avec les passions de la chambre. De peur de tout perdre, il cédait beaucoup, puis il s'alarmait lui-même de ses concessions. Accusé tout bas d'avoir entraîné sa dynastie dans l'exil en pactisant avant le 20 mars avec les nécessités de l'opinion révolutionnaire et avec l'armée de Bonaparte, il avait à racheter, aux yeux de sa famille, de l'émigration et d'une partie du clergé, ses prétendues complaisances pour la révolution. Chef de parti, suspect à son parti, ruiné sourdement dans son propre palais par les partisans violents et ambitieux de son frère, obligé de leur complaire en les contenant, convaincu cependant qu'il n'affermirait son règne qu'en modérant ses amis, en ramenant ses ennemis, en adoptant la gloire, en fondant la liberté constitutionnelle de la nation; sa situation, au milieu de cette tempête des passions contraires, était celle d'un pilote qui lutte à la fois contre son propre équipage et contre les éléments déchaînés. Il déviait un moment de sa route sous un vent trop fort, se réservant de la reprendre aussitôt que la fureur des opinions laisserait entendre la voix d'une saine politique.

II

En attendant, il laissait les comités royalistes des départements dicter et révoquer les choix de ses agents, épurer les ministères et les armées, créer des catégories d'indignités de service dans les cadres, répandre des proclamations de défense mutuelle dans les provinces de l'Ouest et du Midi, opérer même des rassemblements de partis armés, destituer les juges civils de leurs fonctions inamovibles, garantie de leur indépendance. Des adresses impératives sous des formes dévouées lui commandaient, au nom des deux chambres, des mesures efficaces de prévoyance et de sévérité. Ses ministres obéissaient à ces impulsions. Le duc de Feltre décimait les officiers qui avaient servi pendant les cent-jours. Barbé-Marbois, ministre de la justice, promulguait un code contre les manifestations séditieuses; M. Decazes, ministre de la police, une suspension de la liberté individuelle, qui remettait au gouvernement l'arbitraire contre les citoyens. Les ministres, en soutenant ces mesures dans les deux chambres, n'avaient à les défendre que contre les excès de pénalité et contre la peine de mort, que les orateurs du parti des vengeances provoquaient en toute occasion. M. Pasquier, longtemps administrateur de la police de la capitale sous Bonaparte, jurait maintenant à la tribune par *l'éternité des Bourbons!* M. de Chateaubriand poussait son enthousiasme jusqu'à l'injure pour les vaincus et jusqu'aux hymnes pour les vainqueurs. Un de ces hommes qui se font les voix dominantes du chœur des passions politiques, M. de La Bourdonnaie, dressait, sous le faux nom d'amnistie, des tables graduées de proscription qui encadraient douze cents noms dans l'exil ou dans les accusations capitales. D'autres listes plus ou moins vindicatives étaient dressées par d'autres députés de la même faction. On ne proscrivait plus par homme et par crime, mais par catégorie et par situation. La chambre applaudissait à ces initiatives; elle nommait des commissions de députés pour les coordonner, les élargir ou les aggraver. Le gouvernement, que ces motions accusaient tacitement de lenteur, d'hésitation ou de complicité avec les périls publics, tremblait de se voir dépassé et abandonné par les chambres, s'il ne se prêtait pas lui-même à cette impulsion pour rester maître de la modérer en la dirigeant.

III

C'est ainsi que le duc de Richelieu apporta aux chambres un projet de loi d'amnistie. Cette loi avait une double pensée dans l'esprit du roi : calmer les alarmes du parti vaincu, que le désespoir pouvait porter aux soulèvements, et satisfaire aux exigences du parti des chambres et de la cour en lui enlevant le prétexte de l'impunité. Louis XVIII, dans cette loi d'amnistie, ne proscrivait que les membres de la famille de Bonaparte; il maintenait généreusement aux régicides le pardon que son frère Louis XVI leur avait assuré dans son testament. Cette magnanimité du mourant, à laquelle la mort même donnait un caractère religieux, faisait frémir les hommes de représailles dans les deux chambres, mais elle les empêchait de murmurer tout haut. En se révoltant contre la clémence du roi, ils craignaient de s'insurger contre la sainteté de la victime. La chambre des députés renvoya néanmoins la proposition des ministres à la même commission qui élaborait la loi de proscription de M. de La Bourdonnaie. C'était préjuger l'aggravation du projet du gouvernement et montrer le dédain de la volonté royale. M. de Corbière et M. de Villèle, deux hommes que leur talent divers, leur royalisme commun et leur alliance intime rendaient déjà dominateurs dans l'Assemblée, gouvernaient cette commission : M. de Villèle, plus pratique et plus flexible, M. de Corbière, plus indomptable et plus entier. Ce dernier fut chargé de porter à la tribune les conclusions de la commission : « Henri IV, en effet, dit-il, amnistia ses ennemis ; mais cinq ans d'exil et de condamnations avaient précédé la clémence royale. » Il lut ensuite le code d'épuration, d'ostracisme, d'exil et de dépossession sous peine de mort, que les commissaires substituaient à l'amnistie du roi. La discussion seule de ce contre-projet était un défi au gouvernement sous la forme du zèle. Les orateurs royalistes aggravèrent ce défi par l'âpreté des discours : « N'écoutez pas ces sophismes de philanthropie importune, habiles dans la bouche de vos ennemis : hésiter de punir, c'est faiblesse, disait l'un.—La divine Providence, disait M. de La Bourdonnaie, livre enfin dans nos mains les meurtriers de vos rois, les assassins de vos familles, comme si la justice suprême les avait réservés à travers tous nos désastres pour prouver la vanité de la prudence humaine et la perfidie des cœurs sans remords ! Ces hommes, aujourd'hui vaincus et désarmés, invoquent une générosité qu'ils ne pratiquèrent jamais... comme si les forfaits devaient jouir d'une éternelle impunité... Et vous, magistrats pusillanimes, législateurs sans prévoyance, vous verriez les complots de ces hommes, opprobre de la nation, et vous ne les puniriez pas ! » M. de Bouville, du même esprit et du même dogme, accusa la commission elle-même de timidité et de mollesse. « Je me demande, dit-il, quelle excuse peut couvrir le crime de ces administrateurs, de ces généraux, qui tenant leurs fonctions des mains du roi, les ont tournées contre lui et mises au service de l'usurpateur ! » Ces fureurs étaient applaudies comme des maximes d'hommes d'État, dans les chambres, dans les tribunes, dans les journaux, dans les salons, et jusque dans le palais.

Quelques hommes élevés de vues, froids de caractère

et incorruptibles à la contagion de ces colères, à la tête desquels osaient se montrer M. Royer-Collard, philosophe politique, M. Lainé, âme calme par sa grandeur, M. de Serre, orateur prédestiné à un pur éclat, combattaient ces excès de zèle, ces souvenirs des plus mauvais jours. « Les confiscations que vous demandez sous le nom d'indemnités aux coupables, dit M. Royer-Collard, sont l'âme et le nerf des révolutions : après avoir confisqué parce qu'on a condamné, on condamne pour avoir à confisquer. La férocité se rassasie, la cupidité jamais. Les confiscations sont si odieuses que la révolution en a rougi, elle qui ne rougit de rien ! D'ailleurs les grands coupables (Ney, Labédoyère) ont déjà subi la peine capitale : ferez-vous réagir contre eux votre loi ? faites-les donc sortir du tombeau pour qu'ils entendent de la bouche de leurs juges cette condamnation nouvelle qui ne leur a pas été prononcée ! »

Des murmures, des frémissements de colère, des impatiences d'expiation et de ruines répondaient du sein de la majorité à ces paroles d'humanité et de paix. M. de Corbière réfuta avec des passions ces lois éternelles. L'Assemblée, sourde aux voix des ministres, allait déchirer le projet du roi et voter le sien. Les ministres, voyant l'imminence du danger, coururent au palais pour le prévenir, et pour obtenir du roi une transaction de sa clémence avec les rigueurs de la chambre. Ils rentrèrent une heure après, avec une amnistie moins large, mais qui couvrait encore les régicides. « Ce n'est pas sur la terre, dit le duc de Richelieu, qu'il faut chercher les motifs qui empêchent le roi de les expulser à jamais du royaume, c'est dans le ciel, c'est dans la volonté du roi martyr, qui sera consolé dans

sa tombe par le pardon que vous accordez en son nom ! »
Ces paroles touchantes imposent le silence, non la conviction. Les passions se dépouillent même de leur pudeur.
M. de Trinquelague demande que la loi et les peines ne
s'appliquent pas aux crimes des bandes royalistes qui
viennent de consterner et d'ensanglanter le Midi. Les catégories de coupables de M. de La Bourdonnaie sont votées.
M. Clausel de Coussergues justifie les confiscations, par
l'exemple de saint Louis et d'Henri IV. « Que le trésor soit
pauvre, mais pur ! » s'écrie M. de Serre. M. de Béthisy insiste, malgré la pieuse répugnance du roi, sur la proscription de tous ces régicides. « Faisons violence à sa clémence,
dit-il dans un discours froidement lu à la tribune, mais
brûlant du zèle de l'épuration : si l'inflexible honneur nous
oblige à désobéir à ses volontés, s'il détourne un moment
de nous ses regards de bonté, disons comme les nobles soldats de l'autel et du trône, dans l'Ouest : « Vive le roi
quand même ! »

Cette harangue, évidemment concertée avec l'immense
majorité de la chambre, et qui voilait l'obstination sous le
respect, fut accueillie par un applaudissement unanime.
Les ministres eux-mêmes firent cette part à la colère publique, et se turent. La proscription devint loi.

M. de Chateaubriand, à la chambre des pairs, demanda
des expiations funèbres à Louis XVII, enfant roi lentement
supplicié dans son corps et dans son âme par les bourreaux. On sentait le théâtre politique sur le tombeau de ce
pauvre orphelin. « Voilà, s'écriait M. de Chateaubriand,
en adressant à son tour son imprécation aux proscrits,
voilà les attentats que les hommes ne sauraient assez
expier ! Malédiction sur les scélérats qui nous obligent à

tant de réparations vaines ; la France les rejette enfin, la justice a repris ses droits, le crime a cessé d'être inviolable ! »

IV

Le testament jusque-là ignoré de la reine Marie-Antoinette sortit en ce moment de l'ombre où il était enseveli. Un membre modéré de la Convention, nommé Courtois, chargé après la mort de Robespierre de faire l'examen de ses papiers, avait trouvé ce testament de la reine dans le portefeuille du dictateur, et l'avait enfoui par piété pour le rendre un jour à l'histoire et à sa famille. Courtois, banni aujourd'hui comme régicide, avait laissé transpirer son secret. Le testament, apporté à Louis XVIII par M. Decazes, était un monument trop opportun et trop attendrissant, pour que ce prince n'en fît pas une date de sa restauration, et un éclat de sentiment pour sa cause. Avant la catastrophe de la monarchie et les malheurs de Marie-Antoinette, Louis XVIII, alors comte de Provence, avait eu peu de considération politique pour sa belle-sœur, accusée avec trop de raison d'incliner le vertueux Louis XVI tantôt aux excès de résistance, tantôt aux excès de concessions ; toujours femme et passionnée, aujourd'hui par l'audace, demain par le découragement. Mais le feu du martyre avait tout purifié dans la victime. Son dévouement aux mauvais jours, son union dans la mort avec son époux, ses angoisses pour ses enfants, sa captivité subie, sa piété partagée, ses adieux reçus, son courage relevé devant ses bourreaux, son jugement accepté, son sang offert au ciel et à la terre en expiation de quelques fautes de règne, avaient divinisé dans l'âme du roi cette mémoire. Il voulait la diviniser politiquement aussi pour la France nouvelle, afin d'entourer sa race d'une couronne de souvenirs sacrés, inviolables aux sarcasmes révolutionnaires. Il chargea M. Decazes de communiquer cette relique royale à la chambre des députés. Il espérait que l'enthousiasme et les larmes de son jeune ministre en lisant cette lettre datée d'un autre monde fléchiraient la colère naissante des royalistes contre son favori, et rétabliraient l'harmonie entre l'Assemblée et son conseil. M. Decazes, qui cherchait lui-même à se faire auprès des royalistes des titres qui manquaient à sa jeunesse, accourut à la chambre, cette lettre de la reine à la main, comme un homme qui ne peut contenir un mystère, et la lut en s'attendrissant lui-même au milieu des sanglots de l'auditoire.

V

La lettre de la reine, écrite à sa sœur Madame Élisabeth, et datée du cachot de la Conciergerie, à quatre heures du matin, le jour dont elle ne devait pas voir la fin, était digne de la victime, de l'heure de l'échafaud, de la postérité et du ciel. La mort inspire mieux que la vie, parce qu'elle transforme avant de frapper.

« C'est à vous, ma sœur, disait la reine, que j'écris pour la dernière fois. Je viens d'être condamnée, non pas à une mort honteuse, elle ne l'est que pour les criminels, mais à aller rejoindre votre frère.

» Comme lui innocente, j'espère montrer la même fermeté que lui dans ses derniers moments. Je suis calme comme on l'est quand la conscience ne reproche rien. J'ai un profond regret d'abandonner mes pauvres enfants. Vous savez que je n'existais que par eux et dans ma bonne et tendre sœur : vous qui avez par amitié tout sacrifié pour être avec nous, dans quelle position je vous laisse! J'ai appris, par le plaidoyer même du procès, que ma fille était séparée de vous. Hélas! la pauvre enfant! je n'ose pas lui écrire : elle ne recevrait pas ma lettre ; je ne sais pas même si celle-ci vous parviendra.

» Recevez, pour eux deux, ici, ma bénédiction. J'espère qu'un jour, lorsqu'ils seront plus grands, ils pourront se réunir avec vous, et jouir en entier de vos tendres soins. Qu'ils pensent tous deux à ce que je n'ai cessé de leur inspirer : que les principes et l'exécution exacte de ses devoirs sont la première base de la vie, que leur amitié et leur confiance mutuelle en fera le bonheur.

» Que ma fille sente qu'à l'âge qu'elle a, elle doit toujours aider son frère par les conseils que l'expérience qu'elle aura de plus que lui et son amitié pourront lui inspirer. Que mon fils, à son tour, rende à sa sœur tous les soins, tous les services que l'amitié peut inspirer. Qu'ils sentent enfin tous deux que, dans quelque position qu'ils puissent se trouver, ils ne seront vraiment heureux que par leur union. Qu'ils prennent exemple sur nous, combien, dans nos malheurs, notre amitié a donné de consolations; et dans le bonheur, on jouit doublement, lorsqu'on peut le partager avec un ami. Et où en trouver de plus tendres et de plus chers que dans sa propre famille?

» Que mon fils n'oublie jamais les derniers mots de son père, que je lui répète expressément : qu'il ne cherche jamais à venger notre mort.

» J'ai à vous parler d'une chose bien pénible à mon cœur. Je sais combien cet enfant doit vous avoir fait de peine. Pardonnez-lui, ma chère sœur. Pensez à l'âge qu'il a, et combien il est facile de faire dire à un enfant ce qu'on veut, et même ce qu'il ne comprend pas.

» Un jour viendra, j'espère, où il ne sentira que mieux tout le prix de vos bontés et de votre tendresse pour tous deux.

» Il me reste à vous confier mes dernières pensées. J'aurais voulu les écrire dès le commencement du procès : mais, outre qu'on ne me laissait pas écrire, la marche en a été si rapide, que je n'en aurais réellement pas eu le temps. Je meurs dans la religion catholique, apostolique et romaine, dans celle de mes pères, dans celle où j'ai été élevée et que j'ai toujours professée, n'ayant aucune consolation spirituelle à attendre, ne sachant pas s'il existe encore des prêtres de cette religion; et même le lieu où je suis les exposerait trop s'ils y entraient une fois.

» Je demande sincèrement pardon à Dieu de toutes les fautes que j'ai pu commettre depuis que j'existe. J'espère que dans sa bonté il voudra bien recevoir mes derniers vœux, ainsi que ceux que je fais depuis longtemps pour qu'il veuille bien recevoir mon âme dans sa miséricorde et dans sa bonté.

» Je demande pardon à tous ceux que je connais, et à vous, ma sœur, en particulier, de toutes les peines que, sans le vouloir, j'ai pu vous causer. Je pardonne à tous mes ennemis le mal qu'ils m'ont fait.

» Je dis ici adieu à mes tantes et à tous mes frères et sœurs. J'avais des amis ; l'idée d'en être séparée pour jamais, et leur peine, sont un des plus grands regrets que j'emporte en mourant. Qu'ils sachent, du moins, que jusqu'à mon dernier moment j'ai pensé à eux.

» Adieu ! ma bonne et tendre sœur : puisse cette lettre vous arriver. Pensez toujours à moi. Je vous embrasse de tout mon cœur, ainsi que mes pauvres et chers enfants. Mon Dieu ! qu'il est déchirant de les quitter pour toujours !

» Adieu ! adieu ! je ne vais plus m'occuper que de mes devoirs spirituels. Comme je ne suis pas libre dans mes actions, on m'amènera peut-être un prêtre ; mais je proteste ici que je ne lui dirai pas un mot et que je le traiterai comme un étranger. »

VI

Les bénédictions de la mère, contenues dans cette lettre, rejaillirent de l'échafaud sur sa fille et sur sa race : les larmes de l'Assemblée et du peuple éteignirent pour un moment le feu qui couvait dans les ressentiments des royalistes. M. de Marcellus, orateur enthousiaste, fit un appel à la concorde, au dévouement chevaleresque, à la foi antique. Les monuments expiatoires aux victimes royales de la révolution s'élevèrent à sa voix : les uns virent dans ces monuments et dans ces anniversaires des reproches à la patrie, les autres des témoignages inoffensifs de douleur nationale qui enlèvent aux temps calmes la responsabilité des temps irrités. Le meurtre d'un roi, écrasé comme Louis XVI sous l'écroulement irrésistible d'un passé que sa faiblesse ne pouvait pas soutenir, était pour tous, même pour ses juges, un jour de deuil. Une nation qui rougirait de pleurer ses morts, surtout quand ses morts furent les rois de ses pères, et tombèrent sous sa propre main, ne ferait pas acte de grandeur d'âme, mais d'insensibilité. La liberté ne professe pas l'indifférence pour les douleurs humaines : elle n'arrache pas le cœur des peuples; elle l'élève et elle l'élargit. Reprocher à Louis XVIII, au comte d'Artois, aux frères, à la fille de Louis XVI, de fonder des honneurs funèbres à leur frère, à leur père, à leur mère, c'était faire aux Bourbons un crime de leur souvenir et de leur piété. La sagesse commandait seulement d'interdire les discours sur ces tombes, afin que le zèle pour les morts n'allumât pas les controverses entre les survivants. M. de Marcellus l'avait compris par son propre cœur, et il n'avait adressé d'invocation qu'à la religion et à la paix. Les passions ombrageuses des ennemis des Bourbons ne lui pardonnèrent pas ces hommages aux cendres de la royauté et aux ruines de l'Église antique. Elles raillèrent jusqu'à sa candeur, et vouèrent son nom aux sarcasmes et aux pamphlets du temps.

VII

Une loi d'élection, base de tout gouvernement représentatif, manquait encore aux institutions. Le sort du gouvernement futur était dans cette loi. On en ébaucha plusieurs, on n'en acheva aucune. L'aristocratie triomphante et ombrageuse, et la royauté qui tremblait déjà devant ses amis excessifs, craignaient également de se tromper en restreignant ou en élargissant trop les conditions du droit électoral. M. Lainé, président de l'Assemblée, témoigna le désir de se retirer devant une insulte impunie d'un des députés les plus véhéments, croyant voir dans cette impunité un signe de désaffection de la majorité à sa personne. Trop modéré pour ces temps d'emportements, trop jaloux de la dignité de chef d'une assemblée souveraine pour subir un outrage, M. Lainé gémissait des excès dont il était témoin. Une prière du roi le retint quelque temps encore à la présidence. Louis XVIII, M. de Richelieu et M. Decazes sentaient le prix d'un tel homme au fauteuil. Ils lui proposaient de loin l'entrée du conseil des ministres à la place du ministre de l'intérieur, M. de Vaublanc, dont les encouragements à la majorité violente présageaient la chute.

Pendant cette longue fermentation du parti royaliste dans les deux chambres, un parti de l'Église, d'abord confondu avec le parti du trône, puis distinct, essayait ses forces par des discours et par des motions en faveur d'un établissement temporel du culte dominant et d'une reconstitution des biens de l'Église. Le salaire de l'État aux ministres du culte paraissait un outrage aux partisans d'une Église exclusive. Le gouvernement proposait en vain d'accroître ce salaire et de décerner des fonds considérables pour les pensions ecclésiastiques. La chambre votait, avec ces munificences, la restitution de tous les biens de l'Église non encore aliénés. L'Assemblée constituante, en anéantissant la féodalité, avait anéanti la noblesse et créé la nation : en réformant l'Église comme corps propriétaire, la révolution de 89 avait supprimé l'apanage d'un culte unique et fondé la liberté religieuse. La tendance du nouveau parti religieux dans les chambres, en restituant à l'Église comme corps civil les biens non vendus, était évidemment le retour à une religion d'État. Le roi proscrit et rentré, allié naturel de l'Église proscrite et dépouillée, n'osait ni trop refuser ni trop consentir à ces tendances. Les orateurs de la cour et lés orateurs du clergé, M. de Chateaubriand, M. de Bonald, M. de Marcellus, associaient sans cesse dans leurs vœux le trône et l'autel. Déjà, à la voix de M. de Bonald, publiciste habile et vénéré du passé, on avait voté l'abrogation de la loi du divorce. Le gouvernement, dominé par les deux chambres, avait consenti à l'effacer du Code civil, parce que l'Église l'avait condamné. L'éducation publique, remise principalement depuis la révolution à un corps enseignant appelé l'Université, était revendiquée exclusivement pour l'Église. On demandait à grands cris de lui confier aussi, au détriment de l'autorité municipale, les registres de naissance et de décès des populations, afin que, la naissance et la mort lui appartenant à titre légal, le peuple confondît sous le sacerdoce la magistrature civile et la magistrature religieuse, double lien qui lui soumettrait l'âme et le corps. On alla jusqu'à demander le rétablissement du supplice infâme de la potence et le préjugé odieux de l'hérédité de l'opprobre dans la famille des suppliciés. « Heureux le peuple, s'écria un député breton, chez lequel la tache du crime se transmet de père en fils! » Tel était le délire du retour au passé chez les hommes dont les pères avaient fait la révolution ou avaient péri sur ses échafauds. Ils n'étaient en général ni fanatiques ni implacables ; mais les contre-révolutions ont des vertiges comme les révolutions. Les souvenirs des excès, des anarchies et des immolations de la terreur, le dégoût d'un long despotisme, le désespoir de la patrie livrée, ravagée, dépouillée en ce moment par l'étranger, les précipitaient avec fureur en arrière, et leur faisaient chercher dans les démolitions des vieux âges des remèdes et des garanties contre les maux présents. Le contre-courant que les esprits faibles et irréfléchis prennent pour le courant véritable des choses humaines emportait tout dans l'opinion et dans les chambres, et menaçait d'emporter même le gouvernement.

Le roi trembla, et résolut de donner du temps à la pensée du pays. Il ferma les chambres et modifia son ministère.

VIII

M. de Vaublanc, homme entièrement dévoué au comte d'Artois, fut remplacé par M. Lainé au ministère de l'intérieur. M. Lainé, ami et conseil du duc de Richelieu, venait fortifier la politique personnelle du roi. Sa conviction héroïquement démontrée d'asseoir la restauration monarchique sur la liberté publique, son crédit d'estime dans l'Assemblée, son éloquence passionnée de raison comme son âme, donnaient au gouvernement une autorité bientôt nécessaire sur l'Assemblée pleine d'intrigues, d'impatience et d'emportements. M. Barbé-Marbois, ministre de la justice, dont le titre principal était d'avoir été victime du directoire et déporté à Cayenne, fut sacrifié au comte d'Artois et à la cour qu'il inquiétait, sans servir utilement néanmoins la pensée modératrice du roi. Le chancelier Dambray, plus agréable à la cour et plus docile aux impressions de Louis XVIII, remplaça provisoirement M. Barbé-Marbois. M. Guizot, secrétaire général de la justice, jeune homme que l'amitié de l'abbé de Montesquiou et sa présence à la petite cour de Gand avaient accrédité parmi les royalistes, tomba pour se relever bientôt avec son ministre. Il commençait avant l'âge une carrière publique, précoce, longue et diverse, qui devait le porter à une célébrité de fortune politique et de talent qui dure encore et que ses vicissitudes défendent de juger aujourd'hui.

IX

A peine les chambres étaient-elles fermées, que le contre-coup de leurs actes et de leurs motions sur l'opinion des libéraux et des bonapartistes se fit sentir par de sourdes agitations dans les départements. Ils se voyaient menacés, ils voulaient prévenir. La terreur inspirée par les actes de la chambre était assez sérieuse pour soulever, pas assez oppressive pour contenir. La présence des officiers et des soldats licenciés dans les lieux de leur naissance, leurs griefs contre le gouvernement, leurs plaintes contre la rémunération ingrate de leur sang dans leur demi-solde, la popularité de leurs récits militaires dans les lieux publics des villes et dans les chaumières des campagnes, les haines et les mépris qu'ils soufflaient contre ce gouvernement qu'ils appelaient un gouvernement d'émigrés, de transfuges, de vieillards, de femmes et de prêtres, les rumeurs de confiscation des biens nationaux au profit des nobles, qu'ils semaient parmi les nouveaux propriétaires et parmi les paysans, les journaux, les pamphlets injurieux aux Bourbons, colportés dans les villages, l'humiliation de la défaite, la haine de l'occupation étrangère, les rançons amères, les impôts lourds, les emprunts onéreux, la perspective de gloire fermée avec les impossibilités de guerre, assombrissaient partout l'esprit du peuple et le prédisposaient aux séditions et aux complots. Il n'était pas un hameau sur la surface du territoire qui n'eût dans ses officiers, sous-officiers ou soldats licenciés, un conciliabule permanent et des agents actifs d'opposition et de soulèvement. La présence des armées étrangères contenait seule dans les provinces de l'Est, du Nord et du centre, l'esprit de trouble et d'explosion qui fermentait dans les cœurs. On aimait le roi, on le plaignait, on lui pardonnait du moins; mais on détestait les chambres, la noblesse, le clergé, qu'on accusait de se substituer au trône pour reconquérir, opprimer et humilier la nation.

X

Telle était la disposition populaire pendant l'été de 1816 Des hommes importants à Paris, parmi ceux surtout qui avaient trempé ou failli dans le 20 mars, observaient du cœur et de l'œil ces symptômes, les fomentaient obliquement et multipliaient les alarmes afin de multiplier le mécontentement. Un homme étrange et énigmatique fit éclater tout à coup, à l'extrémité de nos frontières, au pied des Alpes, ce feu caché qui couvait sous le silence du peuple.

XI

Cet homme, que nous avons connu à cette époque de sa vie, touchait à la vieillesse. Rien ne révélait en lui les grandes vertus ou les grands crimes. Il était de haute et grêle stature; il marchait courbé par le poids des années et par l'habitude sédentaire de l'homme de loi qui a passé sa vie penché sur les dossiers des causes. Son visage était vulgaire, quoique fin et passionné; il était encadré dans de longues mèches de cheveux blancs mal effilés qui flottaient sur son cou et sur son habit, à la manière des avocats dont la chevelure dépliée se déroule sur la toge; ses yeux gris, animés d'un feu sans éclat, avaient le regard mobile et pénétrant du fureteur qui cherche et qui cache. Sa physionomie indécise laissait évaporer son âme éventée sur ses traits. Tout dans son apparence était plus léger que profond. Il s'agitait perpétuellement sur son siège, se levant, se rasseyant pour se relever encore, se mêlant à tous les groupes d'un salon et passant de l'un à l'autre, semblable à un souffle, pour ranimer le feu des entretiens. Il parlait beaucoup et à haute voix, sans réserve, sans convenance, avec chaleur, mais sans éloquence; il gesticulait avec une volubilité de mains égale à la volubilité des paroles. On se demandait quel était cet étranger, quelle familiarité ancienne ou récente l'introduisait ainsi dans l'intimité des personnages graves auxquels on le voyait tout à coup mêlé dans la faction des mécontents à demi-voix, et surtout parmi les partisans encore réservés de la faction d'Orléans. Toute cette figure aurait également bien personnifié l'indiscrétion, le mystère ou l'intrigue sur un théâtre d'Athènes ou de Paris. Cet homme se nommait Didier. Quand on avait entendu son nom, on n'en savait pas davantage sur son passé et sur son présent, et on interrogeait encore.

XII

Ses rôles différents depuis sa jeunesse avaient toujours été actifs, mais subalternes. Né dans les montagnes des environs de Grenoble, pays d'intelligence, de mouvement, de souplesse d'esprit, élevé pour l'Église, passé dans le barreau, plaidant dans la capitale et la province jusqu'à l'époque de la révolution, il s'était signalé, comme ses compatriotes, dans la passion et dans le bruit des premières réformes. Emporté et rapporté ensuite tour à tour par le flux et le reflux des opinions, il s'était rallié depuis 1792 aux royalistes, il avait sollicité avec beaucoup d'autres l'honneur de défendre Louis XVI devant la Convention. Revenu à Lyon, il avait animé l'esprit de résistance à la république, sa tête avait été mise à prix après le siège de cette ville. Le Rhône l'avait emporté ensuite au milieu des conjurés royalistes du Midi : ses correspondances avec les émigrés avaient accrédité de là son nom dans les conciliabules errants des princes. Quand ce feu fut éteint, il avait émigré lui-même. Il s'était présenté alors au comte de Provence comme un agent dévoué à ses malheurs et à sa restauration, et il avait contracté une certaine familiarité d'exil avec la cour de ce prétendant. Rentré en France après la terreur, il y avait retrouvé, parmi la noblesse de sa province, ce crédit qui s'attache aux malheurs subis pour une même cause. Il s'était fait l'intermédiaire et le solliciteur de ces familles pour leur faire restituer, par le gouvernement plus doux, les biens confisqués de leurs maisons. Ces services lucratifs l'avaient enrichi et l'avaient mis en relation avec les pouvoirs publics de l'époque du directoire. Habile à suivre ou à devancer les symptômes d'opinion flottante, il avait publié en faveur du rétablissement de la royauté légitime une de ces brochures fougueuses, intempestives, déclamatoires, plus propres à faire prendre date de fidélité et de zèle à l'écrivain qu'à servir la cause du prince. Il y portait le royalisme jusqu'au scandale. Le bruit de cette brochure était resté étouffé sous l'anonyme. A l'avénement du premier consul, Didier avait rappelé l'attention sur son nom par un panégyrique de Bonaparte intitulé : *Du retour à la religion.* C'était une invocation à la force pour reconstituer le pouvoir temporel de l'Église. Partout où soufflait le vent populaire, Didier était soulevé par sa légèreté et volait au-devant de la fortune. L'empire récompensa ses adulations à Napoléon par une place de professeur de législation à l'école de droit de Grenoble. Il n'y marqua que par l'exagération servile de son enthousiasme pour Napoléon. Plus attentif à sa fortune qu'à l'étude de sa profession, il conçut des plans chimériques dans lesquels il engloutit les sommes considérables qu'il avait gagnées dans la liquidation des biens d'émigrés. Le premier retour des Bourbons en 1814 ramena Didier à

Paris, éprouvant ou feignant un enthousiasme ravivé pour leur cause, renouant avec leur cour les relations interrompues par douze ans d'oubli, et espérant trouver dans le cœur du roi le souvenir et la récompense d'un zèle autrefois montré dans l'émigration. Nul, au moment du débarquement de Napoléon à Cannes, ne déclamait avec plus d'indignation et d'énergie contre l'attentat européen du grand proscrit.

XIII

Soit que Louis XVIII n'eût pas jugé convenable de récompenser si promptement dans Didier le zèle monarchique prêté si longtemps à une autre cause, soit que la seconde chute de ce prince et le second avénement de Napoléon eussent converti cette âme mobile à une autre fortune, Didier, après le retour du roi en 1815, se montra aussi exaspéré contre ce prince et aussi ardent dans son inimitié contre lui qu'il s'était montré enthousiaste et fanatique de la restauration six mois auparavant. Trop intelligent pour ne pas comprendre que Napoléon, vaincu par l'Europe, abandonné par la France et parti pour le rocher de Sainte-Hélène, n'avait pas un troisième règne dans sa destinée, Didier fréquentait assidûment alors les familiers les plus importants de la maison d'Orléans. C'est là qu'on l'entendait, peu de jours avant son entreprise, s'épancher à haute voix en allusions et en sarcasmes contre la cour, contre les princes, contre le roi, et professer, aux sourires et aux approbations intimes de son auditoire, des haines et des mépris dont le secret ne devait pas tarder à se révéler. Y avait-il concert entre ces hommes dévoués à la domesticité intime du duc d'Orléans et Didier? Nous ne le croyons pas. Leur caractère y répugne, et le duc d'Orléans lui-même n'aurait ni provoqué ni écouté de la bouche de ses serviteurs des plans de conspiration contre sa race. Mais il y avait, dans ces entretiens, concert au moins d'opposition et d'aigreur contre la maison royale, et Didier, en s'exaltant jusqu'à la témérité devant ces hommes, croyait évidemment les flatter, s'il ne croyait pas les séduire[1].

XIV

Quoi qu'il en soit, on apprit, quelques jours après, que Didier avait quitté Paris, qu'il avait parcouru les départements voisins de Lyon sous prétexte d'affaires personnelles, qu'il avait eu à Lyon des rapports, signalés par la police, avec les membres d'une association de l'indépendance nationale arrêtés bientôt après comme conspirateurs et composée d'hommes vendus de cœur à la cause bonapartiste, qu'il était revenu à Paris comme l'ourdisseur d'une trame qui vient de visiter ou de nouer ses fils, et qu'il était reparti de nouveau en effaçant complétement sa trace.

Il était déjà dans les environs de Grenoble. Là, les lieux lui étaient connus comme les hommes. Les paysans de ces montagnes, race patriotique, soldatesque et remuante,

---

[1] Le hasard nous rendit alors nous-même témoin de ces conversations, dont nous n'empruntons le souvenir qu'à nous seul.

étaient les mêmes qui avaient été travaillés par les émissaires de Bonaparte avant le 20 mars, et qui avaient fait cortége à son armée après sa jonction avec Labédoyère. Depuis que Grenoble avait décidé, par sa défection, du sort de la France, ces paysans croyaient reconquérir la patrie en reconquérant les remparts de cette ville. Des officiers et des sous-officiers nombreux, rejetés dans ces villages par le licenciement, y entretenaient le fanatisme du nom de l'empereur. Didier savait que ce nom seul avait assez de popularité posthume parmi ces populations pour les soulever. Une fois émus à ce nom et les Bourbons expulsés du trône, les hommes politiques changeraient aisément le drapeau sur lequel l'ignorance et le préjugé auraient inscrit Napoléon II, captif à Vienne, et donneraient à l'insurrection victorieuse la seule signification dynastique qu'elle pouvait avoir, le duc d'Orléans. C'était la répétition du complot avorté des généraux Lallemand en 1815, faisant marcher leurs soldats au nom de l'empereur et marchant eux-mêmes pour une autre fin. Peu importait à Didier le drapeau, pourvu que ce drapeau groupât les soldats et le peuple et fît disparaître du trône les Bourbons qui l'occupaient.

XV

Caché aux surveillants du gouvernement sous le nom d'*Auguste*, Didier avait reçu l'hospitalité, au village montagnard de Quaix, dans la maison d'un ancien officier de l'armée d'Égypte, surnommé le Dromadaire, par allusion à la rapidité de ses courses dans le désert quand il y commandait les *guides* de Napoléon. Cet officier, renommé pour son attachement à son ancien chef, et popularisé dans ces montagnes par ses légendes d'Orient, exerçait un grand ascendant sur ses compagnons d'armes à Grenoble et dans les villages voisins. Il rassembla chez lui les officiers, les sous-officiers et les paysans les plus sûrs, et leur présenta son hôte Didier comme l'homme investi du secret de la destinée, venant apporter à leur pays la pensée, le signal, l'honneur de la délivrance de la patrie. Didier, dont la plupart connaissaient déjà le nom et le visage, les harangua et leur lut une proclamation artificieusement rédigée au seul nom de l'*indépendance nationale*. Cette proclamation rejetait tous les malheurs et toutes les humiliations de la France sur les Anglais, et appelait le peuple aux armes contre l'étranger, sans s'expliquer sur la nature de gouvernement qui personnifierait ce mouvement national. Les paysans, qui ne comprennent que les noms populaires, s'étonnèrent. L'hôte de Didier réclama contre une réticence qui enlevait le nom de l'empereur à l'enthousiasme de ses vieux soldats. Didier consentit à donner satisfaction tour à tour à tous les esprits, tantôt parlant de Napoléon II au vulgaire des conjurés, tantôt du duc d'Orléans à l'élite, tantôt d'un mouvement d'indépendance nationale à la foule. Il parcourut ainsi les montagnes, les vallées de Grenoble à Chambéry, Eybens, les Adrets, Pontcharra, Tencin, enrôlant secrètement partout des agents secondaires à sa cause, animant du feu de sa haine les cœurs de ses partisans, et jetant au hasard dans ses proclamations et dans ses banquets nocturnes, ou le nom de Napoléon II, ou le nom mystérieux d'un autre prince. Joly, le chef de bataillon Briellet, le capitaine Pélissier, l'ancien garde des forêts Cousseaux,

Joannini, officier piémontais, presque tous débris du bataillon sacré qui s'était groupé autour de l'empereur à Grenoble et qui lui avait fait cortége à Paris, devinrent les moteurs actifs et les chefs futurs des rassemblements. Ils préparèrent par des demi-confidences trois cents officiers ou sous-officiers de la ville et de la banlieue à des événements inconnus. Ils travaillèrent la bourgeoisie, le peuple, les écoles, mais avec moins de succès. Cependant, à Vizille, un huissier nommé Charlet; Dussert, ancien·maire et ancien guide de l'armée des Alpes à Allemont; Durif, ancien maire de Vaujany; Drevet, ancien soldat de la garde; Buisson, Genevois, Dufresne, Guillot, Dumoulin à la Mure, Bremet, notaire; Milliet, propriétaire à Goncelin; Santon, maître de poste à Lumbin; Adine, inspecteur des douanes à Pontcharra; Julien, lieutenant des douanes; Turbet, capitaine dans le même corps; Joly, lieutenant licencié à Tencin, et tout ce que la haine contre les Bourbons, l'antipathie contre l'étranger, les souvenirs de la république, le fanatisme pour Napoléon, l'ambition déçue, la fortune ruinée, l'avancement interrompu, l'oisiveté fastidieuse, pouvaient déterminer aux tentatives désespérées pour remonter à la surface des choses, reçut le mot, les demi-confidences, les insinuations intimes, les promesses trompeuses, les assurances du concours de Paris et du concert avec l'Autriche, le signal, le souffle de la conspiration. Les républicains de Grenoble, membres d'autres sociétés secrètes également hostiles aux rois, connurent le complot, s'en défièrent, refusèrent d'y tremper. Ce parti, plus serré et plus conséquent alors avec lui-même, ne voulait pas se livrer pour changer une monarchie qui lui pesait contre une tyrannie qui avait déjà, sous le nom de Bonaparte, trahi sa cause et ruiné ses espérances. Le joug brutal et militaire d'un second empire l'humiliait d'avance plus que le joug léger et facile à secouer d'un roi pacifique et constitutionnel. Ils laissèrent Didier, ses soldats impérialistes et ses paysans irréfléchis courir à la sédition, au succès ou à la perte, se contentant de ne pas les trahir, mais ne les secondant que de leur silence et de leur inertie.

XVI

L'hiver s'était écoulé dans ces préparatifs que mille sourdes rumeurs auraient pu dévoiler à une police vigilante. Didier, pendant les premiers jours du printemps, était allé en Savoie et jusqu'à Turin pour nouer, au pied et au delà des Alpes, quelques fils de sa conspiration. Revenu dans les derniers jours d'avril au centre de ses trames, il donna le signal pour la nuit du 4 mai. A cet ordre transmis de village en village par les officiers et par les habitants enrôlés dans le complot, les conjurés s'arment à la chute du jour, se lèvent aux cris de : « Vive l'empereur ! » se forment en petites colonnes sous le commandement des anciens militaires de leurs communes, se dirigent sur le village central d'Eybens, où Didier avait établi son quartier général, et se mettent en marche sur la ville, où rien ne révélait encore un soupçon. Le secret avait été gardé comme par une seule âme. Trois ou quatre mille hommes organisés et armés étaient à quelques pas de Grenoble, et le général, le préfet, les colonels, réunis pour une soirée de plaisir, s'entretenaient dans une entière sécurité. C'est le caractère des conjurations populaires d'éclater sans avoir averti. Quand la même pensée est dans le cœur de tous, on n'a pas besoin de parler; le mystère concerte et le silence parle.

Didier marchait à cheval à la tête de ces colonnes réunies, voyant du haut des dernières collines les portes et les remparts désarmés de la ville, se félicitant du triomphe certain de sa cause, méditant de marcher le lendemain sur Lyon avec le parc d'artillerie, suivi, précédé du soulèvement irrésistible de ses provinces, de faire insurger Paris et la France entière sous les pas de l'étranger surpris et du trône écroulé.

XVII

M. de Montlivault, préfet de Grenoble, le général Donnadieu, commandant le département, le colonel Vautré et quelques autres officiers supérieurs de la garnison causaient ensemble, quand un homme essoufflé par la course, les habits en désordre et les pieds souillés par la poussière d'une longue route, s'élança dans le salon et demanda à être entendu à l'instant par le général et le préfet. C'était l'adjoint le La Mure, bourgade la plus importante et la plus éloignée des opérations de Didier, célèbre par la rencontre de Napoléon et de Labédoyère, et dans laquelle ces deux grands conspirateurs semblaient avoir laissé leur esprit. Informé de la conspiration au moment où les conjurés de la Mure couraient aux armes, ce magistrat, M. Chuzin, fidèle au roi, et présageant les malheurs publics, avait sellé son cheval, et, s'évadant de la Mure par des sentiers détournés, il avait galopé vers la ville pour venir avertir les autorités royales, et pour prévenir un choc mortel aux deux partis. Croisé dans sa route par d'autres colonnes transversales descendant des montagnes vers Eybens, il avait abandonné son cheval, de peur d'être trahi par le bruit de ses fers sur les rochers, et il accourait à pied donner le signal du péril et de la résistance. « Toutes les campagnes marchaient sur Grenoble : leurs feux convenus brillaient déjà sur les pics qui dominaient la ville, et l'on pouvait entendre du haut des remparts la rumeur sourde et les pas militaires de la multitude armée dont on allait être assailli. »

A ces paroles, les uns doutent, les autres sourient des exagérations et des chimères de l'imagination trahie par la peur, les autres s'alarment et se dispersent pour aller à de plus froides informations. D'autres avis viennent d'autres points de la circonférence du bassin de Grenoble confirmer de minute en minute les premiers avis. Le général Donnadieu, homme de coup de main prompt et de résolution froide, sort de la préfecture pour aller s'armer et rassembler ses troupes. Il doutait cependant encore de la réalité et de l'imminence du danger. La nuit était sombre, il était seul, il marchait à pas muets dans la rue, quand il se rencontra tout à coup face à face avec un jeune homme qui recule en reconnaissant le général, hésite, et cherche à fuir du côté opposé de la rue. Donnadieu saisit le fugitif, le conduit sous le rayon d'un réverbère, reconnaît en lui un officier à demi-solde de la ville, voit la poignée d'un sabre et les canons de deux pistolets briller sous son manteau, croit tenir en lui un complice armé du complot, et, le conduisant de sa main vigoureuse au poste voisin, le désarme et le livre aux soldats. La légion de l'Isère, la légion de l'Hérault, les dragons de Paris, la garde nationale de Grenoble, courent aux armes : un détachement marche sur Eybens par une route détournée pour éclairer, suspendre ou couper la colonne de Didier. Ce détachement trop tardif et trop faible se heurte à quelques pas de la ville contre les insurgés animés par les nombreux officiers qui forment leur avant-garde. Il est refoulé et dispersé aux cris de : « Vive l'empereur ! » Soixante pas à peine séparaient la tête de colonne de Didier des portes ouvertes de la ville. La déroute du détachement et les cris montant de la plaine avertissent Donnadieu de l'extrémité du danger. Il lance le colonel Vautré au pas de course à la tête de la légion de l'Isère dans les ténèbres pour rallier les fuyards et charger l'ennemi. Vautré fond à l'arme blanche sur l'avant-garde de Didier, qui fait feu sur lui. Une mêlée nocturne, acharnée, sanglante, s'engage entre les légionnaires et les paysans. Vieux soldats des deux côtés, ils se disputent avec une égale intrépidité le terrain. Les blessés et les morts jonchent le pont-levis de Grenoble. Mais Vautré, soutenu par les renforts qui arrivent de la caserne voisine de la porte, inspire son âme à ses soldats, et rompant enfin la tête de colonne des insurgés, il s'élance au-devant de la masse des paysans, la fusille et la refoule. Didier, consterné de ce premier échec, galope vers Eybens pour y rallier ses paysans ; il les harangue, il les encourage, il cherche à les ramener à l'assaut des portes. Mais il n'y a point de retour aux revers des insurrections. Le courage s'évanouit avec l'espérance ; le pas des chevaux des dragons de la Seine fait fuir de toutes parts ces bandes rompues, le cheval de Didier est abattu sous lui d'un coup de feu tiré au hasard, Didier n'a que le temps de se relever et de s'enfuir à travers les bois qui dominent Eybens.

Au lever du jour, Vautré, après avoir purgé la plaine, entrait dans ce village abandonné, quartier général du soulèvement. Il trouve sur la place déserte le cadavre du cheval de Didier et le corps du capitaine Joannini, étendu à côté de son propre cheval, qui flairait son maître. Joannini mordait encore un papier à moitié déchiré entre ses dents où on lisait les noms des chefs du mouvement, qu'il avait voulu soustraire en mourant à la vengeance des vainqueurs. Vautré poursuivit sa victoire jusqu'à la Mure, désarma cette ville et les villages suspects, et rentra à Grenoble avec les dépouilles de l'insurrection, des chariots chargés d'armes et de prisonniers. En arrivant près de la porte de Grenoble, un de ces prisonniers, le notaire Guillot, passa sur la route détrempée du sang de son fils tué la veille à l'assaut de cette porte. Six cadavres et de nombreux blessés épars dans les sentiers d'Eybens à Grenoble marquaient la trace de cette conspiration.

XVIII

Ainsi se dénoua la trame sanglante, mais légère et sans consistance, de la conspiration de Didier. Victorieuse, elle n'avait aucune portée dans le reste de la France; vaincue, elle ne laissait d'autres vestiges que des supplices. Les autorités militaires et civiles de Grenoble affectèrent d'en grossir l'importance afin de grandir leurs services. Ces hommes ne l'inventèrent pas, ils ne la provoquèrent pas, comme l'a insinué l'esprit de rivalité et de récrimination entre les vainqueurs eux-mêmes, mais ils la laissèrent retentir au delà de ses proportions véritables, et ils autorisèrent involontairement ainsi le gouvernement à concevoir des alarmes disproportionnées au péril et à commander des rigueurs disproportionnées au crime.

Le lendemain de cette nuit sinistre, le général Donnadieu, pressé d'attester son dévouement récent aux Bourbons par l'éclat d'un service immense à leur cause, écrivait aux généraux des départements voisins dans des termes qui n'avaient ni mesure, ni modestie, ni vérité. « *Vive le roi!* disait-il dans sa dépêche à ses collègues, *Vive le roi!* depuis trois heures le sang n'a cessé de couler ! *Vive le roi!* les cadavres de ses ennemis couvrent tous les chemins qui arrivent à cette ville... Depuis minuit jusqu'à cinq heures, la fusillade n'a pas cessé dans le rayon d'une lieue... Encore à ce moment, la légion de l'Isère, qui s'est couverte de gloire, est à leur poursuite ; on amène les prisonniers par centaines... La cour prévôtale en fera prompte et sévère justice ! »

Telles étaient les expressions malséantes à un chef militaire après un devoir facilement accompli, par lesquelles le général victorieux annonçait à la France et au gouvernement l'explosion et l'étouffement de ce complot. Elles expliquent les émotions exagérées et la promptitude de répression du gouvernement lui-même. Une victoire sur les factions intérieures était pour lui une consolidation éclatante aux yeux de la France et de l'étranger. Il était trop naturel qu'il cherchât comme son général à s'exagérer à lui-même le danger pour s'exagérer le triomphe. Mais devait-il colorer inutilement d'un sang précipitamment répandu ces exagérations ?

Le préfet de Grenoble publia une proclamation à la ville

en termes plus modérés, mais en déclarant que la cour prévôtale allait appeler à l'instant sur les coupables la peine capitale, sans retard comme sans indulgence. Plus de quatre cents prisonniers encombraient les prisons. Le tribunal, rassemblé le 6 mai, condamnait à la peine de mort Drevet, Buisson et David, pris les armes à la main dans le combat nocturne de l'avant-veille. Le lendemain on les conduisit au supplice. Ils y marchèrent en chantant des chants patriotiques, et leur dernier cri, « Vive l'empereur ! » fut sur l'échafaud ce qu'il avait été sur le champ de bataille.

On semblait vouloir enlever le temps à la réflexion et prévenir par la promptitude et l'irrémédiabilité du supplice les explications, les repentirs ou les excuses, et les clémences qui pouvaient surgir d'une instruction de sang-froid. Le gouvernement, étourdi lui-même par le contre-coup des dépêches de Grenoble, ne se prêtait que trop à ces précipitations. Par la rapidité de ses mesures et par le nombre de ses victimes, il donnait crédit à ses dangers et à sa force. Harcelé à Paris par les reproches de faiblesse qui l'assiégeaient à la chambre, dans les journaux et dans la cour du comte d'Artois, il saisissait cette occasion de démentir ces suspicions des ultraroyalistes, en se montrant aussi irrité et aussi implacable qu'eux.

Une circulaire du ministre de la police, M. Decazes, plaçait quatorze départements en état de siége, récompensait les délations, provoquait les arrestations, remuait le zèle, appelait aux armes les pouvoirs militaires, mettait les citoyens suspects à la discrétion des pouvoirs civils. « Que les mauvais citoyens tremblent ! répondaient à cette circuculaire le préfet et le général Donnadieu. Les autorités ont un pouvoir discrétionnaire ; quant aux rebelles, le glaive de la loi va les frapper. » Un ordre du jour du même général, rappelant les proscriptions romaines, faisait de l'hospitalité même involontaire un crime capital. Cet ordre du jour statuait que « les habitants de la maison dans laquelle serait trouvé Didier seraient livrés à une commission militaire pour être fusillés. » Et poussant le mépris de l'honneur jusqu'à mettre un prix à la trahison et au meurtre, cet ordre du jour ajoutait : « Il est accordé à celui qui livrera Didier *mort* ou *vif* une somme de trois mille francs. » Le préfet ratifiait deux jours après ces décrets terribles, en étendant le crime d'hospitalité et de pitié à tous ceux qui auraient donné sciemment asile à un individu ayant fait partie des bandes séditieuses. « Il sera arrêté, disait le préfet, condamné à la peine de mort ; sa maison sera rasée ! »

Couthon, dans son proconsulat de Lyon en 1793, n'avait pas tenu un autre langage. Tous les partis s'accusent et se ressemblent, quand ils ne placent pas au-dessus de leurs colères la conscience, la loi, l'humanité.

La cour prévôtale, trop lente, faisait place à un conseil de guerre, tribunal armé, où le colonel Vautré, combattant la veille, jugeait le lendemain les prisonniers.

XIX

Vingt et un condamnés à mort, dont cinq seulement recommandés à la clémence du roi et deux à un sursis, livrèrent le 10 mai quatorze nouveaux insurgés au feu des soldats. C'étaient pour la plupart des paysans entraînés par le torrent de la sédition, dont le sang inutile ne consolidait aucune cause. Ils tombèrent en masse sous les balles, ne laissant que des cadavres presque inconnus à ce carnage de justice.

Cependant les demandes de grâce ou de sursis à l'exécution émanées du conseil de guerre lui-même et recommandées par le général et le préfet étaient parvenues à Paris le 12 mai. Nul ne doutait à Grenoble que le gouvernement, satisfait de ces deux hécatombes, ne ratifiât les scrupules de son propre tribunal. Il y avait parmi les sept condamnés ajournés des hommes dignes de pitié et jusqu'à des enfants entraînés à la sédition par leurs propres pères. Quelles considérations politiques pesèrent sur le conseil du roi et sur la main du ministre de la police? On peut les entrevoir, on n'a pas le droit de les dire. Pression des royalistes, concession de sang à leur terreur, émulation de zèle, soif d'exemple, peur d'être accusé soi-même en excusant des coupables. Quel que soit le motif, l'intérêt, le trouble, qui dictèrent la réponse du ministre, cette réponse partit implacable, inattendue, sinistre ; elle partit par le télégraphe, instrument aérien et imparfait de communication, dont une syllabe omise ou tronquée portait la vie ou la mort à sept hommes. Seul exemple du supplice ordonné comme en Orient par signe. Cette réponse consterna les juges et les exécuteurs eux-mêmes :

« Je vous annonce, par ordre du roi, disait la dépêche, qu'il ne faut accorder de grâce qu'à ceux qui ont révélé des choses importantes.

» Les vingt et un condamnés doivent être exécutés, ainsi que David.

» L'arrêté du 9, relatif aux recéleurs, ne peut pas être exécuté à la lettre.

» On promet vingt mille francs à ceux qui livreront Didier. »

XX

Le ciel lui-même parut vouloir, en se voilant de brume, intercepter ou suspendre cette dépêche de mort et donner aux ministres le temps de la révoquer; mais nul contre-ordre ne vola pour rappeler l'ordre. Le général et le préfet le reçurent le 15. Le même jour, à quatre heures du soir, les sept victimes, dont le scrupule du conseil de guerre n'avait fait que prolonger l'agonie, marchèrent au lieu des immolations, et, s'agenouillant au bord du fossé de l'esplanade encore rouge du sang de leurs frères, ils reçurent la décharge dans le cœur. Un enfant de seize ans, Maurice Miard, à qui aucun code civilisé ne reconnaissait l'âge de discernement et de crime, avait marché avec les autres à côté d'un vieillard qui l'encourageait à la mort. Mal atteint par les balles, soit à cause de sa taille enfantine, soit par la pitié du peloton, dont chaque fusil s'était détourné du buste d'un enfant, Maurice, à peine blessé et qui s'était couché avec les autres au bruit de la décharge, s'agite sous ce groupe de cadavres, relève la tête, étend les bras, implore la mort entière ou la vie de ses meurtriers. Trois nouvelles décharges lui accordent la mort, et il retombe inanimé sur le corps de ses compagnons de supplice.

Le remords de ce meurtre avant l'âge poursuivit depuis

jusqu'au tombeau, comme une fatalité de leur vie, tous les hommes à qui le zèle, l'émulation de services à leur cause ou la politique dénaturée donnèrent un rôle dans cette tragédie et une part dans ce sang de l'innocence.

Donnadieu lui-même, en racontant aux ministres le supplice, raconta le soulèvement qu'il avait excité dans la conscience publique.

XXI

Ainsi périssaient les instruments de la sédition, pendant que les chefs se dérobaient ou étaient épargnés par la peine. Didier lui-même, accompagné de Dussert, de Durif et de Cousseaux, ses principaux complices, était parvenu à franchir les frontières de la Savoie. Accablé par la ruine de ses conceptions, blessé à la jambe par la chute de son cheval tombé à Eybens sur son cavalier, énervé de marches, de faim et d'insomnie, il lui restait à subir les reproches de ses complices et bientôt peut-être, leur trahison. « Vous nous avez trompés, lui disaient ses trois compagnons de fuite dans le vallon solitaire des Alpes où ils s'assirent pour la première fois à un foyer de berger, vous nous avez trompés, Marie-Louise n'était pas à Eybens, et aucun cri n'a répondu au cri de *Vive l'empereur* dans les murs de Grenoble! — Eh bien! sachez-le enfin, répondit le chef, si nous avions réussi, c'est au duc d'Orléans que la France eût remis la couronne! — Le duc d'Orléans! s'écria Dussert, Bourbon pour Bourbon, j'aime autant Louis XVIII! — Si la France l'avait rejeté, répliqua Didier, tout était prévu, et nous aurions proclamé la république ! » Cousseaux indigné l'abandonne. Dussert et Durif poursuivent avec lui leur route à travers les montagnes. La gendarmerie piémontaise, avertie par le gouvernement français, épiait déjà ses traces. Il se dirigeait péniblement vers Saint-Jean de Maurienne, vallée qu'il fallait nécessairement traverser pour se rendre à l'asile qu'il s'était sans doute préparé en Italie ou en Suisse dans ses excursions du dernier printemps. Arrivé à Saint-Sorlin d'Arve, village peu éloigné de Saint-Jean de Maurienne, il se jeta, accablé de fatigue, sur un grabat de l'auberge, et s'endormit profondément en attendant le repas qu'on lui préparait. Ses compagnons Dussert et Durif l'abandonnèrent pendant son sommeil. Son hôte, nommé Balmain, les suivit, et, soit indiscrétion de Durif et de Dussert, soit soupçon, il courut avertir la gendarmerie de Saint-Jean de Maurienne, et vendre un hôte dont il connaissait la mise à prix.

A son réveil, Didier s'étonne de ne plus voir autour du foyer ni ses amis ni son hôte. Son cœur se trouble ; la femme de l'aubergiste rougit de la trahison préméditée de son mari, tombe aux pieds du vieillard, lui révèle le piége, lui donne du pain, panse ses pieds enflés par les blessures et par la route, et lui montre les bois de sapins où il pourra se dérober à ses persécuteurs. Didier se traîne jusqu'au sommet de la montagne, à travers les brumes, ne sachant s'il y a plus de péril pour lui en France que dans les Alpes. Il tombe de lassitude et de désespoir sur la terre froide, détrempée de neige, et s'évanouit. Il revient de son évanouissement, redescend, entre dans un chalet écarté du village, est secouru par la femme, repoussé, mais non trahi, par le mari. On lui donne un enfant pour le conduire dans une grange déserte et isolée, dans les clairières où les montagnards gardent leurs foins pour leurs troupeaux ; il s'y abrite et se couche sur l'herbe du grenier.

Cependant son premier hôte, le traître Balmain, revient accompagné des gendarmes de Saint-Jean de Maurienne, croyant leur livrer son hôte endormi. Sa femme lui avoue qu'elle a voulu éviter cette honte à sa maison et cette richesse si mal acquise par le sang vendu à ses enfants. Le cupide hôtelier insulte sa femme et ses fils, guide les gendarmes, interroge les bergers de la montagne, apprend de l'un d'eux qu'on a vu un vieillard harassé se traîner à travers les sapins vers la grange déserte ; il y court avec les carabiniers, cerne le chalet, enfonce la porte, découvre Didier étendu sur la paille, le livre aux gendarmes, et mendie la récompense des délateurs. Didier, d'abord conduit à Turin, est livré à la France et ramené à Grenoble sur le théâtre de son crime. Le général Donnadieu le reçoit, l'interroge, prétend en avoir reçu des aveux qui donneraient des importances et des ramifications mystérieuses à sa conspiration. Mais Donnadieu était trop intéressé pour être impartial dans l'interprétation de ces prétendues confidences. La vanité de Didier était intéressée elle-même à grandir le complot dont il avait été le moteur. « A quel péril avons-nous échappé ! s'écria le général en parlant au colonel Vautré, après son entretien secret avec Didier. Le roi me ferait maréchal de France, et toi lieutenant général, qu'il n'aurait rien fait encore pour le service que nous lui avons rendu ! » Paroles où s'échappe la moitié du mystère de ce complot. Légèreté d'un côté, ambition de l'autre, crédulité ici, exagération là, nuage partout.

XXII

A peine Didier fut-il sans espoir qu'il redevint sincère, et ne chercha plus ni à tromper les autres ni à se tromper lui-même sur la nature de l'acte qu'il avait seul conçu, perpétré et accompli. Son âme légère et agitée retrouva l'aplomb et le calme au bord du tombeau. Il se tourna vers Dieu et accepta, en expiation de sa démence, la mort qu'il ne pouvait éviter. Il nourrit ses dernières heures de la lecture de l'*Imitation de Jésus-Christ*, ce manuel de la résignation et de la pénitence chrétiennes. Une épouse inséparable, des enfants pieux pénétrèrent dans son cachot et s'interposèrent nuit et jour entre la vengeance publique et lui. Il ne chercha ni à aggraver, ni à pallier son crime. Il laissa entrevoir que la gloire du conspirateur changeant par le mystère et par l'audace la face de son pays était le mobile principal de sa conjuration. Il fit remarquer, et il sembla déplorer lui-même la contradiction qui existait entre sa vie consacrée à la cause, à l'amour, au service des Bourbons, et sa mort méritée par un attentat contre leur famille. « Hélas! dit-il, j'ai marché à reculons vers l'échafaud! » Puis il s'abîma dans une religieuse acceptation de son sort. L'arrêt mortel ne parut ni l'étonner ni l'abattre. Reconduit dans son cachot, il y passa les dernières heures adoucies par les bénédictions de la religion et les tendresses de sa femme, qui s'ensevelissait d'avance dans le cercueil du condamné. Jamais l'amour conjugal ne partagea plus complétement le supplice pour n'en laisser que la moitié au mourant. Le général Donnadieu, poursuivant le mystère politique qu'il espérait arracher à Didier jusque sur le bord de l'échafaud, pénétra dans le cachot un instant avant l'heure de l'exécution. « Que vous avouerai-je ? répondit Didier obsédé aux instances du général, dans une heure je ne serai plus. » Et comme Donnadieu insistait encore : « Eh bien ! dites au roi que la seule preuve de reconnaissance que je puisse lui donner en retour des bienfaits que j'en ai reçus est de lui conseiller d'éloigner de lui, du trône et de la France, le duc d'Orléans et M. de Talleyrand. — Ce furent là, écrivit le général, les dernières paroles d'un homme près d'entrer dans l'éternité. »

XXIII

Livré une minute après aux bourreaux, on lui lia les mains et on coupa ses cheveux blancs recueillis et arrosés des larmes de sa femme. Cette épouse, vieillie dans la douleur et forte dans le trépas, se préparait à l'accompagner jusque sur l'échafaud pour recueillir aussi son sang et son corps. On fut obligé d'employer une pieuse violence pour arracher son mari de ses bras. Didier marcha au supplice la tête nue, le manteau de nuit jeté sur les épaules, sous une pluie froide, à travers les rues désertes, au milieu du silence de la mort. Son pas était ferme, son visage attentif aux édifices, aux fenêtres, aux visages qu'il avait connus dans sa ville natale. Au moment où il débouchait sur la place de l'exécution, une fenêtre s'ouvrit et se referma tout à coup, et un cri de détresse déchira les airs et les cœurs.

Adieu suprême d'une épouse ou d'une fille échappée à la vigilance de la famille pour jeter encore son âme au mourant.

Didier se retourna, et pâlit à ce cri auquel il allait répondre d'une autre vie. Puis il reprit sa prière mentale, monta sans trébucher les degrés de l'échafaud, écarta de la main le bourreau qui voulait inutilement ajuster sa tête sous le couteau, s'y plaça lui-même, et reçut en martyr le coup qu'il avait affronté en conjuré.

XXIV

Avec lui s'évanouit une conjuration qu'il portait tout entière dans sa tête. Malgré les efforts du général Donnadieu et des hommes qui avaient élevé la conspiration de Grenoble jusqu'à l'importance d'une révolution pour rejeter le crime tantôt sur M. Decazes, tantôt sur M. de Talleyrand, tantôt sur le duc d'Orléans lui-même, aucun indice ne vint pendant trente ans justifier ces soupçons. Les paroles mêmes de Didier mourant, vagues, extorquées, entendues par un seul témoin intéressé, et interprétées par lui seul dans le sens de sa propre importance ou de ses propres haines, étaient un avertissement plus qu'une accusation. Il est vrai qu'après son avénement au trône, le duc d'Orléans sembla faire de la cause de Didier sa propre cause, en élevant sa famille aux emplois publics, en récompensant ses complices, en indemnisant ses victimes. Mais on sait que les révolutions accomplies se portent presque toujours héritières des révolutions tentées, bien qu'elles soient étrangères à ces tentatives. Le successeur des Bourbons se voyait obligé d'accepter comme versée pour lui chaque goutte de sang versée contre eux pendant leur règne. Celui des vingt-cinq victimes de Grenoble avait eu un cri trop sinistre pour le laisser oublier. Ce qui est certain, c'est que Didier, s'il eût réussi, aboutissait inévitablement à un changement de dynastie, non en faveur d'un enfant prisonnier à Vienne, mais en faveur d'un prince mûr, habile, populaire, et présent en France. Ce conspirateur, en levant le drapeau de Grenoble contre le roi, croyait flatter, servir à leur insu, et entraîner, malgré eux peut-être, dans sa victoire, les partisans prématurés de la maison d'Orléans. Ce prince ne conspirait pas et ne donnait à personne le mandat de conspirer pour lui, nous le savons; mais les murmures de cour, les amertumes de langage, les accusations des partis, les inimitiés sourdes de famille, éclataient trop près de lui parmi ses familiers et ses serviteurs, pour qu'il ne parût pas responsable des inductions qu'un conspirateur officieux pouvait tirer de ces apparences. Le duc d'Orléans, innocent d'acte et de volonté pendant tout le cours de la restauration, était coupable de situation, d'attitude et de silence; Didier fut coupable de vaine gloire cherchée dans le sang; Donnadieu, de jactance; M. Decazes, de promptitude à devancer les reproches de la cour et de la chambre en faisant un signe de mort aux bourreaux de Grenoble; le roi, de complaisance à son parti et d'implacabilité envers des vaincus sans lendemain. Cette tragique intrigue, dénouée par les cadavres de tant de victimes, laissa une tache sur cette triste époque.

Le prix de la tête de Didier, payé à son hôte *Balmain* et à son dénonciateur *Sert*, ne profita pas à la trahison. Sert, après avoir reçu les vingt mille francs promis et un emploi dans un département éloigné, y fut poursuivi par la renommée de son trafic de tête, isolé dans la foule, injurié dans le nom de ses enfants, obligé de vendre à vil prix ses biens paternels, exclu de tout commerce avec les hommes et même avec Dieu, dont les temples se fermaient devant lui.

La maison de Balmain, l'hôte infidèle et vénal, fut marquée d'un signe de réprobation et désertée des voyageurs. Sa femme mourut de honte de porter son nom, ses enfants abandonnèrent le village; le père, après avoir mendié à Paris le prix du sang de Didier, perdit la raison en revenant dans ses montagnes, mais sans pouvoir perdre le souvenir de sa trahison. Le salaire de la délation ne profite ni à ceux qui le gagnent ni à ceux qui le payent. C'est une loi de Dieu que les hommes se chargent eux-mêmes d'exécuter.

XXV

Les conspirations de Grenoble et de Lyon étaient à peine éventées que des sociétés secrètes, puisant des ressentiments plus âpres dans des vengeances plus implacables, tentaient de toutes parts d'autres soulèvements. Un ouvrier en cuir nommé Plaignier, un écrivain public nommé Carbonneau, et un ciseleur nommé Tolleron, forment le noyau imaginaire d'une société de conspirateurs connus sous le nom de *patriotes de* 1816. Épiés par la police qui avait introduit un de ses provocateurs dans leurs réunions, cet agent les encouragea à tenter l'assaut des Tuileries en y faisant brèche par l'explosion d'une mine introduite par un égout qui joint le fleuve au palais. On laissa monter cet échafaudage de puérilités, de perversités et d'impossibilités jusqu'à la hauteur d'un crime d'État. Un jury passionné et implacable, comme tous les tribunaux d'opinion dans les temps de parti, condamna les trois premiers fondateurs de la réunion à la peine des parricides, dix-sept autres complices inférieurs et jusqu'à des femmes à des peines infamantes. La police retira ses agents de la cause, et la police n'y trouva que les dupes recrutées par elle-même. Plaignier, Carbonneau et Tolleron marchèrent à la mort, le visage couvert d'un voile noir, comme s'ils avaient attenté à la vie de leur père. On leur coupa le poing avant de leur trancher la tête. L'horreur de ces supplices pour des crimes si douteux et si indécis accrut dans le peuple la haine, et en la comprimant la rendit plus perverse. Les sociétés occultes s'entendirent par signes d'une extrémité du royaume à l'autre. Le retentissement des condamnations contre les généraux accusés de complicité avec Bonaparte pendant les cent-jours ajoutait des tragédies à des tragédies. L'amiral Linois, le général Debelle, le général Travot, étaient condamnés à la peine de mort. Drouot et Cambronne n'échappaient à la même peine qu'à une faible majorité. Le général Chartron était fusillé dans la citadelle de Lille; le général Bonnaire était déporté, son aide de camp Mietton exécuté; le général Mouton-Duvernet immolé à Lyon; les généraux Lefebvre-Desnouettes, Rigaud, Gilly, Gruyer, Radet, Drouet-d'Erlon, les deux Lallemand, Clausel, Brayer, Ameilh, les uns emprisonnés, les autres fugitifs, expiaient en personne ou en effigie la peine presque toujours capitale de leur défection.

Les procès de presse et les procès de propos séditieux suivaient partout ces condamnations ou ces exécutions militaires. Les tribunaux correctionnels rivalisaient de rigueur avec les jurys criminels et les conseils de guerre. Le parti de la cour et des chambres, insatiable de sévérités, accusait, par la plume de ses écrivains, la mollesse des répressions et la longanimité du roi et de ses ministres. Il n'y a pas de tyran plus implacable qu'une passion publique. Louis XVIII gémissait sans avoir la force de contenir. Il croyait racheter, par ces sacrifices à la vengeance ou à la sûreté de son trône, la confiance et la douceur qu'il avait commandées à sa famille et dont il avait été puni par les bonapartistes, à son premier règne. Le duc de Richelieu, exclusivement attentif à la libération du territoire, œuvre principale de son ministère, croyait hâter l'évacuation du sol en montrant aux étrangers le règne actuel partout vengé, craint ou obéi.

XXVI

M. Decazes, malgré ses concessions aux clameurs de la cour du comte d'Artois, ne se dissimulait pas que le gouvernement dérivait de sa ligne et allait être emporté aux écueils des gouvernements de parti. Le premier débris que cette réaction devait emporter, c'était lui. Homme jeune, il répugnait à cette cour de l'émigration, aigrie dans la solitude des longs exils, désorientée dans son propre pays; homme nouveau, il déplaisait à cette aristocratie antique, à qui l'habitude d'entourer le monarque faisait considérer le pouvoir comme une propriété de son rang; favori du roi, il inquiétait la famille royale sur les concessions de principes et d'autorité qu'il inspirait à ce prince. M. Decazes était, aux yeux de la cour du comte d'Artois, un Necker rajeuni, recommençant, après les catastrophes révolutionnaires, les connivences avec l'opinion publique qui les avaient précipitées. Le renvoi de M. de Vaublanc, ministre avoué de la faction du comte d'Artois et son témoin dans le conseil, rendait déjà ces antipathies contre M. Decazes presque irréconciliables. Cette faction, sourde mais turbulente, affectait par décence de situation le dévouement le plus excessif à Louis XVIII, mais elle avait ses manœuvres occultes dans le palais, son parti dans la chambre, ses comités dans les provinces, ses congrégations sous le manteau de la religion dans l'Église, ses ramifications dans les conseils des souverains étrangers, ses organes avoués ou désavoués dans le journalisme. L'irritation croissante de la presse royaliste, de la majorité de la chambre, de la pairie, faisait espérer à cette faction intestine qu'au prochain retour des députés à Paris elle parviendrait à dominer seule le conseil, à exclure les hommes nouveaux, à les remplacer par ses agents les plus fanatiques, et à entraîner le roi à des ruptures éclatantes avec l'esprit nouveau. Cependant la nécessité, dans toute forme de gouvernement constitutionnel, de séduire l'opinion avant de la dompter et de puiser dans une certaine popularité la force d'asservir le peuple, obligeait les hommes les plus habiles de ce parti à affecter pour les constitutions représentatives un zèle réel chez les uns, menteur chez les autres, qui donnait au parti royaliste exagéré une apparence de libéralisme jaloux. M. de Chateaubriand se signalait par son talent dans ce parti nouveau. Dans un petit code de royalisme à la fois dogmatique et sentimental intitulé *la Monarchie selon la charte*, ce grand écrivain s'efforçait, avec autant d'habileté que d'éclat, de concilier la monarchie et la liberté. Il se faisait, dans ce livre et dans des improvisations de plume jetées aux journaux de la cour, le publiciste éloquent de la royauté à trois branches calquée sur la constitution britannique et sur le type des idées de Mirabeau en 1789. L'esprit ressuscité de l'Assemblée constituante semblait revivre en lui et dans ses amis. On croyait relire dans leurs pages les discours des Clermont-Tonnerre, des Mounier, des Cazalès, des Maury dans cette assemblée. Les trois pouvoirs, pondérés imaginairement l'un par l'autre, se balançaient, au souffle de M. de Chateaubriand, dans un équilibre dont les éléments, réels en Angleterre, avaient disparu en France. Il n'y avait plus parmi nous qu'une royauté d'habitude et une immense démocratie de fait. Aussi les idées de M. de Chateaubriand tendaient-elles à reconstruire l'impossible, c'est-à-dire un pouvoir constitutionnel, aristocratique et héréditaire dans une noblesse que l'égalité des partages et la suppression de la féodalité n'admettaient plus. C'était là l'erreur de M. de Chateaubriand et de son école. La répugnance organique de la nation au rétablissement d'une caste privilégiée rendait les avances de cet écrivain suspectes au parti libéral; mais, quand on consentait à passer sur cette impraticabilité radicale de son système, on écoutait et on répétait avec complaisance les beaux accents de générosité et de liberté qui vivifiaient ses écrits. Sa naissance, qui l'affiliait à la haute aristocratie, ses élégies chrétiennes, qui en avaient fait depuis douze ans le *Jérémie* de l'Église; son style, qui le popularisait dans toutes les imaginations vives et sensibles; sa haine contre Napoléon et contre son despotisme, dont il s'était fait le *Tacite;* son adoration des Bourbons, gage de sécurité pour les royalistes; son ambition d'autant plus active aujourd'hui qu'elle avait été plus ajournée et plus impatiente sous le dernier règne, rendaient M. de Chateaubriand l'homme à la fois le plus nécessaire et le plus dangereux à la nouvelle monarchie. Mécontent du roi, qui n'appréciait pas à un assez haut prix ses services; dévoué mais suspect au comte d'Artois, qui voulait des serviteurs plus dociles, il flattait et inquiétait tour à tour les deux influences qui se disputaient le palais : constitutionnel avec le roi, royaliste avec son frère, ne rompant encore entièrement ni avec l'un ni avec l'autre, respectant en apparence M. de Richelieu et M. Lainé, mais poursuivant déjà dans M. Decazes le favori qu'il méditait de renverser.

XXVII

Le roi et M. Decazes étaient trop clairvoyants pour ne pas voir dans le parti exalté et arriéré de la cour et de la chambre les symptômes de l'orage qui se formait contre eux. Ils cherchaient des contre-poids naturels dans les hommes ralliés de cœur ou d'ambition à la monarchie, mais que leurs antécédents rendirent incompatibles avec la renaissance de l'ancien régime. La plupart, hommes de gouvernement plus qu'hommes de principes, appartenant par leurs noms à la vieille royauté, ralliés à l'empire pendant ses prospérités, s'en étant détachés les premiers à sa chute, ayant retrouvé en 1814 leur vieux dévouement pour la famille des Bourbons, écartés des affaires ou hésitant en 1815, se rapprochant du trône depuis que le trône était relevé, recherchant M. Decazes par similitude d'antécédents depuis que ce jeune ministre possédait le cœur du monarque, et s'abritant sous cette influence pour remonter les échelons brisés de leur fortune politique; M. Pasquier, M. Molé, M. de Barante, M. Mounier, M. Villemain, M. Guizot, M. Anglès, les uns déjà rompus aux vicissitudes des gouvernements et modérés par lassitude, les autres encore jeunes et modérés par force d'esprit; ces hommes, presque tous remarquables par leurs talents ou par leurs espérances, étaient le noyau d'un parti intermédiaire destiné à beaucoup s'étendre et à beaucoup grandir, parce qu'il se plaçait où le roi se plaçait lui-même et où va la foule après les révolutions, entre tous les partis, offrant aux uns sécurité, aux autres satisfaction, à tous des gages. Un homme supérieur à eux par les années et par l'autorité, M. Royer-Collard, philosophe et politique à la fois, les couvrait du mystère de ses conceptions, de la dignité de sa vie et du prestige de ses aphorismes. Il était le Sieyès concentré et silencieux de ce parti naissant. A toute religion, il faut un oracle. M. Royer-Collard était l'oracle encore indécis de cette secte active et équivoque qu'on devait appeler plus tard les *doctrinaires*.

XXVIII

M. Decazes, qui avait besoin de faire un parti personnel au roi, prêta l'oreille aux conseils de ces hommes et s'entoura d'eux pour fortifier sa propre situation. C'est dans les entretiens de ces conseillers qu'il puisa l'idée et l'audace du coup d'État auquel il voulait amener le roi.

Quatre ministres, M. de Richelieu, M. Lainé, M. Decazes et M. Corvetto, convaincus que les rênes du gouvernement seraient arrachées des mains du roi s'ils ne prévenaient pas le retour de la chambre, prirent la résolution hardie de la dissoudre avant qu'elle eût fait une loi d'élection, et d'en appeler au pays de l'exagération et de la violence de ses représentants. Le roi, qu'il fallait avant tout entraîner dans cette résolution courageuse, hésita quelques jours, puis entra lui-même dans cette conspiration contre ses amis exclusifs. Le secret de ce coup d'État, fidèlement gardé entre quelques hommes, éclata le 5 septembre dans la nuit, sans que les collègues des ministres et sans que le frère du roi lui-même eussent eu le pressentiment du coup qui les frappait. On lut, le matin du jour suivant, dans les feuilles publiques, l'ordonnance du roi qui, en confirmant de plus en plus sa volonté de régner par la charte, prononçait la dissolution de la chambre de 1815, et convoquait pour le 4 octobre les électeurs.

Le roi, qui voulait éviter les reproches de son frère sur un secret et sur un acte si agressif contre lui, avait chargé le duc de Richelieu d'aller lui communiquer l'ordonnance avant l'heure où elle serait publique. Le comte d'Artois reçut cette communication comme il aurait reçu le coup de mort à la monarchie. Il prophétisa la ruine du trône privé de ses véritables appuis. Il vit dans Louis XVIII un autre Louis XVI, ouvrant la brèche et frayant lui-même la route à ses ennemis. Le château retentit de sa colère et de ses gémissements. Ses amis osèrent accuser à haute voix M. Decazes de trahison. La duchesse d'Angoulême refusa de recevoir les ministres de son oncle. Le duc d'Angoulême, plus mûr que son père et plus modéré que sa femme, se confia sans répugnance et sans murmure à la sagesse du roi. Le duc de Berri, que sa jeunesse et ses goûts militaires laissaient entourer des jeunes officiers de l'empire, et qui affectait dans l'intimité le mépris des vieilles superstitions de l'ancien régime, s'écria que le roi avait bien fait de s'affranchir du joug intolérable d'une chambre à la fois servile et révoltée. Le parti de la cour bouillonna jusqu'à la démence. La masse immense de l'opinion, lasse déjà des agitations et des fureurs de la représentation qu'elle avait nommée l'année précédente, répondit au coup d'État du 5 septembre par une unanime acclamation de joie. A l'exception des partisans exclusifs du trône, la France entière, en un seul jour, devint royaliste. Le pays semblait avoir reconquis son roi, le roi son pays.

Le ministère triomphant fut attaqué violemment par M. de Chateaubriand dans une phrase ajoutée à une de ses brochures. Le roi le destitua de son titre de ministre d'État, en lui conservant ses pensions. La lutte s'ouvrit entre le gouvernement et les royalistes. M. de Richelieu, qui voulait affranchir le roi de ses amis sans le livrer à ses ennemis, recommanda aux agents de l'administration de n'exclure des candidatures à la chambre que les hommes rebelles aux sages inspirations du roi, mais d'en écarter énergiquement les révolutionnaires et les bonapartistes. M. Lainé parla le même langage dans ses instructions. Le roi lui-même parla en père aux présidents des colléges électoraux qui venaient prendre ses ordres avant leur départ pour les provinces. « Dites aux Français que c'est un vieillard qui leur demande de rendre ses derniers jours heureux par le spectacle de la réconciliation et du bonheur de ses enfants. » Les élections inspirées par cet esprit ratifièrent en majorité le coup d'État du 5 septembre, en excluant les députés violents du parti rétrograde et en accroissant la force du parti du roi et de la modération. M. de Vitrolles lui-même, âme des conseils du comte d'Artois, fut répudié par les électeurs. Il en fut de même de M. Laborie, satellite remuant de M. de Chateaubriand, de M. de Sesmaisons, de M. de Béthisy, de M. de Polignac. Presque tous les hommes qui s'étaient dénoncés eux-mêmes à l'opinion pendant la session dernière, soit par des motions de vengeance, soit par des aspirations au rétablissement de l'ancien régime, soit par des intrigues sourdes dans les intimités de la maison royale, furent réprouvés pour leur zèle, pour leurs systèmes ou pour leurs manœuvres. La nation se déclara pour elle-même et pour le roi contre les excès du royalisme et contre les agitations révolutionnaires. Des orateurs éminents par le souvenir de leur modération et de leurs talents pendant les phases du dernier régime, tels que Camille Jordan, Ravez, ami de M. Lainé, Courvoisier, Mortier, duc de Trévise, Chabrol, Jacquinot de Pampelune, remplacèrent ces députés violents et vinrent recruter de nombre, d'éloquence et de considération, ce centre de la nouvelle représentation, où le roi, M. de Richelieu, M. Lainé et M. Decazes voulaient se placer avec la majorité du pays. Des hommes rompus aux affaires, tels que M. Pasquier, M. Siméon, M. Roy, M. Beugnot, orateurs diserts, se disposaient à les seconder.

M. de Villèle et M. de Corbière groupèrent autour d'eux les restes de la chambre de 1815, en les modérant. Parti d'observation parlementaire plutôt que d'opposition, ils semblèrent attendre les actes du gouvernement avant de se décider, soit à l'appuyer, soit à le combattre. Quelques hommes plus trempés dans les souvenirs de 1789, tels que Camille Jordan et ses amis, professaient l'accord des principes régénérateurs et de la royauté constitutionnelle.

Deux hommes presque isolés, M. Laffitte et M. d'Argenson, se signalaient par une tendance plus républicaine qu'impérialiste : M. Laffitte, banquier populaire, jouissant d'un crédit fondé sur sa fortune noblement prodiguée et sur un esprit ambitieux d'importance ; M. d'Argenson, grand seigneur philosophe et bienfaisant, que l'inflexibilité inapplicable de ses systèmes populaires rendait irréconciliable avec toutes les oppositions et tous les gouvernements.

Le roi, en ouvrant la session, parla avec attendrissement des souffrances que la disette des grains faisait éprouver à son peuple; de ses négociations avec le pape pour un concordat qui maintiendrait la liberté des consciences, tout en accroissant les subsides de l'État au clergé ; enfin, de sa ferme résolution de soutenir la charte, traité de paix plus important encore entre le passé et le présent : il donna en témoignage de cette volonté énergique son coup d'État du 5 septembre. Le premier acte de l'Assemblée démontra aux royalistes exaltés la décroissance de leur opinion dans les votes. Les deux membres qui réunirent le plus de suffrages pour la candidature à la présidence furent M. Pasquier et M. de Serre. M. Pasquier, inspirateur confidentiel de la dissolution de la chambre de 1815 ; M. de Serre, ancien émigré, ayant déposé les armes pour rentrer depuis douze ans dans sa patrie, passé de l'armée royale dans la magistrature, homme que l'universalité de ses aptitudes, l'élévation de son âme et la splendeur de son éloquence plaçaient au-dessus des partialités et des intrigues de son temps. Le roi donna la présidence à M. Pasquier. Ce fut une faute du ministère. Les antécédents impérialistes de cet homme d'État, ses fonctions de préfet de police longtemps exercées sous Bonaparte et sous Savary, sa surprise et son emprisonnement inhabiles par trois conspirateurs sans autre force que leur audace, à l'époque du complot de Mallet, devaient désigner M. Pasquier à la défiance, au ressentiment et aux sarcasmes du parti royaliste dans la chambre. M. de Serre aurait rapproché, M. Pasquier éloignait. En le désignant, M. Decazes pensait plus à sa reconnaissance personnelle qu'à la concorde entre le roi et l'Assemblée. Cependant les deux chambres, dans leur réponse au discours du roi, se bornèrent à une paraphrase respectueuse des volontés de la couronne. Les royalistes désavoués par l'opinion se réfugièrent dans des intrigues occultes dont le foyer était dans le palais du roi.

XXIX

Une loi d'élection, première réparation que le roi devait aux chambres offensées par le coup d'État électoral du 5 septembre, fut présentée par le ministère. Elle affectait le droit d'électorat à tout propriétaire qui payait trois cents francs de contribution directe. On avait cru rencontrer à cette limite précise de la propriété le point central où l'aristocratie et la démocratie se touchaient assez pour exprimer à la fois le vœu national et la responsabilité sur gage matériel de tout citoyen dans le sort de l'État. Les royalistes, par l'organe de M. de Villèle, demandaient l'élection à deux degrés, qui, plus populaire à la base, devenait plus aristocratique à son sommet. M. Royer-Collard défendit le ministère et les élections à un seul degré. Il signala les assemblées tumultueuses du peuple réuni en assemblée primaire, comme la cause du sang versé pendant la première révolution. M. de La Bourdonnaie, orateur amer et injurieux de l'ultraroyalisme irrité dans l'Assemblée, qualifia le ministère du titre de *Directoire*, modifié par l'introduction de M. Lainé dans le conseil du roi, espérant ainsi humilier la couronne, et montrer aux royalistes un roi dégradé dans un conseil plus souverain que lui. Deux jeunes écrivains à qui la tribune manquait, mais qui servaient de leur plume le ministre, M. Guizot et M. de Barante, écrivirent sous son inspiration contre l'élection à plusieurs degrés. La loi fut plutôt arrachée qu'obtenue de la chambre des députés.

A la chambre des pairs, le parti du comte d'Artois, M. de Chateaubriand, M. de Fontanes, M. de Polignac, M. de Fitz-James, combattirent en vain cette mesure, de concert avec MM. de Villèle, de Corbière et de La Bourdonnaie. Le roi sollicitait lui-même des voix dans sa cour pour ses ministres; il triompha plus par déférence que par conviction. La loi fut sanctionnée. Elle constituait une France électorale de cent mille grands et moyens propriétaires. Elle les réunissait pour élire leurs représentants dans le chef-lieu du département. Elle dépaysait ainsi les patronages conservateurs et les clientèles locales. Elle détrônait la considération privée pour lui substituer la renommée banale. Elle excluait le peuple, et elle constituait la cabale politique. Deux erreurs qui devaient enfanter bientôt leurs conséquences : l'opposition croissante dans les masses, et l'agitation ambitieuse dans les assemblées.

XXX

Des discussions acerbes sur la presse et sur la liberté individuelle encore suspenduees et la discussion du budget remplirent le reste de la session. Malgré les efforts de M. de Chateaubriand et de M. de Fitz-James à la chambre des pairs, le ministère y triompha dans toutes les questions, comme il avait triomphé de M. de Villèle et de M. de La Bourdonnaie à la chambre des députés. La France, quoique encore partiellement agitée par des séditions suscitées par la disette, aspirait au calme. Les dernières convulsions du bonapartisme expiraient partout dans des conspirations sans âme et sans but. Les royalistes exaltés agitaient seuls, non le pays, mais la cour et les journaux.

Ce calme fut un moment troublé à Lyon par l'éclat d'une conspiration à laquelle le zèle et les ombrages des autorités royalistes du département donnèrent plus d'importance et plus de corps que le complot n'en avait en réalité. Le général Canuel, ancien collègue du général Rossignol dans les guerres républicaines contre les Vendéens, converti au royalisme depuis, avide de renommée dans sa nouvelle cause, commandait le département. Ce général ne cessait, par inquiétude d'esprit et par émulation de fidélité, de dénoncer au gouvernement et au commissaire général de police à Lyon, M. de Sainneville, des périls imaginaires, inventés ou grossis par les espions militaires ou par les espions officieux de son entourage. M. de Sainneville, après avoir quelquefois sévi contre les hommes déclarés suspects par le général, croyant la tranquillité assurée, était parti pour Paris, laissant pour quelques jours la ville à la police militaire. Quelques officiers à demi-solde des villages voisins de Lyon, enrôlés dans une conjuration par un capitaine de la légion de l'Yonne, nommé Ledoux, se concertent à sa voix pour soulever leurs cantons et pour marcher sur Lyon le 8 juin. Ledoux leur promet le concours d'une partie des troupes et du peuple, à la tête desquels il doit les rejoindre. Quelques-uns des conjurés attendent en effet Ledoux. Étonnés de son retard et de la solitude des rues, ils vont le chercher dans sa demeure. Il n'y était plus. Ils épient son retour. La journée s'écoule ; à la chute du jour ils voient le capitaine Ledoux rentrer dans la ville, ils le suivent inaperçus. Ledoux entre chez le général Canuel comme s'il allait lui faire un rapport secret : au moment où il en ressort, ses complices, qui le soupçonnent de les avoir trahis, l'étendent mort d'un coup de feu. A la même heure le tocsin sonne dans onze villages populeux des rives de la Saône et du Rhône ; un petit nombre de conjurés, anciens militaires, et des masses de paysans, confuses, étonnées, se rassemblent au bruit du tocsin, les uns croyant aux rumeurs d'une révolution accomplie à Lyon, les autres croyant que la cloche les appelle à l'incendie. Quelques gendarmes et un faible détachement de troupes suffisent à les disperser sans lutte. La conjuration puérile ou imaginaire s'évanouit avec le jour. Sept ou huit officiers et sous-officiers licenciés et quelques paysans, complices de ce complot soldatesque, sont seuls coupables de démence plus que de sédition. Mais le général Canuel, le préfet et le maire de Lyon, les uns par jactance, les autres par crédulité ou par panique, font retentir dans toute la France le bouillonnement de ces villages comme l'explosion d'une révolution. Le ministre y croit ou affecte d'y croire, pour complaire à ses ennemis, qui l'accusent déjà d'indulgence ou de complicité. M. de Sainneville est renvoyé à Lyon. Il témoigne en vain des doutes sur la réalité des dangers connus. Le préfet et le maire les attestent. Deux ou trois cents suspects sont jetés dans les cachots. La cour prévôtale s'assemble, divise la cause, juge séparément les accusés de la ville et de chaque village, comme pour aggraver l'importance du crime par la multiplicité des foyers de complot. Dix têtes tombent sur l'échafaud dans la ville, onze dans les villages; cent dix accusés n'échappent à la peine capitale que par des condamnations à la déportation ou aux galères. Des colonnes mobiles de troupes et de gendarmes lancées dans les campagnes sèment partout la terreur et la délation, pendant que des agents perfides provoquent à de nouvelles insurrections pour avoir à rendre d'autres services.

Cependant le commissaire général de police, M. de Sainneville, témoin de ces excès, revient à Paris et les dénonce aux ministres. Un doute sinistre s'élève à sa voix dans l'âme du duc de Richelieu, de M. Lainé, de M. Decazes, du roi. Ils cherchent la vérité dans ce dédale de crimes réels, de crimes supposés, de supplices incessants. Ils font partir pour Lyon le maréchal Marmont, investi du titre de lieutenant du roi dans ces provinces. Le colonel Fabvier, son chef d'état-major, accompagne le maréchal. Leur présence à Lyon fait éclater enfin le jour véritable sur cette énigme de faux zèle, de trames confuses, de paniques réciproques, de police, de terreur et d'iniquités. Les accusateurs s'accusent eux-mêmes, les témoins se démentent, les agents à double langue se dévoilent, le fantôme des prétendus dangers, l'importance des services exagérés s'évanouissent. Le maréchal Marmont suspend au nom du roi les procédures encore pendantes, les amnisties individuelles adoucissent ou annulent les peines. Le préfet et le général sont rappelés. Marmont et Fabvier reviennent à Paris : ils laissent d'amers ressentiments contre eux dans l'âme des royalistes humiliés. Le complot de Lyon, exploité par les deux partis, et devenu pendant plusieurs années un texte d'accusations mutuelles, reste un de ces mystères des temps agités, où la lumière ne descend jamais jusqu'au fond.

XXXI

Cependant le ministère, séparé de tout alliage avec le parti opposé au coup d'État du 5 septembre, avait admis successivement dans le conseil M. Pasquier à la tête de la justice, M. Molé à la tête de la flotte, le maréchal Gouvion-Saint-Cyr à la tête de l'armée. Ces hommes, tous les trois de capacités diverses, mais éminentes, fortifiaient le conseil du roi. Ils attestaient dans le jeune ministre qui les avait inspirés à son maître un zèle exempt de jalousie pour son service. M. Decazes en ce moment cherchait évidemment plus à servir qu'à dominer, car il se donnait dans ses nouveaux collègues, comme il s'était donné dans M. Lainé, des rivaux et même des supérieurs dans les affaires. M. de Serre présidait la chambre : M. Guizot, M. de Barante,

M. le duc de Broglie, M. Villemain, homme d'espérance, formaient, à titres divers, autour du ministre favori, non-seulement une familiarité, mais une opinion. Tous versés dans l'étude de l'histoire constitutionnelle de l'Angleterre, tous ayant senti en naissant le poids humiliant du despotisme de Napoléon sur la pensée et sur la dignité de l'âme, tous étrangers ou par leur naissance ou par leur jeunesse aux superstitions de la cour de l'ancien régime, ils tendaient de bonne foi à réconcilier la France nouvelle et la vieille monarchie, en mûrissant l'une, rajeunissant l'autre. Doués d'un esprit plus érudit que créateur, ils avaient assez de perspicacité pour comprendre les analogies entre la révolution de 1688 et celle de 1789, pas assez de génie pour en comprendre les différences. Leurs doctrines n'étaient que des imitations : ils voulaient constituer en France, sans en avoir les éléments, un parti parlementaire entre le roi, la noblesse et le peuple, s'emparant du gouvernement par droit de supériorité d'intelligence ou d'ambition, opposant le peuple au roi, le roi au peuple, l'esprit plébéien à la noblesse, et fonder ainsi une caste de gouvernement indépendant de toutes ces formes sociales, subsistant et se maintenant par le talent, le manége des affaires, la plume, la tribune, comme ces races étrangères, mais dominatrices, qui s'imposent et se maintiennent dans l'Orient entre le peuple et le souverain. Tous les hommes usés, mais non lassés, des vieux partis révolutionnaires ou impérialistes, tous les jeunes gens qui se sentaient une supériorité quelconque d'esprit, de parole, de caractère ou même d'ambition, se ralliaient à eux. L'estime d'eux-mêmes et le dédain du vulgaire étaient les caractères dominants de leur école. Insinuants comme une intrigue, intolérants comme un dogme, ils ressemblaient déjà de loin à ces sectes religieuses qui flattaient le monde pour l'asservir. Quelques esprits supérieurs, tels que M. de Serre et M. Royer-Collard, acceptaient le patronage que ces jeunes sectaires leur décernaient pour le décorer de leur considération. Le roi et M. Decazes récompensaient et encourageaient leur zèle, afin d'intimider par eux le parti de la cour et de dominer par eux le parti révolutionnaire. Poids mobile que le ministre de la police, jeune comme eux, pouvait tour à tour porter de tel ou tel côté de l'opinion, pour constituer ce gouvernement d'équilibre qu'il voulait créer au profit du roi. Ces hommes sans racines profondes et sans lien avec le fond du pays étaient éminemment propres à ce rôle : la première de leurs doctrines, c'était leur propre importance, et ils n'avaient rien à refuser au despotisme ministériel de M. Decazes, pourvu que ce ministre ne leur refusât rien à eux-mêmes en influence et en ascendant. M. de Richelieu ne comprenait pas ce nouveau parti. Accoutumé à la servilité grecque des cours absolues du Nord, il ne voyait dans ces jeunes ambitieux que des serviteurs habiles et dévoués à la cour. M. Lainé, républicain de caractère et royaliste par loyauté, discernait par instinct l'esprit d'intrigue qui corrompait ce parti de la jeunesse. Il n'acceptait tant de zèle qu'avec une secrète répugnance ; M. Pasquier le caressait comme un instrument de règne, M. Molé comme un élément utile du principe d'autorité royale, quel que fût le prince ; M. Decazes s'en laissait entièrement circonvenir, sans y adhérer toutefois par ses convictions ni par sa nature : il réservait son cœur au roi et sa politique aux circonstances. Le roi, fier et flatté de rajeunir dans ce parti, né sous son règne et destiné à servir sa pensée personnelle, comblait de sourires, de confidences et de faveurs les amis de son ministre favori.

M. Decazes conquérait de plus en plus ce titre en apparence si contradictoire avec la nature d'un gouvernement constitutionnel, où l'amitié personnelle du roi ne compte pour rien dans son conseil. Mais la monarchie constitutionnelle était si récente et si indécise encore en France à cette époque de 1817, que nul, excepté les rivaux de cour, ne songeait à disputer au roi le droit d'avoir des amitiés, et que tout le monde s'inclinait devant la faveur. Cette faveur, qui avait eu assez de puissance pour décider le roi à rompre avec le passé par le coup d'État contre ses amis exagérés, était devenue en ce moment une sorte de toute-puissance qui tenait dans ses mains le sort de toutes les idées. M. Decazes était l'arbitre des royalistes et des libéraux. Les premiers l'adulaient comme le confident de la couronne, les seconds le servaient comme le modérateur de la monarchie et le conservateur de la charte. Le roi l'aimait jusque dans sa famille. Il s'entourait de tout ce qui lui rappelait son ministre. Une sœur jeune et belle de M. Decazes, mariée à Bordeaux, avait été appelée à Paris pour jouir de la faveur de son frère et pour tempérer, par la grâce des femmes, ces réceptions officielles qui sont en France une décoration obligée du pouvoir. Le roi avait voulu la voir. La figure, la candeur, l'étonnement respectueux de cette sœur de son favori, lui avaient plu. Il l'avait admise et comme contrainte à une sorte de familiarité d'entretien avec lui. Ces délassements d'esprit d'un prince valétudinaire dans l'intimité d'une femme sans ambition et sans intrigue prêtèrent à la jalousie dans le palais des interprétations odieuses. Ces interprétations tombèrent devant la modestie et devant le désintéressement de la nouvelle favorite du roi. La sœur du ministre ne profita pas même pour sa fortune de cette intimité du hasard avec le prince. Entrée pure de tout déshonneur dans le palais, elle en sortit pure après la chute de son frère.

Le roi, qui voulait donner à la fortune de son ministre intime une base plus permanente que son amitié, s'occupait lui-même de le faire adopter par une de ces familles dont l'adoption naturalise les hommes nouveaux dans les races antiques, M. de Saint-Aulaire, marié en premières noces avec une fille du prince de Nassau-Saarbrück, marié depuis avec une femme jeune et belle que sa grâce et son esprit faisaient régner dans les salons aristocratiques et littéraires de Paris, avait eu de son premier mariage une fille. Cette fille était héritière du nom de son père, de la fortune princière d'une branche de Nassau, de l'empire de sa seconde mère sur le monde lettré et politique des salons. Le roi écrivit de sa propre main à M. de Saint-Aulaire pour lui demander la main de sa fille pour son ministre. M. de Saint-Aulaire, trop homme de cour pour résister au vœu du roi, ami politique de son gendre futur, hôte habituel de ce parti nouveau, dont sa maison et celle de M. de Broglie étaient le foyer, accéda au désir du roi. M. Decazes, plébéien répudié par les royalistes, entra par la faveur dans l'aristocratie. Cette fortune de l'heureux ministre irrita l'aristocratie sans la subjuguer. On accusa M. Decazes de vanité, M. de Saint-Aulaire de complaisance, le roi de profanation de sa noblesse. La haine contre le favori s'accrut de son élévation.

XXXII

Les élections de la chambre et le calme du pays permettant au duc de Richelieu de s'absenter, il se proposa de se rendre au congrès d'Aix-la-Chapelle, où les ministres des grandes cours allaient se réunir à l'appel de l'empereur Alexandre et à l'instigation du roi pour délibérer sur l'évacuation anticipée de la France par les corps d'occupation. Mais le parti désespéré qui venait d'être détrôné par l'ordonnance du 5 septembre voyait avec terreur la main de l'Europe se retirer de nos affaires, et livrer la France à la seule domination du roi et à la politique de son ministère. Le duc de Richelieu, l'ambassadeur de Russie Pozzo di Borgo et lord Wellington, condescendant au désir passionné du roi, agissaient de concert pour abréger l'humiliation de la France et pour décider la coalition à lui rendre sa nationalité et son indépendance ; mais des hommes, plus amoureux de servitude que leurs ennemis eux-mêmes n'étaient jaloux d'une plus longue oppression, ourdissaient à Paris, dans les conciliabules de la faction rétrograde, une intrigue apocryphe pour mendier l'intervention de l'étranger dans les affaires du pays. Cette intrigue, plus digne du nom de complot, qui continuait dans une partie du palais les trames de l'émigration, éclata tout à coup par la publication d'un mémoire adressé secrètement aux cours étrangères et qui reçut de ce mystère le nom de *note secrète*. Explosion sourde des colères du parti rétrograde, émanation des terreurs simulées des familiers du comte d'Artois, résumé des griefs d'ambition de quelques hommes que la sagesse du roi, avait rejetés dans l'ombre, cette note d'une diplomatie occulte et à double entente, était plus coupable encore dans son esprit que dans ses termes. Elle ne disait pas formellement à l'Europe de continuer et d'aggraver sa surveillance armée sur la France, elle étalait même le patriotisme dans les mots. Mais, en dépeignant aux yeux des étrangers la France comme une nation en décomposition sociale où *le gouvernement ne se soutient que par la présence des armées étrangères*, et en concluant à une pression décisive sur le roi pour le forcer à changer de système et de ministère, la *note secrète* indiquait péremptoirement aux cours étrangères la nécessité, sous peine de conflagration universelle, de perpétuer encore l'occupation de la patrie. C'était la première révolution authentique de ce gouvernement ou de ce contre-gouvernement occulte composé d'hommes sincèrement mais aveuglément convaincus de la perte de la monarchie entre les mains du roi, et d'autres hommes intéressés à agiter la cour et pressés d'exploiter au profit de leur ambition remuante le règne du prince qu'ils égaraient.

On soupçonna M. de Chateaubriand d'être le rédacteur de cette dénonciation de la France au monde, parce qu'elle exprimait quelques-unes de ses doctrines et qu'elle respirait son inimitié contre les ministres. M. de Chateaubriand avait alors en effet des relations avec les hommes occultes de la cour du frère du roi. Mais une telle dénonciation de sa patrie à l'Europe offensait le patriotisme de ce grand écrivain. Il rejeta loin de lui le soupçon comme une injure. Il était incapable d'emprunter les armes de l'étranger pour combattre à l'intérieur le parti même qu'il détestait. L'auteur de la *note secrète* était, dit-on, M. de Vitrolles. Il l'avait rédigée à l'instigation du comte d'Artois, ou communiquée du moins à ce prince avant de la faire parvenir aux ministres des puissances. Le duc de Richelieu, informé de l'existence de cette pièce étrange par ses agents diplomatiques en Allemagne, fut consterné. Il gémit de tant d'efforts et de tant de sacrifices pour l'émancipation de sa patrie, perdus ou contrariés par une conspiration si antinationale, dont ceux-là mêmes qu'il servait avec dévouement avaient reçu la triste confidence. Il écrivit à l'empereur de Russie, que ces manœuvres commençaient à influencer, pour le ramener à son ancienne confiance en lui et à sa constante générosité pour la France. Pozzo di Borgo et le duc de Wellington, indignés, quoique étrangers, de cette intrigue contre ce gouvernement d'honnête homme et de cette perversité des partis, assistèrent puissamment le duc de Richelieu auprès des souverains pour effacer de leur esprit les ombrages artificieux de la diplomatie occulte. Le congrès s'ouvrit sous de meilleurs auspices le 20 septembre. Le prince de Metternich, suivi de ce cortége de généraux et de publicistes de la cour de Vienne, animés de son esprit, qui dominaient alors l'Allemagne ; M. de Nesselrode et M. Capo d'Istria, confidents politiques de l'empereur Alexandre ; le duc de Wellington, généralissime européen ; lord Castlereagh et M. Canning, hommes d'État de l'Angleterre ; M. de Richelieu enfin, avaient désarmé les souverains. M. de Richelieu avait amené avec lui à ces conférences deux jeunes amis de sa personne et de sa politique, pour l'assister de leurs conseils et de leur parole dans les transactions de ce traité. L'un était M. de Rayneval, nourri dès son enfance dans les traditions de la haute diplomatie française, que son père avait dirigée sous trois règnes ; l'autre était M. Mounier, fils du président de l'Assemblée nationale en 1789, devenu depuis secrétaire intime de Napoléon pendant l'empire, rattaché, après la chute de l'empire, à cette monarchie constitutionnelle rêvée par son père, hommes tous deux dont la modération de cœur garantissait la solidité d'esprit, et à qui on pouvait confier les plus hautes affaires de l'Europe sans craindre ni un excès de zèle, ni une indiscrétion, ni un entraînement de probité. La grâce sérieuse de M. de Rayneval, l'autorité naturelle de M. Mounier, l'intelligence rapide et supérieure de l'un et de l'autre, étaient éminemment propres à tout voir, à tout simplifier et à tout résoudre sous la direction d'un premier ministre qui était en même temps leur ami. Ces choix, approuvés de M. Lainé, étaient des préliminaires heureux de succès.

XXXIII

La présence de l'empereur de Russie et son amitié pour le duc de Richelieu imposèrent la condescendance des autres cabinets aux désirs du roi de France. « Votre nation est brave et loyale, dit Alexandre aux plénipotentiaires français; elle supporte ses infortunes avec une résignation courageuse; me répondez-vous d'elle? La croyez-vous mûre pour l'évacuation? Pensez-vous que son gouvernement soit solidement affermi? Parlez franchement; je suis l'admirateur et l'ami de votre nation; je ne demande que votre parole. Je ne crains pas, ajouta-t-il, le développement des principes libéraux en France, je suis libéral moi-même; je voudrais même que votre souverain rattachât plus fortement, par quelque acte éclatant, les intérêts nouveaux à son trône. Je crains les *Jacobins* (nom révolutionnaire des démagogues); je les hais;. prenez garde à ne pas vous jeter dans leurs bras; l'Europe ne veut plus du jacobinisme. Il n'y a qu'une sainte alliance fondée sur la morale et sur la religion qui puisse sauver l'ordre social. Au nom du ciel, monsieur de Richelieu, sauvons l'ordre social ! » On sentait dans ces paroles et dans la présence de cette pensée divine, dont les revers et les triomphes avaient pénétré le jeune souverain de tant de millions d'hommes, le libérateur du continent, et maintenant le modérateur du monde. De pareils sentiments, inspirés ou commandés autour de lui par l'empereur de Russie, déblayèrent promptement les difficultés secondaires que le duc de Richelieu devait rencontrer dans les prétentions et dans les ambitions des autres cours. L'évacuation de la France fut proclamée, et les comptes définitifs d'indemnités pour cause de guerre furent réglés à deux cent soixante-cinq millions par les commissaires français et étrangers. L'histoire doit consigner, à l'honneur du caractère de ces liquidateurs d'une si forte dette, que le duc de Richelieu en sortant du ministère fut honoré, à cause de sa modicité de fortune, d'un subside personnel de son pays; que M. de Rayneval mourut dans la gêne, ne laissant que son nom pour héritage, et qu'après la mort de M. Mounier, sa femme et son fils ne vécurent que du plus modique salaire de l'État dans une fonction publique, à l'extrémité de la France.

La France, réconciliée ainsi avec l'Europe, entrait par des articles secrets dans la confraternité des rois et dans l'esprit de la Sainte-Alliance. L'empereur Alexandre, après la signature de cet acte, voulut apporter lui-même au roi, à Paris, l'expression de son respect pour son âge et de son alliance avec ses pensées. Il aimait à jouir une dernière fois de la popularité qu'il s'était acquise en France. Louis XVIII, dans un écrit confidentiel de sa main, inédit jusqu'à ce jour, raconte ainsi lui-même l'impression qu'il reçut de cette visite, de cette émancipation de son peuple opérée par sa sagesse, et des services du duc de Richelieu. Ces confidences échappées du cœur sont des témoins trop rares et trop précieux des événements pour qu'on ne les recueille pas avec avidité. Les acteurs de ces grandes scènes en sont toujours les meilleurs historiens. Le dernier mot des événements est dans l'âme des acteurs.

« Décembre 1818.

» *Qui vidit, testimonium perhibuit, et verum est testimonium ejus.*

S. JEAN, XV.

» Un des moments les plus heureux de ma vie a été celui qui a suivi la visite de l'empereur de Russie. Sans parler de la grâce extrême qu'il a mise à ne venir que pour me voir et à retracer ainsi, mais bien noblement, ce que la plus basse flatterie fit faire au duc de la Feuillade à l'égard de Louis XIV, il était difficile de ne pas être satisfait de son entretien. Non-seulement il était entré dans toutes mes pensées, mais il me les avait dites avant que j'eusse eu le temps de les émettre. Il avait hautement approuvé le système de gouvernement et la ligne de conduite que je suis depuis que je me suis déterminé à rendre l'ordonnance du 5 septembre 1816 (je ne puis m'empêcher de remarquer que c'était le moment des élections de Paris, et que l'empereur partit persuadé que Benjamin Constant serait élu). Enfin ce prince m'avait fait l'éloge de mes ministres, et particulièrement du comte Decazes, pour lequel je ne crains point d'avouer une amitié fondée sur les qualités à la fois les plus solides et les plus aimables, et sur un attachement dont il faut être l'objet pour en sentir tout le prix. Je voyais donc l'évacuation de la France certaine, à des conditions modérées, la tranquillité extérieure assurée pour longtemps, et rien ne me semblait menacer la paix intérieure.

» Quelques-unes des élections me déplurent, comme celles de la Sarthe, de la Vendée, du Finistère; mais ce sont de ces contrariétés attachées à une constitution comme la nôtre, et la masse était bonne. Je remarquai avec peine dans les lettres du duc de Richelieu qu'il en était plus affecté que moi, mais je me flattais que, de retour ici, ce serait en se serrant de plus en plus à ses collègues qu'il chercherait le remède au mal produit par la *Minerve* et, soit dit en passant, aggravé par le *Conservateur*.

» Je me trompais, il en avait *à mon insu* cherché et cru trouver d'autres. Ces mots *à mon insu* pourront étonner ceux qui les liront. En les traçant, je ne me dissimule pas les idées qu'ils peuvent faire naître sur mon compte, mais je veux faire connaître la vérité : il faut donc dire celle-là. Reprenons d'un peu plus haut.

» Depuis longtemps, tout le monde était bien persuadé que si les ultraroyalistes, convaincus de l'impossibilité de faire réussir leur système d'exagération, en faisant taire les haines contre les personnes, embrassaient franchement le système de modération, les ultralibéraux n'oseraient lever la tête. Les ministres avaient, tout le monde le sait, travaillé à ce rapprochement, mais on connaît aussi le peu de succès de la négociation. On sait que les ultraroyalistes

avaient demandé des concessions de principes, des garanties personnelles qu'il était impossible d'accorder : on sait que, loin de se rapprocher du ministère, qu'ils ne cessaient d'insulter par leurs écrits, leurs chefs avaient, dans la session de 1815, combattu dans les rangs des ultralibéraux. On sait plus : mais rien n'a été juridiquement prouvé. Mes ministres et moi nous n'en sentions pas moins la nécessité d'un rapprochement : c'était aussi l'avis des étrangers les plus éclairés. Le duc de Wellington m'en avait parlé à son retour d'Aix-la-Chapelle : « Il faut, m'avait-il dit, que les
» ultraroyalistes reviennent au ministère ; mais, avait-il
» ajouté, sans condition. »

» L'aspect de la session qui allait s'ouvrir n'avait rien de menaçant : ce ministère, que les partisans de l'exagération d'un côté comme de l'autre cherchaient tant à décrier, avait cependant partout rétabli l'ordre et la confiance : la France était respectée au dehors; le crédit seul avait été ébranlé, encore n'était-ce que celui de la Banque; car, tandis que le cinq pour cent baissait, les bons royaux se maintenaient à la même hauteur. J'ai déjà dit que la masse des élections était bonne : ainsi, quoiqu'on dût s'attendre à des débats très-vifs, il était fort probable que, dans la chambre des députés, la majorité en faveur du ministère serait au moins ce qu'elle avait été dans la dernière session; celle de la chambre des pairs était bien moindre, mais enfin elle existait. Tel était à mes yeux l'état des choses au retour du duc de Richelieu le 28 novembre.

» Avant d'aller plus loin, il faut que je parle de la situation où se trouvait le comte Decazes. Son ministère, si important pendant que la loi du 29 octobre était en vigueur, avait beaucoup déchu à la cessation de cette loi ; il était au moment de perdre la seule et faible arme qui lui restât, la censure des journaux. Les ennemis du comte Decazes, après avoir, en attaquant sa conduite, retracé la fable du serpent et de la lime, avaient changé de batteries. Ce n'était plus le ministre, c'était le ministère qu'ils attaquaient, en le dépeignant comme anticonstitutionnel, comme arbitraire, comme source d'une dépense superflue. Avec de telles expressions, on est toujours sûr de capter les suffrages de la multitude. Aussi réussirent-ils complétement, et les choses en vinrent au point qu'il n'était nullement sûr que, dans la session qui allait s'ouvrir, le budget de la police générale passât. Mais eût-il passé, qu'est-ce qu'un ministre sans pouvoir, sans attributions, et cependant chargé de la même responsabilité que lorsqu'il les avait? Le comte Decazes le sentit si bien, qu'il proposa la suppression de son ministère et, par une conséquence naturelle, sa sortie du conseil. A ce mot, tous ses collègues se récrièrent, les uns parce qu'ils sentaient combien sa bonne tête, son sang-froid dans les circonstances les plus critiques et son habileté dans les affaires le rendaient nécessaire à l'État; d'autres peut-être parce qu'ils croyaient que mon amitié pour lui en faisaient un intermédiaire au ministère, utile entre celui-ci et moi. Le duc de Richelieu, qui était incontestablement du nombre des premiers, essaya un moyen de le conserver en proposant à M. Lainé de lui céder le ministère de l'intérieur en prenant celui de la justice. J'offris de faciliter cet arrangement, auquel M. Pasquier consentit sans conditions, en faisant celui-ci ministre de ma maison avec entrée au conseil. M. Lainé refusa de permuter et offrit sa démission, que j'étais loin d'accepter, d'autant plus que le duc de Richelieu avait déclaré qu'il ne resterait pas sans lui. M. Decazes consentit à porter jusqu'à la fin de la session le fardeau sans allégement de son ministère à l'agonie, et le conseil demeura tel qu'il était.

» Qu'on se rappelle que j'ai dit plus haut que le duc de Richelieu avait *à mon insu* cherché et cru trouver le remède au mal qu'il appréhendait. En me retraçant ce fait, quelque peu éloigné qu'il soit, en le consignant ici, je crois faire un rêve pénible plutôt que me ressouvenir de la vérité. Jamais la postérité ne croira qu'un ministre, quel qu'il soit, ait pu concevoir mais surtout mettre à exécution un plan dont l'effet inévitable était de changer en entier la marche du gouvernement sans en dire un seul mot au roi. On le croira encore moins quand on saura que le ministre était le duc de Richelieu, l'homme le plus loyal qui fut jamais, et le roi, ce Louis XVIII accusé de faiblesse, mais non pas d'indiscrétion, et que par conséquent on devait croire qu'il était facile, sans compromettre le secret du plan, d'essayer au moins de faire changer d'opinion. Eh bien, malgré tant d'invraisemblance, la chose est de toute vérité, et il m'importe d'autant plus qu'on le sache, que ceux qui penseront autrement pourront, je le sens fort bien, m'accuser d'avoir tenu pendant cet étonnant mois de décembre 1818 une marche bien tortueuse. En me défendant ainsi, j'ai l'air d'accuser le duc de Richelieu. Je ne puis, il est vrai, le disculper du mystère dont il a usé à mon égard; mais je suis persuadé (et on verra plus loin si j'ai tort) qu'il ignorait lui-même où on le conduisait. Il voulait rallier les ultra royalistes au ministère en changeant la loi d'élection, et il ne sentit pas que c'était le ministère qu'il mettait à la discrétion des ultraroyalistes. Qui avait conçu le plan? qui en avait fait le succès? Je l'ignore : et je ne veux rapporter ici que des faits à ma pleine connaissance, en me permettant tout au plus d'y ajouter mes réflexions lorsqu'elles me sembleront plausibles.

» Quoi qu'il en soit, on avait travaillé à détacher de ce centre, qui jusqu'alors avait fait dans les deux chambres la force du ministère, un nombre de membres assez considérable pour assurer la majorité aux ultraroyalistes. L'intrigue avait été conduite avec un secret que je louerais dans une autre cause : elle avait échappé même aux yeux vigilants de M. Decazes. Le succès avait été complet dans la chambre des pairs; il était plus douteux dans celle des députés. La première connaissance que j'en eus fut par le chancelier, qui, peu de jours avant l'ouverture de la session, vint me raconter les noms de ceux que la réunion des membres ministériels portait au secrétariat de la chambre des pairs, en ajoutant qu'il n'était pas bien sûr que ceux-là passassent, attendu qu'il y avait une contre-réunion qui en porterait d'autres. Comme il ne s'expliqua pas davantage, je crus qu'il parlait d'une réunion d'ultraroyalistes, chose qui avait toujours existé, et je ne m'en mis pas en peine. Mais bientôt je fus plus instruit par M. de Brezé, qui vint me dire qu'en effet il s'était formé, d'après une idée du duc de Doudeauville, une réunion de membres ministériels pour opérer un rapprochement avec le côté droit. En même temps il me fit voir une liste arrêtée par cette réunion, tant pour le bureau que pour la commission d'adresse en réponse à mon discours. La première portait les noms de Doudeauville, de M. de Vérac, du duc de Bellune et de M. Dubouchage. Je ne trouvai rien à redire aux deux premiers; j'allais faire des observations sur les deux autres, lorsque, jetant les yeux sur la seconde liste, j'y vis en tête les noms du marquis de Talaru et du vicomte de Montmorency, tous deux ultraroyalistes forcenés et auteurs nommés du *Conservateur*. Alors, j'éclatai : je reprochai à M. de Brezé d'être d'une société qui faisait de pareils choix : je lui citai ce vers d'Athalie :

> Rompez, rompez tout pacte avec l'impiété.

» Je ne sais ce que je lui dis encore, tant j'étais animé. Il se défendit en me nommant des gens fort honnêtes, quoique un peu faibles, qui faisaient partie de l'association. Enfin il m'apprit qu'elle se tenait chez le cardinal de Beausset. La foudre tombant à mes côtés m'eût moins frappé que ce nom. Jusque-là, de même que le peuple qui, jadis, quand on l'opprimait, s'écriait dans sa douleur : « Oh ! si » notre bon roi le savait ! » je me disais : « Ah ! quand le » duc de Richelieu le saura ! » Ce n'était pas qu'il ne m'eût instruit d'une conférence qu'il devait avoir avec M. de Villèle ; mais, comme il n'avait parlé de son résultat ni à aucun de ses collègues ni à moi-même, je croyais qu'il avait été nul comme celui des conférences précédentes. Mais le nom du cardinal de Beausset me tira d'erreur : il a trop d'esprit, et il est trop lié avec le duc de Richelieu pour avoir pris une aussi grande mesure sans son aveu. Je me refroidis à l'instant, je congédiai M. de Brezé, et je me livrai à mes réflexions.

» Elles furent tristes, on peut le croire : je me voyais dans la fâcheuse alternative ou d'approuver, sans la connaître, une marche qui ne pouvait guère qu'être opposée à celle que je suivais depuis deux ans, et que je crois la seule bonne, ou de rompre avec le duc de Richelieu. Le premier parti était peu glorieux et même dangereux. Le second avait mille inconvénients plus graves encore. Sans doute, la mesure prise par le duc de Richelieu à mon insu était un tort auquel on ne saurait donner de nom ; je ne veux point la justifier, je ne la conçois même pas : mais ce que tout le monde peut concevoir, c'est l'existence du coupable appelé au ministère dans les plus terribles circonstances où jamais un État se soit trouvé ; il n'avait pas hésité à s'en charger, il avait fait bien plus : il avait signé la convention du 20 novembre 1815. Oui, je le dis hardiment, c'est l'acte dont la postérité lui saura le plus de gré. Que l'on considère la position où était alors la France. Onze cent mille étrangers venus, j'aime à le croire, avec bonne intention, mais enflés par la victoire, mais en qui l'ardeur du pillage allait croissant tous les jours, couvrirent la moitié de notre sol. Les souverains réunis à Paris me traitaient, il est vrai, avec de grands égards, mais la générosité en montre toujours aux cheveux blancs, et la verge du pouvoir ne s'en faisait pas moins sentir. Deux préfets (ceux de la Sarthe et du Loiret) avaient été arrachés à leurs fonctions et traînés en captivité. M. Decazes, alors préfet de police, avait failli subir le même sort. Les chefs-d'œuvre des arts dont le traité du 30 mai 1814 garantissait la possession à la France avaient été, sous mes yeux, enlevés à main armée de ma demeure. Dans le midi de la France, sans le courage héroïque du duc d'Angoulême qui, sans arme, sans moyen, avait su en imposer au général Castaños, les Espagnols seraient venus, sans avoir eu part à la victoire, prendre la leur au butin. Mais le danger n'était que suspendu. Quelles étaient nos ressources ? Aucune, il faut le dire. L'armée de la Loire, qui, je crois, en eût été une bien faible, était licenciée, et s'il restait de l'énergie en France, elle ne se faisait remarquer que par des ferments de guerre civile. Nous ne pouvions espérer même la triste gloire qui honora les derniers moments de Carthage. Les étrangers exigeaient, il est vrai, des conditions bien dures : mais on vient de voir si nous étions en état de les refuser; et, indépendamment des dégâts causés par eux, leur présence seule coûtait par jour à la France plus d'un million en pure perte. Dans de pareilles circonstances, l'homme vertueux, l'ami de son pays, dédaigne de vaines clameurs, et va droit à son but. Ce fut ce que fit le duc de Richelieu, et c'est ce que sentira la postérité, dont les suffrages le vengeront de la fausse honte qu'on a voulu répandre sur lui à cette occasion. Depuis ce moment, une extrême loyauté lui avait non-seulement acquis chez l'étranger une considération telle que bien peu de ministres en ont eu, mais à l'intérieur même elle avait réduit les adversaires les plus prononcés de notre système à médire de ses talents, n'osant s'attaquer à sa personne. Enfin il venait de signer ces fameux actes d'Aix-la-Chapelle, qui ont libéré la France et l'ont replacée au rang qui lui appartient. A ces considérations s'en joignirent d'autres très-puissantes : tous mes ministres m'auraient quitté, surtout le comte Decazes, qui m'avait souvent déclaré (et en cela j'avais été de son avis) que, si, au retour d'Aix-la-Chapelle, le duc de Richelieu suivait son projet de retraite, il l'imiterait. Or, s'ils s'étaient résolus à suivre une retraite volontaire, qu'eussent-ils fait si elle eût été forcée? Enfin, moi-même, où aurais-je pris la force nécessaire pour un acte de vigueur, moi qui, malgré l'inconcevable silence du duc de Richelieu, malgré d'autres souvenirs bien plus pénibles, regrette encore de n'avoir plus près de moi un homme que de mauvais conseils peuvent égarer, entraîner même à des mesures tout à fait hors de son caractère, mais dont la droiture naturelle le fait bientôt rentrer dans la bonne voie, avec d'autant plus de facilité que jamais son cœur ne fut coupable. Je résolus donc de paraître ignorer ce qu'on me taisait et de rester fidèle à ma ligne de conduite, ce qui m'était d'autant plus aisé que le duc de Richelieu me disait (et, j'en suis sûr, avec sincérité) n'avoir point changé de système. Aucune apparence de scission ne se montrait d'ailleurs dans le ministère. Mon discours d'ouverture fut discuté, unanimement adopté, sauf un petit nombre de phrases, qu'au moment de le prononcer le duc de Richelieu me proposa d'y ajouter, et dont l'idée appartenait à M. Decazes (entre autres celle-ci : « Le prince vient » de recouvrer son indépendance, sans laquelle il n'y a ni » roi, ni nation »).

» Cette union apparente ne fut pas longue. L'ouverture avait eu lieu le 10, et, dès le 12, le conseil des ministres délibéra sur la marche à suivre dans les circonstances présentes. Le garde des sceaux, qui parla le premier, peignit fort bien leur gravité, mais sans conclure précisément à rien. M. Roy fit de même. Le maréchal Gouvion-Saint-Cyr et M. Decazes opinèrent pour rester ferme dans la ligne suivie jusque-là. MM. Molé, Lainé et le duc de Richelieu furent d'avis de se rapprocher du côté droit et, par conséquent, de proposer un changement dans la loi d'élection. Il n'y eut, comme on voit, point de majorité prononcée, et la délibération fut remise au 14. Elle eut, en effet, lieu sans plus de résultat ; mais on jugea la matière assez éclaircie pour me la soumettre au conseil prochain.

» Bien des choses arrivèrent dans l'intervalle. La chambre

des pairs nomma son bureau, qui fut celui que M. de Brezé m'avait fait connaître, excepté M. de Pastoret, qu'on substitua à M. Dubouchage, et cela, dirent les meneurs, par égard pour moi, attendu que M. Dubouchage ayant été mon ministre, il pourrait m'être peu agréable de le voir souvent chez moi. Ils oubliaient que, l'année précédente, les ultraroyalistes, profitant d'un malentendu des ministériels, avaient porté au secrétariat le duc de Feltre, sorti du ministère après M. Dubouchage, ou plutôt ils voulaient se parer aux yeux du public d'un prétendu respect pour moi, plus insultant qu'un outrage direct. Quand, sur la commission pour l'adresse, ils avaient fait au duc de Richelieu l'honneur de lui demander qui il désirait qui fût nommé; à cette question, se livrant à son mouvement naturel, il avait répondu : « Des ministériels. » Mais on lui fit bien voir qu'on n'avait prétendu lui faire qu'une vaine politesse, car on lui déclara que cela ne se pouvait pas. Je ne concevrai jamais comment, à ce mot, les écailles ne lui tombèrent pas des yeux, comment il ne vit pas qu'il était l'esclave du parti qu'il avait imprudemment favorisé, et qui ne prétendait faire de lui qu'une de ces idoles des gentils, *qui ont des yeux et qui ne voient pas*, et enfin comment il ne fit pas un effort généreux pour essayer au moins de briser sa chaîne. Rien de tout cela n'arriva, et il se borna à répliquer avec humeur : « Eh bien! des gens raisonnables! » Ces gens raisonnables furent MM. de Talaru, le vicomte de Montmorency, de Fontanes, de Pastoret et de Rosambo, non moins ultraroyalistes que les deux premiers. Je fus, on peut le croire, encore plus blessé de cette nomination que de celle du bureau; mais, persuadé qu'un roi ne saurait faire une plus grande faute que de manifester un courroux qu'il ne peut satisfaire, je me contentai de dire intérieurement avec amertume :

Attale, était-ce ainsi que régnaient tes ancêtres?

» Mais la peine que j'en ressentais était bien légère en comparaison avec celle dont je vais parler. Le duc de Richelieu, qui de tout temps s'était si hautement et si noblement montré l'ami du comte Decazes, qui, peu de jours avant de quitter Aix-la-Chapelle, lui mandait, au sujet d'une affaire qui l'intéressait personnellement et qui avait mal réussi, « *qu'il était au désespoir d'échouer dans la seule* » *négociation qui le touchât véritablement ;* » le duc de Richelieu, dis-je, semblait s'être brouillé avec lui ; il ne le voyait plus, il ne répondait même pas à ses lettres. Préparé depuis longtemps à la retraite de M. Decazes, dont je voyais trop bien que le ministère ne pouvait subsister, mon amitié pour lui me faisait souhaiter qu'au moins il sortît de la place avec les honneurs de la guerre, et je sentais trop bien l'avantage qu'auraient ses ennemis si sa sortie avait lieu à la suite d'une rupture avec le duc de Richelieu. D'autre part, et indépendamment de ce qui regardait le comte Decazes, rien n'était plus précaire que le ministère. M. Lainé avait annoncé son inébranlable résolution de se retirer. Le duc de Richelieu déclarait qu'il ne resterait pas une seconde après lui, et les démarches très-pressantes que j'avais faites auprès du premier n'avaient eu qu'un succès fort équivoque.

» M'est-il permis de parler ici de l'état où se trouvait alors ma santé, non pour être plaint, mais pour servir d'excuse aux fautes que je puis avoir faites dans des conjonctures aussi difficiles? Le 12, je sentis une attaque de goutte : elle fut si légère pendant trois jours, que je crus que ce ne serait rien ; mais le 15 au soir les douleurs devinrent très-vives, et le 16 commença l'invasion que je vais décrire en peu de mots : grande souffrance, peu de sommeil, point d'appétit, de la fièvre et prostration des forces physiques et morales. Tel fut mon état pendant plus de huit jours.

» Cependant l'horizon sembla s'éclaircir un moment. Les ministres qui étaient membres de la chambre des députés étant obligés de s'y trouver le mercredi 16, jour de l'élection des candidats pour la présidence, le conseil fut remis au jeudi. Le mercredi au soir, le duc de Richelieu parut inopinément à l'assemblée du comte Decazes, y fut fort obligeant pour lui, et le lendemain il vint le voir. Il y eut entre eux une explication, à la fin de laquelle ils s'embrassèrent, et il fut convenu qu'au conseil la grande question serait plutôt effleurée qu'approfondie.

» Le conseil s'assembla, en effet, le 17. Le garde des sceaux y parla le premier, comme il avait fait chez le duc de Richelieu, c'est-à-dire fort disertement, mais sans rien conclure. Le maréchal Gouvion fut d'avis de ne rien changer, de ne pas même essayer de modifier la loi d'élection. M. Molé déclara qu'il ne croyait pas possible de rester dans la ligne suivie jusqu'à ce moment ; il fut d'avis de pencher vers les ultraroyalistes, sans se dissimuler que c'était se donner des maîtres, mais parce que de deux maux il faut choisir le moindre. M. Lainé pensa qu'il fallait planter le drapeau ministériel, et tendre la main à droite et à gauche. M. Roy parla à peu près dans le même sens. M. Decazes développa le danger qu'il voyait à essayer de changer ou, pour mieux dire, de détruire la loi d'élection, qu'il peignit comme populaire au suprême degré, et il en conclut à rester fermes dans notre ligne. Le duc de Richelieu parla le dernier. Il fut facile de voir qu'il inclinait vers l'avis de M. Molé ; mais il ne conclut pas davantage que le garde des sceaux et M. Roy. Enfin, je pris la parole, et me saisissant de l'idée de M. Lainé : Plantons, dis-je, notre drapeau sur l'ordonnance du 5 septembre 1816. Continuons à suivre la ligne qui nous a réunis jusqu'à présent. Tendons toujours la main à droite et à gauche, en disant avec César : « Celui qui n'est pas contre moi est avec moi. » Ainsi se termina ce conseil. J'eus la bonhomie de croire que toute discussion dans le ministère allait cesser ; on verra combien je me faisais illusion.

» Le 16, M. Ravez avait obtenu le nombre de voix nécessaire pour être candidat à la présidence : M. de Serre en avait eu presque autant que lui ; néanmoins, il m'était impossible de ne pas nommer M. Ravez. J'eus le tort de me trop presser de le dire, ou le duc de Richelieu celui de l'annoncer à M. Ravez avant que l'affaire eût été délibérée au conseil. Cette double imprudence fit triompher les ultra-royalistes, qui, voyant les choix qu'avait faits la chambre des pairs et celui-là (car, il faut le dire, M. Ravez était de ceux qui s'étaient laissé entraîner), ne doutèrent plus de la victoire. Leur joie fut de courte durée. Parmi les vice-présidents, un seul, M. Blanquart de Bailleul, qui était dans le même cas que M. Ravez, put leur donner quelque espoir. Mais le choix des secrétaires, et surtout celui de M. de Saint-Aulaire, beau-père du comte Decazes, prouva bien que les anciens ministériels n'étaient pas encore vaincus. J'avoue que je ne pus m'empêcher d'en ressentir de la joie ;

mais elle ne dura guère, car le duc de Richelieu en conçut de l'humeur à tel point, que, pour la première fois de sa vie, le dimanche suivant (les élections s'étaient faites le vendredi et le samedi), il me parla avec amertume de M. Decazes, l'accusant à peu près d'avoir été l'âme de ces choix. Je sentis bien alors que la scission était faite sans remède. J'en gémis profondément; mais, par les motifs que j'ai exposés plus haut, je me déterminai, quoi qu'il pût m'en coûter, à tout immoler à l'avantage de conserver le duc de Richelieu au ministère. J'en étais là lorsque, le lundi au soir et le mardi matin, je reçus les lettres ci-annexées du duc de Richelieu[I], de M. Molé[II], de M. Lainé[III], de M. Pasquier[IV], de M. Decazes[V].

» De ces lettres, je ne répondis qu'à celle du duc de Richelieu, auquel je mandai que, dans le trouble où sa

I

« C'est avec un extrême regret, mais avec une détermination irrévocable que je supplie Votre Majesté d'agréer la démission du poste que j'occupe, que je viens mettre à vos pieds. La conviction intime où je suis de ne pouvoir plus être d'aucune utilité à votre service, Sire, ni au bien du pays, me détermine à cette démarche. J'espère que Votre Majesté voudra bien me faire dire à qui je dois remettre le portefeuille des affaires étrangères. Les circonstances dans lesquelles je l'ai accepté et tout ce qui s'est passé depuis trois ans doivent prouver à Votre Majesté que, si je la supplie de me permettre de me retirer aujourd'hui, ce n'est faute ni de dévouement ni de courage.

» *Signé* : Richelieu. »

II

« La situation du ministère ne me laissant aucun espoir d'être utile à Votre Majesté et de justifier sa confiance en continuant à la servir, je viens la prier de recevoir ma démission, et de me faire connaître à qui il lui plaît que le portefeuille de la marine soit remis.

« *Signé* Molé. »

démarche inopinée me jetait, il m'était impossible de lui faire une réponse précise, et que je désirais le revoir avant qu'il prît un parti définitif. Il vint en effet dans l'après-midi du mardi. Je ne lui dissimulai rien de la peine que je ressentais, et je le priai de considérer qu'outre mon chagrin de me séparer de lui, je me voyais réduit à la triste nécessité d'avoir recours à ***. Il m'écouta avec l'air aussi affligé que moi. Nous nous séparâmes sans rien conclure, et le lendemain matin je reçus de lui la lettre suivante :

« Votre Majesté peut imaginer dans quelle pénible situa-
» tion m'a laissé l'entretien d'hier, et tout ce que j'ai souffert
» en voyant le chagrin que je causais à Votre Majesté. Je
» connais trop bien mon insuffisance dans des circonstances
» aussi difficiles et pour un genre d'affaires auquel il est im-
» possible d'être moins propre que je ne le suis, pour ne pas

III

« Je supplie Votre Majesté d'agréer ma démission, et de me faire indiquer à qui je dois remettre le portefeuille du ministère de l'intérieur. Permettez-moi, Sire, de vous demander la grâce de me laisser rentrer tout à fait dans la condition privée. Comme député, j'essayerai de servir mon roi et mon pays de tout mon dévouement.

» *Signé* : Lainé. »

IV

« J'apprends que M. le duc de Richelieu vient d'offrir sa démission au roi; si Votre Majesté se déterminait à l'accepter, je la supplierais de permettre que je mette aussi la mienne à ses pieds. Je sais trop que dans de telles circonstances ma présence dans les affaires serait plus nuisible qu'utile au service du roi. Sa Majesté connaît mon dévouement sans bornes. Si je perds le bonheur de la servir comme ministre, il me restera au moins la consolation de manifester en toutes occasions comme député les sentiments et les principes qui ne cesseront d'être au fond de mon cœur.

« *Signé* : Pasquier. »

» vous répéter, Sire, ce que j'ai eu l'honneur de vous dire hier.
» Ma mission a été finie au moment où les grandes affaires
» avec les étrangers ont été terminées. Celles de l'intérieur
» ainsi que la conduite des chambres me sont tout à fait étran-
» gères, et je n'y ai ni aptitude ni capacité. Il est de mon
» devoir de dire à Votre Majesté, dans toute la sincérité de
» mon cœur, qu'en me retenant, elle fait le plus grand tort
» à ses affaires et au pays, et que ce sentiment qu'elle avait
» la bonté d'appeler hier modestie n'est que le résultat d'une
» connaissance plus approfondie de moi-même. Penser autre-
» ment ne serait pour moi qu'une inexcusable présomption.

» Après avoir fait à Votre Majesté cette profession de foi,

V

« Une lettre de M. le comte Molé à M. le baron Pasquier m'apprend que M. le duc de Richelieu a prié Votre Majesté d'agréer sa démission. Cette détermination, si elle pouvait être irrévocable et avoir l'assentiment du roi, me forcerait à mettre à ses pieds le portefeuille qu'il a bien voulu me confier depuis trois ans. Rien au monde ne pourrait m'engager à rester un instant au ministère après M. le duc de Richelieu. Votre Majesté, qui connaît ma résolution à cet égard, a bien voulu souvent l'approuver. Je le dois d'autant plus que la divergence d'opinion sur quelques points ou plutôt sur un point entre les ministres, et particulièrement entre M. le duc de Richelieu et moi, a seule pu causer cette détermination. Du moment que cette divergence a commencé à paraître, j'ai manifesté au roi et à M. le duc de Richelieu l'intention de me retirer. Je dois l'exécuter aujourd'hui et ne pas priver le roi des services de M. le duc de Richelieu, bien sûr que Votre Majesté est certaine, et aussi M. le duc de Richelieu lui-même, que tous les deux me trouveront toujours prêt, hors du ministère comme dedans, à faire tout ce qui sera utile au service de Votre Majesté et au succès de son gouvernement, auquel j'appartiendrai toujours de vœux et d'intention, comme j'appartiendrai de cœur et d'âme à Votre Majesté tant que j'aurai une goutte de sang dans les veines.

» Du reste, je vais chez M. le duc de Richelieu pour lui donner une dernière preuve de l'abnégation de moi-même que j'apporterai toujours au service de Votre Majesté.

« *Signé* : Decazes. »

» à laquelle je la supplie de réfléchir bien sérieusement, je
» dois lui dire que, si elle persiste à me retenir malgré les
» puissantes raisons que je lui donne, je ne puis ni ne dois
» m'y refuser; mais que, pour que mes services ne soient pas
» dès l'abord rendus inutiles, il faut rétablir dans le ministère
» une unité d'opinions qui n'existe plus. Votre Majesté sait
» si j'aime et estime M. Decazes. Ces sentiments sont et se-
» ront toujours les mêmes. Mais, d'un côté, outragé sans
» raison par un parti dont les imprudences ont causé tant de
» maux, il lui est impossible de se rapprocher de lui; de
» l'autre, poussé vers un côté dont les doctrines nous me-
» nacent encore davantage, tant qu'il ne sera pas fixé hors de
» France par des fonctions éminentes, tous les hommes oppo-
» sés au ministère le considéreront comme le but de leurs
» espérances, et il deviendra, bien malgré lui, sans doute,
» un obstacle à la marche du gouvernement. Il m'en coûte
» de devoir tenir ce langage au roi. Certes, l'intrigue, l'am-
» bition et les moyens qu'elles emploient ordinairement me
» sont bien étrangers; mais je dois la vérité à Votre Majesté,
» telle au moins que je la crois. Je sens combien le sacrifice
» dont je parle est pénible pour le roi, pour M. Decazes, et,
» si j'ose le dire, pour moi-même; mais je le crois néces-
» saire, si je dois rester dans les affaires. L'ambassade de
» Naples ou de Pétersbourg, et un départ annoncé dans une
» semaine : tels sont, selon moi, les préalables indispen-
» sables, je ne dis pas au succès, mais à la marche de l'admi-
» nistration. Votre Majesté sait combien il me siérait mal
» d'imposer de pareilles conditions. L'état où j'ai mis le roi
» hier et le désespoir qu'il m'a causé ont pu seuls me décider
» à les déposer dans son sein. Votre Majesté en fera l'usage
» qu'elle jugera convenable.

» Dans le cas où Votre Majesté exigerait impérieusement
» que je restasse, j'oserais la supplier d'employer tous les
» moyens qui sont en son pouvoir pour retenir M. Lainé,
» sans lequel je ne puis absolument rester au ministère, et
» M. Roy; si vous voulez bien y mettre cette séduction à la-
» quelle rien ne résiste, je crois qu'il ne sera pas difficile de
» vaincre leur opposition. Après vous avoir exposé ma pen-
» sée, souffrez, Sire, que je me jette aux pieds de Votre Ma-
» jesté pour lui demander avec les plus vives instances de
» m'accorder la liberté; je le répète, je n'ai ni la capacité,
» ni les talents nécessaires pour me démêler du labyrinthe du
» gouvernement des chambres. Rien ne m'a préparé à cette
» vie, et bien sûrement je n'y réussirai pas. Votre Majesté
» est prévenue d'avance : qu'elle ne s'expose pas à la dou-
» leur de voir bientôt ces pronostics vérifiés... »

» Je m'étais, je l'ai dit, résigné à voir M. Decazes sortir
du ministère, mais un pareil éloignement m'était, on peut
le croire, bien plus sensible. Je lui écrivis à l'instant, mais
je n'eus pas, je l'avoue, le courage de lui faire connaître
in extenso la lettre que je viens de transcrire, et je lui en
dis seulement le point essentiel. Il se flatta que son éloignement de Paris suffirait, et dans sa réponse il m'offrit de
partir sur-le-champ pour aller passer à Libourne trois mois
dans le sein de sa famille. Toute raisonnable, je puis même
dire toute généreuse qu'était cette offre, je ne me flattais
guère qu'elle fût acceptée : cependant je résolus de le tenter,
et le duc de Richelieu étant venu chez moi un peu avant le
conseil, je lui en fis l'ouverture en l'accompagnant de tout
ce que je crus capable de conjurer l'orage. Mais *cette séduction à laquelle rien ne résiste* manqua son effet. Le duc
de Richelieu, dominé par une impulsion étrangère, fut tout

à fait hors de son caractère. Il fut insensible à la situation de madame Decazes, âgée de seize ans, délicate, alors grosse de quatre mois. Il persista à faire d'un départ pour la Russie la condition *sine quâ non* de la continuation de son ministère, et exigea qu'après le conseil je demandasse au comte Decazes son dernier mot. Résolu de tout sacrifier pour conserver le duc de Richelieu, je me chargeai de la commission, et je la remplis; mais, je l'avoue, en prononçant à mon ami un arrêt si cruel pour lui, si pénible pour moi-même, ma fermeté m'abandonna, et je fondis en larmes. Ma victime ne songea qu'à adoucir ma douleur, ne me parla que de sa résignation. Cependant, un moment après, la pensée des fatigues, des dangers même qu'allait courir celle qu'il aime avec tant de raison lui revint à l'esprit, et s'écriant : « Oh! ma pauvre petite! » il répandit à son tour des pleurs. Bientôt il reprit tout son courage, et me quitta pour aller écrire au duc de Richelieu qu'il acceptait tout.

» Le même jour, environ trois heures après cette scène si déchirante, je reçus l'adresse des deux chambres en réponse à mon discours d'ouverture, et je fus obligé de leur montrer un visage calme, serein, satisfait même, car, après tout, les adresses étaient bonnes. Et l'on nous porte envie!

» Le lendemain 24, le duc de Richelieu, revenant à son caractère, soit de lui-même, soit par l'avis de M. Lainé qui, dit-on, lui représenta avec force la dureté de son exigence, se borna à accepter le voyage de Libourne. D'autres embarras lui survinrent bientôt. Il avait compté qu'excepté M. Decazes (et peut-être le maréchal Gouvion), le conseil resterait tel qu'il était; mais M. Lainé, tout en désirant un changement à la loi d'élection, déclara formellement que jamais il n'en présenterait une qui renversât celle qui était son ouvrage et qu'il avait défendue avec tant de succès. M. Roy signifia qu'il ne resterait pas sans M. Decazes, et les autres refusèrent également. Le 25, M. le duc de Richelieu et M. Lainé, ayant rencontré M. Decazes chez moi, après la messe, lui proposèrent de former lui-même un ministère, et, sur son refus absolu, ils vinrent me prier de l'y engager. Quoique j'approuvasse sa résolution, je répondis que je lui parlerais, mais que j'étais d'avance bien certain de ne pas avoir plus de succès qu'ils n'en avaient obtenu. En effet, je l'envoyai chercher, et sa réponse fut telle que je l'avais prévue. Alors le duc de Richelieu résolut de former un ministère entièrement nouveau, et voici la composition qu'il voulut lui donner : justice, M. Siméon; guerre, le général Lauriston; marine, M. de Villèle; intérieur, M. Cuvier; finances, M. Mollien; direction générale de la police sous l'autorité du président du conseil, M. de Tournon, préfet de la Gironde. De tous ces noms, un seul me déplaisait; mais j'avais résolu de ne faire de difficultés sur rien, et d'ailleurs, après avoir fait le plus grand des sacrifices, pouvais-je être arrêté par un bien moindre? Le 25 au soir, le duc de Richelieu se croyait sûr du succès; mais bientôt d'insurmontables difficultés s'offrirent : M. Cuvier fit la même objection que M. Lainé; M. Mollien (engagé, dit-on, ailleurs) refusa absolument. M. Lauriston seul avait accepté. J'en fus indirectement informé dans la journée du 26, et le soir je reçus du duc de Richelieu la lettre suivante :

« J'ai encore fait d'inutiles efforts pour essayer de com-
» poser un ministère qui pût présenter à Votre Majesté et à

» la France quelques garanties dans la crise où nous nous
» trouvons. M. Roy, que je croyais indispensable aux finan-
» ces, s'est refusé à toutes mes sollicitations ; mes autres
» collègues n'ont pu s'accorder sur les mesures à prendre,
» et je me vois de nouveau dans la nécessité de supplier
» Votre Majesté de me décharger d'une tâche qu'il m'est
» impossible de remplir avec succès. J'ai fait preuve, Sire,
» du dévouement le plus absolu en essayant deux fois de re-
» former un ministère, et Votre Majesté reconnaîtra ce que
» j'ai eu l'honneur de lui dire à mon départ d'Aix-la-Cha-
» pelle et ce que j'ai pris la liberté de lui répéter de bouche
» et par écrit depuis mon retour, que je n'étais point propre
» à la conduite des affaires intérieures, et que ma mission
» était finie du moment de la conclusion des négociations
» avec les étrangers. Mais pourquoi Votre Majesté regarde-
» rait-elle comme indispensable d'appeler *** à mon défaut?
» N'existe-t-il donc que lui et moi dans son royaume qui
» puisse être à la tête du conseil, et si nous manquions tous
» les deux, faudrait-il que l'État pérît? Je ne puis le croire.
» Il existe des maréchaux, des pairs de France qui certai-
» nement pourraient nous remplacer. Sans en nommer d'au-
» tres, les maréchaux Macdonald et Marmont ne pourraient-
» ils pas être choisis? Ils connaissent le pays et l'armée;
» ils n'imposeraient aucune méfiance aux puissances étran-
» gères. Je le répète au roi : je ne puis plus me charger
» d'une tâche que je suis incapable de remplir après des es-
» sais aussi infructueux. C'est donc avec douleur, mais avec
» une résolution positive, que je supplie le roi d'agréer ma
» démission, et d'agréer en même temps l'hommage, etc. »

» Cette lettre était trop positive, et la résolution du duc
de Richelieu trop commandée par les circonstances, pour

qu'il me fût possible d'essayer de le retenir plus longtemps. Aussi, avec le plus sincère regret, j'acceptai sa démission. Sa lettre avait été pour moi un coup de lumière, en ce qu'elle m'avait fait voir la possibilité de me passer de ***. Mais je n'en étais pas moins dans l'embarras, car ni l'un ni l'autre des maréchaux dont parlait le duc de Richelieu n'était, à mon avis, en état de le remplacer. Le garde des sceaux vint chez moi au moment où je venais d'expédier ma réponse au duc de Richelieu : je m'ouvris à lui sur la position des affaires. Il alla sur-le-champ trouver le comte Decazes, et celui-ci conçut l'idée de confier le timon au général Dessolles. Je goûtai cette idée, et le chargeai d'y donner suite en lui désignant MM. de Jaucourt et de Serre. Le lendemain matin (dimanche 27), il vit le général et lui fit la proposition, qui fut acceptée. Le comte Decazes était aux anges, il ne prévoyait pas les difficultés qui allaient naître. Le marquis Dessolles, voulant, comme de raison, former lui-même son ministère, jeta d'abord les yeux sur M. de Serre pour la justice, et le baron Louis pour les finances. Il leur en parla, et tous trois tombèrent d'accord d'accepter, mais avec la condition *sine quâ non* que le comte Decazes ferait partie du ministère. Lorsqu'ils lui en firent la proposition, il la rejeta avec force et même avec larmes; enfin le marquis Dessolles vint me prier de vaincre sa résistance.

» Si je n'avais consulté que mon propre sentiment, j'aurais désiré que M. Decazes, unissant, comme il en avait toujours eu l'intention, son sort à celui du duc de Richelieu, sortît du ministère avec lui. Mais, 1° si le duc de Richelieu en sortait, ce n'était pas parce qu'il lui préférait le repos, mais parce que la vie ministérielle était éteinte en lui; 2° il avait séparé son sort de celui du comte Decazes en exigeant sa retraite, tandis qu'il conservait tous ses autres collègues; 3° enfin le comte Decazes se trouvait en quelque sorte dans la même situation que lorsque je lui avais proposé l'ambassade de Russie : dans les deux cas, de son acceptation dépendait l'existence du ministère, et s'il y avait immolé son bonheur, ne devait-il pas aussi y sacrifier des scrupules désormais vains? Ces considérations déterminèrent mon jugement. Le comte Decazes s'y soumit, et le ministère fut formé. Je dois ajouter que ce ministère eut le plein assentiment du duc de Richelieu, qui me le dit la première fois que je le revis, et qui, redevenu lui-même, n'a cessé en personne, tant qu'il est resté à Paris, et depuis par ses lettres, de témoigner au comte Decazes cette amitié qui les avait toujours unis.

» Si ce petit ouvrage trouve quelques lecteurs, fût-ce l'opposant le plus décidé, il y verra sans doute des événements singuliers, mais j'ose croire qu'il verra aussi que toutes les intrigues qu'on a prétendu les avoir accompagnés n'ont jamais existé et ne sont que la pure invention de l'esprit de parti, si fertile en ce genre. »

LIVRE TRENTE-SIXIÈME

1818-19. — État de la France; lutte des partis; la presse. — La *Minerve*; P.-L. Courier. — Le *Conservateur*: Chateaubriand, Lamennais, de Bonald. — Ouverture de la session. — Vote d'une récompense nationale à M. de Richelieu. — Proposition Barthélemy sur la loi électorale. — Discussion sur le rappel des bannis; M. de Serre. — Agitation croissante de l'opinion; développements du journalisme: le *Courrier*, le *Constitutionnel*, le *Censeur*, les *Débats*, la *Quotidienne*, le *Drapeau blanc*. — Débats orageux sur les massacres du Midi; scandales parlementaires. — Associations diverses; les missions, les sociétés secrètes de Bruxelles, de Paris; fermentation de l'Allemagne. — Élections de 1819; nomination de Grégoire; le général Foy. — Esprit général des élections, hostile à la couronne. — Remaniement ministériel; ouverture de la session; exclusion de Grégoire. — Projet de modification à la loi électorale.

I

On a vu, par cette ouverture faite par le roi à la postérité, jusqu'au fond de son âme : sa passion pour l'affranchissement du territoire, son désir sincère de fonder un gouvernement représentatif dominé par la couronne, modéré par les chambres, inspiré par l'opinion ; ses peines secrètes dans un palais où sa volonté combattue trouvait des oppositions politiques si près de son cœur ; son estime respectueuse pour le duc de Richelieu ; enfin, sa sollicitude presque paternelle pour M. Decazes, instrument de sa pensée et attachement de son cœur. La visite d'Alexandre et l'approbation morale que ce prince avait hautement donnée, à Paris à la sagesse et au ministère du roi le confirmaient de plus en plus dans sa résolution d'affermir et de développer la charte. Le triomphe qu'il avait obtenu sur les royalistes rétrogrades et réactionnaires, aux élections de septembre, en écartant à la fois les bonapartistes et les exagérés, lui faisait espérer le même résultat pour les élections de 1818, qui devaient renouveler un cinquième de la chambre.

Mais déjà les partis, un moment séparés par l'ordonnance du 5 septembre, commençaient à forcer la main au roi pour lutter, les uns contre les autres, et tous contre lui, dans l'Assemblée. La presse libre leur donnait l'âme, le champ de bataille et les armes. Des journaux et des pamphlets acharnés, qui se servaient tous du nom du roi pour l'entraîner ou pour l'avilir, soufflaient le feu de l'opposition au gouvernement, dans tous les colléges électoraux. La *Minerve* et le *Conservateur*, deux recueils périodiques, étaient le manuel des passions. La *Minerve* était rédigée par des écrivains qui avaient servi le despotisme sous l'empire, et qui ne consentaient pas à périr avec lui. Ils s'étaient transformés en puritains de la charte ; ils entreprenaient de fondre dans un alliage adultère le patriotisme, l'esprit militaire, la gloire des conquêtes, les doctrines de la révolution de 1789, les souvenirs de la république, l'or-

gueil national, la royauté constitutionnelle, le despotisme
et la liberté, avec une telle confusion d'idées et avec un
artifice si perfide, que toutes les passions hostiles aux
Bourbons trouvassent à la fois dans leur feuille une joie,
un souvenir, une espérance, un aliment. Les principaux
rédacteurs de cette feuille étaient Benjamin Constant,
Étienne, Jouy, Pagès, Aignan, Courier, Béranger, écrivains, publicistes, pamphlétaires, poëtes, hommes de talents divers, les uns affectant la modération, les autres
aiguisant l'invective, ceux-ci associant l'adulation au roi
aux insinuations mortelles contre sa maison, ceux-là publiant des correspondances dans lesquelles ils débattaient
en tribuns des questions de droit constitutionnel, ceux-là des
apothéoses attendries des conventionnels proscrits et des
soldats laboureurs pleurant leur patrie dans les forêts de
l'Amérique; d'autres, comme Courier, provoquant le rire
amer de l'ironie dans des pamphlets où la haine aiguisait le
talent; d'autres enfin, comme Béranger, nationalisant le
mépris des Bourbons dans des chants qui créaient pour le
peuple l'immortalité de la gloire, consolatrice pour l'honneur, fatale à la liberté. Ces hommes s'appelaient les
indépendants, dissimulant ainsi leur opposition. Une nuée
de journaux, de recueils, de pamphlets, de brochures du
même esprit recevaient d'eux le souffle et la direction, et
semaient le dédain, la répugnance et la colère dans le
peuple.

II

Le *Conservateur*, créé par M. de Chateaubriand et par ses amis dans le triple but de contre-balancer les journaux bonapartistes, de défendre la monarchie des Bourbons et d'asservir le roi aux royalistes, était écrit par MM. de Chateaubriand, de Lamennais, de Bonald, esprits ou génies de forte trempe et de haute renommée. Leur grandeur littéraire se répercutait sur leurs œuvres. Leurs pages rayonnaient de leurs noms, et devenaient des événements pour l'Europe. Fiévée, ancien préfet de Bonaparte, leur prêtait son expérience administrative et cette théorie sophistique chère à toute aristocratie du fédéralisme provincial en opposition avec la concentration et l'unité du pouvoir ministériel. M. de Suleau, jeune écrivain que la politique disputait aux lettres; M. de Frenilly, poëte de tradition; M. de Fitz-James, homme de cour, au cœur indépendant, dont le royalisme avait les grands accents de la liberté; M. de Castelbajac, M. de Salaberry et tous les hommes de l'aristocratie illustres par le talent personnel, frappaient leur coup et marquaient leur nom dans ce tocsin du parti ultraroyaliste. Peu importait l'accord des doctrines plus ou moins absolues, plus ou moins constitutionnelles entre ces chefs d'opinion; la masse faisait la force, le génie faisait l'éclat. Jamais écrit périodique n'en eut davantage. Jamais gouvernement à peine retrouvé ne fut plus violemment assailli et plus injurieusement outragé par l'ambition ou par la jalousie de ses amis exclusifs. M. Decazes y était livré tantôt aux soupçons, tantôt à la dérision des royalistes, le roi à peine épargné. La cour, la familiarité du comte d'Artois, l'aristocratie de province, s'enivraient de ces noms, de ces doctrines, de ces invectives, qui leur semblaient illustrer leur cause et relever leur obscurité jusqu'à la hauteur du génie. M. de Chateaubriand, avec un artifice peu logique, mais sincère dans son âme et accepté facilement par les partis, associait, dans le *Conservateur*, les théories de vieille Église dominante et de vieille monarchie féodale avec la rudesse d'une mâle opposition royaliste au roi. Il enseignait à l'opposition antiroyaliste tout ce qu'elle pourrait oser bientôt dans l'amère critique du gouvernement. Aucune feuille libérale ne frappait si haut et ne blessait si cruellement que ce soldat mécontent de la royauté. Cet acharnement de Chateaubriand et du parti du comte d'Artois contre les pensées et les hommes du roi décida M. Lainé à un acte constitutionnel et courageux contre une faction de cour qui menaçait avec tant d'audace la couronne. Il enleva son chef à cette faction, en destituant le comte d'Artois de ses attributions les plus importantes, dans le commandement général de la garde nationale du royaume. Le roi, après quelque résistance de cœur à la sévérité de son devoir de monarque, accorda à ses ministres cette mesure de justes représailles, qui devint un plus sanglant grief des royalistes contre lui. Le palais se divisa en deux camps animés de plus en plus l'un contre l'autre.

Les opinions des provinces soulevées dans deux sens opposés par ces colères du parti royaliste, par ces pamphlets du parti libéral et par ces divisions intestines de la famille royale, déroutèrent les élections de cette année de ce centre où M. Lainé et le roi voulaient les maintenir. Le parti libéral s'y fortifia de vingt-deux députés hostiles à la monarchie des Bourbons. M. de La Fayette, symbole indécis sinon de république, au moins de révolution, fut élu comme un défi vivant à la royauté; Manuel, promoteur de Napoléon en 1815, comme une protestation napoléonienne contre les Bourbons. Les choix de cette année, tout en satisfaisant le roi par l'éloignement de quelques ultraroyalistes, qui affaiblissait la cabale de son frère dans la chambre, l'alarmèrent par l'avénement d'hommes trop significatifs parmi les ennemis avérés de sa maison. M. Lainé se troubla. Le duc de Richelieu, qui avait promis à l'empereur Alexandre d'arracher le gouvernail à la fois aux révolutionnaires et aux contre-révolutionnaires, s'interrogea lui-même avec anxiété. « Je vois arriver avec terreur les hommes des cent-jours, s'écria-t-il. Ils ont perdu notre situation en Europe. Craignons les révolutions; elles consumeraient nos forces nationales et rendraient à l'Europe des griefs contre nous! » Il tendit dès ce jour à rapprocher le gouvernement des royalistes. M. Decazes, au contraire, menacé de plus en plus par eux, n'avait d'asile que dans le parti libéral. Il devenait malgré lui plus chef de parti que ministre. Ses collègues s'alarmèrent d'un rôle qui tendait à déplacer le centre de la monarchie de son aplomb pour le placer sur le bord d'un abîme, au milieu de ses ennemis naturels. Ils s'entretinrent, à l'insu de M. Decazes, de ces tendances et de ces dangers. Le duc de Richelieu aimait personnellement M. Decazes; il ne se défiait pas de lui, mais de la situation; il sentait la convenance de laisser au roi un ami et au ministère un intermédiaire à la fois sûr et tout-puissant entre le cœur de ce prince et ses ministres.

Il chercha à concilier ce qu'il voulait accorder à l'opinion monarchique et concéder au roi lui-même, en supprimant le ministère de la police occupé par M. Decazes, ministère occulte qui portait ombrage aux royalistes, et en réservant à M. Decazes le ministère purement administratif de l'intérieur. M. Decazes, pressentant et devançant cette proposition, offrit habilement lui-même sa démission à ses collègues pour leur laisser la liberté de leur nouvelle combinaison. Mais cette démission, sacrifice apparent que le jeune ministre faisait de lui-même à la concorde, ne pouvait déjà plus être acceptée. Enraciné dans le cœur du roi, dont l'amitié prenait le caractère de la fatalité, populaire dans le parti libéral qui pouvait agiter la France jusqu'aux éboulements du trône et qui ne se calmait alors qu'à sa voix, maître du parti doctrinaire qui remuait l'opinion par la presse et qui négociait avec tous les autres partis, M. Decazes était pour ses collègues l'homme embarrassant mais inévitable. Un pied dans le cabinet du roi, l'autre dans la popularité, il ne pouvait quitter le gouvernement que pour devenir un chef redoutable d'opposition dans les chambres, ou un regret toujours présent et toujours menaçant pour ses collègues dans la confidence du roi. Ils refusèrent donc la démission de M. Decazes. Ils se bornèrent à accepter celle de M. Corvetto, ministre réparateur de notre crédit et de nos finances, usé par les travaux et les dégoûts. Ils le remplacèrent par M. Roy, homme d'une immense fortune acquise par une intelligence lucide appliquée à son enrichissement personnel. Financier de profession, conservateur d'intérêt, modéré d'esprit, M. Roy convenait à tous, sans porter ombrage à personne.

III

Le ministère, ainsi en suspens sur lui-même, aborda les chambres le 10 décembre. Le roi, dans son discours, se félicitait de la libération du territoire, et donnait un avertissement indirect aux passions révolutionnaires qui venaient de signaler leur renaissance dans les dernières élections. La pensée de modifier la loi d'élection, déjà arrêtée dans l'esprit du prince, de M. de Richelieu, de M. Lainé et de M. Molé, se révélait dans ce discours. Les chefs du parti royaliste, dans la chambre, exigeaient cette mesure pour condition de leur appui au gouvernement. Cependant cette chambre, travaillée par les meneurs du parti de M. Decazes, donna un signe inattendu de répulsion à ce plan de modification de la loi électorale, en nommant dans ses propres comices intérieurs les députés les plus résolus à maintenir l'ancienne loi. Au même instant, la chambre des pairs, remuée par le comte d'Artois, par M. de Chateaubriand et par quelques évêques, nommait à toutes ses fonctions parlementaires les royalistes les plus rétrogrades. M. de Richelieu et ses collègues, voyant dans cette inconciliable tendance, d'un côté les manœuvres présumées de M. Decazes dans la chambre des députés, de l'autre les manœuvres triomphantes du comte d'Artois et des royalistes de sa cour à la chambre des pairs, se retirèrent en masse devant cette révolte contradictoire des deux chambres. M. Decazes lui-même, soit qu'il eût en effet conspiré contre ses collègues, soit qu'il eût été simplement mal servi ou servi au delà de ses désirs par les doctrinaires ses amis, remit sa démission dans les mains du roi. On a pu voir, dans le mémoire confidentiel reproduit plus haut, toutes les phases de cette crise ministérielle.

La chambre, en répondant au discours du roi, déclara, dans une phrase accentuée comme une menace, qu'elle repousserait toute loi qui s'écarterait de l'esprit de la charte. C'était protester d'avance contre le ministère qui toucherait à l'élection. Le duc de Richelieu, après quelques vaines tentatives pour recoudre ensemble son ministère et M. de Villèle, chef des royalistes modérés dans la chambre, sentit son corps fléchir sous le poids de son âme. M. Decazes, héritier nécessaire de ces hésitations, désiré par le roi, espoir des libéraux, accepté par la chambre, recomposa le gouvernement. Il prit le ministère de l'intérieur, il donna le ministère des affaires étrangères et la présidence du cabinet au général Dessolles, militaire disgracié sous Napoléon, et confident des manœuvres de M. de Talleyrand en 1814 pour rappeler les Bourbons au trône; la justice à M. de Serre, orateur aussi grandiose d'accent et aussi élevé de pensée que M. Lainé; les finances à M. Roy; la guerre au maréchal Gouvion-Saint-Cyr, à qui la force militaire de la France devait son recrutement et sa réorganisation. La jeunesse et la décence de sa situation avaient seules empêché M. Decazes de prendre le titre de président du conseil des ministres. Il était plus, il était le créateur et la nécessité du gouvernement. Son triomphe exalta les libéraux et consterna les royalistes. Leur colère contre lui s'irrita de toute l'envie qui s'attache aux hommes nouveaux.

Les deux chambres, pénétrées des services que le duc

de Richelieu avait rendus à la patrie dans sa négociation d'Aix-la-Chapelle, lui votèrent, malgré son refus, une dotation de cinquante mille francs de rente. Le duc, quoique dénué d'une fortune analogue à la splendeur de son nom, n'osant rejeter cette munificence nationale, l'accepta pour la transporter immédiatement aux hospices de Bordeaux. Deux milliards avaient passé par ses mains, presque arbitrairement, pendant son ministère et ses transactions avec l'Europe, et son pays était obligé de penser à lui plus que lui-même.

IV

Cependant le résultat des dernières élections n'avait pas moins averti les hommes d'État impartiaux, qu'alarmé les royalistes excessifs. Les dangers de la monarchie étaient l'entretien de tous les conciliabules des deux chambres. La chambre des pairs, plus immuable de pensée que la chambre élective, correspondait plus par sa nature aux préoccupations de l'esprit monarchique. Le parti dominant dans cette chambre avait des liens trop authentiques avec la cour du comte d'Artois, pour qu'une motion faite par ce parti ne parût pas faite par le prince lui-même. Il fallait trouver un organe indépendant, non suspect de familiarité et de complaisance à la cour, pour colorer de sagesse et de salut public la première attaque à la loi d'élection. On le trouva dans M. de Barthélemy.

M. de Barthélemy, neveu du célèbre écrivain de ce nom, avait toutes les conditions d'apparente neutralité entre les partis. Héritier de la renommée de son oncle, diplomate au moment de la révolution, les différentes phases de la république l'avaient laissé à l'étranger, servant la France sans participation aux excès, aux passions, aux ressentiments des divers partis qui se la disputaient. Ses négociations heureuses avaient été récompensées par une estime générale et impartiale de son pays. Porté au sommet des affaires, à l'époque du directoire, puis précipité, comme suspect de royalisme, dans la proscription, M. de Barthélemy était du nombre de ces sénateurs qui n'eurent qu'à écouter leur cœur pour accueillir dans les Bourbons, en 1814, les souvenirs et les attachements de leurs premières années. Les membres de la chambre des pairs, qu'on appelait le parti cardinaliste, par allusion au cardinal de Beausset qui le dirigeait, d'autres membres de cette chambre, parmi les plus tempérés d'opinion, tels que M. de Fontanes, M. de Pastoret et M. de Vérac, enfin M. de Talleyrand lui-même, las de son inactivité, et prêt à chercher de l'importance même auprès des royalistes exaltés, s'entendirent avec les courtisans du comte d'Artois, et déterminèrent facilement M. de Barthélemy, en faisant appel à sa prévoyance, à provoquer une modification vague et indéfinie à la loi d'élection. M. de Lally-Tollendal, orateur verbeux et déclamatoire, qui aimait à flatter les opinions nombreuses et à servir les ministres, s'éleva contre cette proposition. M. Decazes l'appela la plus funeste qui pût sortir d'une assemblée attachée à la monarchie, et donner à la nation l'alarme sur l'irrévocabilité des promesses du roi. M. de Pastoret insista avec l'autorité d'une modération avérée et d'une longue expérience des révolutions. L'immense majorité de la chambre écarta les objections des ministres et adopta la proposition. L'humiliation du ministère fut profonde, le triomphe des amis du comte d'Artois complet. Le roi lui-même hésita dans ses convictions en voyant tant de membres de la chambre, expérimentés et impartiaux, lui demander de sauver sa couronne, et accepter courageusement l'impopularité d'une telle mesure pour prévenir le débordement de la révolution dans les comices. M. Decazes eut besoin de raffermir la résolution du prince, et de le supplier d'ajourner au moins tout changement jusqu'à l'épreuve d'un troisième renouvellement des cinquièmes de la chambre élective. L'opinion libérale, non contente de cette victoire remportée pour elle dans le conseil du roi par M. Decazes, voulut la consacrer par une réplique énergique des députés au vœu téméraire de la pairie. M. Laffitte fit une proposition contraire. Elle fut trouvée intempestive et irritante par le centre ministériel de la chambre. On l'écarta sans la juger.

V

La discussion de la proposition Barthélemy, à la chambre des pairs, laissa éclater tout ce qu'il y avait de tendances contre-révolutionnaires dans un parti, de terreur d'être dépossédé dans l'autre : M. de Fontanes cita Napoléon s'appuyant sur l'aristocratie de fortune et revendiquant les grands propriétaires du sol comme les seuls appuis de son trône. « Leur intérêt est le mien ; ceux qui possèdent le sol ne veulent pas que le sol tremble. » Lanjuinais montra dans la proposition le premier acte de la contre-révolution contre la charte. Il dénonça les comités royalistes exaltés dans les départements : « Ils ont, dit-il, leurs assemblées secrètes, leurs armées secrètes, leurs signes particuliers de ralliement, leur solde, leurs armes !... » Le général Dessolles, président du conseil des ministres, déplora cette manifestation des amis imprudents de la royauté, et montra l'agitation publique marchant de province en province, au bruit de cette fatale discussion. M. Decazes, poussé aux partis extrêmes par l'extrémité du péril où la pairie jetait le gouvernement, proposa au roi de rappeler à la chambre des pairs tous les membres de cette assemblée éliminés par M. de Talleyrand après les cent-jours. C'était plus qu'amnistier, c'était légitimer l'interrègne du 20 mars, et faire du roi l'allié de ses ennemis. Le président du conseil, plus calme et plus politique, se borna à demander au roi de rétablir l'harmonie entre les deux pouvoirs délibérants, en nommant soixante-trois pairs de France nouveaux, dévoués à la politique personnelle de ses ministres. C'était répéter à un court intervalle, sous l'inspiration du favori, et en sa faveur, le coup d'État du 5 septembre. Les pairs nouveaux, maréchaux, généraux, fonctionnaires de l'empire ou familiers du ministre, étaient tous choisis par lui dans l'intérêt de son influence dominatrice au Luxembourg. Le roi le sentait si bien, qu'avant de signer cette liste il y inséra un ou deux noms de la cour, « afin, dit-il avec une douce ironie à M. Decazes, qu'il y ait au moins quelqu'un des miens dans les vôtres. »

VI

C'était un abus de faveur et un défi à l'opinion. L'opinion royaliste y répondit par un cri de scandale et par la menace d'une accusation de haute trahison. L'opinion modérée y vit l'équilibre indépendant des pouvoirs rompu arbitrairement par les ministres, la prérogative du roi épuisée d'un seul coup par l'introduction d'une masse d'hommes nouveaux dans un sénat où la sagesse du monarque devait économiser les faveurs et son influence par des nominations rares et partielles, la pairie livrée tout entière à un seul parti peu sûr et peu affectionné à la couronne, pour le besoin d'une seule circonstance, enfin la clientèle royale devenue la clientèle de M. Decazes par cette profusion de la pairie à ses ennemis personnels. Les ennemis du roi se réjouirent seuls de cet excès d'audace qui sauvait un ministre en compromettant la royauté. La proposition Barthélemy, votée à la chambre des pairs avant l'introduction des pairs nouveaux, fut discutée, selon la constitution, à la chambre des députés. Combattue par M. de La Bourdonnaie, par M. de Villèle, par M. de Corbière, par M. Lainé lui-même, qui voulait défendre la constitution par des mesures constitutionnelles et non par des scandales de prérogative, elle succomba dans cette chambre. Mais le ministre, pour la faire rejeter, avait été obligé d'emprunter la parole et les votes des ennemis de la royauté. Son triomphe était aussi celui de l'opposition radicale. Des coalitions désespérées de cette nature donnent aux gouvernements des victoires plus ruineuses que des défaites. M. Decazes malgré lui entraînait le roi vers les révolutionnaires, au lieu d'amener les révolutionnaires au roi.

VII

L'orageux débat sur la liberté réglée du journalisme et sur le rappel des bannis faisait éclater la haute éloquence d'un homme dont la tribune grandissait tous les jours le nom : M. de Serre.

M. de Serre semblait destiné par son âme et par son talent à accomplir, après une révolution fatiguée, ce que Mirabeau avait tenté trop tard ou trop tôt dans la période ascendante et convulsive de cette révolution : le traité de paix entre la liberté représentative et la monarchie héréditaire. Royaliste de naissance, religieux d'instinct, libéral de raison, constitutionnel de théorie, passionné de parole, modéré de caractère, grandiose d'accent, entraînant de chaleur, riche d'imagination, M. de Serre était la fidélité, la force et l'éclat du ministère. Il avait penché au commencement de la session vers le côté libéral, parce que le parti royaliste lui semblait tendre aux violences et aux oppressions. Il avait dans ses actes et dans ses discours donné des gages à la démocratie loyale, et recueilli du côté gauche de l'Assemblée autant d'applaudissements que du côté droit et du centre. On sentait que sa parole s'élevait au-dessus de son intérêt passager de ministre, pour se répandre de son âme avec toute la liberté du philosophe, de l'homme d'État, du citoyen. Nul n'avait montré plus de confiance que lui dans le gouvernement de l'opinion par l'opinion, et prodigué davantage à l'esprit du temps les libertés compatibles avec l'ordre social et avec la monarchie représentative. C'était le génie de 1789 épuré par les expériences, attentif aux écueils, exprimé par la plus splendide parole dont l'écho ait jamais remué les assemblées. La Restauration avait trouvé ses deux organes dans M. Lainé et dans M. de Serre.

Mais quand le parti libéral, encouragé par les témérités de M. Decazes, dépassa les bornes que M. de Serre avait imposées à ses concessions, devint agressif et voulut arracher au roi des désaveux humiliants de ses premiers actes de 1815, M. de Serre, refoulé par ces exigences des libéraux, commença à se défier d'eux et de M. Decazes, et à se replier peu à peu sur les royalistes modérés du parti de M. Lainé et de M. de Villèle. La discussion sur le rappel des bannis déchira davantage cette amitié récente entre M. de Serre et les libéraux. Assailli par les voix de la gauche qui redemandaient à grands cris les régicides : « Quand la déplorable journée du 20 mars, répondit M. de Serre, eut apparu au milieu de la consternation générale et au milieu de la joie d'un petit nombre de séditieux, lorsque, des confins de l'Asie aux rives de l'Océan, l'Europe se fut ébranlée, que la France se vit envahie par des millions de soldats étrangers, lorsqu'elle eut été dépouillée de sa fortune, de ses monuments, et que son territoire eut été démembré, chacun sentit que le premier besoin de l'État était de défendre la royauté par des mesures sévères et préservatrices de calamités nouvelles : alors s'éleva la question de savoir si les individus qui avaient concouru par leurs votes à la mort de Louis XVI devaient être éloignés du territoire français : chacun connaît avec quelle persistance généreuse la volonté royale lutta contre la proposition de leur bannissement. Des hommes connus par leur dévouement sans bornes à la cause royale et aux principes constitutionnels soutinrent la proposition d'amnistie entière faite par le roi. Mais quand il en fut autrement décidé, quand l'arrêt eut été prononcé, l'arrêt fut irrévocable. L'extrême générosité du roi avait pu défendre les votants; mais, la loi rendue, on a dû reconnaître qu'il était impossible, sans violer le sentiment moral le plus puissant, sans porter atteinte à la dignité royale aux yeux de la France et de l'Europe, de jamais provoquer du roi un arrêt solennel qui rendît la patrie aux assassins de son frère, de son prédécesseur, du juste couronné. Il faut donc établir une distinction entre les individus frappés par l'article 11 de la loi de 1816 et les votants de la mort de Louis XVI. Quant aux premiers, confiance entière dans la clémence du roi, quant aux régicides, *jamais!* »

Ce mot draconien, si contraire aux vœux de Louis XVI dans son testament et aux sentiments manifestés à son retour par le roi lui-même, creusa un abîme entre la gauche de l'Assemblée et le ministre. M. de Serre, en le prononçant, se dévouait à l'animosité du parti révolutionnaire. On oublia ses services à la cause de la modération et de la liberté. Ce n'était pas un arbitre, c'était un instrument que le parti de la révolution voulait dans M. de Serre. Le jour où il se refusait à une exigence du parti, la gauche l'abandonnait. La droite se réjouissait de sa rupture, mais elle n'acceptait encore qu'avec défiance le puissant auxiliaire qui lui revenait en lui.

VIII

Cette mêlée d'opinions, d'antipathies, de dissertations, de sarcasmes, de haines, de provocations, d'invectives qui passionnaient et scandalisaient les tribunes, se continuait en dehors dans les journaux que la liberté donnée à la presse rendait plus nombreux et plus acharnés. Tous les talents littéraires du temps s'armaient pour leur cause d'une polémique incessante qui changeait en controverses tous les entretiens. L'esprit public, comprimé si longtemps par les armes et par le despotisme, jaillissait par mille voix. On sentait partout l'explosion d'un siècle nouveau dans les âmes. La France fermentait d'idées, d'ardeur, de zèle, de passions que la révolution, l'empire, la restauration, plaçaient face à face, et à qui l'élection, la tribune, le journalisme ouvraient l'arène pour se combattre ou se concilier. Chacun des camps de l'opinion avait ses écrivains soldés de popularité ou de faveur, selon la cause à laquelle ils se vouaient. M. Decazes était défendu, dans le *Moniteur*, dans le *Journal des Maires*, dans le *Journal de Paris*, par M. Villemain et par M. Linguay. Louis XVIII lui-même, souverain lettré, écrivait furtivement quelques articles dans lesquels il jouissait de voir soupçonner sa main. M. Royer-Collard, M. Kératry, M. Guizot, argumentaient dans le *Courrier*. Ce journal des premiers doctrinaires participait déjà de la gravité dogmatique, de la hauteur et du dédain, caractères de cette école. M. Étienne, M. Pagès, M. Aignan, rédigeaient le *Constitutionnel*, journal subalterne et irritant, qui remuait, dans le cœur des masses, non des idées élevées, mais des mécontentements vulgaires. C'était le journal du murmure public, n'articulant aucune opposition précise, mais recueillant, colorant et grossissant tout ce qui pouvait, dans la satire de la cour, dans les excès des exaltés, dans les prétentions du clergé, dans les ridicules de l'ancien régime, désaffectionner le peuple des Bourbons et l'incliner au bonapartisme ou à l'orléanisme. M. Comte et M. Dunoyer, deux jeunes écrivains impartiaux, par l'élévation d'esprit et par l'âge, tendaient à la république sans se l'avouer à eux-mêmes. Ils faisaient penser la jeunesse dans un recueil périodique intitulé *le Censeur*, imitation heureuse mais austère des grands pamphlets de l'Angleterre, à l'époque où elle fondait sa liberté.

Le *Journal des Débats*, naguère journal privilégié de l'empire, était dirigé par MM. Bertin, plus hommes d'État qu'écrivains; habiles à tenir l'équilibre des opinions en le faisant toujours pencher par nature du côté de l'autorité, les Bertin avaient livré leur feuille à M. de Chateaubriand et à ses amis. Leur polémique, toujours sensée, quelquefois éclatante, ne s'adressait qu'à l'Europe, à la cour, à l'aristocratie des lettres et des salons. Royaliste de profession, constitutionnel de langage, diplomate instruit, le *Journal des Débats* ne rompait jamais avec le roi, tout en immolant ses ministres. Il y avait toujours une candidature au ministère derrière son opposition. C'était la réserve de la royauté.

Les opinions surannées, extrêmes, bornées et violentes de la cour, du clergé rentré, de la noblesse vieillie, étaient aigries, consolées et flattées par la *Quotidienne* et le *Drapeau blanc*, journaux spirituels, agressifs et courageux dans leur lutte impuissante contre l'esprit du siècle. Les rancunes de l'émigration, les protestations contre le génie révolutionnaire, l'horreur des concessions constitutionnelles, l'antipathie contre toutes les choses et tous les hommes de nouvelle date, nourrissaient ces feuilles. Elles s'étonnaient d'être vaincues encore après le triomphe des Bourbons. Elles tournaient contre le roi le royalisme : feuilles intempestives et funestes dans leur amitié, qui révélaient sans cesse à la révolution les arrière-pensées et les derniers mots de la contre-révolution.

IX

De sanglantes provocations signalaient souvent à la chambre les colères qui couvaient dans les partis excités par ces journaux. M. d'Argenson était condamné au silence pour avoir fait une simple allusion aux égorgements des protestants dans le Midi. M. Trinquelague avait atténué et presque innocenté ces crimes. M. de Saint-Aulaire avait répliqué et attesté les cadavres de treize électeurs immolés sous ses yeux à Nîmes et la fuite de leurs coreligionnaires dans les montagnes pour échapper à la mort. M. de Villèle, tournant contre le ministère l'indignation des libéraux, avait dit que, si ces assassinats étaient réels, ils devaient être punis, et il demanda pourquoi le gouvernement n'avait pas fait justice. Cette interpellation souleva M. de Serre. Il fit justement retomber le reproche sur les royalistes, accusateurs tardifs de crimes commis pendant qu'ils étaient au pouvoir, et que ces mêmes royalistes paraissaient rejeter aujourd'hui sur d'autres. « Apprenez, dit-il, à connaître les partis. Le général Lagarde, commandant dans le Gard, protégeait de sa personne et de son épée l'ordre public et les citoyens. Il est frappé en pleine poitrine d'un coup de fusil tiré à bout portant. L'auteur du crime est saisi, le fait est certain, avoué; les juges posent cette question : « L'homicide a-t-il été commis dans le cas de légitime » défense ? » Les jurés osent répondre *Oui*. Le coupable est acquitté.

» Un autre général commandant à Toulouse veut apaiser une émeute; il reçoit une blessure mortelle, il est transporté dans son hôtel; ses assassins y pénètrent et le déchirent tout vivant de mille coups. Ils sont mis en jugement; on allègue en leur faveur qu'ils n'ont pu donner la mort à un homme déjà blessé d'un coup mortel : ils sont condamnés à un simple emprisonnement!...

» Un homme dont l'horrible nom coûte à prononcer, *Trestaillons*, et ses coaccusés sont poursuivis comme auteurs de plusieurs assassinats. Ils sont traduits à Riom, où l'on espérait une justice plus indépendante. Pas un des témoins n'a voulu témoigner contre eux; la terreur les avait glacés : les témoins favorables, au contraire, se sont présentés en foule, et ces hommes sont libres ! »

L'impartiale indignation de M. de Serre contre l'impunité de ces forfaits ferma la bouche aux royalistes et releva un moment sa popularité dans le parti libéral. Un hommage rendu par lui quelques jours après à l'esprit de la révolution irrita jusqu'à la fureur le parti contre-révolutionnaire. M. de Serre avait dit que les majorités étaient presque toujours saines ou bien intentionnées. M. de La Bourdonnaie, fougueux organe de la droite, somma le ministre de déclarer « s'il étendait cet éloge jusqu'à la majorité de la Convention ? — Oui, monsieur, répliqua hardiment l'orateur, même la Convention ! »

A peine M. de Serre était-il tombé dans ce piége inattendu d'interpellations, que la gauche et le public le couvrirent d'applaudissements, la droite de murmures et d'apostrophes injurieuses. La chambre en tumulte fut obligée de suspendre ses délibérations et de faire retirer les spectateurs. Un mot imprudent ou irréfléchi suffisait pour perdre toute une vie de fidélité et d'honneur. Les partis se défiaient du regard et se poignardaient du geste. Les mots insultaient quand ils ne tuaient pas. M. Dupont (de l'Eure), le plus humain des hommes, fut comparé à Marat par M. de Puymaurin. M. de Courvoisier dénonça l'existence d'un comité directeur, chargé par le parti révolutionnaire de donner de Paris l'impulsion et l'unité de mouvement aux factions. Le parti royaliste, lié avec le parti ambitieux du clergé, répondait à ces associations occultes par des associations patentes et encouragées qui couvraient la France de missionnaires à la fois religieux et politiques, instruments de piété pour les uns, d'agitation pour les autres, de scandales et de sédition souvent. Ici accueillis, repoussés là, édifiants dans les temples, déplacés sur les places publiques, applaudis, insultés tour à tour, protégés par les magistrats, défendus par les armes, ces prêtres, errant sur la surface du pays comme en terre conquise, révélaient, dans la pensée qui les soudoyait, moins un zèle qu'une faction. Le roi et ses ministres, qui voyaient avec répugnance ces excès de prosélytisme inspirés par leurs ennemis secrets, n'osaient les réprimer, de crainte d'être accusés d'indifférence ou d'irréligion par les alliés de l'Église.

L'enseignement livré aux ecclésiastiques faisait murmurer les partisans de la liberté des consciences, et soulevait des émeutes parmi les étudiants de la capitale et des provinces. Convoqués pour signer des pétitions aux chambres, ils étaient dispersés par les baïonnettes. L'opposition, refoulée au grand jour, se réfugiait et se concentrait dans des sociétés secrètes. L'esprit de conspiration s'y insinuait à l'ombre de l'esprit libéral. Des associations publiques s'organisaient pour défendre par tous les moyens légaux les libertés de la pensée, de la presse, de l'opinion. MM. de La Fayette, d'Argenson, Laffitte, Benjamin Constant, Gévaudan, Méchin, Gassicourt, Mérilhou, de Thiard, de Broglie, leur imprimaient l'action publique. M. de La Fayette rassemblait, dans sa demeure, des comités plus secrets et plus résolus. Chaque arme défensive donnée à la liberté par les institutions devenait une arme agressive entre les mains des conspirateurs. Des correspondances acerbes étaient échangées entre les proscrits de la Convention abrités à Bruxelles et les mécontents de Paris. On y parlait ouvertement de changer la dynastie en France, et de donner la couronne à un souverain protestant. Le roi des Pays-Bas souriait, dit-on, pour son fils, à ces idées qui enivraient son ambition de l'espoir d'un règne chimérique sur les ruines de la maison de Bourbon. Le prince d'Orange caressait les bannis. Des négociations étaient tentées entre ce prince, les bannis et La Fayette.

A ces trames sourdes de Paris et de Bruxelles correspondaient déjà des trames de même nature en Allemagne, en Espagne, en Piémont, à Naples. Le génie de la liberté, qui avait soulevé les peuples contre Napoléon et triomphé, par l'indépendance, des nationalités, se sentait menacé maintenant en France et se préparait à se défendre partout. Le carbonarisme s'organisait en Italie, le libéralisme antimonacal à Cadix, l'union universelle dans les villes savantes de l'Allemagne. Un des jeunes membres de cette secte, l'étudiant Sand, assassinait froidement *Kotzebue*, écrivain autrefois populaire et qu'on supposait vendu maintenant à la Russie. Sand se frappait aussitôt lui-même du poignard dont il venait de frapper le traître, associant le suicide à l'assassinat, rendant grâce à Dieu de sa démence et appelant ces deux crimes vertu. Son fanatisme ébranlait les imaginations fiévreuses de la jeunesse et des femmes. Les souverains, attentifs à ces symptômes de fermentation, se réunissaient, par leurs ministres, à Carlsbad, pour opposer des répressions collectives à ce débordement de la pensée, et pour intimider par la police et par les supplices l'Allemagne. La France libérale ou révolutionnaire répondait par des invectives et des menaces à ces précautions des cours du Nord. La guerre se déclarait tous les jours plus franche entre les peuples et les souverains. Les élections de 1816 se ressentaient de cette agitation générale des idées. Elles se passionnaient de plus en plus en cherchant les noms les plus provoquants contre les Bourbons et contre les rois, pour leur signifier leur animosité et leur menace. Cette animosité allait jusqu'au délire et jusqu'au suicide dans le parti libéral. Son intérêt évident était de venir au secours du ministère et du roi qui l'avait relevé de son néant et qui lui faisait du gouvernement un rempart contre le triomphe des royalistes absolus. Renverser M. Decazes, c'était le renverser lui-même; insulter le roi, c'était rejeter ce prince dans l'alliance forcée du parti rétrograde. Les libéraux n'écoutèrent aucune de ces inspirations du bon sens et de la reconnaissance. Ils voulurent offenser la couronne et abuser du ministre en créant et en appuyant, partout où ils étaient prépondérants, des candidatures extrêmes, radicales, sinistres de souvenir pour la monarchie. La plus éclatante fut celle de Grégoire à Grenoble.

X

Grégoire, prêtre philosophe avant la Révolution, fidèle au christianisme, mais infidèle à la suprématie pontificale de Rome, avait été promu à un évêché par la constitution civile du clergé. A ce titre, qu'il n'avait jamais répudié depuis, son nom avait la signification d'un schisme. Membre de la Convention nationale, en mission au moment du jugement de Louis XVI, il n'avait pas voté la mort du roi, mais il avait ratifié le vote par un acte postérieur au supplice, innocent ainsi de fait, peut-être d'intention, mais complice de faiblesse ou d'ambiguïté dans le jugement. Ses invectives contre les rois étaient devenues des proverbes dans la langue révolutionnaire. Apôtre cependant des doctrines d'égalité et de mansuétude de l'Évangile et de la philosophie, Grégoire avait répugné au sang et prêché, après la victoire, la justice et la modération aux vainqueurs. Sénateur obscur sous l'empire, ennemi muet du despotisme, il n'avait pas commis l'inconséquence de saluer de nouveau, pendant le 20 mars, la tyrannie militaire dont il avait vu la première chute avec joie. Cette abstention de toute complicité avec le 20 mars l'avait soustrait à la loi de bannissement, appliquée en 1815 aux régicides. Il vivait dans la retraite et dans le silence depuis le second retour des Bourbons. Les comités libéraux de Paris ne pouvaient pas trouver dans toute la France un nom plus directement néfaste au roi.

Ils le choisirent à la répulsion que ce nom devait inspirer à la famille de Louis XVI. Le ministère et les hommes modérés le combattirent en vain. Grenoble le nomma, en représailles des exécutions faites dans ses murs au nom des Bourbons. Cette nomination éclata comme un coup de foudre sur M. Decazes et sur la cour. Elle accusait le ministère, elle frappait au visage la majesté royale. Un cri presque unanime d'étonnement et de réprobation s'éleva de toutes les opinions et de toutes les consciences qui ne voulaient pas la rupture entre le trône et la liberté. Les royalistes exaltés se réjouirent en secret sous leur apparente indignation. La nomination de Grégoire était pour eux le crime de la charte et la condamnation du favori. Des noms moins notoires, mais presque aussi hostiles, sortirent des urnes électorales dans les départements appelés à renouveler leurs députés : Lambrechtz, Lecarlier, Labbey de Pompières, Sébastiani, Méchin. Le général Foy, appelé bientôt par le caractère et par le talent à marquer d'une si grande trace la tribune française, apparut pour la première fois dans la représentation de son pays. Cher à l'armée, choisi par les libéraux, accepté par les constitutionnels, redoutable mais non implacable aux Bourbons, guide et modérateur à la fois d'une opposition légale à la chambre, son avénement à l'Assemblée allait offrir à la liberté une figure qui avait manqué à la Révolution, celle d'un tribun militaire dans un guerrier homme d'État. Le général Foy portait ce double caractère dans sa personne. Son visage était ouvert comme sa pensée, loyal comme son âme, inspiré comme son éloquence. La nature l'avait fait chef de parti, dans un temps où le seul parti patriotique était la modération des cœurs et la réconciliation des idées. En le voyant, on se souvenait du soldat, on sentait l'honnête homme, on pressentait le grand citoyen.

XI

Le général Foy était un des plus jeunes soldats de la révolution. Né à Ham, d'une famille de la bourgeoisie, élevé pour les armes, officier d'artillerie comme Bonaparte, servant sous Dumouriez, sous Pichegru, sous Dampierre, dans ces premières campagnes du Nord, où le patriotisme défendait le sol sans se mêler aux factions de l'intérieur, indigné des crimes de 1793, emprisonné par le proconsul Lebon pour ses murmures, sauvé de l'échafaud par sa jeunesse et par son éloquence, rappelé des prisons par Moreau, et combattant sous lui en Allemagne; ami de Desaix, blessé à ses côtés par un boulet de canon, occupant les loisirs d'une longue guérison, à Strasbourg, à des études de publiciste et d'homme d'État, porté par analogie d'esprit aux choses antiques et aux formes littéraires de la parole, puisant dans ces exemples l'amour et l'accent de la liberté, s'élevant ensuite en grade sous Masséna, en Suisse; voyant poindre dans la renommée de Bonaparte une tyrannie pour l'Europe, refusant de signer les adresses serviles que les flatteurs du pouvoir naissant colportaient dans l'armée en faveur de l'empire; relégué, en Portugal et en Espagne, dans des commandements subalternes, pour ce défaut d'empressement à la servitude; rallié sans répugnance aux Bourbons et à la charte en 1814; courant ensuite à Waterloo comme aux Thermopyles de sa patrie, mais sans avoir trempé dans la défection des cent-jours; arrosant de son sang les redoutes des Quatre-Bras, rapporté mourant dans sa famille après la perte de son pays, licencié en 1815; écrivant, pour se consoler des revers publics, l'histoire de ses campagnes en Espagne; signalé par le patriotisme aux patriotes, par le talent aux comices électoraux, par l'estime à tous, son département l'avait élu d'acclamation pour relever la patrie, défendre la charte, affermir le trône constitutionnel, respecter le roi. Il allait dépasser ces promesses et accomplir tous ces mandats. Tel était le général Foy quand il fut appelé à la chambre.

XII

Le roi frémit de l'avantage que la nomination d'un si grand nombre de ses ennemis, et surtout celles de Lambrechtz et de Grégoire, deux ombres de la Convention, allaient donner à la politique de son frère sur sa propre politique. Ses concessions n'étaient récompensées que par des outrages. L'élection de Grenoble était un éclair qui dessillait ses yeux. Affligé, mais non obstiné, il ne les ferma pas à cette évidence. La froideur qui existait entre son frère et lui, depuis que le comte d'Artois avait été destitué de la direction de la garde nationale parisienne, s'amollit comme dans un malheur commun de famille. « Eh bien! mon frère, lui dit le comte d'Artois, avec l'accent de la consternation, en s'asseyant à sa table, vous voyez enfin où l'on vous mène. — Je le sais, mon frère, répondit le roi en adoucissant sa voix et en retenant une pensée déjà arrêtée sur ses lèvres ; je le sais, et j'y pourvoirai. » Un long et cordial entretien parut réconcilier enfin les deux branches de la famille. On convint qu'une loi d'élection qui envoyait, en retour de tant de concessions, de tels défis et de telles menaces à la royauté, était un avertissement de changer de ligne. L'écueil était trop visible pour le nier. M. Decazes reçut du roi, dans la soirée, l'ordre de préparer un système électoral qui préservât la couronne de tels attentats de l'opinion. M. Decazes, à qui sa jeunesse, son intérêt, son attachement réel au roi, défendaient l'obstination dans la résistance à des vœux si cruellement motivés, résolut à l'instant de donner satisfaction à la famille royale. M. de Serre, que la passion qui fait l'orateur rejetait soudainement d'une extrémité de pensée à l'autre, et M. Portal, ministre de la marine, n'hésitèrent pas à reconnaître la nécessité d'une loi qui désarmât leurs ennemis. Le baron Louis, ministre des finances, Gouvion Saint-Cyr et le général Dessolles persistèrent dans la défense de l'ancienne loi. L'abus d'une liberté, l'égarement de l'opinion, ne suffisaient pas, selon eux, pour condamner tout un système. On ajourna la décision. Les libéraux, tremblant de voir briser, par un mouvement d'impatience de M. Decazes, l'instrument de leur victoire, entourèrent ce ministre de déférences et d'adulations. Ils allèrent jusqu'à promettre d'obtenir de Grégoire une retraite volontaire, qui laisserait à la couronne sa dignité, au parti constitutionnel sa loi. Le ministre résista à toutes ces avances, soumit de nouveau la question à ses collègues, et, soutenu avec énergie par le roi lui-même, s'affranchit de toute résistance, en acceptant les démissions de MM. Louis, Dessolles et Gouvion Saint-Cyr.

M. Decazes, seul ressort désormais de ces mouvements instestins du conseil du roi, forma un nouveau ministère dont il fut le chef comme président et comme ministre de l'intérieur. M. Pasquier, qui avait ressenti plus vivement qu'aucun autre esprit politique l'insulte faite à la couronne par les élections, et qui avait adressé au roi un avertissement secret de ses périls, fut appelé aux affaires étrangères : homme d'une souplesse d'intelligence et d'une fluidité de paroles qui le rendaient également apte à toutes les scènes de la vie publique, il offrait à M. Decazes un auxiliaire utile dans le conseil et à la tribune ; il était de plus un lien occulte entre la cour et le parti des royalistes. L'homme d'État de la chambre qui commençait à se discipliner sous M. de Villèle, M. de Latour-Maubourg, militaire renommé pour sa bravoure et sa loyauté, passa au ministère de la guerre. M. Roy, déjà précédemment ministre des finances, un moment remplacé par l'abbé Louis, revint aux finances; M. Portal passa à la marine ; M. de Serre nominalement à la justice, mais, en réalité, partout où l'universalité de ses vues, l'ardeur de son zèle, la force et la promptitude de son éloquence l'appelaient à couvrir le roi, le ministère et la constitution menacés.

XIII

Ce ministère aurait été puissant devant les radicaux, puissant devant les royalistes, si M. Decazes avait consenti à en sortir et à remettre sa place à M. Lainé. Il ne manquait ni de force, ni de séduction, ni de clientèle parmi les hommes nouveaux qui maniaient les opinions dans la presse, les partis dans les chambres. Mais en se faisant l'exécuteur de cette même loi d'élection qui avait fait sa popularité l'année précédente, et qu'il avait défendue comme une partie de la charte au commencement de cette même année, il se donnait un de ces désaveux auxquels les hommes politiques survivent peu ou survivent mal. On pouvait entrevoir plus d'ambition que de conviction dans ce retour, tandis que le véritable mobile de sa conduite était son dévouement à la pensée du roi. Mais son rôle croissant de favori blessait les rivalités, irritait l'envie, et montrait, dans cette direction suprême du gouvernement obstinément maintenue, plus d'audace à suivre la fortune que de sagesse à l'attendre et à la mesurer.

Il se rapprocha cependant du comte d'Artois sous l'inspiration du roi, et il témoigna avec déférence à ce prince le désir de s'entendre avec les royalistes ses amis dans les deux chambres. Il flatta également les jeunes adeptes du parti doctrinaire, MM. de Broglie, Guizot, de Barante, de Staël, entourage alors de M. Royer-Collard et de M. de Serre, de l'espoir de leur créer des situations influentes dans le gouvernement. Rien ne fut conclu de ces négociations, et le roi ouvrit la session le 29 novembre. Son discours, habilement pondéré par M. Pasquier, préludait aux grandes résolutions pressenties de salut public, sans ébranler toutefois la sainteté de la charte. « Les lois, disait le monarque, ont été partout exécutées; mais, au milieu de ces éléments de prospérité publique, je n'ai pas pu me dissimuler que de justes motifs de crainte se mêlent à nos espérances et réclament dès aujourd'hui la plus sérieuse attention. Une inquiétude vague mais réelle préoccupe tous les esprits. Chacun demande au présent des gages de sa durée. La nation ne goûte qu'imparfaitement les fruits de l'ordre et de la paix; chacun craint de se les voir arracher par la violence des factions. On s'effraye de l'expression trop claire de leurs desseins. Le moment est venu de soustraire la chambre des députés à l'action annuelle des partis en lui assurant une durée plus conforme aux intérêts de l'ordre public et de la considération intérieure de l'État. »

Ces paroles posaient hardiment la question de dignité pour la couronne en face du nom du régicide par lequel on avait voulu l'affronter. Elle posait en même temps la question plus irritante de la loi électorale, derrière laquelle l'opposition espérait grandir. La royauté avait été insultée. Elle n'insultait pas, mais elle proposait le combat à son tour. L'Assemblée le comprit et bouillonna.

XIV

Cependant la majorité de cette assemblée ne refusait pas une légitime satisfaction aux susceptibilités de cœur et de majesté royale dans le sacrifice de Grégoire. M. Becquey, homme de bien et de paix, en exprimant la volonté des bureaux de la chambre à la tribune, ne toucha point à l'homme, mais prétexta des causes de nullité matérielle dans l'élection du député de Grenoble. Ami de M. Royer-Collard et ancien agent du roi à Paris pendant l'exil des Bourbons, M. Becquey voulait, ainsi que le roi, épargner à la chambre ces questions qui font faire explosion aux cœurs chargés de colère. Mais aucune main, quelque prudente qu'elle fût, ne pouvait fermer la bouche de ce cratère de l'Assemblée. « Non, non ! point de ménagements, point de faiblesse ! s'écrièrent quelques voix de la droite et du centre. — Point de régicides dans cette chambre ! » ajouta M. de Marcellus. Les murmures grossissaient à gauche ; quelques groupes entre les deux partis semblaient suspendus entre le scandale d'un juge de Louis XVI accepté comme un défi devant son frère et l'excès du pouvoir parlementaire cassant un député légal du pays. Il fallait qu'une voix imposante et jusque-là impartiale se fît l'arbitre entre la majesté du roi, le cœur de la famille royale et l'inviolabilité des électeurs. M. Lainé monta lentement à la tribune. Sa physionomie, toujours grave et ascétique, l'était en ce moment jusqu'à la tristesse. Il semblait revêtir le deuil de la royauté offensée, des guerres civiles et des échafauds qu'évoquait une si fatale discussion. Le visage, chez ce grand orateur, était aussi éloquent que la parole. Les fibres de sa bouche nerveuse et maigre palpitaient de sa parole intérieure avant qu'elle eût grondé dans sa poitrine ou éclaté dans sa voix. Il touchait parce qu'il était touché. C'était l'orateur des yeux. M. Lainé muet aurait ému et convaincu même par son silence.

XV

« Messieurs, dit-il après une longue et douloureuse pause qui révélait son agitation, par une clémence presque divine, ou, si vous l'aimez mieux, pour le besoin ou pour l'apaisement de la société, il fut promis que nul ne serait recherché pour ses votes, l'oubli fut commandé à tous les citoyens... Qui donc en effet se souvenait du quatrième député de l'Isère?... Qui donc le recherchait pour ses opinions et pour ses votes?... L'oubli n'a-t-il donc été imposé qu'aux victimes?... Et ceux-là seuls qui avaient besoin d'en être couverts ont-ils seuls conservé le triste droit de s'en souvenir?... » Cette écrasante argumentation, qui tombait sur les comités directeurs, auteurs de ce scandale prémédité, tranchait la question, comme les orateurs souverains la tranchent par un sentiment. Il fut immense dans l'Assemblée, fanatique d'applaudissements dans la droite et dans le centre, silencieux et consterné dans le reste. Benjamin Constant seul, un de ces sophistes froids qui, sans partager les passions des partis, leur prêtent des paroles en échange des plus malignes popularités, osa harceler M. Lainé de quelques phrases ambiguës, dans lesquelles il opposait à Grégoire, disculpé, selon lui, de toute participation au sang de Louis XVI, assis dans le conseil de la nation, Fouché lui-même, régicide avéré, assis dans les conseils du roi ! Cette allusion cruelle et méritée pouvait dégrader la couronne, mais elle ne relevait pas le régicide et ne légitimait pas l'outrage à la royauté. Benjamin

Constant consola la haine des radicaux, mais il ne convainquit pas la chambre. Grégoire fut exclu à l'unanimité de la députation. Les uns l'exclurent pour indignité, les autres l'exclurent pour cause d'irrégularité dans les formes de l'élection. On laissa les motifs libres, afin que le vote fût plus nombreux et la réparation à la couronne plus unanime.

M. Ravez, ami et émule de M. Lainé, fut désigné en majorité par la chambre, et choisi par le roi pour la présider. Il s'illustra dans ces fonctions ingrates, mais importantes, qui font d'un orateur un juge, un arbitre et un modérateur pour une assemblée. Le parti des royalistes extrêmes, uni avec celui des royalistes modérés, en rivalité avec le ministère, avait donné soixante-quinze voix à M. de Villèle ; le parti de l'opposition radicale soixante-cinq voix à M. Laffitte. Ces chiffres comptaient les partis. Les oppositions grandissantes menaçaient de dominer bientôt le parti du ministère ou des centres, qui n'avait donné à M. Ravez que cent cinq voix. Cette balance des partis rendit la réponse de l'Assemblée au roi pâle et timide. On se craignait mutuellement assez pour ajourner les combats décisifs. Celle de la chambre des pairs, accentuée par l'inspiration du comte d'Artois, déclarait la guerre ouverte aux factieux.

XVI

De même que les libéraux, les royalistes se divisaient déjà en deux camps, l'un extrême, l'autre modéré. Un homme qui grandissait en importance comme en sagesse,

M. de Villèle, gouvernait le dernier. Un homme éloquent, mais incapable de mûrir, M. de La Bourdonnaie, animait l'autre. De nombreuses pétitions, provoquées dans les provinces par le parti libéral et conçues en termes comminatoires pour la couronne, vinrent faire éclater la discussion. M. Mestadier, au nom de la majorité royaliste et du centre dont il était l'organe, demanda que ces pétitions fussent dédaignées. Dupont (de l'Eure), dont l'autorité morale sur les libéraux se fondait sur le caractère autant que sur les paroles, fit saillir les contradictions qui existaient entre M. Decazes jurant, quelques mois auparavant, la perpétuité de la loi électorale, et M. Decazes repoussant aujourd'hui les pétitions qui demandaient la perpétuité de cette loi. Le général Foy parla pour la première fois à la tribune. Il excusa, sans les approuver, les termes exagérés et injurieux des pétitions. « La liberté, dit-il, est la jeunesse des nations. Il y a dans le gouvernement de la liberté trop de vie pour que ses mouvements n'aillent pas quelquefois jusqu'à l'agitation. » On reconnut à ces premiers mots l'accent d'une âme à la fois libre et honnête. Le général Foy se posait à gauche, comme M. de Villèle à droite, en homme qui veut conquérir, non dégrader le pouvoir dans son pays. Il y avait dans ces deux hommes la perspective de deux ministères pour la couronne : l'un, si les exigences des royalistes l'attiraient à droite, l'autre, si les exigences de l'opinion populaire la précipitaient à gauche. Le ministère, tremblant entre ces deux groupes, n'obtint que trois voix de majorité pour le rejet des pétitions. Ces trois voix étaient celles de trois ministres eux-mêmes. Ils tremblaient sur le sort de la mesure qu'ils avaient promis au roi de faire accepter par la chambre. Ils se rattachaient à tous les partis influents dans le palais ou dans l'opinion pour en obtenir l'appui. Un projet de loi électorale médité par M. de Serre, contrôlé par le duc de Richelieu, rédigé par MM. Villemain, Monnier, Barante, Guizot, Decazes, jeune parti plus plein de zèle que de conviction, allait enfin être porté à la délibération des chambres. Cette loi, sans grandeur et sans confiance dans le pays, le divisait en deux nations électorales : la nation plébéienne nommant la moitié des députés dans les chefs-lieux des arrondissements, la nation aristocratique de fortune, composée des propriétaires imposés à mille francs de contributions, nommait l'autre moitié dans les capitales des départements. Loi insensée dans sa prétendue prudence, qui donnait le hasard de la fortune au lieu du hasard de la naissance pour titre au droit de citoyen, titre de richesse plus absurde encore que celui de noblesse, car la famille donne des sentiments et des vertus, et la fortune ne donne que des facultés et du bien-être. Cette loi avait un danger de plus : elle plaçait face à face, dans la même assemblée, des hommes sortis de deux élections diverses, une aristocratie de département et une démocratie d'arrondissement, éléments d'antipathie, de classification et de guerre civile, qui déchireraient le pays et le gouvernement en s'entre-déchirant eux-mêmes dans la représentation. La peur avait mal inspiré les royalistes; le zèle pour son maître avait mal inspiré le favori; les systèmes avaient mal inspiré les doctrinaires complaisants de tous les partis qui cherchaient à les concilier à leur avantage; l'ignorance du pays avait mal conseillé M. de Richelieu, l'amour de la monarchie, M. de Serre. Cette loi portait dans ses germes la lutte entre les classes et la perte de la royauté. C'était une constitution de défiance;

dans une constitution, toute défiance est une provocation. M. Decazes marchait en aveugle à la ruine du trône qu'il voulait affermir. Il avait fait un coup d'État au 5 septembre contre les royalistes; il allait être forcé par la résistance de la chambre à en faire un second contre les libéraux. Mais le coup d'État contre les royalistes ne détrônait qu'un parti, celui contre les libéraux détrônait une opinion publique devenue une passion populaire dans les masses nationales. Il se perdait et il perdait son maître, quand un de ces événements, dans lesquels la fatalité intervient par la main du crime, vint précipiter le ministre, frapper un prince, et dénouer par un coup de poignard une crise dont nul ne pouvait prévoir le dénoûment.

LIVRE TRENTE-SEPTIÈME

Portrait du duc de Berri. — Louvel ; ses antécédents, sa monomanie de régicide. — Il se décide à frapper le duc de Berri. — Nuit du 13 février. — Assassinat du duc à l'Opéra ; son agonie. — Douleur de la famille royale. — Consternation de l'opinion. — Récriminations contre M. Decazes ; M. Clausel de Coussergues l'accuse de haute trahison. — Violents débats ; intrigues de palais. — Madame du Cayla ; son origine ; sa faveur. — Le vicomte de La Rochefoucauld. — Chute de M. Decazes ; appréciation de sa carrière politique.

I

Le duc de Berri était le second fils du comte d'Artois, l'enfant de prédilection de la famille royale, le seul espoir de perpétuité directe de sa race sur le trône par la stérilité de l'union de la duchesse d'Angoulême. Sa grâce était dans son cœur plus que dans sa nature. Petit de taille, large d'épaules, brusque de mouvement, le visage osseux, le front court, les sourcils touffus, le nez retroussé, les lèvres épaisses, l'expression turbulente, sa physionomie ne révélait son intelligence et sa bonté qu'en s'ouvrant par le sourire. Alors, dans la pénétration franche et cordiale du regard, dans la contraction fine des paupières, dans le pli de la bouche, dans l'abandon du geste, qui offrait le cœur avec la main, dans le timbre bref et sincère de la voix on retrouvait le prince, on devinait l'esprit, on sentait le soldat, on palpait le cœur. Ce prince avait pour vertu le vieil honneur. Il en avait été nourri par cette noblesse errante et chevaleresque qui avait suivi son père dans ses exils et qui portait avec lui dans toute l'Europe les légèretés, les préjugés, les vices aimables, mais aussi les fidélités et les religions d'un autre temps. L'esprit précoce, les saillies inattendues, la fougue juvénile du duc de Berri, en contraste avec la gravité modeste et la timidité maladive de son frère aîné le duc d'Angoulême, avaient fait de bonne heure les délices et les amusements de la cour exilée. Il avait ces défauts qui sont le luxe des riches natures et qui font augurer les grandes qualités. On les lui avait trop pardonnés dans sa famille et dans sa domesticité pour qu'il ne s'en fît pas lui-même une gloire. Ces défauts cultivés étaient ainsi devenus des habitudes. Il était de ces jeunes hommes à qui on pardonne tout et qui finissent par se croire admirés pour ce qu'on leur pardonne. Du reste, constant en amour, solide en amitié, aspirant aux armes, impatient de gloire, s'il n'en avait pas acquis sur les champs de bataille, ce n'était pas sa faute, mais celle de sa destinée, qui le condamnait à l'inaction. Après avoir rivalisé d'ardeur avec le duc d'Enghien à l'armée de Condé, le désarmement de l'Allemagne l'avait rejeté à Londres. Il y avait vécu dans l'obscurité et dans le mystère d'un attachement durable pour une étrangère qu'il avait, disait-on, irrégulièrement épousée. De cette union fidèle, quoique cachée, étaient nées deux filles. Il les aimait ouvertement d'une tendresse de père. Entouré de ces affections et de quelques gentilshommes, ses camarades d'ancienne cour et d'armée de Condé, il occupait ses loisirs des arts de la main et de l'esprit pour lesquels il avait la noble passion de François Ier. Il n'allait à Hartwell, séjour du roi exilé en Angleterre, que dans ces rares occasions où le prince appelait autour de lui sa famille pour concerter une politique d'expectative devant l'Europe.

La chute de l'empire avait rouvert le monde de l'action au duc de Berri. Il avait été choisi par Louis XVIII et par le comte d'Artois son père pour les rôles militaires auxquels sa jeunesse, sa bravoure, sa rudesse naturellement soldatesque, son mouvement et son feu semblaient l'avoir destiné. On voulait présenter en lui à la France et à l'armée quelque ombre vivante de Henri IV. Bien que le jeune prince en eût le sang et le cœur et qu'il dût, hélas! en avoir la mort, il n'en avait ni la grâce ni la séduction. Il s'était trompé d'accent en parlant à l'armée. Il avait pris le ton de maître et de frère d'armes devant ces vainqueurs du monde, compagnons d'un héros, sacrés par le f·· de tant de batailles, aigris par leur défaite et devenus d'autant plu susceptibles qu'ils étaient plus malheureux et plus humiliés. De là des scènes militaires fâcheuses entre le prince et les vieux soldats de Bonaparte, et une impopularité de caserne qui avait contristé amèrement le duc de Berri et qui l'avait rejeté dans les distractions par dégoût des camps. Il s'effaçait à la cour : il avait des opinions libérales; il s'étudiait, pour se rendre agréable à la nation et pour se réconcilier avec l'armée, à se séparer des étiquettes surannées de sa famille, à dédaigner les vieilleries de l'ancien régime, à respirer l'air nouveau. Il s'entourait des artistes les plus populaires, il se montrait dans les fêtes du peuple, il recherchait le plaisir, il affectait de couvrir ses amours éphémères pour une fille de théâtre d'un voile qui laissât percer la légèreté de la jeunesse. Il aimait à plaire aux Français même par leurs vices.

II

Le roi l'avait marié en 1816 avec la princesse Caroline, fille du prince royal de Naples, afin de consolider la maison de Bourbon sur les trois trônes qu'elle occupait en Italie, en Espagne et à Paris, et de montrer à la France des héritiers de la race royale, qu'on n'espérait plus de la duchesse d'Angoulême. Deux filles, dont l'une morte peu de temps après sa naissance, avaient attesté la fécondité de cette union. Les jeunes époux vivaient heureux de leur amour mutuel et faisaient espérer à la France des princes, gages de perpétuité pour la monarchie. Ils oubliaient le monde et en étaient oubliés dans une félicité intérieure pleine de tendresse et de sécurité.

Mais le crime ne les oubliait pas.

Il y avait alors dans Paris un homme perdu parmi la foule, le plus invisible à l'œil de ses semblables, ouvrier banal dans une de ces professions subalternes qui participent de la domesticité publique, et qui vivent d'un salaire cherché de ville en ville chez les maîtres de leur métier. Cet homme se nommait Louvel. Il était né à Versailles d'une famille de merciers revendeurs, trafic de détail nécessaire au peuple. Il avait perdu ses parents de bonne heure : une sœur qu'il aimait et qui lui avait servi de mère vivait et veillait encore sur lui à Versailles. C'était le seul être avec lequel Louvel eût un lien de tendresse sur la terre. Il avait alors trente-deux ans. C'était un homme petit de taille, grêle de membres, maigre de consomption intérieure, jaune de bile, pâle, d'une constante émotion, dur de regard, pincé des lèvres, tendu, concentré et soupçonneux de physionomie ; une image du fanatisme roulant dans une tête étroite une pensée mal comprise et souffrant jusqu'à ce que sa main fatale l'ait déchargé, par un crime, du poids et du martyre de son idée.

Louvel, né quatre ans avant la république, avait reçu cette espèce d'éducation romaine que la Convention et le Directoire faisaient donner alors en commun aux enfants du peuple, au milieu des cérémonies populaires et des fêtes philosophiques. Là, des spectacles, des discours et des hymnes enlevaient l'âme des enfants au culte chrétien, et s'efforçaient de les enflammer pour la raison, pour la patrie et pour la liberté. Il en était resté en lui un long et fort retentissement. Il avait suivi plus tard, par un besoin de foi inhérent à sa nature réfléchie, le culte des *théophilanthropes*, sorte de déisme populaire, mis en morale et en spectacle par le directeur Lareveillère-Lépaux. Les sources de ses idées paraissent avoir surgi de ces deux impressions de son enfance : le dévouement fanatique à la révolution et le zèle aveugle pour la patrie. D'autres idées aussi ardentes, telles que la vanité nationale, l'enthousiasme pour la conquête et pour Napoléon, ce dieu des armées, la gloire soldatesque, la religion de caserne, semblent avoir ajouté, à ces premières impressions toutes révolutionnaires, d'autres éléments confus et incohérents. Les revers de nos armées, la chute de leur chef, le retour des Bourbons, l'horreur de la contre-révolution, l'humiliation de la patrie sous les pas de l'étranger, y mêlèrent des principes de colère et de désespoir qui fermentèrent jusqu'à la haine et jusqu'à l'explosion dans cette âme solitaire.

III

Louvel, errant de ville en ville, d'Italie en France, de France à l'île d'Elbe pendant l'exil de son héros, roulait partout dans sa pensée le pressentiment d'un crime. Il ne le révélait néanmoins à personne, pas même à ceux qu'il croyait servir un jour en l'accomplissant. Laborieux, toujours taciturne avec ses camarades de travail, se refusant à toutes les sociétés et à toutes les débauches qui délassent et pervertissent dans leur loisir les hommes de sa profession, il se renfermait en lui-même, lisant et ruminant les livres, les journaux, les chants populaires, dans lesquels les publicistes de la révolution, les pamphlétaires libéraux et les poëtes napoléoniens s'associaient alors dans une ligue hétérogène, pour exalter à la fois la république, l'empire, la liberté, et pour tourner contre les Bourbons tous les cœurs, tous les esprits, toutes les haines et tous les mépris du peuple. Il avait besoin de haïr, et il ne savait qui frapper.

Déjà, en 1814, au moment où le roi et sa famille devaient débarquer à Calais, du vaisseau qui les rapportait en France, Louvel s'était rendu de la Rochelle à Calais, dans l'intention de tuer le roi, ou le premier des princes qui lui tomberait sous la main. Ainsi, un coup de poignard attendait à son insu Louis XVIII à son premier pas sur le sol de ses pères. Un hasard ou une hésitation de Louvel l'avait sauvé. Il avait été étonné de l'enthousiasme populaire qui éclatait à l'aspect de la famille royale. Il était revenu à Paris pour se distraire, disait-il, de la pensée de meurtre qui l'obsédait. Plus on étudie le criminel, plus on voit que le crime est une maladie de la raison. « J'hésitais quelquefois, dit Louvel lui-même en analysant sa propre perversité ; je me demandais si je n'avais pas tort... Mais je ne pouvais supporter l'entrée des étrangers. Je voulais voyager pour déplacer mon âme. J'allai à Chambéry ; j'en partis quand on m'annonça l'arrivée de Bonaparte à Grenoble ; je voulais savoir ce qu'il en était ; si le comte d'Artois s'était trouvé à Lyon, je l'aurais tué. Je revins à Paris avec les équipages. Après le départ de l'empereur, les mêmes pensées me reprirent. J'allai à la Rochelle, j'y achetai un poignard, je revins à Versailles, j'y fus employé aux écuries de la cour : depuis ce moment, je ne cessai de m'occuper des moyens d'accomplir mon projet, à Versailles, à Saint-Germain, à Saint-Cloud, à Fontainebleau ; j'allais aux chasses, sans le dire à ma sœur. Pour m'en ménager le loisir, je faisais mon travail les autres jours ; je portais toujours un poignard sur moi, quand je supposais que je pourrais rencontrer un Bourbon ; mais j'avais résolu de commencer par le duc de Berri, parce que c'était la souche ! Après lui, je voulais tuer le duc d'Angoulême, puis le comte d'Artois, puis le roi, puis tous !... Cependant, je m'arrêterais peut-être après le roi : les seuls coupables sont ces princes en particulier qui ont porté les armes contre leur pays. Je ne suivais pas seulement les princes aux chasses : depuis trois ans, je rôdais presque tous les soirs autour des spectacles où je supposais que le duc de Berri pourrait assister. Pour le savoir, je lisais les affiches, car je conjecturais où il irait par la qualité des pièces. Quand j'allais autour de l'Opéra et qu'il n'y était pas arrivé à huit heures, je me retirais. Je le suivais dans les églises, dans l'espoir de l'approcher et de le frapper. La foule et les gardes m'ont constamment écarté. »

IV

Telle était la vie de cet homme, chez lequel s'étaient incarnées en une haine vivante, sans distraction, sans sommeil et sans pitié, toutes ces haines éparses et contradictoires, que la république, l'empire, le fanatisme prétorien, la liberté, le ressentiment national, le préjugé, l'animosité, la perfidie des partis, des journaux et des pamphlets, avaient répandues comme un miasme populaire contre les Bourbons. Ce miasme, respiré par tous, devait donner le vertige à un seul : c'était lui.

V

Cependant le duc et la duchesse de Berri, uniquement occupés de leur bonheur, étrangers à toute faction politique, se livraient, avec l'entraînement de leur caractère et de leur âge, aux plaisirs et aux fêtes que le carnaval multipliait dans les derniers jours de l'année théâtrale à Paris. Aimés et populaires parmi ce monde de l'art de la musique et de la danse, qui prolonge les nuits de l'Opéra jusqu'au jour, ils aimaient à jouir de cette popularité. Ils résolurent d'aller ensemble, le 13 février, au théâtre royal ; ils n'y avaient pas paru les jours précédents. Légers et curieux l'un et l'autre d'amusements, on pouvait présumer qu'ils ne laisseraient pas passer cette saison de fêtes sans s'y montrer. Pendant qu'ils souriaient en idée aux délassements du soir et qu'ils s'occupaient de leur toilette et des déguisements de ces nuits, l'assassin, qui observait leur porte et qui lisait jusque dans la pensée de ses victimes, conjecturait de son côté que l'attrait du plaisir allait lui livrer sa proie.

VI

Déjà, la veille et l'avant-veille, il avait épié les portes de l'Opéra. Le dimanche, il se leva plus tôt qu'à l'ordinaire, avec cette hâte matinale d'un homme qui sent la certitude et la joie d'un crime comme les autres sentent l'approche d'un bonheur. Il déjeuna lentement chez son hôte habituel, dans sa rue, et s'entretint nonchalamment avec ses compagnons ordinaires de table ; puis il remonta dans sa chambre, et, prenant le plus petit et le plus effilé de ses deux poignards pour mieux le dérober sous son habit, il sortit pour aller contempler les masques et le cortége du bœuf gras, curiosité du peuple oisif pendant ces jours de délire. Il alla ensuite, en fuyant la foule, s'égarer jusqu'à la nuit sur la route du bois de Boulogne, passant et repassant ainsi deux fois sous les murs du jardin de l'Élysée, habité par le duc de Berri. A la chute du jour, il rentra chez son hôte, s'assit à sa table, y prit son repas en causant de choses indifférentes avec un des employés des écuries du roi ; et, après son dîner, il remonta encore dans sa chambre et s'arma d'un second poignard pour avoir une arme prête, selon le hasard de la rencontre, sous chacune de ses deux mains. Certain que le prince ne manquerait pas ce dernier jour au rendez-vous du plaisir, il se promena sans affectation sous les fenêtres déjà illuminées du théâtre, près d'une petite porte par laquelle entraient et sortaient les personnes de la famille royale pour éviter les tumultes et les embarras de la foule. A huit heures, le bruit des pas des chevaux et la lueur des torches portées par les piqueurs annoncèrent les voitures de cour. Louvel se précipita vers la porte, vit le duc descendre le premier et tendre la main à la duchesse ; il pouvait frapper. Il se sentit retenu par une force occulte ; soit défaillance de courage, qu'il avait, dit-il, plusieurs fois éprouvée au moment où la pensée va se convertir en acte irrévocable, soit que la vue de la duchesse, jeune, heureuse, souriante, et la pitié de ces deux victimes qu'il allait atteindre du même coup l'eussent involontairement attendri, il laissa échapper l'occasion, et il en attendit une autre.

VII

Honteux de lui-même, et se reprochant avec indignation sa faiblesse, il s'éloigna à pas lents, renonçant presque à son projet pour cette nuit, et traversa le Palais-Royal pour rentrer dans sa demeure, voisine de ce jardin ; mais là ses réflexions l'assaillirent et lui firent tout à coup ralentir ses pas. Il songea qu'à quelques jours de là son service le rappellerait à Versailles, où les occasions de meurtre lui manqueraient jusqu'à l'époque éloignée des chasses. Il se posa à lui-même ce terrible et faux dilemme : « Ai-je tort ? Ai-je raison ? Si j'ai raison, se répondit-il, pourquoi le courage me manque-t-il ?... Si j'ai tort, pourquoi ces idées ne me laissent-elles aucun repos ? » Résolu de vaincre sa lâcheté s'il était lâche, convaincu que ses idées étaient vraies, puisqu'elles étaient obstinées, il se retourna brusquement, revint sur ses pas, avec une résolution féroce, du jardin du Palais-Royal à la porte de l'Opéra, se convainquit que sa proie n'était pas sortie pendant son hésitation, et se promena du jardin au théâtre et du théâtre au jardin, pour laisser écouler les heures, tout en surveillant de loin les mouvements des voitures qui annonceraient la sortie du prince. A onze heures vingt minutes, les voitures de cour arrivèrent et se rangèrent à quelque distance de l'entrée réservée aux princes. Il se glissa à la suite des carrosses dans la petite rue déserte de Louvois, et, se plaçant à la tête d'un cheval de cabriolet comme un serviteur qui attend son maître, il attendit patiemment dans cette attitude que l'ordre d'approcher de la porte arrivât de l'intérieur aux cochers de la cour. L'ombre du mur de l'Opéra cachait ce visage inconnu à la domesticité du duc de Berri, et l'immobilité de sa pose enlevait tout soupçon aux sentinelles.

VIII

Cependant le prince et la princesse, séparés, par un mur, de l'homme qui comptait les minutes de leur vie, se livraient sans pressentiment dans leur loge au spectacle de la scène et aux entretiens des entr'actes. Le duc et la duchesse d'Orléans assistaient ce jour-là avec leurs enfants, dans une loge voisine, aux ballets et aux drames de l'Opéra. Les deux familles, qui s'aimaient à cause de la parenté et de la patrie commune des deux duchesses, se ssluèrent avec un sourire d'amitié en se reconnaissant. Pendant un intervalle entre les danses et la musique, le duc et la duchesse de Berri allèrent faire une visite dans leur loge à leurs cousins. Le duc embrasse les enfants et joue avec le petit duc de Chartres destiné lui-même à une mort tragique, à la fleur de ses années. En traversant le corridor pour revenir à sa place, la duchesse fut frappée au sein par la porte d'une loge qui s'ouvrit avec force au moment où elle passait. Elle se savait enceinte de quelques semaines, et craignant que le coup, l'émotion, la fatigue, ne compromissent le fruit encore ignoré qu'elle portait dans son sein, elle témoigna à son mari le désir de se retirer avant la fin du drame et avant le bal masqué qui devait suivre le spectacle. Le duc se leva pour la reconduire luimême à sa voiture et pour remonter ensuite à sa loge afin d'y prolonger les spectacles et les plaisirs de la nuit.

A l'appel des écuyers du prince, la voiture de la duchesse s'avance vers la porte. La jeune princesse, soutenue d'un côté par la main de son mari, de l'autre par celle de son écuyer, le comte de Mesnard, s'élance dans le carrosse ; la comtesse de Béthisy, sa dame d'honneur, y monte après elle. « Adieu ! s'écrie en lui souriant son mari, nous nous reverrons tout à l'heure. » Les valets de pied relèvent le marchepied, et le prince se retourne pour rentrer de la rue dans le vestibule. A ce moment, Louvel, qui s'était rapproché comme un curieux inoffensif ou comme un serviteur attendant son maître, s'élance de toute la force de sa résolution entre la sentinelle qui présentait les armes et le valet de pied qui fermait la portière, et saisissant de la main gauche l'épaule gauche du duc de Berri comme pour fixer la victime sous le couteau, il le frappe de la main droite dans le flanc droit d'un coup de son poignard qui laissa le fer dans la blessure. La promptitude du mouvement, la confusion du groupe, les ténèbres mal éclairées par les torches, le chancellement du prince sous le coup, empêchent au premier moment le comte de Choiseul et le comte de Mesnard de discerner le geste et l'acte meurtrier de l'inconnu. Il s'enfuit sans être poursuivi vers la rue de Richelieu, et après avoir tourné l'angle de la rue il marche à pas indifférents vers le boulevard.

IX

Le duc de Berri, frappé par une main inaperçue et jeté, par la force du contre-coup, sur le comte de Mesnard, n'avait, comme il arrive toujours, senti que le choc et non le fer. En se redressant, il porte la main sur la place où il a été touché. Sa main y rencontre le manche d'un poignard. Une horrible lueur l'éclaire. « Je suis assassiné, je suis mort ! s'écrie-t-il. Je tiens le poignard : cet homme m'a tué ! » A ce cri, la duchesse de Berri, dont la voiture n'avait pas encore eu le temps de prendre sa course, répond par un cri aigu qui fend la nuit et couvre le tumulte. « Ouvrez-moi ! ouvrez-moi ! » dit-elle au valet de pied qui a encore les mains sur la portière ; et, sans attendre que le marchepied soit abaissé, elle s'élance et entoure de ses bras son mari qui vient d'arracher le poignard et qui couvre ses vêtements de son sang. On assoit le prince un moment évanoui sur une banquette du vestibule banal où les serviteurs attendent leurs maîtres. On ouvre ses habits : le sang qui coule marque la place du coup sur le sein droit. « Je suis mort ! répéta-t-il en reprenant ses sens. Un prêtre ! Venez, ma femme, que j'expire dans vos bras ! »

Pendant cette pause d'un instant dans le vestibule, la sentinelle, les valets de pied et trois gendarmes, émus d'horreur, couraient à la poursuite de l'assassin. Il avait déjà dépassé la façade d'entrée de l'Opéra sur la rue de Richelieu, et il s'enfonçait dans l'ombre d'une arcade qui débouche de cette rue sous les larges voûtes de la Bibliothèque, quand un garçon de café nommé Paulnier le saisit corps à corps, lutte avec lui, et, secouru par la sentinelle et par les gendarmes, le ramène sur le lieu du meurtre. Il allait succomber sous l'horreur des groupes qui le traînaient en le colletant vers le vestibule. Les officiers du prince tremblent qu'on n'anéantisse avec le criminel le secret ou le complot du crime. Ils le préservent et le font conduire au corps de garde de l'Opéra. M. de Clermont-Lodève l'y suivit pour assister à ses premières paroles. On trouva sur lui le second poignard et le fourreau de celui qu'il avait laissé dans le cœur du prince. M. de Clermont rapporta ces instruments et ces témoins du crime dans le vestibule.

X

Le duc de Berri n'y était plus. Transporté à bras d'homme par ses serviteurs dans un petit salon situé derrière sa loge et entouré de médecins qui sondaient sa blessure, il avait repris ses sens. « Hélas! dit-il en apprenant l'arrestation du criminel et son nom, qu'il est cruel pour moi de mourir de la main d'un Français! » Une lueur d'espoir console un moment la princesse et les médecins : il ne la partagea pas et ne voulut pas flatter sa femme d'une espérance qui la ferait deux fois mourir de sa douleur. « Non, dit-il avec une ferme et froide incrédulité, je ne me fais pas d'illusion : le poignard est entré jusqu'à la garde, je puis vous l'attester... » Sa vue s'obscurcissait par la perte de ses forces qui s'écoulaient avec son sang. Il cherchait sa femme de ses bras égarés dans le vide. « Caroline, s'écriait-il, êtes-vous là? — Oui, répondait tendrement la princesse, j'y suis, et je ne vous quitterai jamais ! » Le médecin de sa maison, compagnon de son exil, averti par le bruit du forfait, était accouru près du mourant. Il suça la blessure pour en faire couler le sang qui s'arrêtait. « Que faites-vous, Bougon? lui dit avec une vive sollicitude le blessé, le poignard était peut-être empoisonné ! »

XI

Son premier mot avait été pour demander non un médecin mais un prêtre. Frappé au milieu du délire de la jeunesse et du plaisir, il n'y avait eu dans son âme aucune transition entre les pensées du temps et les pensées de l'éternité. Il avait passé, en une seconde, du spectacle d'une fête à la contemplation de sa fin, comme ces hommes que la froide immersion dans un vase d'eau arrache subitement aux brûlants délires de l'ivresse. Il avait montré, dans ce ravivement instantané et sans faiblesse de ses pensées, le courage délibéré d'un soldat. Il montrait maintenant la foi d'un chrétien et l'impatience inquiète d'un homme qui craint non pas de mourir, mais de mourir avant d'avoir confessé ses fautes et reçu les gages de la seconde vie. Son éducation pieuse se retrouvait au fond de son âme à mesure que le bouillonnement de la vie s'en retirait avec son sang. Il ne cessait de s'informer à voix basse si le prêtre demandé n'arrivait pas.

XII

Il arriva enfin. C'était l'évêque de Chartres, son confesseur, que le comte de Clermont-Lodève était allé chercher aux Tuileries. L'évêque et le mourant s'entretinrent quelques moments à voix basse. Cet entretien parut calmer l'agitation du prince. Il reprit toute sa présence d'esprit et toutes ses tendres effusions de cœur pour son frère, le duc d'Angoulême, pour la duchesse sa belle-sœur, pour son père le comte d'Artois, qui accouraient successivement, dans le désordre d'un réveil précipité, selon l'heure où ils avaient été avertis et selon la rapidité de leurs chevaux. Le duc de Bourbon, son compagnon de guerre à l'armée de son père, le duc d'Orléans, sa femme et sa sœur, présents au premier bruit du crime et qui n'avaient pas quitté la salle, entouraient de loin le lit de mort dressé dans un salon de ce lieu de fête. Dans la crainte du tumulte qui causerait des malheurs innombrables en accumulant la foule épouvantée aux portes, on n'avait pas voulu avertir le public ni interrompre le spectacle et les danses de la nuit, en sorte que l'agonie et l'ivresse, les chants et les sanglots, le bourdonnement de la musique et le gémissement de la douleur, le prêtre et le masque, Dieu et l'orgie, n'étaient séparés que par quelques cloisons de planches, se faisaient écho sans le savoir dans le tumultueux édifice, et accroissaient par l'horrible contraste l'horreur et le deuil de ce lit de mort!

XIII

Le duc d'Angoulême et le duc de Berri s'aimaient non-seulement comme deux frères, mais comme deux orphelins et deux exilés, compagnons inséparables des mêmes fortunes. Ils s'embrassèrent d'une étreinte mêlée de sanglots, corps contre corps, larmes et sang confondus sur les vêtements et sur les mains l'un de l'autre.

Après avoir retrouvé à son chevet tous ces visages et toutes ces tendresses de famille et d'amitié, le duc de Berri demanda à voir et à bénir la fille qu'il avait eue l'année précédente de sa femme. On la lui apporta endormie. Il lui tendit les bras, et cherchant à la bénir de sa main tremblante : « Pauvre enfant, lui dit-il, puisses-tu être moins malheureuse que tous ceux de ta famille ! »

Les médecins et les chirurgiens consommés dans leur art avaient été successivement appelés des quartiers divers et éloignés qu'ils habitaient. Ils se consultaient à voix basse dans un coin de l'appartement. Dupuytren, leur chef, résolut de tenter un dernier moyen de salut en ouvrant et en élargissant la blessure pour provoquer le sang répandu à l'intérieur à couler au dehors et à dégager la respiration. La duchesse de Berri, pendant cette inutile opération, pressait sur ses lèvres la main froide de son mari qui serrait encore la sienne. « Épargnez-moi cette souffrance, disait-il, puisque je dois mourir ! » Il passa après ses doigts sur la tête de sa femme comme s'il eût éprouvé une dernière tendresse en caressant ses beaux cheveux. « Caroline, lui dit-il, ménagez-vous pour notre enfant que vous portez dans votre sein. » Ce fut la première révélation de la naissance d'un fils qui trompait le crime, mais non le malheur de sa race. Il recommanda ses serviteurs en larmes à son père, le comte d'Artois. Il voulait voir son assassin pour lui demander la cause de sa haine, lui reprocher son injustice et lui remettre sa mort. « Quel est cet homme? murmurait-il. Que lui ai-je fait? C'est peut-être un homme que j'aurai offensé sans le vouloir. » Le comte d'Artois l'assura que l'assassin n'avait aucune animosité personnelle contre lui. « C'est donc un insensé? dit le duc. Ah! que ne puis-je vivre assez pour que le roi arrive et pour qu'il m'accorde la grâce de cet homme! Promettez-moi, mon père, promettez-moi, mon frère, promettez-moi tous de demander au roi la vie pour l'homme! »

On le lui promit pour calmer l'ardeur de générosité et de pardon qui le consumait. Sa bonté naturelle se révélait au prix de son propre sang.

Sur quelques signes incompris et sur quelques demi-mots échangés entre lui et la duchesse, on amena au bord de son lit deux jeunes filles qu'il avait eues à Londres de son union clandestine avec la fidèle compagne de son exil, et qu'il faisait élever paternellement à Paris. Les deux pauvres enfants, réveillées de leur sommeil pour embrasser au milieu d'une cour en larmes celui qu'elles avaient regardé autrefois comme leur père à elles seules, furent introduites toutes tremblantes et se mirent à genoux, les visages cachés dans les draps ensanglantés du prince. Il leur parla doucement en anglais, et leur recommanda le souvenir pour lui, la piété pour leur mère. Il les releva, les embrassa avec larmes, et les remettant avec confiance à la duchesse sa femme : « Je vous connais assez, Caroline, lui dit-il d'un ton confidentiel, pour vous prier de prendre soin après moi de ces orphelines. » Les enfants se jetèrent dans les bras ouverts de leur seconde mère. La duchesse, avec cet instinct qui est le génie du cœur, voulut pour ainsi dire les adopter devant son mari d'un seul geste et d'un seul mot. Elle fit approcher du lit la duchesse de Gontaut, qui portait dans ses bras sa propre fille, et, prenant les filles de l'étrangère par la main, elle leur dit : « Embrassez votre sœur ! »

XIV

Le prince se confessa, au milieu de la nuit, à l'évêque de Chartres, et parut consolé par les prières et par les bénédictions de la religion. Il demanda pardon à haute voix des faiblesses de son âme et des entraînements de sa vie. « Mon Dieu, s'écria-t-il à plusieurs reprises, pardonnez-moi et pardonnez aussi comme à moi-même à celui qui m'a ôté la vie ! »

Le duc d'Angoulême, prince pieux dès la jeunesse, et qui avait auprès de son frère la sainte autorité d'une vie toujours exemplaire, priait à genoux au pied du lit. « Mon frère, lui dit timidement le blessé, croyez-vous que Dieu me pardonne? — Oh! mon frère, répondit, avec une céleste certitude dans le regard, dans la voix et dans le geste, le duc d'Angoulême, quel gage de sa miséricorde voulez-vous de plus? il fait de vous un martyr ! »

La nuit s'avançait, sa vie s'abrégeait, mais son âme

veillait présente à sa mort et attentive à tous ses attachements. Le vieux comte de Nantouillet, son premier guide dans les camps et son fidèle compagnon dans l'exil, accourut pour recevoir l'adieu de son élève. « Viens, mon vieil ami, lui dit le duc en ouvrant les bras, que je t'embrasse encore une fois. » On lui dit que les maréchaux de France étaient arrivés pour lui témoigner leur intérêt et leur douleur. « Ah! dit-il, j'espérais verser plus utilement mon sang au milieu d'eux pour la France! »

XV

Le roi, retenu toute la nuit aux Tuileries par la prudence de ses ministres qui craignaient sans doute pour lui ou l'émotion du spectacle, ou quelque embûche de second crime hors du palais, arriva enfin au lever du jour. Le bruit des pas des chevaux du cortége sur les pavés de la rue fit tressaillir le mourant de joie : « Mon oncle, s'écria-t-il dès qu'il vit le roi, donnez-moi votre main, que je la baise pour la dernière fois! » Louis XVIII lui tendit sa main et prit la sienne. « Mon oncle, reprit avec anxiété le prince, je vous demande, au nom de ma mort, la grâce et la vie de l'homme!... —Mon neveu, lui répondit son oncle, vous n'êtes pas si mal que vous le pensez; nous en reparlerons! — Ah! vous ne dites pas *oui*, reprit le duc avec un accent de doute douloureux. Oh! dites-le, dites-le, afin que je meure tranquille. Grâce, grâce de la vie pour l'homme!... » Et comme le roi se taisait ou détournait la pensée du mourant vers d'autres sujets : « Ah! la grâce de la vie de cet homme, murmura le duc avec une expression d'amertume sur les lèvres, aurait pourtant bien adouci mes derniers moments!... Si du moins, insista-t-il, j'emportais la pensée que le sang de l'homme ne coulera pas pour moi après ma mort ! »

Il expira peu de moments après, en articulant des lèvres, dans son délire, la prière inexaucée de son cœur. Il mourut dans l'acte du pardon : grande âme obscurcie dans la vie, éclatante à la mort, héros de clémence, ayant du premier coup fait ce qu'il y a de plus difficile et de plus méritoire pour l'homme : bien mourir !

Les sanglots contenus éclatèrent à son dernier soupir. Sa femme en délire se coupa les cheveux sur son cadavre, et, maudissant la terre où l'on assassinait son mari, demanda d'une voix courroucée au roi de lui permettre de se retirer pour toujours en Sicile. Le roi s'agenouilla auprès du lit et ferma de ses propres mains les lèvres et les paupières du dernier espoir vivant de sa race.

XVI

Le bruit de sa mort se répandit au lever du jour dans Paris et de là dans toute la France, et n'y sema pas seulement l'émotion d'une horreur publique, mais la consternation d'un présage. Les coups frappés par un crime et surtout par un crime politique retentissent mille fois plus fort que les coups frappés par la nature. L'épouvante se joint à la pitié. L'attentat de Louvel éclata comme un attentat collectif, qui révélait quelque immense et implacable conjuration couvant sous les pas de tous, menaçant le cœur de chacun, et altérée goutte à goutte du sang du dernier des Bourbons. L'imagination du peuple, ébranlée par la commotion de la nuit, se prêtait aux plus odieuses suppositions. On croyait sentir de nouveaux crimes dans l'air. On donnait à l'assassin le nom d'un parti. Les royalistes, dans le premier vertige de leur douleur, ne montraient que piéges, embûches, complots, trahisons autour de la famille royale. Ils s'abordaient en se demandant si cet éclair sinistre ne suffirait pas enfin à ouvrir les yeux du roi sur l'abîme ouvert par les ministres sous sa dynastie, et si, au milieu des larmes répandues sur le cadavre de ce prince, leur espérance, il fallait accuser ou remercier la Providence, qui par le sang d'une chère victime sauvait peut-être la monarchie? Les libéraux, plus abattus et plus consternés, parce que le crime retombait de toute son horreur sur eux, protestaient avec sincérité de leur exécration contre un meurtrier qui venait de souiller leur cause et de mettre en suspicion la liberté même. Ils sentaient que l'opinion publique soulevée allait s'éloigner d'eux par horreur contre le crime d'un scélérat qu'on leur rejetterait comme un complice, qu'ils expieraient longtemps et cruellement un sang dont ils étaient innocents, et que le ministre, sur lequel ils comptaient pour modérer leurs ennemis et pour leur tendre la main du milieu du gouvernement, arraché au roi par les supplications de sa famille, serait inévitablement sacrifié à la colère du temps.

Déjà des rumeurs s'élevaient dans l'ombre contre l'impéritie de la police, qui n'avait pas su répondre de la vie du prince, espoir du trône, contre la main d'un homme isolé, épiant trois heures sa victime en pleine rue. Déjà même des suppositions plus révoltantes et plus perverses insinuaient que le ministre favori avait laissé frapper, dans le seul gage d'hérédité, le parti de ses ennemis, pour laisser glisser la couronne sur la tête d'un collatéral. On ne rêvait partout que complices, même parmi ceux que le crime frappait les premiers dans leur faveur, dans leur pouvoir ou dans leur ambition. Ceux qui ne croyaient pas à ces indignités affectaient d'y croire pour incriminer le système en incriminant l'homme. Le nom de M. Decazes était dans toutes les bouches des royalistes astucieux ou épouvantés. Le favori était la victime demandée par eux en expiation d'une autre victime.

Une circonstance fortuite, qui attestait dans M. Decazes le trouble d'esprit, le zèle de cœur et le dédain des soupçons dans un moment où son devoir était de s'oublier lui-même, avait donné quelque corps apparent à cette ombre odieuse de complicité déversée par la crédulité ou par la perfidie sur son innocence.

Peu d'instants après l'arrestation de Louvel, et pendant que le duc de Berry respirait encore, M. Decazes, M. Anglès, préfet de police, le procureur général, M. Pasquier, M. Siméon, tous deux ministres, étaient accourus à l'Opéra au bruit du crime. Ils entrèrent dans la salle basse où l'on gardait à vue le meurtrier pour lui faire subir un premier interrogatoire. Les médecins n'avaient pas encore déclaré la blessure mortelle. On flottait entre la crainte et l'espérance. Une inspiration soudaine saisit M. Decazes à la vue du criminel. Il pense que, par un raffinement de scélératesse, le fer dont l'assassin a frappé le prince était peut-être empoisonné, que la connaissance de ce fait et de la nature du poison pourrait sauver la victime, et que le meurtrier, dans l'espoir de racheter ses jours, consentirait peut-être à faire cette révélation confidentielle à ceux qui disposent de sa vie. Poussé par cet espoir, M. Decazes se précipite vers l'assassin, et lui parlant à l'oreille : « Misérable, lui dit-il à voix basse, un aveu vous reste peut-être à faire pour sauver celui que vous venez de frapper, et pour atténuer votre forfait devant Dieu. Dites, dites sincèrement et à moi seul : le poignard est-il empoisonné ? — Il ne l'est pas, » répondit froidement et avec l'accent de la vérité l'assassin. M. Decazes respira et crut un moment au salut du prince. Il se hâta de faire avertir les médecins et interrogea à haute voix Louvel. On sut ainsi son nom, sa profession d'ouvrier sellier chez le sellier du roi, son domicile aux Petites-Écuries, ses motifs de haine politique contre la famille royale, son crime isolé et sans autre complicité que le fanatisme des idées respirées par lui dans les murmures de tous les mécontentements publics.

Mais cet empressement de M. Decazes et ces quelques mots dits à demi-voix à l'oreille du coupable pour lui arracher son secret avant de l'interroger officiellement, interprétés par la perfidie et par la malignité de quelques assistants, et traduits en recommandations de silence d'un ministre à un complice, couraient déjà de bouche en bouche dans les confidences des courtisans acharnés à la perte du favori, et servaient de texte et d'indice aux plus infâmes calomnies.

XVII

Le roi, frappé à la fois dans son neveu, dans le cœur de sa maison, dans l'avenir de sa famille, dans son système politique et dans sa tendresse pour son ministre, était rentré noyé de larmes et consterné de pressentiments aux Tuileries. M. Decazes y avait suivi son maître pour concerter avec lui les mesures de deuil, de sûreté publique et d'attitude devant les chambres, commandées par les circonstances. Il avait offert avec abnégation sa démission au roi, sentant trop que le désespoir des royalistes, la douleur du comte d'Artois, la consternation de la famille royale, les rivalités de palais, les interpellations de tribune, la tristesse et la colère publique allaient accumuler contre lui, sur le corps du duc de Berri, une masse d'accusations et de suspicions qui emporteraient sa faveur et sa fortune.

« Hélas! disait le roi à son ami, je ne me fais point d'illusion, le parti des royalistes exagérés qui m'assiége et qui me hait autant que vous-même va exploiter ma douleur, et m'accuser d'insensibilité et d'aveuglement si je vous soutiens. N'importe, la politique et l'amitié me défendent de leur livrer la France qu'ils perdraient en peu de jours. Je ne dois pas à ma douleur personnelle le sacrifice de mon pays : je résisterai, et nous ne nous séparerons pas! »

M. Decazes prépara les mesures qu'il devait, quelques heures après, présenter aux chambres : la suspension de la liberté individuelle et de la liberté de la presse, deux lois de péril public et de dictature temporaire, et la formation de la chambre des pairs en tribunal d'État, pour lui déférer le jugement du criminel et de ses complices.

XVIII

Les royalistes, exaltés par la douleur et par la haine, se préparaient de leur côté à renverser dans l'opinion publique l'obstacle opposé à leur domination par le ministre, à sommer le roi au nom du cadavre de son neveu et des larmes de son frère, et à frapper le cœur du monarque à travers le cœur de son favori. Jamais peut-être une inimitié politique n'apporta moins de décence dans le deuil d'une si lugubre et si soudaine tragédie, et ne se hâta davantage d'utiliser au profit de son parti la fumée d'un sang qui coulait encore. La chambre des députés, convoquée à l'aube du jour, concentrait dans un silence menaçant la tristesse, le deuil, la joie féroce, le crime des partis impatients de se rejeter un plus grand crime. Un peuple immense assiégeait les portes et les avenues dans cette immobilité muette, mais fébrile, qui caractérise l'émotion vague des multitudes combattues entre deux sentiments : l'horreur d'un forfait exécré de tous, l'inquiétude sur sa destinée.

Après une longue attente occupée par des conversations à voix basse et par la circulation des nouvelles arrivant du dehors, le président et les secrétaires entrèrent dans la salle, portant sur leurs visages et sur leurs habits le deuil de l'événement de la nuit. A peine étaient-ils assis qu'un député de l'extrême droite, M. Clausel de Coussergues, demanda la parole.

C'était un de ces hommes tels qu'il y en a toujours dans les assemblées émues, hommes que la haine rend crédules, que l'irréflexion rend cruels, qui condensent en eux, comme des nuées vides, l'électricité de l'atmosphère, et qui se pressent, par émulation de zèle, de prêter une voix responsable aux rumeurs vagues et anonymes de l'esprit de parti. Quelques hommes exagérés de la droite se réjouirent malignement en le voyant paraître à la tribune; les centres s'affligèrent, les ministres gémirent, la gauche et le parti libéral s'irritèrent d'avance, certains d'avoir à subir une injure ou à repousser une calomnie. « Messieurs, dit-il avec l'expression d'un orateur qui laisse faire explosion à son âme, il n'existe pas de loi qui règle le mode d'accusation des ministres, mais il est de la nature d'une telle proposition d'être faite en séance publique et à la face de la France. Je propose à la chambre de porter un acte d'accusation contre M. Decazes, ministre de l'intérieur, comme complice de l'assassinat!... »

A ces mots, l'indignation des centres et de la gauche couvre la voix de M. Clausel de Coussergues. L'excès et l'iniquité de l'acte révoltent les moins modérés. Il descend de la tribune après avoir demandé obstinément à développer son accusation. M. de Villèle le gourmande à voix basse : il rentre dans les rangs de ses amis. M. de La Bourdonnaie, plus mesuré, se borne à demander que la chambre fasse une adresse au roi pour lui offrir sa coopération énergique à toutes les mesures compressives des doctrines perverses qui sapent à la fois tous les trônes. Le général Foy consent, au nom du parti libéral, à une adresse de condoléance qui soit tout entière à la douleur et qui ne laisse pas les dissentiments des partis altérer l'unanimité des larmes publiques. « Si un tel événement, dit-il avec convenance et vérité, est déplorable pour tous, il l'est surtout pour les amis de la liberté, car ils ne peuvent douter que leurs adversaires ne se prévalent de ce crime exécrable pour tenter de ravir au pays les libertés que le roi lui a données et qu'il veut lui maintenir! » Cette loyauté et cette modération du général Foy rallient les cœurs. L'adresse à rédiger est renvoyée à des commissaires. La chambre se sépare dans l'attente et dans le silence. Le peuple se retire dans le deuil.

Le lendemain, M. Clausel de Coussergues renouvelle sa proposition en la modifiant. Il supprime le mot de complicité dans l'assassinat, qui inculpe l'homme, et y substitue celui de trahison, qui inculpe le système. M. Courvoisier demande que le récit authentique de la séance de la veille fasse mention de l'indignation de l'Assemblée en entendant la proposition de M. Clausel de Coussergues; M. Benoît, ancien administrateur sous l'empire, rallié avec ardeur aux royalistes depuis le retour des Bourbons, combat la proposition de M. Courvoisier, et dit qu'un député a le droit de supposer des torts à un ministre. Mais M. Clausel de Coussergues avait supposé un crime à M. Decazes. M. de Saint-Aulaire, beau-père du ministre outragé, s'élance pour venger son gendre à la tribune. Sa situation est plus éloquente que sa parole. La hauteur et l'énergie de son attitude le relèvent aux yeux de la nature et de la vérité. « Puisque M. Clausel de Coussergues s'obstine à reproduire sa proposition, puisqu'il persiste dans cette accusation, monument de sa démence, je me vois forcé de parler, mais je ne lui répondrai que par un seul mot, je me contenterai de lui dire : Vous êtes un calomniateur ! »

L'accusation, caractérisée par ce seul mot, retomba dans la réprobation des hommes sérieux. M. Decazes, anéanti sous le poids de la responsabilité, sous l'acclamation des ressentiments qui s'élevaient contre lui du catafalque du prince, sous sa douleur personnelle et sous les larmes du roi, eut néanmoins la fermeté de paraître devant ses ennemis pour couvrir son maître et pour braver de son dédain les outrages de la haine. Mais l'effort qu'il faisait sur lui-même se révélait sous sa pâleur, dans le deuil de ses traits et dans l'abattement de sa voix. Peu d'hommes eurent jamais dans leur vie publique une situation plus terrible et plus complexe à affronter. Il était en apparence le ministre, mais il était déjà en réalité la victime montant aux *rostres* pour réjouir de plus haut le regard et la joie féroce de ses ennemis triomphants. Il se borna à lire le projet de la loi électorale, qui déplaçait l'influence dans le pays et qui remettait, comme une dépouille opime déposée sur un tombeau, l'ascendant et le pouvoir aux royalistes exaltés. Ils acceptaient la dépouille, mais ils brisaient déjà en espoir les mains qui la leur offraient. Deux lois sévères, suspensives de la liberté des journaux et de la liberté des personnes, furent offertes par le ministre, en expiation du sang versé par un fanatique et en rançon du ministère. Avances perdues ! le palais, la cour, la chambre des pairs, la chambre des députés, les salons, la rue, les journaux, retentissaient des plus brûlantes invectives contre le complice moral de l'assassinat. *Les pieds lui ont glissé dans le sang,* écrivait M. de Chateaubriand dans le *Conservateur*, faisant ainsi de la mort une image au service de la haine, et de cette image une calomnie contre un adversaire politique navré et abattu dans son malheur. On reconnaissait dans le grand écrivain l'homme en qui les passions politiques avaient étouffé la magnanimité du génie. Toute arme lui était bonne, ainsi qu'à ses amis, pourvu qu'elle frappât sa victime. Ces insinuations et ces invectives montaient d'heure en heure contre M. Decazes. On ne peut contester que, s'il eût été plus dévoué alors à son ambition qu'à son maître, M. Decazes n'eût un asile contre ce déchaînement, comme Necker en 1789, dans le parti révolutionnaire et bonapartiste hostile aux Bourbons. Ce parti, à demi renversé par le contre-coup du poignard de Louvel, faisait offrir au jeune ministre des alliances, des appuis, des popularités et des déférences qui auraient fait de lui un chef de faction dangereux s'il avait consenti à les accepter. Le cœur du roi était dans sa main; il dépendait encore de lui en ce moment de faire rompre à ce prince tout pacte de faiblesse avec sa famille, et de l'entraîner, par un second *cinq septembre*, jusqu'à une distance de son frère d'où il n'y aurait point eu de retour possible vers les royalistes. Éloigner le comte d'Artois de sa petite cour agitatrice à Paris, démasquer les intrigues qui se tramaient dans son entourage, le déclarer incapable de régner par obstination à vouloir régner par anticipation et par une faction, au lieu de vouloir régner par la France; déclarer la couronne dévolue au duc d'Angoulême, ou, à son refus, au duc d'Orléans, après le roi; changer la loi d'élection et appeler les masses aux comices, c'étaient là les mesures que les amis du comte d'Artois, les calomniateurs de la presse et les conspirateurs ténébreux des antichambres du frère du roi accusaient sans cesse M. Decazes de conseiller et de préméditer. Une intrigue obscure, mal dévoilée quelques mois auparavant, et qu'on avait appelée la *conspiration de la terrasse du bord de l'eau*, avait à demi révélé dans ses auteurs des intentions de détrônement de Louis XVIII au profit de son frère, qui pouvaient motiver des représailles dans un sens contraire. Ces représailles auraient porté plus loin et plus haut que les coupables, car le comte d'Artois, prince loyal et religieux, ne tramait rien de sinistre contre son frère; il n'était coupable que de l'entourage intrigant, avide et ambitieux dont il se laissait circonvenir. Mais cet entourage, composé de quelques évêques de l'Église exclusive, implacables à la liberté des consciences, de grands seigneurs de l'ancienne cour, irréconciliables avec l'égalité révolutionnaire, et de quelques hommes remuants et audacieux qui agitaient ces vieilles passions pour fonder leur importance sur de ténébreux services, était assez odieux au pays pour que le coup de foudre tombé sur eux, de la main du roi et de son ministre, parût légitimé par le danger ou par la haine. Il faut, pour être juste envers le favori tombé lui-même, reconnaître qu'il y eut de l'abnégation et de la grandeur d'âme à lui, à ne pas se retenir dans sa chute à de si coupables expédients de règne, et à ne pas entraîner le roi et la monarchie avec lui dans l'écroulement de sa fortune.

XIX

M. de Vitrolles, admis le premier dans l'intérieur du comte d'Artois, après les premiers moments laissés par la douleur et par la décence aux larmes sincères de ce prince, intima à ce malheureux père qu'il convenait à son désespoir comme à sa dignité de quitter à l'instant le palais des Tuileries pour faire éclater une scission plus irréconciliable avec le favori, et de se retirer avec sa cour au palais de l'Élysée. Il représenta de plus à ce prince que, l'incertitude du sexe de l'enfant porté dans son sein par la veuve du duc de Berri laissant la couronne sans héritier assuré après lui et après le duc d'Angoulême, il convenait à sa politique de faire violence à sa douleur et de se remarier. Il lui proposa même, dit-on, pour épouse la veuve du roi d'Étrurie, fille du roi d'Espagne Charles IV, dont il adopterait le fils, Bourbon de la branche espagnole, et auquel il ferait passer la couronne en écartant par un coup d'État la branche suspecte ou odieuse d'Orléans.

Le silence du prince répondit seul aux insinuations intempestives de M. de Vitrolles, appuyées le lendemain dans les feuilles par des provocations pathétiques de M. de Chateaubriand et des autres écrivains de ce parti. On échauffait de toutes parts l'indignation du frère du roi, de la duchesse d'Angoulême et de son mari contre la lenteur du roi à purger son conseil et sa cour de l'homme du scandale. Ils se résolurent, à l'instigation de M. de Vitrolles, à tenter une démarche décisive auprès du roi. Ils avaient pour cela l'autorité de leur sang et l'autorité de leur douleur. Ils avaient de plus, dans le cœur de Louis XVIII, une intelligence secrète qui commençait à s'enraciner et que M. Decazes ignorait lui-même.

Les mystères de la politique sont souvent dans l'ombre des palais et dans les sentiments les plus intimes du cœur des rois. La main d'une femme invisible fait quelquefois mouvoir à l'insu du monde les ressorts d'où vient la perte ou le salut des empires. Nous allons dévoiler, pour la première fois, cette main qui se cachait encore et qui mania si longtemps et si ouvertement depuis l'esprit du roi.

XX

Il y avait alors à Paris une femme jeune, belle, naturellement éloquente, aussi faite pour séduire l'âme que les yeux d'un prince qui aimait les femmes sans les profaner et qui avait de tout temps recherché dans leur commerce les délices du regard et de l'amitié plutôt que les voluptés de l'amour. L'âge et les souffrances de Louis XVIII avaient épuré encore en lui ces dispositions de la nature. Il avait besoin de délassements et de confidences, non de passion; il pouvait avoir une amie, non une favorite. Sa prédilection ne signalait l'objet de ses préférences ni au scandale ni au soupçon.

Cette femme se nommait la comtesse du Cayla. Elle était fille de M. Talon, ancien nom de la magistrature. Son père, homme de haute intrigue pendant les luttes de la cour et de la révolution de 1789 à 1792, avait été lié avec Mirabeau, avec le comte de Lamarck, avec les chefs mêmes de la démagogie. Il avait joué, au profit de son ambition et de sa fortune, entre les partis, un de ces rôles ambigus et à double visage qui rendent nécessaires sans les faire estimer ceux qui les acceptent. Il aspirait au ministère par toutes les voies, servant ou déroutant les chefs des partis les plus opposés, selon que ces hommes lui faisaient espérer ou désespérer d'atteindre le but de son ambition.

Il avait été affilié aussi à l'intrigue du comte de Provence, aujourd'hui Louis XVIII, en 1791. Au moment où l'infortuné *Favras* avait été supplicié juridiquement pour crime de haute trahison et d'embauchage au profit du comte de Provence, sans rien révéler de ses rapporte vrais ou supposés avec le frère de Louis XVI, M. Talon avait reçu, disait-on, les confidences compromettantes du mourant et un dépôt de papiers accusateurs contre le comte de Provence. Ces papiers gardés par M. Talon étaient une menace ou une espérance toujours suspendue sur l'honneur du roi. M. Talon émigré, continuant d'intriguer à Londres, puis rentré en France sous l'empire, puis exilé loin de Paris comme un homme remuant et dangereux sous tous les régimes, était mort dans l'exil avant la restauration. Il avait laissé à sa fille le dépôt précieux des papiers de Favras, gage futur de reconnaissance et de faveur dans l'éventualité d'un retour de la monarchie. Telle était la rumeur publique, qui n'a été ni démentie ni confirmée, mais à laquelle les événements ont donné depuis quelque crédit dans l'opinion de la cour. Une telle origine et un tel sang étaient de nature à donner à cette jeune femme, malgré sa jeunesse et sa candeur, quelques traditions du génie paternel, du manége des partis et des séductions de cour.

XXI

Elle avait été élevée à une école de diplomatie féminine, dans la maison impériale d'éducation d'Écouen, dirigée par une femme rompue aux artifices des cours, madame

Campan. Elle s'y était liée d'amitié d'enfance avec la fille de l'impératrice Joséphine, alors Hortense de Beauharnais, devenue reine de Hollande et depuis duchesse de Saint-Leu. Elle avait, quoique d'une autre caste, cultivé pendant l'empire, et même pendant les cent-jours, cette amitié toujours douce, éventuellement utile avec la belle-fille chérie de Napoléon. Mariée avec un homme de haute naissance attaché à la cour des Condé, des incompatibilités intestines dont aucun tort n'aggravait le malheur l'avaient séparée de son mari. Veuve de fait dans la fleur de la jeunesse et de la beauté, chargée seule et sans fortune du soin et de l'avenir d'enfants au berceau, elle vivait sans éclat et sans reproche dans la maison du prince de Condé et dans la familiarité de la comtesse de Rully, son amie, fille naturelle de ce prince. Son esprit, sa grâce, sa séduction, n'étaient révélés qu'à un cercle étroit de société élégante et pieuse. Elle avait la modestie, la réserve et comme le pressentiment de destinée de madame de Maintenon ne cherchant point les regards et se laissant découvrir dans l'ombre par celui de Louis XIV. Telle était la femme que le hasard ou la préméditation des deux partis, de la royauté et de l'Église, allait introduire dans le cabinet d'un vieillard pour y servir leurs desseins.

XXII

A la même époque, un jeune homme d'une naissance illustre, d'une figure chevaleresque, d'une légèreté extérieure, mais d'une ambition profonde, quoique noble, indépendante et désintéressée, attirait l'attention de la cour et de la capitale par l'élégance de ses manières et par l'agitation de sa vie. Il était de cette grande maison princière des La Rochefoucauld, illustrée dans la guerre, dans les lettres, dans les factions même de la Fronde par le grand La Rochefoucauld, et qui depuis Louis XIV semblait faire partie de la majesté royale. Cette maison était séparée en plusieurs branches dont les unes avaient servi la révolution, les autres l'empire, et dont la dernière, celle des La Rochefoucauld de Doudeauville, avait conservé à la vieille foi et à la vieille dynastie une fidélité à l'épreuve des interrègnes et des exils de la royauté légitime. Le vicomte de La Rochefoucauld était de cette branche austère. Fils unique du duc de Doudeauville, à qui les vicissitudes de la révolution avaient laissé une fortune princière, une grande influence et une considération personnelle, légitimées par beaucoup de bienfaits et une sévère vertu, le vicomte de La Rochefoucauld, dans toute l'ardeur de l'âge, de la bravoure et de l'opinion au moment de la chute de Napoléon, en 1814, s'était signalé, comme on l'a vu, un des premiers à la tête de la jeune noblesse de Paris, pressée de saisir l'occasion de relever le trône de ses pères et de précipiter la chute de Bonaparte. On l'avait vu à cheval, les couleurs blanches arborées à son bras, parcourir la capitale en excitant le peuple indécis à des acclamations d'un nouveau règne, le jour de l'entrée des alliés dans la capitale. On l'avait accusé à tort d'avoir voulu mutiler les monuments de la victoire française, en attachant une corde à la statue de Napoléon, et en s'y attelant avec la multitude pour la traîner dans la boue. Sa présence sur la place Vendôme au moment de cette profanation cynique, provoquée en effet par un homme réprouvé de tous les partis, avait accrédité cette erreur. Ardent au royalisme, mais loyal de cœur et pur d'outrage aux vaincus, ce jeune homme avait été désigné par son nom, par son opinion et par son zèle à la faveur du roi et des princes. Il occupait auprès d'eux une de ces hautes fonctions d'honneur réservées aux anciens noms de la monarchie. Le comte d'Artois le comblait de sa familiarité, le roi lui-même de son indulgence. Il avait épousé la fille du duc Mathieu de Montmorency, un des plus consolants caractères que l'histoire puisse avoir à peindre dans les vicissitudes des temps de révolution, réformateur populaire par générosité d'âme au commencement, victime pendant les excès, constant après les revers, généreux après les triomphes, indulgent et modéré toujours.

XXIII

Le vicomte de La Rochefoucauld, par sa famille, par cette alliance, par son éducation livrée à un ecclésiastique éloquent et influent dans le clergé, l'abbé *Duval*, par ses relations de société et par ses intimités de cour, vivait dans l'atmosphère de royalisme et de religion, d'église et de palais, d'évêques, de princes et de courtisans qu'offusquait le plus la faveur impatiemment subie de M. Decazes. Bien qu'il fût étranger à ce gouvernement occulte et tracassier, qui s'efforçait de se constituer, autour du comte d'Artois, en opposition ambitieuse, entre quelques ecclésiastiques, quelques émigrés et quelques intrigants, il partageait les animadversions et les terreurs que les concessions de M. Decazes et du roi aux idées et surtout aux hommes de la révolution inspiraient aux royalistes de la chambre, de l'aristocratie et du clergé. Quelques jésuites, ces religieux diplomates de l'Église auprès des peuples, à peine aperçus alors dans le mouvement des opinions, commençaient cependant à exercer un certain empire sur la politique des anciennes familles. Admis sous l'empire à partager avec l'université l'éducation des hautes classes, les jésuites avaient déployé dans cet art de s'approprier, de s'attacher et de s'affilier la jeunesse, un talent, un zèle et des vertus qui avaient relevé leur nom et leur influence sur l'aristocratie. Ils inspiraient à leur insu les maisons dont ils avaient instruit les fils. Rattachés aux Bourbons après la chute de l'empire, ils tendaient, par l'esprit même de leur institution, à rattacher ce nouveau règne des Bourbons à l'Église, afin d'accroître la foi religieuse des peuples par l'ascendant du pouvoir royal, de n'aplanir les voies du pouvoir qu'à des hommes religieux. Ils devaient naturellement faire pencher les opinions, qui leur étaient asservies par les consciences, plutôt vers la politique cléricale du comte d'Artois que vers la politique philosophique du roi. Le règne d'une royauté souveraine convenait mieux à leur nature que le règne d'une constitution délibérante, parce qu'il est plus aisé de capter une cour qu'un peuple, et de gouverner un roi que de gouverner une opinion publique. C'était là le premier germe de ce qu'on a appelé quelques années après la *congrégation*, puissance d'association moitié sainte, moitié profane, moitié religieuse, moitié ambitieuse, qui a exercé en réalité plus tard une si redoutable et si fatale influence sur la destinée des Bourbons. Cette *congrégation* sans corps, invisible à l'œil, à peine connue d'elle-même dans ces premières années du règne, gouvernait déjà moralement l'opinion publique d'un certain nombre de grandes piétés et de grandes ambitions dans les hautes classes de Paris et des provinces. Comme l'air, elle inclinait les choses sans paraître les toucher. Beaucoup de ceux qui cherchent le vent s'y pliaient : les uns par ces retours sincères de l'esprit qui portent, par dégoût du présent, à chercher repos à ses doutes dans le culte traditionnel et consolateur du passé; les autres par adulation intéressée et servile aux opinions qui promettent fortune et faveur à leurs sectateurs.

Tous les hommes et toutes les femmes de cette opinion aspiraient au renversement du favori. Comme homme nouveau, M. Decazes offusquait les hautes naissances; comme ministre constitutionnel, il inquiétait les consciences absolues; comme conseiller du 5 septembre et des promotions révolutionnaires qui avaient déplacé la majorité dans la chambre des pairs, il alarmait même les royalistes impartiaux sur le sort de la monarchie.

C'était quelques mois avant l'assassinat du duc de Berri, et la mort de ce prince n'était pas encore venue donner le motif ou le prétexte de la clameur générale qui devait l'arracher du cœur du roi. Il fallait s'y insinuer pour y déraciner la puissance du ministre et pour y substituer un autre ascendant. L'instrument manquait à ce vague dessein. Cet instrument ne pouvait être qu'une femme; la nature l'avait créée dans madame du Cayla. On la cherchait; l'amitié la fit découvrir à M. de La Rochefoucauld.

XXIV

Il était lié depuis quelques années d'un attachement d'admiration, pur comme une estime, ardent comme un culte, avec cette jeune femme, amie de sa propre femme, et dont il avait apprécié ainsi, dans l'intimité de sa famille, la beauté, les malheurs et l'irrésistible attrait. Une correspondance quotidienne entretenait entre eux une communauté de sentiments et d'idées qui se caractérisait dans leurs lettres par les expressions de frère et de sœur. Les lettres de madame du Cayla, à la fois tendres et pieuses comme des confidences de femme, attestaient néanmoins, par des éclairs d'idées sur les choses du temps, une puissance de réflexion et une portée de jugement qui n'auraient étonné ni dans une Sévigné ni dans une princesse des Ursins. Ces lettres, dont un grand nombre ont été publiées depuis, donnèrent sans doute à M. de La Rochefoucauld ou à son entourage la première imagination du plan de séduction qu'il s'agissait de tenter sur les yeux, sur l'esprit et sur le cœur du roi. « Une Esther, ainsi que le dit avec enjouement madame du Cayla elle-même dans une allusion au rôle qu'on voulait lui faire, était nécessaire à cet *Assuérus.* »

Quoi qu'il en puisse être, que la pensée de cette combinaison soit née dans le cœur seul du jeune ami de cette femme séduisante, ou que cette pensée soit née en lui, à son insu, du concert des opinions et des vues qui s'agitaient autour de lui, le vicomte de La Rochefoucauld résolut de faire une *Esther* de la femme qu'il admirait le plus dans le monde, et de s'emparer par elle, au profit de ses opinions, de la monarchie et de la religion, du cœur de Louis XVIII. Ce plan conçu, il fallait y faire consentir et concourir celle qui devait en être l'instrument ou la victime, car le rôle de favorite, s'il n'avait point de crime, avait du moins ses dangers à la cour et ses sinistres interprétations dans l'opinion publique.

XXV

Grâce à la familiarité établie entre elle et lui, le vicomte de La Rochefoucauld rencontra, un soir de l'automne précédent, madame du Cayla dans le salon du vieux prince de Condé au palais Bourbon, et, l'entraînant dans une des allées écartées du jardin de ce palais qui bordait alors la Seine, il prit l'accent mystérieux d'une confidence, et lui demanda une attention sérieuse sur l'ouverture qu'il avait à lui faire. La jeune femme l'écouta sans l'interrompre. « La monarchie et la religion que vous aimez de tout l'attachement de votre famille, lui dit-il, chancellent et sont près de s'écrouler dans une nouvelle révolution. Le premier ministre, soit aveuglement, soit popularité, soit ambition, pousse la royauté à des concessions fatales qui la livrent désarmée à ses ennemis. Les royalistes sont déclarés ennemis publics sous un roi qu'ils défendent malgré lui. Pendant que l'imprévoyance ou la présomption d'un homme trop cher au cœur du monarque agite les partis au dehors, son insolente fortune sème les dissentiments, les ombrages, les défiances, les complots même dans le palais. La famille royale divisée s'affaiblit par ces divisions devant l'ennemi commun. Nous marchons aux abîmes, aucune main ne peut arracher au roi le bandeau qui l'aveugle, excepté une main de femme, assez douce pour ne point offusquer son amour-propre en lui dessillant les yeux. Ce prince a besoin d'aimer ceux à qui il permet de le conseiller. Son cœur est pour moitié dans la politique. Madame de Balbi, M. Davaray, M. de Blacas autrefois, M. Decazes aujourd'hui, sont les preuves encore vivantes de cette disposition de sa nature. Il faut lui plaire pour avoir le droit de l'influencer. Des femmes illustres par leur crédit utile ou funeste sur le cœur et sur l'esprit de nos rois ont tour à tour perdu ou sauvé la royauté en France et en Espagne. C'est d'une femme seule encore aujourd'hui que peut venir le salut de la religion et de la monarchie. La nature, la naissance, l'éducation, le malheur même, semblent vous avoir désignée pour ce rôle. Voulez-vous être le salut des princes, l'amie du roi, l'*Esther* des royalistes, la *Maintenon* ferme et irréprochable d'une cour qui se perd et qu'une femme seule peut réconcilier et sauver? Demandez au roi une audience, sous prétexte d'implorer sa protection, dont vous avez besoin pour vous et pour vos enfants; montrez-lui, comme par une rencontre fortuite, ces trésors de grâce, de bon sens et d'esprit que la nature vous a prodigués, non pour l'ombre de la retraite où vous les renfermez, mais pour le grand jour de l'entretien d'un roi appréciateur passionné des dons de l'âme; charmez-le par une première conversation, quittez-le en lui laissant le regret de vous perdre et le désir de vous revoir; retournez quand il vous rappellera; faites renaître, comme par la nécessité de vos affaires, les occasions de nouveaux entretiens; écoutez ses confidences; laissez échapper de timides conseils; insinuez-vous par l'affection dans son cœur et par la haute raison dans son esprit; rendez-vous nécessaire au délassement de cette âme souffrante, accablée des soucis du trône, et quand votre empire inaperçu sera fondé dans son attachement par les habitudes, employez peu à peu cet empire à déraciner de son conseil le favori dont il est fasciné, à réconcilier le roi avec son frère, avec les princes, et à leur faire adopter de concert, dans la personne de M. de Villèle et de ses amis, un ministère à la fois royaliste et constitutionnel, qui remette le trône d'aplomb sur la base monarchique, et qui prévienne les prochaines catastrophes dont la France est menacée. »

XXVI

Telles furent les paroles du jeune négociateur du parti qui se formait déjà dans la chambre entre les royalistes excessifs et les royalistes aventureux de l'antichambre du comte d'Artois contre les libéraux de l'entourage de M. Decazes. Mais cette tentative sur l'amour-propre et sur l'ambition d'une femme alors modeste et intimidée, presque offensée d'une proposition si étrange, échoua au premier mot contre sa modestie et contre la délicatesse d'un tel rôle : « Quoi! répondit-elle avec l'accent de l'étonnement et du reproche à son ami, c'est vous qui me connaissez assez peu pour chercher à m'éblouir par des perspectives d'empire et de domination à la cour? Vous ai-je donc jamais donné le droit de me confondre, moi, humble, retirée dans mon ombre et dans mon malheur, antipathique aux manéges, aux intrigues au grand jour des cours, avec ces femmes hardies, ambitieuses ou dissimulées qui se servent de leurs vices ou même de leurs vertus pour séduire ou gouverner le cœur des rois? Croyez-moi, un tel rôle est aussi opposé à ma nature qu'à ma situation ; et si vous voulez que nous restions amis, ne m'en reparlez jamais. J'oublierai même que vous m'avez assez peu comprise pour m'en avoir parlé un jour. »

Il y avait tant de parti pris et tant de résolution irrévocable de l'âme dans l'accent avec lequel ces paroles étaient prononcées, que le négociateur n'insista pas davantage, et qu'il songea à prendre un détour pour arriver par une autre voie au succès de la combinaison de son parti.

XXVII

Les dangers et les malheurs de madame du Cayla, par suite de sa rupture avec son mari, qui lui disputait sa fortune et qui lui redemandait ses enfants, étaient si imminents, que ses amis et la nécessité elle-même lui conseillaient de se jeter sous la protection du roi. Le vicomte de La Rochefoucauld, qui parut avoir oublié ses projets chimériques, rejetés avec une si énergique répugnance, reprit auprès de son amie le ton de l'intérêt le plus vrai et le plus naturel pour sa douloureuse situation. Il l'encouragea à solliciter une audience du roi et à se jeter à ses pieds pour lui demander asile dans sa justice, bien sûr que l'aspect des larmes, l'éloquence, l'esprit de la suppliante, agiraient malgré elle sur les yeux et sur l'esprit du monarque, et qu'en accordant la faveur il ressentirait l'attrait. Soit que la réflexion eût tempéré dans la jeune femme la première répulsion qu'une idée lancée à l'improviste dans son imagination lui avait inspirée, et que le rêve, à force de se reproduire dans son esprit eût pris un corps dans son âme, soit que l'horreur de se voir arracher ses enfants surmontât sa timidité et sa réserve, soit que les papiers secrets qu'elle tenait, disait-on, de son père, lui parussent un gage certain de reconnaissance et de faveur à offrir à Louis XVIII, elle se décida à demander l'audience, et elle parut devant le roi.

Elle y parut armée de ce qui embellit le plus une femme aux yeux d'un prince, la timidité, la supplication et les larmes. Le roi fut plus qu'ébloui, il fut touché. Il releva la jeune suppliante, la fit asseoir, s'entretint avec elle de son père, de ses enfants, de ses disgrâces, goûta les charmes de son entretien autant que les charmes de son visage, et, après lui avoir accordé plus qu'elle n'osait demander, il la congédia le plus tard possible, en lui demandant lui-même de revenir le voir à des jours fixes, et en lui disant que son cabinet lui serait ouvert toutes les fois qu'elle aurait un désir à lui exprimer.

Le plan de séduction conçu par la politique avait été du premier regard accompli par la nature. On ne se trompe jamais en comptant sur la toute-puissance de la beauté et sur l'enivrement des yeux d'un roi. Le sentiment de Louis XVIII pour cette femme séduisante eut, dès les premiers jours, le caractère d'un amour qui se dérobe à lui-même, sous le nom d'amitié, ce que l'âge du monarque et la réserve de la femme ne permettent pas d'avouer; il se sentit une affection qu'il appela paternelle, et la nomma sa fille, n'osant, tant par respect pour lui-même que par respect pour elle, l'appeler d'un autre nom. La famille royale, instruite par l'heureux négociateur du succès de sa pensée, des inspirations que madame du Cayla portait dans l'intimité de ses entretiens, de son ascendant croissant sur le prince, de son désir de réconcilier le monarque et sa famille, voyait avec plaisir ces entretiens du roi et de la jeune femme dérobés autant que possible à la connaissance du ministre. M. de Villèle et ses amis en étaient informés par M. de La Rochefoucauld, et des plans de ministère se fondaient de loin sur cette amitié.

XXVIII

Le roi se complaisait de plus en plus dans cette douce familiarité féminine. Elle lui rappelait ses amitiés d'un autre âge avec la comtesse de Balbi, délices de son esprit dans sa jeunesse. Elle lui apprenait à lui-même que son cœur pouvait se passer de M. Decazes, et qu'il y avait dans une amitié de jeune femme avec un homme de son âge autant de décence et plus de douceur que dans l'ascendant d'un favori. Il commençait lui-même à interroger ceux qui l'entouraient, comme pour les sonder sur les deux objets de sa faveur, et pour les faire applaudir à ses nouveaux sentiments.

Il fit appeler un soir M. de La Rochefoucauld, et il lui demanda ce qu'il pensait de M. Decazes : « M. Decazes, lui répondit avec l'instinct des cours le jeune courtisan, est le plus séduisant des hommes et le plus sincèrement attaché à la personne du roi. — Ah! je le dis tous les jours, interrompit le prince, et je suis heureux de le voir ainsi jugé par vous-même. — Oui, Sire, reprit M. de La Rochefoucauld, M. Decazes a toutes les qualités d'un homme agréable et d'un ministre utile ; mais les royalistes exclusifs et jaloux ont eu des torts irrémédiables envers lui, ils l'ont harcelé avec injustice et avec acharnement, et, par leur hostilité implacable, ils l'ont rejeté dans le camp des adversaires de la monarchie. Il n'a pas eu le stoïcisme de résister à ces iniquités d'un côté, à ces popularités intéressées de l'autre ; et, par l'introduction irréfléchie et violente de soixante-quatre noms révolutionnaires dans la chambre des pairs, il a brisé le ressort principal du gouvernement au lieu de le rectifier, et il a jeté le trône à la merci de vos ennemis. »

Le roi écouta sans réfuter.

« — Et que pensez-vous, ajouta le roi, de madame du Cayla? » Le courtisan sincère n'eut pas besoin de recourir à l'adulation ou à la complaisance pour faire au roi la plus ardente apologie de la favorite secrète de son cœur. Le roi l'écoutait en enchérissant sur l'éloge. M. de La Rochefoucauld comprit que M. Decazes subjuguait encore, mais que son amie enivrait déjà l'esprit du monarque. Il instruisit ses amis de cet entretien. On comprit que le temps sapait sourdement le ministre, mais qu'il fallait attendre pour le renverser.

XXIX

Telles étaient les dispositions du roi et les progrès de cette combinaison sur son cœur, la veille de la mort du duc de Berri. On a vu que M. de Vitrolles de son côté, pressé de rompre tout accord entre le comte d'Artois et son frère, et de faire triompher le royalisme exalté par l'éclat et la violence de cette scission dans la famille royale, conjurait son prince de se remarier. Il le conjura le lendemain d'imposer ouvertement au roi le renvoi immédiat de M. Decazes, et de dire à son frère qu'il fallait choisir entre sa famille et son ministre. Le comte d'Artois, l'esprit troublé à la fois par sa douleur de père et par ses terreurs de prince, et par les assauts ambitieux de ses conseillers, rassembla autour de lui ce que le poignard lui avait laissé de sa famille, son fils le duc d'Angoulême et sa belle-fille, reproche vivant de la révolution. La famille royale ainsi décimée se rendit dans les appartements du roi et se fit annoncer à lui. Louis XVIII s'attendait à ces sommations de la douleur, et se sentait faible pour y résister. Que dire à un père, à un frère, à une fille, à une nièce en deuil d'un fils, d'un frère, d'un cousin égorgé la veille, accusateurs muets du système auquel ils attribuent leur catastrophe, et venant se présenter eux-mêmes en victimes marquées d'avance pour d'autres attentats? Le roi, les princes et la princesse restent longtemps en silence à se regarder à travers leurs larmes, sans oser se dire ce que leur visage et la démarche disaient assez : le roi sentant qu'on voulait lui arracher son ministre, les princes comprenant qu'ils venaient commander en implorant.

La duchesse d'Angoulême, plus hardie parce qu'elle était femme et parce que la sommation, dans sa bouche, conservait l'apparence et le pathétique de la prière, interrompit enfin ce silence : « Sire, dit-elle au roi d'un accent qui contenait toutes les larmes et tout le sang de sa famille, nous marchons à une nouvelle révolution. Conjurez-la pendant qu'il en est temps encore! Votre trône a besoin de tous ses appuis. M. Decazes a trop profondément blessé les royalistes pour qu'il puisse se rapprocher d'eux; qu'il se retire, et tous se réuniront pour porter secours à votre gouvernement.

» — M. Decazes, répondit le roi à sa nièce avec un visage sévère, a défendu mon autorité contre des hommes qui peuvent avoir rendu des services réels, mais qui se soumettent mal au frein des lois, et se liguent ouvertement avec un parti qui veut faire violence à ma sagesse pour me faire marcher dans une voie que je réprouve : c'était le devoir d'un fidèle ministre. »

Puis, relevant la voix, et dominant d'une fierté qui ressemblait à la colère : « M. Decazes, ajouta-t-il, n'a rien fait que conformément à mes sentiments, à mes principes, à ma volonté. Qu'à la tribune des chambres on distingue entre ma volonté royale et les actes de mes ministres, je le comprends; mais qu'ici, mais que dans le sein de ma propre famille, on fasse cette puérile distinction, je ne le comprendrais que dans l'intention de m'offenser.

» — Eh bien! Sire, dit le comte d'Artois, qui se souvenait des conseils extrêmes de M. de Vitrolles, il m'est impossible de rester aux Tuileries si M. Decazes, publiquement accusé de complicité dans la mort de mon fils par M. Clausel de Coussergues, reparaît encore comme ministre dans ce palais! »

Le prince, en répétant, sans la caractériser, l'odieuse imputation des hommes de son parti, l'élevait jusqu'à son cœur et immortalisait, dans le délire de sa douleur, une abjecte calomnie. Le roi s'indigna de retrouver sur les lèvres de son frère une accusation qui, en atteignant son ministre, incriminait jusqu'à lui-même, et lui rejetait le sang d'un neveu. « Eh quoi, mon frère, s'écria-t-il, c'est quand un ministre fidèle et malheureux est poursuivi par une calomnie dont l'extravagance égale l'atrocité que vous voulez que je frappe un homme qui m'est dévoué? Les députés, ses ennemis, ont eux-mêmes repoussé avec horreur cette accusation, et moi je paraîtrais y croire quand elle révolte, au contraire, toutes les puissances de mon âme!... Je vous déclare n'avoir jamais connu d'âme plus sincère et plus sensible que celle de M. Decazes; je suis convaincu qu'il aurait donné sa vie pour le salut de mon neveu, comme il la donnerait pour moi. Je respecte l'égarement de votre douleur; la mienne n'est pas moins cruelle, mais elle n'aura pas du moins la force de me rendre injuste!... »

Le comte d'Artois, foudroyé par l'énergie du regard et de l'accent de son frère, ne répliqua pas. Il sentit que, si la dignité et la justice du roi résistaient à l'injonction et à la menace, son cœur ne résisterait peut-être pas à la prière. Il s'avança avec son fils et la duchesse d'Angoulême vers le fauteuil du roi, et tous les trois, faisant le geste de s'agenouiller devant leur oncle et leur frère : « Sire, lui dit la fille de Louis XVI, en rappelant par son attitude et par son abattement la victime découragée, fille et sœur, nièce et tante de chères victimes, notre famille a été bien éprouvée par le malheur! que l'union, du moins, la console! ne lui refusez pas la grâce qu'elle vous demande à genoux!

» — Cette grâce, ajouta en sanglotant le comte d'Artois, je la demande comme un sacrifice aux mânes de mon malheureux fils! »

Le roi avait passé de l'indignation à la compassion pour sa famille. Son esprit résistait, son cœur fléchit. « Vous le voulez, dit-il tristement, eh bien, vous serez satisfaits! » Les princes se retirèrent, et le bruit du triomphe de la scène qu'on leur avait conseillée réjouit l'ambition et la haine de leurs serviteurs. Le roi envoya chercher M. Decazes, s'attendrit longtemps avec lui, et refusa avec une généreuse obstination la démission que ce ministre le conjurait d'accepter pour simplifier la situation et pour s'offrir en sacrifice à la concorde de la famille. « Ah! mon enfant, s'écriait le roi, plus vaincu par la décence que par la conviction dans sa lutte avec son frère, ce n'est pas à vous, c'est à moi qu'ils en veulent! » M. Decazes ne chercha pas, comme tant de ministres congédiés sous tant de règnes, à aggraver les embarras de la couronne en poussant son maître dans l'excès contraire, afin de se rendre nécessaire en rendant le règne difficile ou impossible après lui. Il conseilla au roi de revenir au duc de Richelieu, homme inattaquable aux royalistes et acceptable aux libéraux monarchiques, et il prit soin lui-même de convaincre et de toucher son successeur. Plus ami que ministre disgracié dans cette circonstance, le favori se montra supérieur aux faiblesses du ressentiment. Il justifia en tombant le roi qui l'avait élevé. Le duc de Richelieu, convaincu par expérience de la difficulté de complaire à une famille divisée dans le palais, et instruit, par la *note secrète*, des embûches tendues dans l'intimité du comte d'Artois, ne consentit à accepter le ministère qu'après avoir conféré avec ce prince. Le prince lui donna *sa foi de gentilhomme* qu'il soutiendrait le ministère avec toutes les forces d'opinion dont il disposait dans le palais, dans les journaux royalistes, dans la pairie et dans la chambre des députés. Le duc de Richelieu crut avoir ainsi engagé le prince; il s'aperçut bientôt qu'il n'avait pas engagé le parti.

Le ministère fut formé le 21 février. Le duc de Richelieu présida le conseil des ministres sans portefeuille. M. de Serre, absent, fut destiné à l'intérieur, et suppléé provisoirement par un vieillard consommé dans les affaires et dans les assemblées, M. Siméon, homme dont le passé donnait des garanties au libéralisme et dont la loyauté donnait sécurité au royalisme. Le comte d'Artois, pour avoir une main à lui dans le ministère, y introduisit M. Capelle, parvenu, on ne sait de quelle origine, à la préfecture de Florence sous l'empire, cher, disait-on, au cœur de la grande-duchesse de Toscane, Élisa, sœur de Napoléon, disgracié après 1814 pour avoir fléchi trop vite sous les forces des alliés, ayant suivi le comte d'Artois à Gand pendant les cent-jours, utile à ce prince par son expérience administrative, et qui s'était voué à sa fortune avec un zèle qui ne se démentit jamais depuis. M. Mounier, à qui le duc de Richelieu offrit un ministère, le refusa avec cette modestie qui relevait le prix de ses talents. Aimant mieux servir que monter, il se contenta de la direction générale de la police, rassurant les deux partis par sa vigilance et sa modération. M. Portalis, dont on retrouve le nom sous tous les régimes comme celui d'un de ces serviteurs de l'État qui se font des emplois élevés une sorte d'apanage, remplaça M. Siméon dans la sous-direction de la justice. M. Pasquier conserva le ministère des affaires étrangères, passant d'un ministère à l'autre avec la souplesse d'esprit et de zèle qui le rendait acceptable à tous. M. Portal garda la marine, M. Roy les finances, M. de Latour-Maubourg la guerre. A peu d'exceptions près, c'était encore le ministère de M. Decazes, moins M. Decazes lui-même. Son esprit survivait à sa chute. Le roi n'avait sacrifié que son nom.

Le roi, après ce sacrifice, combla son ministre de témoignages d'attachement qui attestaient la continuation de sa confiance personnelle pour le favori que la nécessité politique arrachait à son cœur. Il lui donna le titre de duc, il le nomma ambassadeur à Londres, avec un traitement qui plaçait la fortune de son ministre au niveau des fortunes de l'aristocratie britannique; il y ajouta des munificences royales et des larmes plus honorables pour le ministre que des dons. M. Decazes partit pour l'Angleterre avec latendresse entière de son maître, la haine des royalistes, l'ingratitude des libéraux, les regrets des doctrinaires ambitieux et déçus tombés avec lui, mais qui voyaient dans son éloignement une éclipse passagère de faveur et des gages assurés d'un ascendant secret et d'une seconde fortune.

XXX

Ainsi disparut, mais sans retour, ce jeune ministre, improvisation des circonstances, de la faveur d'un roi et de la lutte inexpérimentée des partis. L'hésitation et le tâtonnement d'une restauration oubliée dans un long exil, en remettant le pied dans les ténèbres sur un terrain politique qu'elle n'avait pas encore sondé, donnait à ce premier moment une large place au favoritisme. On ne gouvernait plus par l'autorité absolue, on ne gouvernait pas encore par l'autorité dans les chambres; le gouvernement n'était qu'une alternative de coups d'État, tantôt pour la charte, tantôt contre la charte, donnant par la main du roi la victoire tour à tour aux deux partis que la royauté cherchait à pondérer. M. Decazes, signalé par le hasard, remarqué par son zèle, conquit sa fortune politique par son courage, la confirma par sa grâce, la mérita par sa sagesse de vues, l'ébranla par des condescendances excessives, et quelques-unes déplorables, au parti de la cour, puis au parti de l'opposition, la perdit enfin par une catastrophe dont il était innocent, dont la malignité des temps voulut le faire le complice et dont il ne fut que la victime. Sa fidélité à son maître et à son bienfaiteur fut entière; si sa conduite fut versatile, son système, qui n'était que le système du roi, fut d'un homme d'État. Il consistait à interposer énergiquement la royauté, modératrice des idées nouvelles, entre les royalistes avides de réaction et les libéraux impatients de liberté. Il n'y en avait pas d'autre praticable pour faire accepter le pays par la royauté et la royauté par le pays. C'était la pensée du roi, mûrie par la réflexion dans la solitude. Il fallait au roi, pour l'exécuter, un homme nouveau, jeune et sans autre refuge que sa faveur personnelle, pour que cet homme, indépendant du parti révolutionnaire et du parti royaliste, n'eût de signification qu'en lui-même et n'eût d'avenir que dans la charte. Le roi avait trouvé cet homme dans M. Decazes, et il s'y était attaché avec une persistance où il entrait au moins autant de politique que d'amitié. M. Decazes n'était pas seulement le favori d'un roi, c'était le favori d'un système. En tombant, il entraîna ce système avec lui. Quand les royalistes parvinrent au pouvoir, ils furent obligés de relever ce système abattu et de le pratiquer après lui. M. de Villèle fut le *Decazes* de la majorité royaliste, comme M. Decazes avait été le *Villèle* du roi. Voilà pourquoi son nom restera dans l'histoire au-dessus des noms des favoris vulgaires qui ne représentent que le caprice des rois. M. Decazes représente une idée juste : la réconciliation d'une révolution et d'une royauté. Il fut l'homme d'État de la concorde, de l'impartialité et de la charte, et, s'il n'eut pas la force de séparer des partis acharnés à s'entre-détruire, il eut la gloire de tomber entre eux avec la seule vérité qui pût perpétuer le trône de son maître.

Sa plus grande faute ne fut pas dans sa chute, elle fut de reparaître sur la scène après en être honorablement descendu. La retraite était son asile, l'inaction sa dignité, la perspective sa grandeur. Quand on a approché de si près du cœur d'un roi et personnifié avec lui une de ces époques qui sont les dates de la vie d'un peuple, il faut disparaître avec le prince ou avec l'événement dans lequel on a incarné son nom. Le nom de M. Decazes devait disparaître avec Louis XVIII. L'histoire retrouve ces noms dans l'obscurité, elle ne les retrouve plus dans la foule. Tombé de ces hauteurs, l'homme d'État ne se relève qu'après que le temps a passé sur lui : l'isolement est la majesté de la disgrâce.

LIVRE TRENTE-HUITIÈME

Ouverture des débats sur la loi d'élection. — M. Royer-Collard, son passé, son caractère. — Discours de MM. Lainé, Camille Jordan, Foy. — Vote du projet de loi. — Jugement et exécution de Louvel. — Animosité croissante contre les Bourbons; sociétés secrètes, bonapartistes, contre-révolutionnaires. — M. Madier-Montjau dénonce aux chambres les conspirations royalistes du Midi. — Naissance du duc de Bordeaux. — Réveil de l'esprit d'indépendance en Europe : erreur de ceux qui en ont fait honneur à Napoléon. — Ses véritables causes; idées de nationalité semées par les rois européens pour résister à l'absorption napoléonienne. — *Révolution d'Espagne.* — Coup d'œil rétrospectif; décadence de cette monarchie; intrigues de palais, terrorisme théocratique. — Le prince de la Paix. — Charles IV, son abdication, sa captivité. — Héroïsme de l'Espagne; les cortès, la constitution de 1812. — Retour de Ferdinand VII; réaction; O'Donnell. — Explosion révolutionnaire; Riégo, Mina. — *Italie;* état de ce pays en 1820; opinions erronées sur son compte. — Carbonarisme. — Mouvement de Naples; Guglielmo Pepe. — Rôle équivoque de la cour. — Intervention des cours du Nord; congrès de Troppau, de Laybach; fin de la révolution de Naples. — Mouvement du Piémont. — Carbonarisme en France. — Napoléon à Sainte-Hélène; sa captivité. — Le *Mémorial;* justification malhabile de sa mémoire. — Hudson-Lowe. — Maladie de Napoléon; sa mort; conclusion sur son règne.

I

L'émotion grave et prolongée de la mort du duc de Berri, l'attente du fruit posthume que la duchesse portait dans son sein, la chute du favori, la satisfaction donnée à la famille royale, le caractère à la fois monarchique et modéré du ministère parurent assoupir un moment l'irritation du parti royaliste et les alarmes des libéraux. Mais cet apaisement n'était que la trêve des funérailles. Les lois de censure des journaux, de suppression de la liberté individuelle et d'élection, préparées par M. Decazes et apportées avec quelques modifications aux chambres par le ministère nouveau, firent éclater des fureurs que le sang du prince avait envenimées et que les cœurs ne pouvaient contenir. M. Pasquier avoua franchement à la chambre que le gouvernement demandait une véritable dictature dans ces lois. « C'est la dictature donnée à un parti avide de vengeance, » répondit Manuel. Benjamin Constant, enhardi par l'élection qui avait glorifié sa double défection de 1814 et de 1815, attaqua les caractères des ministres avec l'âpreté d'une invective qui n'aurait eu aucune représaille à redouter. M. de La Fayette parla en maître expérimenté des révolutions, qui prédit dans leur sommeil apparent leur prochain triomphe; le général Foy en citoyen loyal qui s'associe à la douleur des rois, mais qui se refuse à accorder des hécatombes de liberté à leur deuil. Irrité cependant par les apostrophes insultantes des députés de la droite, il appela *une poignée de misérables* les hommes qui avaient salué le triomphe des étrangers dans leur patrie. A ces mots un parent émigré de Charlotte Corday, cette libératrice de son pays par un crime semblable à celui de Judith, se lève et lance au général une de ces représailles outrageantes que les Romains méprisaient et que les Français lavent dans le sang. Les deux adversaires font feu le lendemain l'un sur l'autre en évitant de se frapper. Le général monte à la tribune et répare l'honneur de l'émigré. L'émigré honore le courage des patriotes. La droite applaudit à cette réparation mutuelle : la gauche s'étonne de la condescendance du général, murmure, et semble rejeter toute justice et toute paix. L'implacable animosité des uns suscite les excès de parti dans les autres. La révolution et la contre-révolution se regardent et se personnifient face à face pendant ces longs débats sur toutes les questions soulevées par les lois proposées. M. Benoist s'écrie que la contre-révolution est faite et que la charte n'en est que le règne. Un député du Midi, écho consciencieux du clergé, pour qui toute controverse tolérée en matière de foi est une impiété de la pensée, déclare que la liberté est le plus grand fléau des peuples. Manuel dénonce au pays la nouvelle alliance entre le gouvernement et les hommes de 1815 détrônés par le 5 septembre, il appelle ces hommes des factieux. La capitale, tous les soirs émue du retentissement de ces combats du jour dans les chambres, prend feu aux éclairs des orateurs. Les attroupements se forment sur les places publiques, la jeunesse des écoles, les officiers licenciés, les conspirateurs des sociétés secrètes encore masqués sous le respect de la charte, les mécontents sans cause, les séditieux sans parti, les hommes qui flottent à tous les vents à la surface des grandes populations, commencent à bouillonner à des heures fixes, au signal muet des rassemblements. La police les surveille, les harcèle et les redouble en les refoulant. Paris présente toutes les nuits la physionomie présage des révolutions. Le ministère apporte, au milieu de cette fermentation, la loi électorale qui désarme la nation et qui décerne avec le double vote un privilège politique aux classes aristocratiques dans les départements.

II

Le 6 mai, la discussion, à laquelle préludaient tant d'orages, s'ouvre entre cent vingt orateurs inscrits des deux côtés de l'opinion pour attaquer ou pour défendre la cause que le gouvernement a jetée comme un brandon de lutte désespérée entre la révolution et la couronne. Le général Foy montre à toutes les pages de nos annales depuis plusieurs siècles l'égalité des droits croissant entre les classes nationales, et l'ordre nouveau assis et inébranlable seulement sur les bases de cette égalité civique. C'est la doctrine des droits de l'homme, code théorique de la révolution, mais commenté par une raison ferme et par une conscience modérée. « Adosser le trône à une aristocratie dans un tel pays, conclut l'orateur, c'est l'adosser à un abîme! » M. de La Bourdonnaie, le plus audacieux, le plus éloquent des chefs de la droite et le plus populaire dans les salons de l'aristocratie, affiche hautement le privilége comme une nécessité de la monarchie. « Elle ne peut plus être sauvée que par les plus intéressés, les plus intéressés sont les plus riches. Que la royauté choisisse, c'est pour elle une question de vie ou de mort! La révolution s'avance et l'oriflamme va disparaître devant le drapeau tricolore! »

L'Assemblée, coupée en deux partis sans intermédiaires, se livrait à des oscillations sans contre-poids. Deux hommes essayèrent d'en former un : c'étaient les chefs de ce parti doctrinaire tombé du pouvoir avec M. Decazes, imperceptible par le nombre, puissant par le talent, incapable de supporter longtemps la retraite ou l'inaction, bonapartiste avant 1814, royaliste en 1815, libéral sous M. Decazes, mécontent de sa chute, se prêtant à tout sans se livrer à rien, et s'offrant aux deux partis avec une réserve habile pour les dominer l'un par l'autre et pour grandir de leurs divisions. MM. Guizot, de Staël, de Broglie, de Barante, de Saint-Aulaire, et beaucoup de jeunes hommes qui sentaient en eux l'aiguillon de leur capacité et de leur ambition future, étaient le noyau de ce tiers-parti. M. Lainé et M. de Serre, les deux plus grands caractères et les deux orateurs les plus pathétiques de la Restauration, avaient été un moment caressés par eux et séduits par cette haute neutralité entre les factions qui est la tendance des âmes élevées. Mais leur ambition tout impersonnelle, qui n'aspirait qu'à la vertu et qui s'oubliait entièrement elle-même devant les intérêts de leur patrie, les avait déjà détachés de ce petit groupe trop semblable à une secte et trop étroit pour contenir ces grandes âmes. Deux autres orateurs illustrés par les services rendus à la royauté, consacrés par les proscriptions, revêtus de l'autorité de l'âge et de l'honnêteté de leur vie, groupaient alors autour d'eux ces jeunes néophytes sans maître. C'étaient M. Royer-Collard et M. Camille Jordan.

III

M. Royer-Collard touchait déjà à la vieillesse, mais à cette verte vieillesse qui n'est que la maturité de la pensée.

M. Royer-Collard était de corps et d'âme une figure antique et comme immuable dans ce monde moderne et passionné. Sa taille était haute et forte, son visage austère, son regard venant de loin et tombant de haut, sa démarche majestueuse, son attitude posée, sa bouche ordinairement fermée et ne se déridant qu'à demi par un sourire plein de réticence et quelquefois de dédain. Il paraissait au milieu de ces assemblées, au sommet desquelles il s'asseyait à l'écart, pétri d'une argile plus froide et plus immatérielle que les hommes dont il était entouré. Il n'éclatait pas d'une grande gloire, car aucune grande œuvre de l'action, de la plume ou de la parole n'avait illustré son nom, mais il éclatait pour ainsi dire de mystère. On sentait que son ombre cachait de grandes clartés, on croyait en lui, on attendait, on espérait, on craignait beaucoup de cet homme. C'était l'oracle à qui on ne demande pas de longs discours, mais dont un mot fait taire et fait penser longtemps les fidèles superstitieux. Tout était demi-jour dans la vie comme dans la physionomie de ce vieillard.

Né d'une famille rurale très-considérée dans la Champagne, province la moins passionnée de la France, bien qu'elle ait enfanté Danton, il avait été, disait-on, secrétaire de la commune révolutionnaire de Paris sous Pétion; antipathique par nature aux crimes et aux excès de la foule, il avait traversé la révolution dans l'isolement et dans le deuil d'un homme qui échappe au peuple par l'obscurité. Il s'était réfugié ensuite dans la philosophie spéculative, pour laquelle son esprit rhéteur et controversiste avait plus d'aptitude que pour la politique, science d'instinct et de premier mouvement. Il avait tenu école et fait secte dans cet enseignement vague et systématique de la philosophie.

Ses leçons et ses livres avaient révélé son nom à un petit nombre qui se passionne d'esprit pour ou contre les systèmes dans un siècle d'action. Mais cette célébrité qui n'a pas de juges est la plus prestigieuse et la moins contestée de toutes, parce que la paresse de l'opinion publique aime mieux juger sur parole que sur œuvres.

Quoique noyé en apparence dans ces spéculations de la philosophie, M. Royer-Collard, lié avec M. Becquet, homme de même vertu, mais de plus d'activité, avait été désigné au roi Louis XVIII, à Hartwell, comme un des chefs d'opinion, à Paris, les plus hostiles au despotisme de Napoléon et à ses ravages de nationalités et de libertés sous le nom de conquêtes. M. Royer-Collard aspirait dès lors à un gouvernement où le droit monarchique, modéré parce qu'il est inviolable, se concilierait avec la liberté de penser et de voter dans une constitution libérale. Il avait accepté le titre périlleux de correspondant de Louis XVIII à Paris; il avait fait partie de ce conseil secret dont M. Becquet et l'abbé de Montesquiou étaient membres, non pour conspirer contre Napoléon, mais pour diriger de loin l'esprit du roi exilé à travers les obscurités de l'opinion en France. Napoléon connaissait l'existence de ce conseil secret. Il ne le poursuivait pas même de sa disgrâce. Il aimait mieux, dans son intérêt bien compris, que le prétendant reçût les avis d'hommes sages et temporisateurs, que les excitations turbulentes de dangereux conspirateurs contre son gouvernement et contre sa vie.

IV

Au retour des Bourbons, M. Royer-Collard, accrédité d'avance ainsi auprès du roi par ses services et par les témoignages de M. de Montesquiou et de M. Becquet, avait eu dès le premier jour l'oreille du roi, la faveur des princes, l'autorité dans les conseils, la popularité parmi les électeurs. Il n'en avait point abusé pour son ambition. Cette ambition, haute comme ses pensées, froide comme son caractère, était désintéressée de fortune et d'honneurs. Il aimait à conseiller plus qu'à dominer. Le rôle irresponsable d'oracle lui convenait et lui plaisait. Être écouté, pour lui, était régner. Il avait accepté, et encore avec peine, la direction modeste de l'instruction publique pendant ces cinq années. Religieux, mais imbu des traditions austères du jansénisme, ce stoïcisme chrétien, il avait veillé avec sévérité à ce que l'enseignement public confié à l'université ne glissât pas comme un instrument de règne dans les mains d'un clergé hostile à la fois à la philosophie et au jansénisme. Au moment où M. Decazes, près de tomber, s'était retourné vers les royalistes, et avait fait alliance avec eux au lieu de maintenir son pacte avec les doctrinaires, M. Royer-Collard, irrité de cette défection, s'était retiré des fonctions publiques. Il allait pour la première fois prendre un grand rôle dans la délibération de tribune. Sa parole était un phénomène dans une assemblée. Elle était non-seulement écrite, mais raturée et limée pendant des veilles incessantes pour arriver, par la puissance de la méditation et du travail, à cet enchaînement de logique où aucun anneau ne manque à la chaîne continue des pensées; elle tendait de plus à cette force et à cette perfection du discours et de la phrase qui concentre, qui abrége, qui illumine chaque mot par le reflet ou par le contraste du mot qui le précède ou qui le suit, et qui fait de l'éloquence non plus l'expression, mais l'algèbre même de la politique. C'était une parole plus propre à la chaire des temples ou des écoles qu'à la tribune des assemblées. Pour avoir sa valeur, il fallait qu'elle tombât dans le silence, et qu'elle fut méditée dans l'auditoire comme elle l'avait été dans l'orateur.

M. Royer-Collard avait conquis d'avance cet auditoire, par la majesté de son esprit et par cette popularité dédaigneuse en apparence, très-soigneuse au fond du succès qui provoque habilement la faveur des masses par l'indifférence même qu'on témoigne à leur applaudissement. Il y avait beaucoup d'orgueil dans le dédain de M. Royer-Collard, mais il y avait aussi beaucoup de secrètes complaisances pour la popularité dans cet orgueil; il blessait souvent, mais il ne blessait jamais tout le monde à la fois. Quand il offensait son parti naturel, il caressait l'autre. Son caractère était éminemment propre à faire de lui un orateur de toutes les oppositions, parce qu'il était essentiellement critique, qu'il trouvait des inconvénients à tout, qu'il ne prenait l'initiative ni la responsabilité en rien, et que, servant ainsi tous les mécontentements et toutes les négations, il échappait lui-même à la critique par l'indécisio souveraine de son esprit. Sophiste honnête, mais grand sophiste, il portait tour à tour le poids de ses doutes dans toutes les balances, incapable de conclure, si ce n'est par un blâme, plus incapable encore d'agir, car l'action est la conclusion d'une volonté. Il lisait à demi ses discours, ouverts devant lui sur le marbre de la tribune, mais incrustés d'avance dans sa mémoire. Sa voix avait la gravité et le poids de sa pensée; elle tombait avec l'autorité de sa vie, vie pure et retirée en elle-même, qui ne prêtait rien à la calomnie, peu à l'envie, et qui ne semblait animée que de trois passions supérieures aux passions de la foule, la logique, la morale et la vertu.

Camille Jordan, dont nous avons déjà dit le passé, rentrait, derrière M. Royer-Collard, dans la vie publique avec une renommée mûrie dans une longue obscurité et consacrée par la proscription. L'honnêteté était le principal caractère de son talent. Ayant beaucoup combattu et beaucoup souffert pour la royauté dans le temps de ses adversités, il avait le droit de la conseiller dans sa puissance. Les royalistes ne pouvaient le désavouer sans ingratitude, et les modérés étaient fiers d'attirer à eux un orateur qu'on ne pouvait accuser de faction.

V

Ces deux voix prêtèrent une grande force à l'opposition dans les débats sur les lois dictatoriales et surtout sur la loi d'élection. Royer-Collard, dans un discours mémorable, établit que le sol français avait pour jamais dévoré le privilége et conquis l'égalité. « Une loi qui les rétablit, s'écriait-il en finissant, ne régnera pas! On gouvernera par la force! » M. de Villèle, organe de plus en plus écouté de la majorité royaliste, défendit les mesures du ministre, déjà secrètement convenues avec lui et avec ses amis par l'intermédiaire du comte d'Artois et de la nouvelle favorite, madame du Cayla. M. Lainé, homme d'impressions héroïques et soudaines, convaincu par sa sensibilité, par l'attentat de Louvel et par les complots des bonapartistes, se retourna, avec une sincère abnégation d'amour-propre, contre la loi qu'il avait promulguée lui-même deux années auparavant, et reconnut l'urgence d'une loi préservatrice de la monarchie, faute de sa constance, mais faute excusable par la passion du bien public qui dévorait son âme et qui lui faisait sciemment sacrifier sa popularité à ce qu'il croyait l'honnêteté d'un repentir. Camille Jordan, déjà mourant, se fit porter à la tribune pour réfuter M. Lainé, son ami, et pour prédire aux royalistes, dans des paroles suprêmes, le sort qui les attendait. « Je me sépare avec douleur, dit-il, des ministres qui furent mes amis, et je n'hésite pas à déclarer ce projet de loi le plus funeste qui soit jamais sorti du conseil des rois depuis ces conseils de fatale mémoire qui assiégèrent et perdirent la race infortunée des Stuarts ! C'est le divorce entre la nation et la famille qui nous gouverne. » De tels augures dans une telle bouche ébranlaient fortement les convictions et tenaient en suspens les votes. M. Pasquier, seul et infatigable organe du ministère, s'éleva à une hauteur de paroles et de courage qu'il n'avait pas atteinte jusqu'à ce jour. Il réfuta, avec les sophismes de circonstance les plus habiles et les plus habituels des deux oppositions, celle des doctrinaires par des arguments, celle des libéraux par des défis. Il soutint témérairement la cause d'une aristocratie propriétaire, base du pouvoir politique et contre-poids nécessaire contre les instabilités des multitudes. « L'aristocratie, répond le général Foy, elle n'a rien perdu pendant les dernières luttes de la patrie contre la coalition en 1815, on n'a pas touché à un cheveu de sa tête, et pourtant elle est venue ensuite étendre, entre le trône et le peuple, son bras armé du fer de l'étranger! elle a ensanglanté le sceptre de nos rois! Malheur à ceux qui se reconnaissent à mes paroles! Elle a bouleversé la France et semé le deuil dans les familles. Elle ne s'arrête jamais, elle conspire toujours. En voulez-vous la preuve? » Il déployait à la tribune une feuille d'alors où M. de Chateaubriand, flattant l'impatience des royalistes, faisait le programme d'un gouvernement selon leur cœur. « Écoutez, dit-il, et jugez. » Le général lit, au milieu d'un silence interrompu par des soulèvements de la gauche et par des applaudissements ironiques de la droite, le programme de gouvernement de l'illustre écrivain, organe alors de l'aristocratie mécontente. Ce programme, calqué sur les paradoxes antipopulaires du comte de Maistre, de M. de Bonald et de quelques évêques de l'Église restaurée, invoquait une monarchie de la noblesse, la suppression de la loi de recrutement et d'avancement qui donnait les grades de l'armée au sang répandu pour la patrie, et non aux droits héréditaires, le rétablissement de l'intolérance religieuse rangée comme loi de l'État dans les pénalités de la presse, la reconstitution monarchique des provinces et des corporations, la résurrection d'une aristocratie, les substitutions féodales de domaines inaliénables en faveur de la pairie, des mesures innomées contre la division des propriétés, qui allait, disait M. de Chateaubriand, faire tomber la France en loi agraire et en faire fatalement une démocratie, par la suppression du droit privilégié des premiers-nés dans les héritages sous-entendu dans ces mesures, enfin une réparation pécuniaire aux familles qui avaient perdu leurs biens dans la révolution !

La lecture de ce manifeste contre-révolutionnaire dessille les yeux de quelques hommes flottants et réjouit l'âme des royalistes. Le tumulte d'opinion grondant dans la chambre se répercute au dehors. La jeunesse et le peuple attendent les orateurs libéraux sur les ponts pour leur faire un triomphe et pour les couvrir d'encouragements et d'acclamations. Les troupes, en réprimant ces triomphes, animent davantage ces séditions de popularité; le peuple grossit, la troupe charge, un étudiant est frappé à mort par un soldat, son sang crie vengeance; Camille Jordan, Laffitte, Benjamin Constant, Manuel, Girardin dénoncent ces meurtres à l'Assemblée et racontent les périls et les outrages qu'ils ont subis eux-mêmes en traversant les rangs des sicaires de la police. A la sortie des députés, les rassemblements se massent aux cris de : « Vive la charte ! » forment une colonne de cinq à six mille hommes, dirigée par des officiers licenciés et par des journalistes libéraux ; ils s'avancent par les boulevards en recrutant sur leur route tout ce qui est entraînable par les courants de séditions dans les cafés et dans les places publiques d'une capitale en ébullition ; ils marchent aux faubourgs pour y faire appel aux prolétaires, armée permanente des révolutions ; trente ou quarante mille ouvriers répondent à leur invocation et marchent sur l'hôtel de ville pour s'y compter comme en 1792 et pour assaillir les Tuileries. La cavalerie et la garde royale les chargent et les dispersent jusque sous les portiques des églises. La nuit couve de nouveaux excès pour le jour suivant. Attaqué à la séance du lendemain pour les forces défensives qu'il a déployées, le ministre est couvert par M. de Serre, qui est venu reprendre sa place à la tribune et dans le conseil. M. de Serre, au lieu de se défendre, attaque les factions jusque dans l'Assemblée avec une audace désespérée qui rappelle l'orateur romain contre Catilina. Casimir Périer déclare que « les députés ne peuvent délibérer sous l'oppression. » De tels mots circulant quelques moments après dans les groupes extérieurs les enflamment d'une nouvelle animosité. Chaque soir, les troupes et les rassemblements bivouaquaient sur les places publiques, s'injuriant et se chargeant tour à tour sur les quais et à la porte Saint-Denis ; le sang coulait tous les jours. Paris ressemblait à un camp où deux nations se regardaient, l'une pour imposer, l'autre pour ne pas subir la loi des ministres. Le roi, entouré de forces militaires nombreuses, ne craignait rien pour lui-même, mais il gémissait en secret du sacrifice qu'on lui avait imposé de son ministre, et il s'alarmait pour sa famille des conséquences de cette guerre déclarée entre le peuple et l'aristocratie. M. Decazes manquait à son attachement comme à sa politique. Ces agitations étaient un reproche muet qu'il adressait de l'œil et du cœur à son frère contre les exigences qui lui avaient arraché son ami.

VI

Les mots d'ordre de cette agitation se renouvelaient à toutes les séances par les voix des députés de l'opposition. « Le sang ne cesse pas de couler depuis huit jours dans

Paris, s'écriait Laffitte, cent mille habitants paisibles de Paris ont été chargés, sabrés, foulés aux pieds des chevaux hier par les cuirassiers!... — Voilà une lame de sabre brisée par le coup! disait M. de Corcelles en montrant le tronçon de fer d'un geste d'indignation théâtral. — L'indignation de la capitale est au comble, reprenait Laffitte, l'agitation gagne le peuple. Tremblez pour demain!... — Le sang coule et vous refusez de nous entendre, crie de nouveau M. de Corcelles. C'est infâme! » A ces apostrophes, la chambre, soulevée en deux vagues contraires menaçant de fondre l'une sur l'autre, forçait le président à séparer les partis en se couvrant. Benjamin Constant rallumait le feu, quand il s'éteignait, du souffle de sa parole amère et provocatrice. Les hommes sages, épouvantés de ce bouillonnement continu d'un peuple soulevé vingt-cinq jours de suite, tantôt par le sang du duc de Berri, tantôt par le sang du peuple et des soldats, cherchaient à étouffer ces germes de révolution par une de ces transactions qui donnent prétexte aux apaisements des assemblées. Courvoisier, émigré libéral, en avait offert une ; M. de Serre l'avait refusée au nom du gouvernement comme une faiblesse qui paraîtrait donner raison aux factieux. Courvoisier l'avait retirée ; un autre membre du centre, M. Bouin, l'avait reproduite en son nom ; elle atténuait en apparence le scandale du double vote attribué aux riches, elle fut votée. La loi entière triompha, pour le malheur de la royauté, après des orages qui rappelaient les scènes de la Convention. Le peuple, contenu sur la place publique, se retira dans sa colère, et les conspirations sourdes commencèrent à s'ourdir à défaut des tumultes publics.

Pendant ces agitations, la chambre des pairs jugeait

l'assassin du duc de Berri, Louvel. Il ne nia rien, il reconnut le poignard, il appela lui-même son acte un crime horrible, il fut touché de la magnanimité de sa victime qui avait imploré sa grâce en mourant de sa main. Il manifesta pour unique sentiment une haine brutale et plus forte que sa raison contre une famille à laquelle, dans son ignorance, il attribuait l'invasion et les malheurs de la patrie. Il marcha à l'échafaud avec l'indifférence insensée d'un homme qui ne regrette rien d'ici-bas, et qui n'espère rien là-haut, image brutale d'une fatalité qui frappe pour frapper, sans avoir ni conscience, ni gloire, ni repentir du coup qu'elle a frappé.

VII

Son sang, bien loin d'éteindre les haines qui renaissaient contre les Bourbons, parut les ranimer et les envenimer davantage. M. de La Fayette déclarait à ses amis que la force ouverte était désormais la seule arme efficace pour renverser un gouvernement qui déclarait la guerre à l'égalité des classes. Des émissaires partis de ce centre allaient sonder les départements et les troupes. L'opposition parlementaire de MM. Laffitte et Casimir Périer s'associait, sans le savoir, dans des tendances et dans des manifestations communes, avec les conspirateurs irréconciliables groupés autour de La Fayette, d'Argenson, Manuel, Corcelles, Rey, Tarrayre et Mérilhou. Cette conspiration trouvait d'innombrables complices, sans avoir besoin de les affilier, dans les écoles, dans les militaires congédiés, restes des armées de Napoléon, dans les sous-officiers de l'armée nouvelle, dans les républicains en petit nombre, dans les bonapartistes aussi nombreux que les mécontents, dans les acquéreurs de biens d'émigrés enfin, tremblant de plus en plus de la présence et des menaces des anciens possesseurs dépouillés de leurs héritages, mais protégés aujourd'hui par la puissance du gouvernement qu'ils voulaient saper.

Un capitaine de la légion de la Meurthe, en garnison à Paris, nommé Nantil, un colonel à demi-solde, nommé Sauzet, un colonel de la garde impériale licencié, Maziau, Dumoulin, ancien officier d'ordonnance de Napoléon, Rey, membre du comité directeur de toutes ces trames, Bérard, chef de bataillon de la légion des Côtes-du-Nord, groupés par Nantil, résolurent de donner le signal et le centre de ralliement à toutes ces forces conjuratrices éparses, en surprenant la forteresse de Vincennes, en corrompant les régiments de Paris, en soulevant les faubourgs et en donnant l'assaut aux Tuileries. Un grand nombre des généraux de l'empire oisifs ou disgraciés à Paris, tels que les généraux Pajol, Bachelu, Merlin, Maransin, Laffitte, et des officiers supérieurs, tels que Ordener, Fabvier, Caron, Deutzel, Brice, adhérèrent aux plans des conjurés. Le renversement du gouvernement était le but connu et avoué des conspirateurs. La Fayette voulait lui substituer ou la république, ou un prince constitutionnel, solidaire de la révolution et garrotté dans les liens d'une démocratie représentative. La masse se proposait de proclamer la déchéance des Bourbons et le règne de Napoléon II, fascination des soldats et du peuple. L'impatience de renverser à tout prix précipita, comme toujours, La Fayette dans une complicité dont il ne recueillerait pas le fruit pour ses idées.

Mais ses passions contre une restauration qu'il avait saluée cinq ans auparavant de ses vœux, mais qui n'avait pas réalisé ses espérances, offusquaient en lui toute prévoyance. On s'entendit pour détruire, sans s'expliquer sur ce qu'on reconstruirait après l'écroulement; il y avait peu de bonne foi dans cette coalition de haine, les bonapartistes sûrs de faire tourner le triomphe au profit de leur cause militaire par l'armée qu'ils soulevaient, les libéraux sûrs de voir tourner à la confusion de la république une victoire de prétoriens à laquelle ils se prêtaient en trompant leur parti sans pouvoir se tromper eux-mêmes. Peut-être La Fayette espérait-il que, dans l'impuissance d'obtenir Napoléon II de la cour de Vienne, l'armée et le peuple lui décerneraient une dictature qu'il avait eue en 1790, qu'il avait espérée en 1815, qu'il laissa échapper en 1830, mais qu'une révolution bonapartiste pouvait peut-être lui donner de 1820 à 1826. Quoi qu'il en soit, de grandes intelligences étaient pratiquées dans tous les régiments de Paris et des grandes garnisons. La nuit de la surprise du château de Vincennes était fixée. Le capitaine Nantil et le capitaine Capès devaient enlever leur légion et diriger l'attaque. M. de La Fayette était parti pour son château de Lagrange afin de répondre au mouvement de Vincennes par un soulèvement de son département. M. d'Argenson avait couru en Alsace, où sa popularité et sa bienfaisance le rendaient maître de l'esprit des ouvriers dans ses forges. M. de Saint-Aignan s'était rendu à Nantes. M. de Corcelles, allié et ami de La Fayette, homme que la fougue de son tempérament poussait aux clameurs tumultueuses dans les assemblées publiques, et aux résolutions extrêmes dans les conciliabules secrets, avait été chargé de soulever l'immense et redoutable population prolétaire des manufactures de Lyon, armée toute prête pour les émotions civiles et dont l'exemple devait donner une seconde capitale à la révolution tentée à Paris.

Une explosion de poudre, produite par le hasard, ayant éclaté, la veille du jour fixé par les conjurés, dans la forteresse de Vincennes, la police civile et la police militaire furent éveillées sur ce foyer principal de la révolution. Les conspirateurs hésitèrent et ajournèrent, des révélateurs avertirent le gouvernement. Nantil s'évada, les officiers suspects furent arrêtés, les légions travaillées par les chefs éloignées de Paris, la conspiration mal éteinte et mal soudée portée au jugement de la chambre des pairs. Soit insuffisance des révélations, soit crainte du gouvernement de découvrir trop de complices et de trop grands complices, soit connivence secrète d'une partie de la chambre des pairs, composée de généraux napoléoniens coupables dans le cœur des mêmes répugnances que les conjurés, tous les chefs furent absous, et quelques instruments secondaires condamnés seulement à de courtes peines. La conspiration, plutôt interrompue que brisée, se renoua partout par les mêmes mains qui avaient ourdi la première trame.

VIII

Pendant que la révolution conspirait ainsi avec impunité, la contre-révolution conspirait de son côté dans l'ombre. Un jeune magistrat de Nîmes, M. Madier de Montjau, fils et neveu de royalistes signalés pendant la terreur pour leur courageuse fidélité au trône de Louis XVI, âme ardente et avide de services, avait été témoin, pendant les massacres récents du Midi, de la faveur que les exaltés du parti catholique trouvaient dans des correspondances émanées de l'entourage du comte d'Artois. Au moment où le duc d'Angoulême, appelé de Toulouse à Nîmes, étanchait le sang et pacifiait cette ville turbulente, le jeune magistrat avait révélé ses alarmes à ce prince. Il l'avait engagé à des avances de conciliation et de protection envers les protestants persécutés et fugitifs. Ces conseils étaient trop dans l'esprit du duc d'Angoulême pour lui déplaire. Le jeune prince, indigné de l'égorgement des protestants, de l'assassinat du général Lagarde sous les yeux et par les mains d'hommes armés pour la défense du trône et des lois, avait rassemblé la garde nationale coupable de Nîmes, et après lui avoir reproché face à face, en termes héroïques et dignes du chancelier de L'Hospital, sa lâche connivence dans ces excès, il lui avait déclaré qu'il allait demander au roi, son oncle, sa dissolution et son désarmement. Mais à peine ces paroles généreuses avaient-elles été prononcées, que des ordres, émanés du comte d'Artois, commandant général des gardes nationales du royaume, avait neutralisé l'acte du prince et maintenu à Nîmes l'agitation et la tyrannie du parti exalté.

M. Madier de Montjau, lié à la fois par sa famille avec les royalistes, par ses opinions avec les doctrinaires du parti de M. de Decazes, alors favori tout-puissant du roi, avait lu à Nîmes une de ces circulaires anonymes que les factions occultes font répandre parmi leurs adhérents pour leur imprimer l'esprit et la direction des comités supérieurs. Cette circulaire, écrite de Paris, au nom d'un comité royaliste officieux, le lendemain de l'assassinat du duc de Berri, disait aux affiliés de Nîmes : « Ne soyez ni effrayés, ni surpris si l'attentat du 13 février n'a pas encore entraîné la chute du favori; agissez comme s'il était déjà renversé; nous l'arracherons de ce poste si on ne consent pas à l'en bannir; en attendant, organisez-vous, les avis, les ordres. l'argent, ne vous manqueront pas! »

De pareilles audaces attestaient aux yeux de M. Madier de Montjau une grande puissance dans ceux qui les proféraient. Il en avait conclu l'existence d'un gouvernement souterrain agissant sous l'inspiration et sous la direction suprême du frère du roi, tandis que ce prétendu gouvernement n'était que l'ambitieux et turbulent empiétement des hommes de trouble, qui se couvraient de sa faveur et de son nom.

IX

Quoi qu'il en soit, le jeune magistrat, pressé de jeter son nom à l'écho des partis, de rendre un service à l'opinion modérée, d'être son martyr ou de bien mériter des partisans de M. Decazes et du roi lui-même, s'était rendu à Paris pendant les grands débats de la chambre, décidé à dénoncer ce gouvernement occulte à la colère des libéraux. Retenu longtemps par les conseils d'hommes sages, ennemis du scandale, encouragé par d'autres, il avait été confirmé secrètement dans sa conviction de l'existence d'un gouvernement de mystère, par une déclaration écrite de M. de Lally-Tollendal, vieillard qui avait les étourderies de la jeunesse, et qui s'était voué à M. Decazes. Appuyé sur cette autorité, M. Madier de Montjau adressa une pétition dénonciative aux chambres, brandon de discorde dans un foyer déjà en combustion. La discussion de cette pétition, qui devait, en déchirant tous les voiles, découvrir des mystères d'ambition et de règne prématuré dans le palais, ne souleva que des orages de tribune. M. de Saint-Aulaire, beau-père de M. Decazes, insinua que l'ascendant de famille tendait à se substituer à la royauté réelle. Le général Sébastiani rappela la note secrète aux puissances étrangères, émanant sans doute du même centre, et conspirant contre l'indépendance du pouvoir du roi et de la nation. La pétition, repoussée par les ministres, fut renvoyée au duc de Richelieu, et par lui aux tribunaux. Le dénonciateur eut le seul triomphe qu'il pût espérer, le bruit, l'agitation, et le rôle certain de victime, quand on dénonce ce qu'il est impossible de prouver et plus impossible de détruire.

X

Pendant que ces conspirations de toute nature tramaient ainsi la perte de la restauration, ou par ses amis insensés, ou par ses ennemis implacables, la Providence faisait naître dans le duc de Bordeaux un héritier ou une victime de plus des destinées de cette monarchie. La duchesse de Berri, princesse que le sang de son mari et l'enfant qu'elle portait dans son sein avaient couverte d'une popularité touchante en France et en Europe, sentit les douleurs de l'enfantement, la nuit du 20 septembre 1820. Cette fécondité si opportune à la monarchie, révélée pour la première fois sur une tombe, et qui faisait dater l'enfant de quelques semaines avant la mort du père, avait servi de texte aux incrédulités et aux ironies des ennemis intestins ou publics de la maison royale. Il importait qu'une publicité authentique, conforme aux usages de la monarchie, enlevât tout aliment à ces rumeurs et à ces malignités de la haine. Le maréchal Suchet et plusieurs officiers de la garde des Tuileries assistèrent à la naissance et témoignèrent irrécusablement de la maternité réelle de la duchesse. Le roi, averti, accourut, reçut l'enfant dans ses bras, comme une compensation à ses peines et comme un garant miraculeux de sa race. Il l'éleva aux yeux des assistants, et conformément aux traditions classiques et chères à son esprit, il arrosa les lèvres du nouveau-né de quelques gouttes du vin qui avait, disait-on, fortifié avant le lait le cœur d'Henri IV.

Une protestation, que l'on croit apocryphe, avait été insérée, contre la naissance éventuelle d'un prince supposé, dans les journaux de Londres; on l'attribuait au plus intéressé, le duc d'Orléans, ou à ses zélateurs. Ce prince la désavoua devant Louis XVIII. Le roi le gourmanda. Le duc d'Orléans voulut néanmoins interroger le maréchal Suchet sur la réalité de l'enfantement, avant de féliciter sa nièce. Le maréchal attesta énergiquement la légitimité de l'enfant. Le duc, satisfait d'un si irrécusable témoin, porta ses hommages au palais. La France entière s'émut d'intérêt, de sécurité et de congratulation à la naissance de cet enfant. La pitié pour son père ajoutait à la joie. Le peuple aime que la Providence se charge de venger le crime et de comprimer les larmes. Les poëtes l'appelèrent l'*enfant du miracle;* les ambassadeurs le nommèrent l'enfant de l'Europe. Les uns virent un prodige, les autres un principe dans son berceau ; nul n'y entrevoyait de si loin le sort des Stuarts. Des munificences, des amnisties, des grâces de toute espèce tombaient des mains du roi, aux sollicitations de la jeune mère. Ce berceau montré au monde fut pendant quelque temps un gage de réconciliation, d'espérance et de paix pour la nation. Le miracle de la naissance rendait les plus incrédules superstitieux. C'était un don de la nature qui devenait aux yeux de la France une force de la politique. On se disait que cet enfant, élevé dans l'esprit du roi pour perpétuer son œuvre constitutionnelle, échapperait par son âge et par son éducation aux ressentiments mérités ou immérités que la révolution ombrageuse nourrissait contre sa race ; qu'il serait la date du traité de paix entre les idées en lutte, l'*édit de Nantes* des opinions incarnées dans un jeune roi ! Cet événement de famille devenait aux yeux de tous une intervention de la Providence dans les destinées de la patrie. On ne pensait pas que le ciel fût intervenu par une naissance si inespérée pour tromper le monde et pour retirer son gage d'avenir et de sécurité. Tel fut l'esprit des discours, des pensées et des sentiments qui se répandirent alors sur ce berceau. De sinistres augures éclataient cependant à peu près en même temps des deux côtés de l'horizon, en Espagne et à Naples.

XI

On a dit que Napoléon avait été un missionnaire armé de la liberté et de la révolution en Europe, et qu'en parcourant le continent pour l'asservir, il y avait semé sciemment des germes de fécondité libérale. C'est le sophisme inventé à l'usage des *Séjans* de son règne, lorsqu'ils ont voulu après sa chute lui construire une double popularité dans l'imagination des peuples, afin de rassembler sur son nom tous les éléments d'opposition qu'ils voulaient faire aux Bourbons et à la république. Napoléon, dans toutes ses victoires contre les nationalités, n'a semé que des terreurs de son nom et des ressentiments contre la France. La France lui doit sa plus grande gloire militaire : c'est un prestige immense pour une nation, dont il faut tenir compte à sa mémoire ; mais ni la France ni le continent ne lui doivent le goût de la liberté, à moins qu'on n'appelle de ce nom la lassitude du despotisme dont il avait fatigué les peuples. A ce titre on pourrait également soutenir que la nuit enfante le jour, parce que les ténèbres font soupirer après la lumière, et que la servitude crée la liberté parce qu'elle fomente la révolte dans les âmes opprimées, et qu'elle les insurge contre l'oppresseur. Ce qui est vrai et ce qui est attesté par toutes les révélations de sa pensée et par tous les actes de sa politique depuis le 18 brumaire jusqu'au concordat renouvelé de Charlemagne, jusqu'à ses feudataires et à sa noblesse, jusqu'au mutisme imposé par lui à la pensée, sous le nom d'*idéologie*, c'est qu'il fit rebrousser le courant de toute la révolution française, c'est qu'il poursuivit, pour les éteindre, les lueurs des principes de cette révolution partout où son épée put les atteindre, dans sa patrie et sur le continent, c'est qu'il employa la force dont Dieu l'avait doué, non à détruire, mais à rajeunir l'autorité absolue des théocraties, des aristocraties et des trônes, c'est qu'il fut de toutes pièces le Julien de la liberté de conscience et de la liberté civile, le grand antagoniste de la philosophie du dix-huitième siècle dans tout l'univers. Héros oui, apôtre non, ou apôtre à contre-temps de la conquête, de la gloire et de la force matérielle.

XII

Mais ce qui a pu tromper un moment les peuples sur ce prétendu apostolat de la liberté par les armées de Napoléon, et ce qui a fait éclater sur ses pas ou après sa chute des symptômes de libéralisme çà et là sur le continent, le voici : c'est d'abord que le sentiment national des peuples subjugués et asservis ayant été invoqué par les rois pour lui résister ou pour le vaincre, ces peuples ainsi évoqués par leurs souverains au secours d'eux-mêmes ont pris pour la première fois un rôle dans leur propre cause, et ont insensiblement revendiqué de leurs gouvernements pour leurs libertés intérieures des priviléges de pensée, de parole, de volonté nationale dont ces gouvernements les avaient laissés s'investir pour la défense de leur indépendance extérieure. Ils ont employé pour se protéger et pour s'administrer eux-mêmes les immunités qu'ils avaient conquises en versant leurs trésors et leur sang pour leurs rois. Ils ont pris dans les guerres nationales l'habitude et la fierté des institutions libres. En outre, la chute de Napoléon ayant brisé le sceau qui scellait depuis quinze ans l'esprit libéral en France, et rendu la respiration à la pensée, la parole, l'imprimerie, la tribune à l'esprit humain, cette explosion accumulée de liberté, qui éclatait en France, a eu son retentissement dans toute l'Europe, et ce reflux d'idées longtemps refoulées a débordé à la fois de Naples à Amsterdam et de Moscou à Madrid. Les idées prennent leur niveau dans le monde moral par une loi analogue à la loi qui gouverne le niveau de l'eau ou de l'air dans le monde matériel. Des racines souterraines entrelacées lient ensemble, par une certaine solidarité réelle quoique invisible, tous les autels, tous les trônes, toutes les institutions religieuses ou civiles des nations en apparence les plus séparées par la distance ou par les mœurs, en sorte que la chute, l'ébranlement ou la modification d'une de ces choses dans une partie quelconque du globe, les renverse, les ébranle ou les modifie inévitablement partout. Cela est surtout vrai de la France, nation non pas supérieure aux autres, mais plus prompte, plus active et plus sympathique, qui pense la première, qui se meut le plus vite, et que le monde moderne aime à regarder et à imiter quand elle ne cherche ni à humilier ni à conquérir.

XIII

Telles étaient, selon nous, les causes réelles des mouvements intestins d'émancipation, de liberté et d'imitation des institutions constitutionnelles qui travaillaient le continent depuis que les institutions libérales, la tribune et la presse de Paris, agitaient l'esprit public ou fomentaient les factions sourdes en France. Napoléon et ses armées n'avaient pas accéléré ce mouvement de l'esprit des peuples vers nous et cette tendance à nous imiter, ils l'avaient au contraire retardé. La peur et la haine que la conquête avait suscitées contre nous dans le monde ne sont pas des attraits pour les peuples. Les peuples nous revenaient depuis qu'ils avaient cessé de nous craindre et de nous haïr. Ils voulaient bien de nos idées et de nos lois, ils ne voulaient pas de notre joug.

Nulle part ce joug n'avait été plus inique, plus odieux, plus sanglant et plus héroïquement secoué qu'en Espagne. L'orgueil légitime de son indépendance avait ressuscité, sous les ruses et sous les violences de Napoléon, cette nation endormie. L'Espagne avait été le Machabée des peuples. On connaît son histoire, nous n'en rappellerons que ce qui est indispensable pour lier les événements de 1812 aux événements de 1821.

XIV

La maison de Bourbon régnait sur l'Espagne et sur les Amériques depuis Louis XIV, ou plutôt elle laissait régner les mœurs, les moines, l'inquisition, terreur permanente, que le fanatisme d'une nation alors ignorante, superstitieuse et cruelle avait permis de placer politiquement et religieusement à côté et au-dessus de son gouvernement. Chez aucun peuple de la terre, depuis l'antique Égypte ou depuis les Gaules druidiques, une théocratie sacerdotale n'avait gouverné si directement et si implacablement une nation. L'épuration perpétuelle de la foi et la police des consciences par le fer et par le feu y avaient multiplié, pour ainsi dire, des sacrifices humains. Des milliers de victimes de ce tribunal sans appel y avaient été brûlées en public depuis trois siècles. La mort des hérétiques y était donnée annuellement en spectacle et en édification ou en exemple aux fidèles. De plus les suspects, interrogés par la torture, y expiaient dans les cachots, dans les bagnes le crime d'avoir seulement été soupçonnés de liberté de penser sur les choses saintes. La douceur de la maison de Bourbon avait amolli par l'usage la férocité de Philippe II. L'inquisition n'obtenait plus que peu ou point de victimes sous le dernier règne. Mais les richesses immenses et inviolables de l'Église, la multiplication, l'oisiveté, la mendicité des moines, institution qui, en Espagne, supprimait le travail en supprimant la famille, continuaient à embarrasser le gouvernement et à stériliser le pays. L'Espagne subsistait de sa richesse pastorale et de ses colonies lointaines, comme un possesseur qui s'énerve dans sa mollesse pendant que ses esclaves cultivent pour lui ses domaines négligés. Il ne restait en Espagne, au moment où éclata la révolution française en 1789, que des traditions chevaleresques dans sa noblesse, un sang héroïque dans son peuple, des royaumes gouvernés par des vice-rois dans l'Amérique du Sud, un culte de tradition pour ses rois, une superstition tour à tour fanatique et craintive pour son clergé, restes de vertus et restes de vices dans un peuple qui se décompose et qui va mourir si l'adversité ne le régénère pas.

XV

Charles IV régnait ou plutôt laissait régner sous son nom le favori de sa femme devenu le sien, Godoï. Manuel Godoï, simple garde du corps du roi, dont la beauté avait séduit la jeune reine, et dont l'habileté avait soulagé le roi du poids de la couronne, exerçait à la fois sur la reine et sur le roi un de ces ascendants surhumains et mystérieux que la subjugation peut seule expliquer dans le cœur de la femme et dans l'esprit du mari. Le roi et la reine semblaient n'avoir qu'un seul cœur pour adorer et pour grandir le favori commun. Expiation du despotisme qui livre une nation à un seul homme, cet homme à une femme infidèle, cette femme à un courtisan inconnu.

Godoï, depuis prince de la Paix, n'était ni incapable, ni ingrat, ni traître. Il avait une intelligence apte aux affaires, une raison bien intentionnée pour les améliorations nécessaires au royaume, une reconnaissance et une fidélité pour ses maîtres, qui tenaient de la superstition de l'Espagnol, de l'assiduité du favori, de l'obéissance du fils. L'amour et la confiance lui avaient livré le royaume, il voulait le conserver intact, prospère et fidèle à ses maîtres. Le clergé, dont il ne contrariait pas la domination sur une cour monacale, le supportait sans impatience, dans la crainte d'un ministère philosophe pris parmi les grands seigneurs espagnols qui commençaient à inquiéter son orthodoxie et à respirer à travers les Pyrénées les libertés de pensée et de conscience. La noblesse le subissait par cette habitude de respecter dans les favoris, cardinaux ou courtisans, les caprices de la majesté royale. La cour, composée par lui, et l'armée commandée par lui-même, servaient ses volontés et son ambition. L'héritier de la couronne seul, le jeune Ferdinand, marié presque enfant avec une princesse de Naples, haïssait dans le prince de la Paix l'amant de sa mère, le tyran de son père, le maître, le rival de sa propre dignité, l'humiliation de sa famille, l'ennemi naturel du fils de la maison royale. La princesse des Asturies, sa femme, reléguée, persécutée et enfin consumée de langueur jusqu'à la mort par la dureté du joug de la reine, et quelques amis, confidents de ses peines, entretenaient cette haine instinctive contre le favori. Telle était cette cour, où les cérémonies religieuses, l'étiquette morose, à peine interrompues par les chasses et la musique, entretenaient l'éternelle ignorance et la monotone oisiveté.

XVI

Les commotions de la France, de 1789 à 1792, avaient à peine été perceptibles en Espagne, où l'inquisition, la police, l'ignorance du peuple, l'indifférence de la cour et l'épaisseur des Pyrénées interceptaient tout. Après une molle déclaration de guerre à la république française, par convenance au ressentiment du sang versé de Louis XVI, la cour d'Espagne avait conclu une paix humiliée. Elle assista, immobile et tremblante, aux victoires de Napoléon sur l'Italie et sur l'Allemagne, et aux détrônements de la maison de Parme et de la maison de Naples, alliées par le sang; se fiant de son salut sur ses complaisances, prêtant ses escadres à l'empereur contre l'Angleterre à Trafalgar, pour aider elle-même à l'asservissement des mers et du continent, et prêtant un de ses corps d'armée à Napoléon pour aller contenir le Danemark sous ses lois. C'était peu; le prince de la Paix, pour mieux enchaîner Napoléon par la reconnaissance, avait conclu avec lui un traité secret par lequel il livrait passage à nos troupes pour aller assujettir le Portugal, et, dans la prévision de la mort de Charles VI et de sa propre décadence, il avait stipulé pour lui-même, en récompense de sa complicité, le royaume des Algarves, démembrement du Portugal partagé ainsi avec Napoléon.

Mais aucune complaisance ne pouvait apaiser Napoléon. Il voulait un trône de plus pour un de ses frères. Il avait les yeux fixés sur Madrid, du fond de l'Allemagne. Des négociations sourdes, où l'on se caressait pour se tromper des deux côtés, existaient à Paris entre des agents secrets du prince de la Paix et l'Empereur. On ne sait quelles trames s'y ourdissaient pour envelopper l'Espagne et pour capter la faveur de Napoléon, quand une tragédie de palais, semblable aux tragédies de Byzance sous l'empire grec, éclata inopinément à *Aranjuez*, séjour d'été de la cour d'Espagne, et vint offrir à Napoléon le prétexte des interventions, des astuces et des violences qu'il préméditait depuis quelques mois.

XVII

Le prince des Asturies, héritier présomptif du trône, veuf de la princesse dont les rigueurs de sa mère et les humiliations de palais avaient abrégé les jours, ne supportait plus qu'en frémissant l'insolence et l'oppression du favori qu'il accusait de perdre l'Espagne et de conspirer contre lui-même. Dans l'égarement de sa douleur et de sa terreur, il avait cédé aux instigations d'un chanoine, son précepteur, nommé Escoïquiz, et de deux seigneurs de sa cour, le duc de San-Carlo et le duc de l'Infantado, ses confidents, qui lui montraient son unique appui dans l'intervention toute-puissante et protectrice de Napoléon. Le prince, poussé au désespoir par l'excès du péril et de la haine, avait écrit à Napoléon une lettre criminelle par son objet, plus criminelle par le mystère, dans laquelle il suppliait l'empereur de l'adopter pour son fils, et de lui accorder la main d'une princesse de la famille des Bonaparte ou de la famille des Beauharnais. L'agent du prince de la Paix à Paris, Izquierdo, soit indiscrétion calculée de Napoléon pour rendre irréconciliable la querelle du père et du fils, soit pénétration dans la correspondance du ministre, avait eu connaissance de cette lettre, et l'avait dénoncée à Godoï. Révélée par le prince de la Paix au roi et à la reine, interprétée en crime d'État et en conjuration contre le règne et la vie de ses parents, cette lettre avait exalté jusqu'au délire la douleur, l'orgueil et la colère de l'infortuné Charles IV. La reine, qui haïssait son fils de toute la passion qu'elle avait pour le favori, s'était exagéré à elle-même les apparences, et avait transformé une inconvenance en attentat. Le prince des Asturies, arrêté dans le palais de son père, conduit aux pieds du roi et de la reine, convaincu de correspondance criminelle avec l'étranger par les papiers accusateurs trouvés dans son appartement, dénoncé à l'Espagne et au monde comme un prince rebelle et comme un fils presque parricide, avait tremblé devant les reproches et devant les menaces de Godoï, de la reine et du roi. Lâche dans le repentir autant que léger dans le crime, il s'était humilié jusqu'aux larmes et avili, dans les interrogatoires, jusqu'à l'accusation de ses conseillers. Ces conseillers avaient seuls subi la vengeance des lois. Le fils repentant, dégradé et pardonné, avait évité le sort tragique de don Carlos, et recouvré à la cour de son père la liberté, le rang et la subordination d'un héritier présomptif écarté des conseils et annulé ar son humiliation. L'Europe avait retenti de ce drame sans dénoûment dans le palais de Charles IV. L'Espagne, indignée de l'avilissement de son prince et du triomphe du favori, avait couvé des factions et des murmures qui opposaient le père au fils, le fils à la mère, le prince de la Paix à la maison royale, et le sang de ses rois au sang détesté du parvenu de Badajos.

XVIII

C'était le moment où Napoléon, sous le prétexte ambigu des affaires du Portugal et d'un concours mal défini de ses armées, prêté à l'Espagne, en vertu du traité secret de

Fontainebleau avec Godoï, faisait franchir les Pyrénées à cent mille hommes de ses meilleures troupes, sous la conduite de Murat, s'emparait par ruse ou par violence des places fortes, et s'avançait sur Madrid sans que ni le gouvernement espagnol terrifié ni lui-même pussent donner aux Espagnols patriotes une explication même spécieuse d'une occupation militaire du royaume, qui plaçait tour à tour les provinces, les arsenaux, les ports, les villes de guerre, et bientôt peut-être la capitale elle-même, sous le joug et à la merci de l'étranger. Charles IV, la reine, l favori, les yeux enfin dessillés, mais dessillés trop tard sur les projets d'un conquérant qui avait voilé l'ambition sous l'amitié, et qui déchirait enfin le voile, avaient résolu d'abandonner Madrid, de se retirer à Cadix et de transporter le trône dans les Amériques. Déjà les troupes espagnoles s'échelonnaient sur la route de Cadix pour protéger cette fuite du roi et de sa famille. Mais le prince des Asturies résistait secrètement à ce départ, qui livrait la monarchie aux Français. Cette résistance de l'héritier présomptif transpirait dans le peuple, et faisait du prince l'idole de la nation humiliée et trahie. La cour, intimidée par la résolution du peuple de s'opposer à la fuite de ses rois, avait contremandé le départ et s'était retirée avec le favori à Aranjuez, au milieu des troupes concentrées pour la sûreté de son voyage. Murat, pendant cette hésitation des deux partis de la cour et ces mouvements encore respectueux du peuple, entrait dans Madrid avec l'armée française, occupait toutes les routes et tous les passages du fleuve qui dominent la capitale, et, gardant un silence énigmatique plus terrible et plus perfide qu'une déclaration de guerre, se posait en arbitre de la destinée du peuple et du roi.

XIX

Le prince de la Paix, enfin détrompé sur la prétendue amitié de Napoléon, venait d'apprendre par son agent Izquierdo, arrivé précipitamment de Paris, que l'usurpation du trône et de la nation était le secret des mystérieuses manœuvres de Napoléon, et qu'il n'y avait plus de salut pour ses maîtres et pour lui-même que dans l'insurrection nationale ou dans la fuite. Mais ce léger favori, accoutumé aux miracles de la fortune, et enivré des rêves que la diplomatie astucieuse de Napoléon avait fait si longtemps flotter dans son âme, s'endormait encore à Aranjuez dans les illusions de sa dernière heure. Un éclat de foudre le réveilla dans la nuit du 17 au 18 mars 1808. Une foule de peuple, sortie furieuse de Madrid au moment où Murat y entrait et profanait par les armes étrangères la capitale, était accourue à la résidence royale d'Aranjuez aux cris de trahison et de vengeance contre le favori qui avait vendu, disaient-ils, et qui livrait la patrie. Cette multitude, grossie en route par la population des villages et par le peuple d'Aranjuez, atteignait déjà les portes du palais de Godoï, entraînait les troupes, proclamait le nom chéri et sauveur du prince des Asturies, et se précipitait jusque dans la chambre du favori, le poignard à la main, pour laver dans son sang la passion de la reine, la faiblesse du roi, et la perte de la monarchie. Godoï n'avait que le temps d'échapper par un couloir à la foule qui inondait et qui mutilait son palais, de monter par un escalier dérobé dans les combles, et de s'enrouler, comme un des empereurs prétoriens de Rome, dans un rouleau de nattes de joncs des Indes, abandonné par ses serviteurs dans l'obscurité d'un grenier.

La foule, le croyant évadé, plongea ses armes avides dans son lit, saccagea sa maison, alluma des torches pour la réduire en cendres ; puis, se précipitant au palais du roi, en respectant le seuil, mais comblant la reine d'invectives et Charles IV de pitié, demandait à grands cris Ferdinand leur fils pour roi et pour sauveur de l'empire. Insensibles à leur danger et à leurs outrages personnels, cette reine et son mari, plus fidèles à l'amitié qu'à leur couronne, n'avaient d'alarmes, de supplications et de transes que pour Godoï. Ils conjuraient les mains jointes leur fils, maintenant leur maître, de le découvrir et de le sauver, lui remettant avec joie l'empire, pourvu qu'il leur rendît leur ami.

XX

Cependant la nuit et une longue partie du jour suivant s'étaient écoulées, pour l'infortuné Godoï, dans la lente agonie d'un supplicié qui entend de sa retraite les malédictions, les fureurs, les apprêts de son supplice, et qui ne peut échapper à une mort qu'en se précipitant dans une autre. Dévoré par la soif, anéanti de chaleur, brûlant de fièvre, tremblant que la flamme attachée à son palais ne le dévorât vivant dans le bûcher de paille où il s'était enseveli, il comptait par siècles les heures de son lent martyre. Enfin, n'entendant plus dans sa demeure ni les pas ni les vociférations de la multitude écoulée, et pensant que le peuple, lassé de le chercher ou de l'attendre, s'était entièrement retiré pour le chercher ailleurs, il se hasarda à sortir de sa retraite et à descendre à pas muets les escaliers du grenier pour aller étancher sa soif, demandant en vain une goutte d'eau aux cours et aux fontaines de ce palais qui lui prodiguait quelques heures auparavant toutes ses délices. Ce silence de sa maison abandonnée en apparence était un piége; des sentinelles, silencieuses et les pieds nus pour ne pas ébruiter leur surveillance, étaient postées dans les vestibules. Une de ces sentinelles l'aperçoit, le saisit, résiste aux offres de fortune dont le fugitif cherche à l'attendrir, le livre à la garde, qui le dispute en vain à la fureur, à la boue, aux pierres, aux poignards mal écartés du peuple. La nouvelle de son arrestation retentit comme un cri de joie jusque dans le palais du roi; la reine et le roi y répondent par un cri de désespoir. Ils supplient leur fils de se montrer magnanime et d'arracher son ennemi à la mort : « Ferdinand, lui dit sa mère, tu veux notre couronne! eh bien, elle est à toi; sauve notre ami, et ton père abdique! — Oui, oui, reprit le vieux roi, sauve Manuel, et tu es roi! » Ferdinand s'élance à ces mots au secours de son persécuteur, l'arrache à la multitude et le confie à la garde des troupes : « Sais-tu, lui dit-il pour toute vengeance, que je suis maintenant ton roi? — Le roi mon maître et la reine vivent-ils du moins? » demanda, pour toute consolation, le favori, plus attentif à la destinée de ses bienfaiteurs qu'à ses humiliations et à ses blessures. Rassuré sur leur existence, il fut jeté couvert de boue et de sang dans une voiture, et conduit au château de Villa-Viciosa pour attendre une autre mort. Jeux de la faveur, de la fortune, de la disgrâce et de la mort, qui s'arrachent et se disputent leur victime en une nuit, et qui n'étaient pas encore finis pour Manuel.

XXI

Charles IV abdiqua le même jour en faveur de Ferdinand. L'ancien roi et le nouveau roi attendaient que l'abdication ou l'investiture fussent ratifiées par Napoléon, maître par son armée du territoire, et arbitre par sa politique de la couronne. Murat, son interprète, refusait de s'expliquer, donnant tour à tour espoir et crainte au père et au fils. Napoléon, précédé et suivi de forces invincibles, arriva à Bayonne, dernière ville française, sur la frontière d'Espagne, et il évoqua devant lui sur le sol de la France ce grand procès, comme pour tenir les compétiteurs qu'il avait résolu de détrôner tous les deux à la merci de son ambition et séparés de leur peuple. Charles IV, sa femme, son fils, le favori, s'y laissèrent entraîner tour à tour moitié par la séduction, moitié par la force. Les ruses qui amenaient ces deux monarques à Bayonne rappelaient plus la politique italienne de Machiavel que la politique romaine de César. Napoléon, après avoir traîné ces princes à ses pieds, voulut les déshonorer l'un par l'autre en donnant au monde le spectacle de leurs querelles et de leur avilissement. Le père et la mère accablèrent devant Napoléon leur fils de malédictions comme un parricide. Napoléon parut prendre le parti du père contre le fils. Il somma Ferdinand d'abdiquer un royaume acquis par la révolte contre les droits du sang. Quand le fils eut abdiqué et restitué le trône, Napoléon fit abdiquer, en sa propre faveur, par le père, une couronne qu'ils n'étaient plus libres de refuser dans la captivité perfide à Bayonne. Il donna le trône d'Espagne à son frère Joseph ; il envoya Charles IV, sa femme et leur favori languir et mourir dans l'exil, sans autre consolation que l'amitié qui les unissait tous les trois, et avec un subside royal mal payé en échange de deux empires. Il donna pour prison à Ferdinand et à son frère le château de Valençay, entouré d'armes et de police pour prévenir dans ces jeunes princes un remords de dignité ou un retour de courage. Il lança ses armées dans l'Espagne insurgée par tant d'attentats à son indépendance et à ses sentiments. Victoires et défaites furent également stériles pour conquérir ou pour affranchir cette nation. L'âme de ce peuple combattait dans chacun de ses enfants. La guerre y devint une lutte corps à corps, la lutte un égorgement. Les Anglais y débarquèrent au secours des Espagnols. Ils y élargirent le champ de bataille. Chaque province, privée de son roi, se fit à elle-même une junte d'insurrection permanente. Ces juntes usèrent une à une les armées de Napoléon. Cette lutte de six ans fit de l'Europe l'écho et les complices de cette première nationalité insurgée contre la conquête du monde. Cadix fut le centre de cette représentation armée de l'Espagne. La nation régna pour ses rois pendant l'interrègne de sa royauté. L'Europe apprit de l'Espagne que les armées sont mortelles, mais que les nations son invincibles. Napoléon, refoulé vers ses propres frontières par le Nord, soulevé et coalisé contre lui, restitua le pape aux Romains, Ferdinand VII aux Espagnols.

Mais ce jeune prince, esclave au berceau, aigri dans sa

jeunesse, révolté contre son père dans ce palais, servile dans la captivité, fut ingrat dans le retour. Les cortès, représentation nationale de l'Espagne, qui avaient combattu pour lui, voulurent mettre un prix à leur victoire, et lui demandèrent de jurer la constitution qu'ils avaient promulguée en 1812, afin de concilier le trône et la liberté. Ferdinand, reçu avec le délire de l'enthousiasme par son peuple, s'était avancé à pas lents dans ses provinces sans s'expliquer. Aux portes de la capitale, il avait déjà oublié ceux qui la lui avaient ouverte, aboli la constitution et ressaisi le règne absolu de ses pères. Son règne n'avait été depuis qu'une longue vengeance contre les hommes des cortès qui avaient voulu mettre une condition à son retour et des limites légales à son autorité. Les royalistes modérés, les patriotes, les nobles, les orateurs, les ministres, les généraux de la guerre de l'indépendance, languissaient dans les cachots, peuplaient les bagnes, se réfugiaient dans l'exil. Une cour domestique appelée *camarilla* régnait et persécutait sous le nom du roi. Des tentatives d'insurrection militaire, non contre le roi, mais contre la faction royale, avaient eu pour victimes *Porlier* et *Lacy*, jeunes généraux de l'indépendance. Porlier, en mourant, avait légué sa mémoire aux patriotes dans une épitaphe qu'il avait préparée pour son tombeau: « Ici reposent les cendres de L. Diaz Porlier, général des armées espagnoles. Il fut heureux dans toutes ses entreprises contre les ennemis extérieurs de sa patrie, et mourut victime des discordes civiles. Hommes sensibles à la gloire, respectez les restes d'un patriote malheureux. » Lacy, après avoir concerté un mouvement constitutionnel avec un grand nombre de généraux et d'officiers de la guerre de l'indépendance, échoua par la trahison dans l'entreprise, se réfugia dans une montagne des Pyrénées chez un berger, y fut découvert par ceux qui le poursuivaient et condamné à mort à Barcelone. Ferdinand, ne pouvant trouver des exécuteurs d'un général adoré en Catalogne, le fit embarquer pour l'île de Majorque, où l'infortuné Lacy trouva la mort sur le rivage, au lieu de l'exil qui lui avait été promis. Toutes les provinces d'Espagne avaient leurs sociétés secrètes, leurs complots militaires, leurs traîtres, leurs délateurs, leurs bourreaux. La terreur planait à la fois sur la cour, qui sentait le sol trembler sous son despotisme, et sur les libéraux, qui sentaient la main de la cour et de l'inquisition ouverte sur eux. Tout annonçait une de ces crises suprêmes dans la vie des peuples, où les nations et les gouvernements, incompatibles et animés par deux esprits irréconciliables, ne peuvent échapper ou à l'insurrection ou à la tyrannie. Le clergé et les moines espagnols, qui avaient admirablement servi l'indépendance, se rangeaient maintenant du côté de la monarchie absolue : alliés naturels d'un trône qu'ils avaient éternellement dominé, ennemis de la liberté qui détrônait l'inquisition, et qui, pour premier acte, affranchissait les consciences. Les cachots de l'inquisition refusaient leurs victimes au jugement des juges civils. Des évêques même, suspects de tolérance et de sentiments libéraux, gémissaient sous les verrous du saint office. Le roi n'osait refuser à ses ombrages ou à ses vengeances ceux-là mêmes dont il connaissait l'innocence et l'attachement à sa personne.

La Russie, par jalousie contre l'Angleterre, favorisait en secret par ses conseils ce système de terreur du roi Ferdinand. Elle avait encouragé ce prince à élever en crédit et en faveur un homme sorti des rangs les plus infimes de la domesticité de la cour, loyal de cœur, mais borné d'esprit, dont le zèle servile, le dévouement sans lumières et l'habileté remuante soulageaient le roi du poids de sa couronne. La difficulté de remplir le trésor royal dans un pays sans culture et sans commerce, épuisé par dix ans de guerre acharnée, porta Ferdinand et son favori à concevoir une expédition décisive, dont l'objet était de reconquérir et de pacifier par la force des armes l'Amérique espagnole, disputée alors entre les vice-rois de Ferdinand et les gouvernements indépendants de lui que ces colonies lointaines s'étaient donnés pendant l'usurpation et les déchirements de la mère patrie. Ugarte, ministre intime et personnel du roi pour les préparatifs de cette expédition, subordonna, en ce qui concernait les préparatifs, tous les autres ministres. Les forces navales et militaires de la monarchie furent concentrées à Cadix, port d'où la flotte devait partir pour porter à l'Amérique les volontés irrésistibles de l'Espagne. Le général O'Donnell, comte de Labisbal, d'une de ces familles irlandaises catholiques qui faisaient de l'Espagne une patrie d'adoption, et dont trois frères, généraux comme lui, commandaient d'autres provinces, reçut de Ferdinand le commandement général de l'armée expéditionnaire réunie à Cadix et dans les villes voisines. O'Donnell avait été initié, peu de temps avant cette époque, aux affiliations secrètes de l'armée, puis, sur le point d'être découvert, il avait affecté l'horreur de la conspiration et fait des révélations qui avaient paru au clergé et à la cour un gage irrécusable de fidélité.

XXII

Mais O'Donnell flottait, comme ces aventuriers sans patrie, au gré des événements et des partis, indécis d'opinion entre les absolutistes et les libéraux, donnant de la sécurité aux uns, des espérances aux autres, prêt seulement à se prononcer pour ceux qui l'élèveraient le plus haut. A peine arrivé à Cadix, il reçut les confidences des chefs de l'armée enrôlés dans les sociétés secrètes; il affecta de les écouter avec faveur. Il reconquit ainsi auprès des libéraux la confiance qu'il avait perdue par sa première défection; il couvrit de son silence et de sa tolérance la corruption et l'embauchage de l'armée. Un autre général, Saarsfield, second d'O'Donnell, ami de l'infortuné Lacy, reçut les mêmes confidences, jura de venger Lacy en reconquérant la constitution pour laquelle Porlier et Lacy étaient morts. O'Donnell et lui parurent se concerter pour faire éclater à jour fixe une insurrection de leurs corps d'armée en faveur de la cause commune. Mais soit que la connivence de Labisbal et de Saarsfield avec les officiers conspirateurs de leurs armées ne fût qu'une ruse ignoble pour connaître les opinions de leurs subordonnés et pour les trahir, soit que ces deux généraux, jugeant le moment inopportun et le mouvement prématuré, voulussent le laisser éclater à demi pour mieux l'ajourner ou l'étouffer ensuite, O'Donnell feignit de laisser proclamer sous ses yeux la constitution par quelques régiments, et, se réunissant ensuite à Saarsfield pour se retourner contre les coupables,

il arrêta en flagrant délit tous les colonels et tous les officiers compromis ou suspects qui avaient eu l'imprudence
de se prononcer, et il les envoya prisonniers dans les forteresses. La cour, rassurée par cet éclat et par cette vigueur
perfide d'O'Donnell, le reçut comme le sauveur du trône et
le retint à Madrid. L'armée, un moment disloquée et retirée de Cadix par précaution du gouvernement qui ne
voulait pas livrer une place forte au hasard d'une révolte,
fut cantonnée sous les ordres du général Caldéron dans l'île
de Léon.

XXIII

Cependant la provocation d'O'Donnell et l'arrestation
des officiers supérieurs chefs de la conjuration n'avaient fait
qu'animer l'ardeur des nombreux conjurés de l'armée. Ils
se concertèrent dans l'ombre et ils se donnèrent pour général le colonel Quiroga, complice de Porlier et de Lacy, et
prisonnier maintenant à Alcala dans l'île de Léon. Arco
Aguéro, enfermé pour la même cause dans le château de
Saint-Sébastien de Cadix, fut nommé par eux chef d'état-
major. Le chef de bataillon Riégo, ami de ces conjurés, et
brûlant lui-même du feu de la liberté de son pays, fut l'âme
et la main de la conjuration nouvelle. L'Espagne est le pays
des complots hardis et couvés longtemps entre des milliers
d'initiés. L'inquisition y a façonné les caractères au mystère et au sang, la nature à l'audace et à la vengeance,
ces deux gardiennes du secret promis. Le plus grand
nombre des officiers et des sous-officiers de l'armée savait

le jour où l'insurrection devait éclater, nul ne la révélait.

Elle éclata le 1ᵉʳ janvier, à la voix de Riégo et des officiers de son bataillon, à Las Cabézas, cantonnement du régiment des Asturies. Le peuple y répondit par des cris de joie et de délivrance. Riégo marcha le même jour sur Arcos, quartier général de l'armée, y arrêta de sa main le général en chef Calderón et son état-major, et enleva quelques bataillons, qui s'unirent à lui et le proclamèrent. Quiroga, évadé de sa prison, marchait aussi de son côté, à la tête de quelques bataillons insurgés, contre Cadix. Riégo soulevait Xérès; Saarsfield s'enfuyait devant lui, menacé du sort réservé aux traîtres. L'armée entière, bientôt entraînée par le courant de l'opinion triomphante, nommait ses chefs et rédigeait une adresse respectueuse, mais impérative, pour imposer au roi la constitution de 1812. Cadix seul fermait ses portes aux conjurés. Le général Freyre, nommé par le roi à la place de Calderón, rassemblait une armée royale pour cerner l'île de Léon et pour étouffer la révolte dans son germe. Riégo en sortait avec une colonne d'expédition pour insurger les provinces voisines. Reçu ici avec enthousiasme, là avec résistance, il échappait avec peine aux détachements encore fidèles qui le poursuivaient, se portait hardiment sur Malaga, insurgeait cette ville, y combattait contre Joseph O'Donnell, frère du comte de Labisbal, se repliait en désordre et en perdant ses soldats par la désertion, traversait Cordoue à la tête de trois cents hommes harassés, seule force qui lui restât, y recevait de vaines acclamations et quelques subsides; mais, harcelé par des forces supérieures et ne pouvant plus qu'entraîner sa colonne décimée dans sa perte, il licenciait ses officiers et ses soldats, et leur donnait pour ralliement la Corogne. L'insurrection, jusque-là toute militaire, s'était éteinte au lieu de se rallumer dans cette expédition. L'île de Léon, fortifiée par Quiroga, se défendait à peine contre les troupes de Cadix. Tout était en suspens dans les esprits et dans les événements. L'insurrection, bloquée par des forces croissantes, semblait étouffée dans son berceau, quand la ville de la Corogne où Riégo avait dirigé les hommes débandés s'insurgea spontanément à leur voix et proclama la révolution dans ses murs. La Galice, les Asturies, l'Aragon, suivirent le mouvement de la Corogne, la constitution fut proclamée partout, jusque dans Cadix. Un choc accidentel entre le peuple enthousiaste et les troupes irritées de leur défaite inonda cette ville de sang. La commotion de ces mouvements à la circonférence ébranla, jusque dans Madrid, l'esprit des troupes et de la garde royale elle-même. Ferdinand, vaincu par la nécessité plus que par la conviction, résolut de transiger avec ses peuples en faisant la promesse d'institutions représentatives. Les promesses ne suffisaient déjà plus à l'impatience d'une armée et d'une nation debout pour reconquérir leurs droits. Une insurrection du peuple de Madrid, sous les fenêtres du palais du roi, ne se calma qu'à la voix de ce prince humilié et contraint, proclamant de sa propre bouche la constitution de 1812 et la convocation des cortès. Cette constitution toute républicaine, parce qu'elle était née de l'organisation révolutionnaire d'une nation sans chef, pendant la guerre de l'indépendance, ne conservait de la royauté que le nom et le principe héréditaire au sommet d'institutions toutes électives. Mais Ferdinand ne délibérait pas sur la place qu'on lui laissait dans la constitution, il la subissait. Les cortès s'assemblèrent, la constitution porta au pouvoir tous les hommes que la vengeance de Ferdinand retenait dans ses présides et l'inquisition dans ses cachots. La vengeance rentra au palais sous le nom de la liberté, les proscriptions se retournèrent contre les proscripteurs d'hier. Quiroga, Riégo et leurs complices remplacèrent au ministère, à la tête des armées ou dans les gouvernements des provinces, les ministres, les généraux et les gouverneurs fidèles; Ferdinand ne fut dans son palais, entouré d'un respect officiel, que le captif et l'otage de la révolution. Les émeutes furent les coups d'État quotidiens de la multitude. La démagogie régna sous le nom d'une royauté avilie. Le roi, comme tous les rois qui veulent continuer de régner sur des révoltés et par eux, ne sentit pas qu'après un détrônement réel, la tombe ou la proscription sont les seuls asiles de leur dignité. Il prêta forcément son nom aux actes de ses ennemis, plaint par les uns, odieux à d'autres, suspect à tous. L'Europe, à l'exception de la France et de l'Angleterre, protesta dans des notes diplomatiques sévères contre ces concessions de la faiblesse à la force, et présagea les impraticabilités et les désastres en germe dans cette constitution. L'armée de Cadix refusa de se dissoudre à la voix des cortès eux-mêmes et de Quiroga, devenu modéré depuis qu'il était victorieux. Riégo, continuant le rôle de tribun des soldats, en prit le commandement révolutionnaire, voulant surveiller sous les armes les actes des cortès, et substituer la dictature des camps à la loi civile. Destitué par les cortès, appelé par les clubs, il vint triompher à Madrid des lois outragées et servir de drapeau aux démagogues. Combattu avec énergie par les ministres, il fut obligé de reculer devant la constitution qu'il violait après l'avoir installée. Exilé de la capitale, il alla porter dans sa province les plaintes, les complots et la vengeance de séditieux comprimés. Cette défaite du premier tribun ne fut qu'un éclair d'ordre et de paix dans le règne constitutionnel de Ferdinand; bientôt ballotté entre les ministres révolutionnaires et les ministres suspects de royalisme à la révolution, il subit de ses ministres de nouveaux outrages, et de son peuple de nouvelles violences. Il passa par toutes les phases de Louis XVI, moins l'échafaud. Retiré un moment à l'Escurial, palais de plaisance trop rapproché des insurrections royalistes, qui s'armaient maintenant de son nom, dans les provinces fidèles, il fut contraint de rentrer à Madrid, entraîné par ses ministres pour y subir, comme la famille royale à Versailles le 6 octobre, l'invasion et les injonctions des clubs. Tous ses amis, et même jusqu'à son confesseur, en furent chassés pour enchaîner ses sentiments et sa conscience. La proscription les relégua dans les villes où l'assassinat les attendait. Ses gardes, assiégés par le peuple, furent en partie immolés aux portes de son palais en le défendant; les autres furent proscrits ensuite pour l'avoir vainement défendu. Pendant ces convulsions intermittentes de la capitale, les royalistes et les moines insurgèrent les Pyrénées et la Catalogne pour le pouvoir absolu et pour la religion exclusive; les républicains, à l'instigation de quelques émissaires français, tramaient la république à Saragosse; Riégo y accourait pour reprendre le rôle d'agitateur en chef de sa patrie; le peuple, indigné, lui en fermait les portes et arrêtait les factieux étrangers. Les chefs des cortès eux-mêmes subissaient, à leur tour, les inconstances et les retours de la popularité dans Madrid. Le comte de Torréno, orateur célèbre, et Martinez de la Rosa, poëte, orateur et patriote, tous deux victimes du pouvoir absolu, et arrachés des cachots de Ferdinand pour venir siéger et dominer, par leur talent, dans les cortès, suspects aujourd'hui de modération et de mesure dans la liberté, échappaient à peine aux poignards du peuple en fuyant leurs maisons pillées et incendiées. Le sang des exaltés et des modérés coulait dans toutes les villes. Les bandes *de la Foi* parcouraient la Navarre, l'Aragon, sous des chefs proclamés par la popularité : le curé Mérino, le *trappiste*, le général Quésada. Un gouvernement royaliste, nomade et insurrectionnel, se formait, sous le nom de *Régence suprême d'Espagne,* autour du marquis de Mataflorida et du baron d'Érolles à Urgel. Mina, proscrit par Ferdinand, rentrait, comme Coriolan, de son exil en France dans sa patrie, et combattait en son propre nom les insurrections royalistes par des insurrections libérales. Il levait des troupes, imposait des tributs, dépouillait les arsenaux à Barcelone et refoulait jusqu'en France les armées de la Foi. Trois guerres civiles ravageaient et incendiaient les provinces. Une assemblée impuissante, des ministres factieux et insultés, un roi captif, une capitale turbulente, un pays déchiré en factions, une multitude ondoyante au souffle des démagogues ou des moines, armée tour à tour du marteau des assassins, du poignard des brigands, ou frappée de la stupeur des victimes, telle était l'Espagne au moment où la conspiration libérale de Paris, prélude ou contre-coup de ces agitations de la Péninsule, nouait à Paris, à Nantes et en Alsace, les trames militaires et populaires, qui répondaient du sein du *comité directeur* aux lois compressives du ministère. Les rassemblements de la capitale, les sociétés secrètes, les réunions occultes, les discours agitateurs, les pamphlets acérés, les allusions sinistres, les feuilles publiques, masquant leurs excitations incendiaires sous les formes d'une opposition légale, étaient en France autant de contre-coups concertés avec les républicains de Saragosse et les exaltés de Madrid. La révolution s'entendait à travers les Pyrénées et les Alpes.

Un événement inattendu vint doubler ses forces, et donner aux espérances des uns, aux terreurs des autres, un de ces ébranlements qui secouent le continent tout entier. L'Italie, endormie en apparence sous la domination de ses anciens rois et sous la tutelle armée de l'Autriche, venait d'éclater à ses deux extrémités à la fois. Naples et Turin se répondaient, à peu de semaines d'intervalle, par deux insurrections militaires et par un seul cri de constitution.

XXIV

L'Italie est depuis des siècles la grande calomnie du monde moderne. On dirait que les peuples du Nord se vengent du joug que l'Italie leur a imposé jadis, et de l'horreur des longs attentats qu'ils ont accomplis sur elle, par des mépris affectés de son caractère, et qu'ils veulent l'empêcher de s'estimer elle-même en la déshonorant. Ces mépris sont des lâchetés, des ignorances et des injustices. L'Italie est toujours la terre privilégiée de la nature et de l'humanité; la séve virile de ses grands siècles n'y a ni dégénéré ni tari. Entraînée par la chute irrésistible du vieux monde dans la décadence de l'empire universel qu'elle avait fondé, aucune nation sur la terre n'a supporté sans se dissoudre et sans s'avilir un si long détrônement. Sa gloire, sa religion, son génie, son nom, sa langue, ses monuments et ses arts ont continué à régner après sa fortune. Seule elle n'a point eu d'âge de ténèbres civiles après son âge de domination par les armes. Elle a assujetti à ses cultes, à ses lois, à sa civilisation les barbares qui la conquéraient : en la profanant, ils la subissaient. Vainqueurs, ils lui mendiaient des lois, des mœurs et des dieux. Le continent presque tout entier n'est qu'une colonie intellectuelle, morale et religieuse de cette mère patrie de l'Europe, de l'Afrique et de l'Asie. Le moyen âge la morcela sans la dissoudre. Ses tronçons, coupés en petites principautés ou en petites républiques, conservèrent les palpitations, la vigueur, le mouvement, l'énergie des grandes nationalités. Elle eut des anarchies, des convulsions, des vertus, des crimes, des héroïsmes grands comme ses ruines. Sa renaissance sous les papes, sous les Médicis, sous sa maison de Ferrare, sous ses aristocraties de Venise, sous ses démocraties de Gênes, sous ses théocraties de Rome, sous sa principauté commerciale de Florence, sous ses paladins de Naples et de Sicile, fut la renaissance de l'Europe. En se rallumant elle illumina l'univers. Guerre, politique, littérature, commerce, arts, navigation, manufactures, diplomatie, tout émana de l'Italie. Ses noms ressemblent à ces dynasties éternelles à qui la suprématie, dans tous les domaines de l'esprit humain, a été dévolue par la nature, et dont les Sixte-Quint, les Léon X, les Cosme, les Tasse, les Dante, les Machiavel, les Michel-Ange, les Raphaël, les Pétrarque, les Galilée, les Doria, les Christophe Colomb, se transmettent encore aujourd'hui le sceptre qu'aucune nation n'a pu arracher à leur race. Assujettie, dans les derniers siècles, à l'Autriche intéressée à l'amollir pour la subjuguer, à la maison des Bourbons d'Espagne : superstitieuses et voluptueuses dynasties, vice-royautés de l'Espagne ou de l'Allemagne; à des papes qui la laissaient dominer par les puissances pour se conserver leur faveur, à des aristocraties vicieuses assez riches pour la corrompre, trop faibles pour l'aguerrir; à un clergé qui pactisait pour ses richesses avec la servitude, l'Italie, riche, peuplée, heureuse par les sens, humiliée par l'âme, s'assoupissait, mais ne se résignait pas.

L'esprit nouveau la pénétrait, pendant son sommeil, par tous les pores. Nulle part en Europe, excepté en France, les idées de tolérance et d'affranchissement pour les cultes, de libertés civiles, d'égalité des classes, d'institutions représentatives, de gouvernement spiritualiste des peuples, d'évocation de la pensée par la tribune ou par la presse, pour concourir aux progrès de l'humanité croissante, n'avaient plus de sectateurs qu'en Italie, surtout dans la tête du pays, dans le conseil des princes, dans les cours, dans le clergé, dans les écoles, dans les ateliers des artistes, dans les écrivains, dans les poëtes, jusque dans les temples. Dans ses pompes sacerdotales, l'Italie était philosophe; sous son despotisme, elle était libérale; sous son démembrement, elle était patriotique, et tendait par tous ses instincts à cette unité nationale, fédérale, seule résurrection possible de sa force et de sa grandeur. Rome, par sa situation géographique, et par son institution théocratique qui la condamne à être en paix avec les souverains étrangers, était un obstacle à cette unité fédérale. La domination spirituelle de l'Église, qui avait fait jadis la puissance des Italiens, faisait maintenant leur impuissance. Une neutralité obligée à Rome faisait défaut à une émancipation énergique et armée en Italie.

La révolution française avait surpris l'Italie dans ce progrès de l'esprit national et philosophique qui lui faisait saluer la régénération de la France. L'horreur de l'Autriche, tyrannie plus haïe parce qu'elle était plus présente, et la crainte du joug français, substitué au joug germanique, balançaient ses instincts. Ses sympathies néanmoins l'avaient emporté sur ses craintes. L'invasion de la Savoie par M. de Montesquiou sous la Convention, la descente des armées de la république dans le Piémont, avaient été saluées par les philosophes et par les patriotes italiens comme des présages d'indépendance du joug théocratique et d'émancipation du joug de l'Autriche. La noblesse, les classes littéraires, les classes artistiques, les classes industrielles, avaient souri au rayonnement libérateur de la France, de Nice à Milan, de Chambéry à Rome et à Naples. Les ravages mêmes de cette terre devenue le champ de bataille des armées du Nord et des armées françaises n'avaient pas découragé l'Italie. Elle savait que les peuples asservis ne rachètent leur liberté et leur dignité qu'au prix de quelques sacrifices. Les victoires de Bonaparte, qui la reconquéraient à la France, paraissaient aux Italiens des triomphes qui les reconquéraient à eux-mêmes. Ces Polonais du Midi se flattaient que le vainqueur de l'Autriche les constituerait en nation unie ou fédérative après les avoir affranchis. La politique égoïste et conquérante de Bonaparte l'emporta, là comme en Pologne, sur la politique magnanime et désintéressée qui, en régénérant l'Italie, aurait ressuscité un grand peuple, allié reconnaissant et vassal de la France, au lieu de lui donner des sujets humiliés et frémissants. Napoléon avait gratifié son beau-frère Murat d'un royaume faible et impuissant à Naples, son fils adoptif Eugène Beauharnais d'une vice-royauté précaire à Milan, sa sœur Élisa Bacciochi d'une principauté en Toscane, son autre sœur Pauline Borghèse d'un gouvernement général en Piémont; Gênes et Venise, Rome elle-même, étaient devenues des dépouilles déchirées de l'Italie, et des villes impériales, Milan un quartier général d'armée française, la Savoie un département français; le pape, comme les doges, remplacé au Vatican, non par un gouvernement romain, mais par un proconsul français, enlevé de la capitale de la catholicité, errait de ville en ville dans une captivité honorifique à peine déguisée. Les trésors de l'Italie et les chefs-d'œuvre de ses musées servaient à enrichir ou à décorer le trésor ou les palais de l'empereur. Ses enfants recrutaient nos armées et versaient leur sang dans le Nord pour une cause qui n'était ni celle de leur indépendance ni celle de leur liberté. L'ambition d'un homme et l'orgueil de sa monarchie militaire universelle s'étaient interposés fatalement entre le génie de l'Italie et le génie de la France de 1789, qui n'aspiraient qu'à s'unir pour se fortifier l'un par l'autre, mais à s'unir dans la liberté, non dans la servitude. Le reflux de l'Europe contre l'usurpation universelle de Napoléon avait paru ainsi une délivrance de l'Italie. Tyran pour tyran, elle préférait les plus anciens et les plus faibles. Le traité de Vienne lui avait rendu son pontife et ses princes. L'Autriche, maîtresse du Milanais, usurpatrice de Venise, protectrice de la Toscane, avait pris au congrès autant de soin pour morceler de nouveau la Péninsule que Napoléon pour la conquérir ; aucune de ces puissances restaurées, maison de Naples, papauté, maison de Toscane, maison de Sardaigne, n'était assez prépondérante pour donner à l'Italie le signal de l'indépendance et pour inspirer à l'Autriche la crainte sérieuse d'une émancipation spontanée contre sa domination.

XXV

Mais les idées philosophiques et nationales, déçues et découragées par la France en Italie pendant le règne de Napoléon, n'étaient pas mortes. Elles commençaient à palpiter de nouveau, au contact des libertés de la tribune et de la presse françaises, depuis que le gouvernement représentatif, réimporté en France par Louis XVIII, avait son retentissement et son émulation à Naples, à Rome, à Gênes, à Turin. L'explosion révolutionnaire de l'Espagne pour se délivrer du système monacal et du despotisme de la cour avait ébranlé l'Italie. Le joug politique du sacerdoce y paraissait plus intolérable aux esprits depuis qu'il avait été brisé et qu'on sentait l'impatience de le briser encore. L'administration française, supérieure en mécanisme aux administrations à la fois molles et tracassières des gouvernements restaurés, y avait laissé des exemples et des regrets. Enfin la jeunesse militaire de l'Italie, dressée à la guerre dans les campagnes de Napoléon, y avait formé une foule de généraux, d'officiers et de soldats braves et éprouvés qui s'indignaient de leur oisiveté présente, et qui se sentaient capables d'aguerrir et d'affranchir leur pays. A tous ces ferments d'esprit public et d'esprit national en Italie se joignait l'influence sourde mais croissante des sociétés secrètes. Les plus nombreux et les plus redoutables de ces affiliés étaient les *carbonari*, armée souterraine de l'esprit public. Quand les idées ne peuvent pas se produire au soleil, elles s'organisent dans l'ombre. Le mystère est la force des opprimés.

XXVI

Le carbonarisme, dont l'origine se perd dans la nuit du moyen âge, comme la franc-maçonnerie, dont il fut tour à tour l'allié et l'ennemi, était une sorte de jacobinisme italien. Il avait ses initiés, ses doctrines, ses réunions secrètes, ses correspondances de province à province, ses mots d'ordre, son administration occulte : gouvernement ténébreux dans le gouvernement officiel. Un christianisme philosophique, un patriotisme exalté, et un républicanisme antique, fanatique, quelquefois déclamatoire comme celui des Girondins en France ou des amis de la liberté en Allemagne, en étaient l'âme, la formule, les cérémonies. Il ne faisait acception ni de rang, ni de profession, ni de classe; il initiait les riches, les pauvres, les aristocrates, les plébéiens, les militaires, les prêtres, le peuple. C'était l'égalité de l'esprit commun. Ses initiations n'avaient rien de suspect aux gouvernements eux-mêmes; un grand nombre de leurs agents s'affiliaient. Rien n'était plus irréprochable que ses dogmes, plus puéril que ses cérémonies, plus loyal que ses serments. Son seul danger apparent était dans son mécanisme, dans son organisation, dans son nombre, dans la direction irresponsable et simultanée que quelques hommes cachés derrière le voile de sa hiérarchie suprême pouvaient imprimer d'un mot à ses tendances et à ses actes. Innocent aujourd'hui, il pouvait être coupable et irrésistible demain : danger de ces associations nombreuses favorisées par les gouvernements faibles, qui croient acquérir en les soutenant la puissance de les renverser. Plus d'un million d'hommes dans les Calabres, dans les provinces et dans l'armée de Naples étaient affiliés au carbonarisme. Le roi Ferdinand lui-même, ses fils, la reine Caroline de Naples, sa femme, s'étaient initiés à cette secte pendant leur long exil en Sicile. Ils en tenaient les fils dans leurs mains, et c'est par cette société secrète et populaire qu'ils avaient fomenté l'insurrection permanente de la Calabre contre les Français et contre Murat, intrus dans leur royaume, étrangers dans leur patrie, usurpateurs de leur trône. A son retour à Naples, après la chute de Napoléon, le vieux roi Ferdinand organisa militairement en milices locales les carbonari des Calabres, armant ainsi de la force publique ceux que l'organisation préexistante de leur secte armait déjà de la force occulte de leur association. L'esprit libéral qui soufflait de France, d'Angleterre, de Sicile et d'Espagne sur les côtes d'Italie les pénétra bientôt de ses influences. Les généraux et les officiers de l'armée dissoute de Murat les animèrent du feu de leurs ressentiments. Les abus du gouvernement, les vices de la cour, l'oppression inquiète du clergé, l'avilissement de l'Italie sous des princes faibles ou complices de l'étranger, devinrent le texte de leurs discours; le redressement de ces griefs, la résurrection d'un patriotisme italien et l'établissement d'une constitution le but avoué de leurs réunions. L'armée, commandée en partie par les anciens lieutenants de Murat, s'associait à ces trames par ses murmures contre la cour rentrée à Naples avec les émigrés et avec les conseillers de la terreur royale de 1799. Le roi avait vieilli dans l'exil, instrument passif des passions de la reine Caroline sa femme. Il était aimé du peuple, jouet des grands, méprisé des soldats. Incapable de résolutions fortes, capable de ruses et de retours inattendus, véritable prince de la maison dégénérée d'Espagne, chez qui l'éducation superstitieuse et l'adulation servile étouffaient la nature. La chasse dans les forêts de Caserte, *Escurial* de la dynastie de Naples, la pêche dans son beau golfe avec les *lazzaroni*, plèbe heureuse et triviale de sa capitale, l'amour et les cérémonies du culte, se disputaient ses loisirs. L'Autriche, alliée de sa couronne et dominatrice de son royaume, avait la haute influence dans ses conseils. Le chevalier de Médicis, homme de vaste intelligence, mais de timide volonté et de faible courage, propre aux temps paisibles, impropre aux heures de résolution, dirigeait son gouvernement.

Ce ministre, incrédule aux dangers du carbonarisme, avait commis la même faute que les ministres du roi d'Espagne à Cadix l'année précédente. Il avait formé un camp d'observation à Cessa, agglomérant ainsi tous les éléments de l'insurrection militaire sur un seul point du royaume, comme pour faciliter aux conjurés les moyens de s'entendre, de se concerter et de mesurer leurs forces. Les différents corps de l'armée, en quittant le camp, avaient remporté dans leurs différents cantonnements la conviction de leur nombre, de leur esprit unanime, et la certitude d'être suivis à l'heure où une occasion mûre ferait éclater l'âme du pays. Naples attendait son Riégo.

XXVII

Un sous-lieutenant de cavalerie, nommé Morelli, cantonné à Nola, dans la province d'Avellino, province intermédiaire entre Naples et les Calabres, donna le premier signal à l'armée. Il monta à cheval, le 2 juillet 1820 au lever du jour, entraîna une centaine de soldats de son régiment initiés aux carbonari par un chanoine de Nola nommé Menichini, et, suivi de ce prêtre et d'une poignée de carbonari, il s'avança vers la ville d'Avellino occupée par d'autres corps de troupes, aux cris de : « Vive Dieu! vive le roi! vive la constitution! » Le colonel de Conciliis, homme de haute naissance et de grande fortune de cette province, initié lui-même au carbonarisme, mais indécis encore sur l'heure et sur l'occasion d'un mouvement, commandait les troupes dans Avellino. Inquiet et mécontent peut-être de l'insurrection prématurée de Morelli, il délibère et il hésite sous les armes. L'insurrection s'arrête et flotte un moment. Le roi, qui était en mer, dans le golfe, pour aller au-devant de son fils le duc de Calabre revenant de Sicile, apprend sur son vaisseau l'audace et les premiers succès de Morelli. Il comprend le danger de la première étincelle dans un royaume miné de complots souterrains; il tremble de remettre le pied sur la plage; des nouvelles rassurantes et la résistance de Conciliis le décident. Il rentre avec son fils et sa cour dans le palais. Les conseils se succèdent. Le général Guglielmo Pepe, soldat populaire de l'armée de Murat, et qui commande en chef la province, reçoit l'ordre de partir pour Avellino ; cet ordre à peine donné est révoqué ; le général Caroscosa est envoyé à sa place. Pepe s'indigne d'une défiance qui lui arrache une occasion de servir d'arbitre entre le trône, l'armée, le pays. Il part en secret malgré la cour, enlève aux portes de Naples un régiment de cavalerie aux cris de : « Vive la constitution ! » jette l'effroi dans le palais, l'agitation dans la capitale, la joie dans le cœur des conjurés. Caroscosa, fidèle au roi, mais populaire parmi les libéraux, veut concilier son devoir et sa popularité libérale ; il perd les heures à Naples à réfléchir sa mission. Pendant ces temporisations, le temps, qui est l'élément des révolutions ou des répressions, se dévore. Morelli soulève autour de son détachement les villes et les campagnes ; il se concerte, dans une entrevue nocturne et secrète, avec le commandant d'Avellino, de Conciliis. Ce colonel entraîné veut entraîner à son tour sa province. Il appelle à lui les troupes et les milices sous prétexte de fermer les portes de la ville aux insurgés, en réalité pour les leur ouvrir. La province entière et les troupes commandées par de Conciliis se déclarent en insurrection contre le gouvernement absolu. Morelli, de Conciliis forment un camp constitutionnel sur les hauteurs d'Avellino. Le général Pepe y arrive de Naples, non plus pour combattre, mais pour autoriser et diriger le mouvement par sa présence. Le bruit de cette défection du jeune général se répand et entraîne les villes, les garnisons, les provinces voisines. Les carbonari se lèvent avec les milices, comme un peuple invisible jusque-là, au milieu d'un peuple étonné. Pepe, respectueux dans ses paroles, mais résolu dans ses actes, les forme en colonnes et annonce sa marche sur la capitale. Naples, qui n'attendait qu'un chef et un signal, fermente et s'enhardit de l'approche des conjurés. Une députation des carbonari, de la noblesse et du peuple pénètre dans le palais et somme le roi de promulguer la constitution. Le prince accorde les institutions imposées, et demande seulement le temps de les délibérer avec ses ministres. Un des tribuns montre du doigt l'aiguille sur le cadran de la pendule et donne deux heures seulement à la cour pour changer les institutions du peuple. Le roi asservi congédie ses ministres, en nomme d'autres agréables à la multitude, publie une déclaration qui garantit une constitution dans huit jours, et remet provisoirement le gouvernement aux mains du duc de Calabre son fils. Ce prince, formé dès l'enfance aux intrigues de cour dans le palais de Palerme entre les Anglais, les libéraux et sa mère, était plus propre que tout autre à faire fléchir astucieusement un pouvoir vaincu par une révolution, mais qui méditait de se reconquérir par la ruse et par la force. Écarté des affaires, éclairé, studieux, éloquent, habile à flatter les partis et à les endormir, sa réputation de libéralisme le rendait agréable au peuple et à l'armée ; mais respectueux au fond envers son père, et plus zélé à lui sauver sa couronne qu'à la dérober prématurément pour lui-même, le duc de Calabre était le négociateur naturel entre le trône et les constitutionnels. Pour calmer instantanément l'impatience tumultueuse du peuple autour du palais, il promulgue la constitution des cortès d'Espagne, vociférée, faute d'autre, par les rassemblements. Le peuple satisfait s'empare de la promesse sans savoir ce que renferme le texte de cette constitution, sachant seulement qu'elle signifie à Madrid le triomphe sur la cour, l'abaissement du roi, la victoire de la liberté populaire sur un despotisme monarchique et sacerdotal.

XXVIII

Cependant le général populaire Pepe s'avançait sur Naples à la tête de l'armée des milices et des carbonari des provinces insurgées. La révolution en avait fait son chef. Ce chef, créé par le hasard plus que par le complot, était une heureuse fortune pour le trône et pour la révolution à la fois. C'était le *Riégo* tout-puissant, mais le *Riégo* involontaire et modéré de l'Italie. Né en Calabre, d'une race militaire de cette province, la plus agricole et la plus belliqueuse du royaume, vingtième enfant d'une famille riche et populaire dans ces montagnes, élevé dans la simplicité et dans la discipline de ces mœurs rurales qui font les laboureurs et les soldats, aguerri dès l'enfance par ces guerres intestines des partis qui luttaient à main armée dans les Calabres depuis la révolution de 1794, entré au service avec plusieurs de ses frères, signalé par sa bravoure, élevé de grade en grade, sur les champs de bataille de la France par Murat, jusqu'au rang de général de division, fidèle à ce prince jusqu'à son abdication, accueilli par Ferdinand, gouverneur de province et commandant d'un corps d'armée depuis la restauration; jeune encore, d'une figure agréable à la multitude, d'un nom cher aux soldats, d'une opinion libérale et tempérée par l'honneur, qui donnait à la fois des gages à la liberté et à la couronne, servi par une insurrection qui le prenait pour chef sans l'avoir eu pour complice; le général Guillaume Pepe ressemblait à La Fayette, balançant en 90 la république et la monarchie dans ses mains, arbitre armé du roi et de la nation. Mais, bien qu'il eût pris le premier la responsabilité de ce rôle d'arbitre entre l'armée, le trône et le peuple, le général Pepe était plus ambitieux de renom qu'avide de domination sur son souverain; il n'avait ni capté la popularité par des complaisances à l'anarchie, ni arraché le roi de son palais pour l'emprisonner dans sa capitale, ni poursuivi la famille royale fugitive pour la ramener à ses geôliers. Une fidélité conditionnelle à son roi, des institutions progressives à son pays, le signal de l'indépendance italienne donné en émulation et en exemple à la Péninsule, une dictature courte et promptement abdiquée devant les lois : tels étaient l'instinct et le caractère du dictateur.

Il entra le 7 juillet à Naples à la tête de l'armée et des milices, après s'être concerté secrètement avec le duc de Calabre. Son cortége innombrable ressemblait autant à une sédition disciplinée qu'à un triomphe militaire. A la suite des régiments insurgés commandés par Morelli, de Conciliis, Napolitains, tribuns militaires, salués comme des libérateurs par la capitale, marchaient en ordre des milliers de miliciens et de carbonari des provinces. Leurs vestes de laine brune, leurs sandales de berger, leurs chapeaux coniques décorés des couleurs des carbonaristes, leurs carabines calabraises étincelant au soleil, leurs pieds poudreux, leurs teints hâlés, leurs visages belliqueux et sombres, excitaient à la fois l'étonnement et la terreur de la foule répandue sur les longues grèves de Naples, pour assister à cette invasion d'une secte sortie de ses *ventes*, de ses souterrains, de ses rochers et de ses forêts, pour venir triompher sous les temples et sous les palais d'une capitale. Le prêtre Menichini, monté sur une mule de ses montagnes, couvert des signes du carbonarisme, s'avançait au milieu des milices rurales, une carabine à la main. Tous les regards cherchaient, toutes les mains applaudissaient ce prêtre sauvage, premier moteur du mouvement de Nola. Une armée de paysans, de moines, de bergers, de matelots, de brigands de ces côtes, marchait sous tous ses costumes autour des chefs des *ventes* de leurs provinces. La ville entière se décorait à leur passage des couleurs de la secte, les uns par imitation, les autres par terreur. Un cri unanime de : « Vive le roi! vive la constitution! » s'éleva de l'armée, de la mer et de la ville, jusqu'aux balcons pavoisés du palais du roi.

Après avoir passé en revue cette double armée, Pepe, Morelli, de Conciliis, Menichini et le général napolitain se rendirent au palais pour porter au roi et au duc de Calabre l'hommage et l'injonction tacite de la révolution représentée par eux. Le duc de Calabre les reçut, paré lui-même, ainsi que la cour, des insignes de la cause triomphante. « Quand je suis arrivé au camp des constitutionnels, lui dit Pepe, la révolution était accomplie; je ne pensai plus qu'à la diriger dans le double intérêt du trône et de la patrie. Les hommes armés qui viennent de passer sous vos yeux, les milliers d'autres qui sont restés dans leurs provinces ou qui ont repris le chemin de leur pays, ne sont pas des rebelles, mais des sujets; leurs armes ne menacent pas le trône, mais lui servent de soutien. Quant à moi, je supplie Votre Altesse et le roi d'abréger une situation également pénible pour tous, en convoquant au plus tôt une représentation nationale; je jure de résigner les hautes fonctions dont je suis investi avec plus de joie que je ne les accepte aujourd'hui. »

Le duc de Calabre jura de son côté, avec un accent que la dissimulation des cours italiennes rendait sincère, qu'il aspirait autant que le peuple et l'armée aux institutions constitutionnelles. « Vous, général Pepe, dit-il en finissant, calmez les inquiétudes produites par ce généreux sentiment! exercez hardiment votre suprématie militaire; les généraux, vos émules, ont applaudi eux-mêmes à votre élévation; vos actions ont devancé la marche lente des années! Je jure de défendre la constitution des cortès au prix de mon sang. » Conduit de là auprès du vieux roi malade ou affectant la maladie pour se soulager du trône, Pepe trouva Ferdinand dans une chambre retirée du palais, couché sur son lit; la princesse Partanna, belle Sicilienne qu'il avait aimée longtemps et qu'il avait épousée, comme une autre Maintenon, après la mort de la reine, était assise au chevet de sa couche. Le général baisa respectueusement la main que le roi lui tendit, selon l'étiquette des cours espagnoles. « Maintenant, lui dit Pepe, Votre Majesté règne enfin sur le cœur de tous! — J'espère, lui répondit le roi avec inquiétude, que tu te conduiras en homme d'honneur. » Le duc de Calabre voulut excuser le général constitutionnel auprès de son père, en lui expliquant qu'il n'avait été rejoindre les révoltés d'Avellino que sur le bruit de sa prochaine arrestation par les ministres. Pepe déclina cette excuse avec fierté, il avoua au roi que la pensée de provoquer des institutions représentatives était depuis longtemps dans son cœur, qu'il méditait sur les moyens les plus dignes et les plus loyaux de les faire adopter au roi, de concert avec son peuple, que l'événement d'Avellino avait été précipité et inattendu, sans doute, mais que la constitution désirée par la nation et par l'armée n'en aurait pas moins été proclamée par lui dans une forme plus régulière et plus imposante. L'harmonie parut, quoique contrainte, établie entre le général et la cour. L'enthousiasme, contenu par l'armée et par ses chefs dans les limites du respect pour la couronne, n'eut ni anarchie ni excès à Naples. Les élections envoyèrent en majorité au parlement napolitain des députés libéraux, mais prudents, tels que les Ricciardi, les Poério, les Borelli, publicistes, orateurs politiques éminents, représentants modérés mais fermes de l'opinion italienne. Ce peuple, doué par la nature d'aptitudes universelles, éleva sa tribune à la hauteur des tribunes française et britannique dès le premier jour de ses discussions. Les carbonari, triomphants, embarrassèrent seulement, par leurs exigences et par leurs clameurs, la marche de l'administration nouvelle. Le roi jura solennellement dans la cathédrale de maintenir les institutions conquises, et il appela spontanément la vengeance de Dieu sur ses cheveux blancs, s'il violait jamais son serment. Pepe déposa sa dictature, et s'occupa exclusivement de reconstituer l'armée aguerrie par Murat sur les champs de bataille de l'Europe. La Sicile, toujours prête à proclamer son indépendance à chaque ébranlement du pouvoir de Naples, et l'Autriche, inquiète du signal donné de Naples à l'indépendance de l'Italie, rendaient doublement nécessaire un déploiement de force armée disproportionnée à l'étendue comme au caractère du royaume. Rome fermenta la première du voisinage de ce premier foyer de révolution; la Toscane, libéralement et paternellement gouvernée par le jeune Léopold, disciple alors adoré du premier Léopold, attendit sans impatience le développement des événements; le Piémont, écho toujours palpitant de la France, et adversaire ambitieux de l'Autriche dans la basse Italie, s'émut au contre-coup de la révolution napolitaine, s'initia au carbonarisme jusque dans le palais du roi, et médita, dans l'aristocratie et dans l'armée, plus que dans le peuple, une seconde explosion à l'autre extrémité de l'italie.

XXIX

Cependant les cours du Nord, attentives au progrès de l'esprit libéral qu'elles appelaient l'esprit révolutionnaire, émues par l'humiliation de la royauté de Madrid, consternées par le meurtre d'un prince en France, inquiétées de la contagion qui se révélait à Naples et à Turin, et redoutant que cette contagion, qui avait franchi les Pyrénées et les Alpes, ne franchît bientôt le Tyrol et le Rhin, se concertaient pour étouffer la liberté menaçante dans le triple foyer qu'elle venait de s'ouvrir. La Russie, la Prusse, l'Autriche, rappelaient leurs ambassadeurs, fermaient leurs frontières à ceux de Naples, d'Espagne, interrogeant avec sévérité ces gouvernements nouveaux sur la légitimité de leurs origines et sur la sincérité des rois qui les avaient consentis. Elles armaient sous des prétextes transparents, rapprochaient de l'Italie des corps d'armée qui n'attendaient que le consentement d'un congrès pour intervenir au nom du traité de la sainte alliance contre l'indépendance des peuples en révolution. L'Angleterre, forcée de rendre compte de l'opinion par la presse et par la tribune, qui lui commandaient le respect, au moins apparent, des volontés nationales, ne pouvait entrer ostensiblement dans cette ligue offensive des rois. Mais ses ambassadeurs, servant en secret les intentions avouées de son ministère, encore animé de l'esprit de son grand homme d'État, William Pitt, trahissaient partout leur antipathie contre les émancipations révolutionnaires des deux péninsules, et s'efforçaient, sinon de combattre en face, du moins de faire avorter ces révolutions. Ils craignaient aussi que l'analogie des institutions et la solidarité de voisinage ne donnassent à la France un ascendant trop croissant en Italie. La France était jetée, de son côté, par ces événements extérieurs, dans une contradiction entre ses intérêts nationaux et ses intérêts dynastiques, qui donnait à ses actes et à ses pensées une ambiguïté fatale. Puissance constitutionnelle, elle ne pouvait avec décence attaquer l'esprit constitutionnel par une intervention hostile chez ses voisins, qui voulaient être libres à son image; dynastie contre-révolutionnaire, elle ne pouvait voir sans effroi la révolution saper ses trois trônes de famille, à Madrid, à Naples et à Turin ; enfin, monarchie représentative depuis l'inauguration de sa charte, elle ne pouvait demander à haute voix à une chambre représentative les frais de la guerre contre le principe de la représentation des peuples. De là, dans sa diplomatie à Naples et à Madrid, une direction double et forcément contradictoire, qui faisait de son gouvernement tour à tour l'espérance des peuples ou l'allié des cours. Cette contradiction n'était nulle part plus flagrante qu'à Naples et en Italie. Le duc de Narbonne, ambassadeur de Louis XVIII auprès de la cour des Deux-Siciles, homme qui cachait sous une extrême modestie un sens juste et une pensée élevée, s'était imbu, quoique émigré en Angleterre, de l'esprit libéral du roi et de la nécessité pour la maison de Bourbon de se rajeunir par une alliance sincère avec les intérêts nouveaux en France et en Europe. On se hâta de le rappeler de Naples, pour laisser les négociations entre les mains de M. de Fontenoy, homme plus jeune, moins élevé en dignité et plus facile à désavouer au besoin. M. de Fontenoy, quoique dévoué de cœur et de raison à la Restauration, qui avait apprécié et révélé ses talents, était un de ces esprits libres de préjugés et supérieurs de point de vue, qui ne servent pas pour flatter, mais pour servir. Nul ne comprenait mieux que lui et ne faisait mieux comprendre aux Tuileries, dans ses dépêches, la nécessité pour la France constitutionnelle de se populariser en Italie, en se faisant, non l'auxiliaire des révolutions, mais l'arbitre imposant et obéi entre les révolutions et les trônes, et surtout l'antagoniste de l'Autriche. C'était à ce prix, selon M. de Fontenoy, que la France pouvait seulement contrebalancer au delà des Alpes l'Autriche, au delà des Pyrénées l'Angleterre. Il conseillait donc aux constitutionnels de Naples la modération, au roi Ferdinand la condescendance, au ministère français la résistance aux injonctions du Nord et l'arbitrage hardiment affecté par la France, au double titre de puissance constitutionnelle et de dynastie bourbonienne, entre l'Italie et l'Autriche. Il jouissait d'un grand crédit, dans la haute Italie, sur les cours et sur les libéraux à la fois. Rectifier la constitution incomplète des cortès, et prendre ensuite sous la protection de la France l'indépendance de l'Italie, telle était la diplomatie de M. de Fontenoy et de sa légation[1].

---

[1] L'auteur de cette histoire était alors attaché à la légation de M. de Fontenoy à Naples, et partageait les pensées de ce diplomate.

XXX

M. Pasquier était alors ministre des affaires étrangères. Homme de circonstances, capable de s'identifier avec une grande pénétration d'esprit à toutes les causes, il inspirait des mêmes pensées que M. de Fontenoy notre politique en Italie et en Espagne; mais, pendant que M. Pasquier donnait à Naples les instructions les plus intelligentes et les plus sages dans le sens de ces idées de modération et d'arbitrage français, le duc de Blacas, ambassadeur à Rome, et investi d'une autorité générale sur les négociateurs d'un rang moins élevé que le sien, adressait à Naples des instructions contraires et des directions opposées à celles du ministre officiel. M. de Blacas ne voyait de salut pour la monarchie de son maître que dans une guerre déclarée à tout esprit d'émancipation libérale dans les cours d'Italie, et dans l'alliance franche et immédiate avec l'Autriche contre toute indépendance et toute liberté dans la Péninsule; prêt à abandonner ces puissances à l'Autriche, pourvu que l'Autriche y refrénât les révolutions.

Cette même lutte intestine, entre les deux esprits qui se disputaient l'opinion et le gouvernement, existait à Paris et éclatait de jour en jour avec plus d'animosité dans les chambres et dans la presse. La réunion des souverains du Nord à Troppau, ville limitrophe de la Pologne, pour y aviser aux résolutions communes et pour y préméditer un acte de la sainte alliance si chère à Alexandre, servait de texte aux récriminations des deux partis. Au moment où l'Autriche, par l'organe de M. de Metternich, s'efforçait de convaincre l'empereur de Russie de la nécessité, douteuse encore pour lui, d'intervenir par les armes dans les deux péninsules, une révolte militaire d'un des régiments de la garnison de Saint-Pétersbourg étonna Alexandre, et le convainquit du danger des rois par celui qu'il avait couru. Les trois souverains convinrent d'agir en commun et avec énergie contre les progrès de la révolution en Italie comme en Espagne. Ils se séparèrent quelques semaines pour se réunir de nouveau en congrès général à *Laybach*, où ils sommèrent le vieux roi de Naples, Ferdinand, de se rendre pour attester sa liberté ou sa captivité par sa présence ou par son absence. Après de longues agitations du peuple et de violentes discussions du parlement napolitain, ce prince obtint, à force de serments à son peuple, la liberté de se rendre, comme négociateur souverain, au congrès des puissances. Il s'embarqua sur un vaisseau de guerre, que la tempête rejeta le lendemain sur les côtes, et partit avec de nouveaux serments sur les lèvres et de nouvelles rétractations dans le cœur.

XXXI

Le parti libéral de la chambre s'indignait, dans ses discours, de cette conspiration à visage découvert des souverains absolus dans les réunions comme celle de Troppau, ou dans des congrès comme celui de Laybach, contre l'indépendance des peuples, et montrait la France, dupe ou complice, prêtant la main à sa propre annihilation;

l'esprit public, toujours plus sensible dans une nation belliqueuse aux humiliations extérieures qu'aux oppressions du dedans, s'envenimait contre la cour et contre les ministres. Les royalistes exaltés, de leur côté, perdaient toute patience et reprochaient aux ministres Richelieu et Pasquier les temporisations et les accommodements avec les révolutions. Déjà les hommes intermédiaires, qui avaient le plus la confiance de ce parti, et qui étaient entrés au conseil sans portefeuilles, comme garants d'une administration royaliste, tels que MM. de Villèle, de Corbière, Lainé, étaient l'objet de reproches et de sommations acerbes à la tribune. Le général Donnadieu, M. de La Bourdonnaie, M. de Lalot, donnaient le signal d'une scission entre les exaltés et les modérés, qui menaçait M. de Richelieu d'une chute prochaine, entre les libéraux irrités et les royalistes indisciplinables. Ces deux partis échangeaient, par-dessus la tête des ministres, des injures et des défis qui semblaient préluder à des guerres civiles. L'Espagne et l'Italie étaient le texte de ces mutuelles provocations. Le général Foy, La Fayette, Benjamin Constant, Casimir Périer, de Lameth, Manuel, Laffitte, Girardin, rivalisaient d'éloquence et de colères avec M. de Serre, M. de Vaublanc, M. de La Bourdonnaie, M. Donnadieu. M. Pasquier, habile à assoupir ces débats par des discours qui ne donnaient la victoire à personne, mais qui ne désespéraient aucun des deux partis, satisfaisait néanmoins en secret la cour en envoyant au congrès de Laybach des négociateurs agréables à la sainte alliance, tels que M. de Blacas, M. de Caraman, M. de La Ferronays. Dans ce congrès, la France, flottant entre l'Angleterre et la Russie, se déclara neutre ; mais, en se retirant de l'action, elle livrait en réalité l'Italie à l'Autriche. Déjà soixante mille hommes, commandés par le général Frémont, marchaient sur Rome et sur Naples par la Toscane. Le vieux roi Ferdinand s'avançait avec eux pour revendiquer sa couronne. Que pouvait contre l'Europe entière une puissance découragée d'avance par l'abandon de tous ses alliés naturels? Le général Pepe conduisit en vain l'armée napolitaine aux défilés d'Introdocco, pour sauver du moins l'honneur national par une lutte désespérée mais glorieuse. La révolution napolitaine succomba sans avoir combattu. Pepe, abandonné de ses troupes au premier coup de canon, ne put rallier un seul régiment jusqu'à Naples. Il partit pour un long exil, que la défense héroïque de Venise devait illustrer dans sa vieillesse. Soldat digne d'une autre fortune, trahi par son peuple et par son temps.

XXXII

Par une entente mal calculée, ou par un hasard également funeste à la cause italienne, Turin proclamait la constitution espagnole au moment où l'Europe la déclarait incompatible avec l'existence des monarchies, et où les Autrichiens triomphaient à Naples. Le roi de Sardaigne, Victor-Emmanuel, prince plus digne du trône, parce qu'il plaçait l'honneur au-dessus du trône, refusa de ratifier une révolution de caserne et de palais, qui lui ordonnait de violer ses engagements envers les puissances et ses propres convictions. Il abdiqua en faveur de son frère absent. Le jeune prince de Carignan, héritier présomptif de la couronne, qui avait fomenté cette révolution avec la jeune noblesse de sa cour, et qui devait périr un jour victime d'ambitions plus vastes que son empire, s'investit de la régence et anima la révolution qui le prenait pour chef; mais, aussi versatile dans l'action qu'il avait été téméraire dans le complot, il déconcerta lui-même, peu de jours après, toute résistance aux forces autrichiennes en abandonnant de nuit la capitale à la tête des gardes du corps, et en allant se ranger lui-même, avec la moitié de l'armée, sous les ordres du général autrichien. Enfant inconsidéré, dans le palais comme dans la révolte, nuisible aux deux partis par son inconséquence, instrument d'une conjuration contre le trône, puis du trône contre la conjuration, livrant ses amis après avoir livré sa dynastie, et laissant l'opinion incapable de prononcer s'il avait été plus puéril que conspirateur, et plus complice de la couronne que complice de la révolution. Sa défection enleva l'espoir, mais non le courage à ses amis; Santa Rosa, Collegno, Saint-Marsan, et d'autres jeunes chefs de la noblesse militaire et patriotique de Turin, tentèrent une attaque à Novare sur les Autrichiens; mais la présence du prince de Carignan dans les rangs de leurs ennemis et la masse des forces de Bubna accouru de Milan, déjouèrent leur héroïsme. Ils ne purent que sceller de leur sang la cause de la constitution et de la patrie. Le roi de Sardaigne rentra dans Turin, les chefs constitutionnels, emprisonnés ou proscrits, expièrent leur témérité dans les forteresses ou dans les exils. Le prince de Carignan, mal pardonné par le roi son oncle, alla promener dans les cours étrangères, et plus tard dans les rangs de nos soldats en Espagne, l'ambiguïté de son rôle, et racheta par d'éclatantes résipiscences le droit de régner.

XXXIII

La neutralité équivoque que le ministère avait gardée jusque-là entre les deux partis de l'Assemblée dans les négociations, l'irritation du parti libéral, accrue par la chute de Turin et de Naples, les apostrophes de la droite gourmandant les ministres, les manœuvres de ce conseil occulte du comte d'Artois, redevenu plus exigeant en proportion des concessions qui lui avaient été faites; enfin la certitude d'avoir, par madame du Cayla, favorite de plus en plus chère au roi, un parti dans le cœur de ce prince, décidèrent M. de Villèle à se retirer du conseil. Il en portait la responsabilité sans en avoir la direction. Ce rôle secondaire et ingrat de négociateur perpétuel entre le parti royaliste et le gouvernement lui semblait, avec raison, disproportionné à son importance politique. Il entraîna dans sa retraite M. de Corbière, satellite difficile, mais fidèle, de sa politique. Le ministère, abandonné ainsi à lui-même, chancela. Le duc de Richelieu, instruit des complots de cour qui recommençaient à s'ourdir contre lui dans la familiarité du frère du roi, lui demanda une audience et lui reprocha avec respect, mais avec amertume, de lui avoir donné *sa foi de gentilhomme* qu'il ne laisserait pas harceler le ministre par ses amis et d'oublier cette parole. Le prince s'excusa sur les difficultés qu'il rencontrait à contenir les royalistes mécontents. Les conspirations civiles et militaires, mal éteintes dans le sang des premiers conjurés du dernier complot, inspiraient à la cour et aux royalistes des deux chambres des inquiétudes qui les rendaient plus exigeants. Ils sentaient le sol miné sous le trône.

Le carbonarisme italien couvait, jusqu'à ce côté-ci des Alpes, des explosions qu'on reprochait aux ministres. Ces complots, avoués depuis comme un titre de gloire par les chefs qui les répudiaient alors comme des calomnies, avaient leur centre à Paris, leurs ramifications dans les provinces militaires. Le 20 mars, Naples, l'Espagne, le Piémont, avaient appris aux conspirateurs que la corruption de la fidélité des armées était le plus prompt et le plus certain désarmement du pouvoir. C'est dans le voisinage des grands rassemblements de troupes et des grandes écoles militaires qu'il importait aux carbonari français de concentrer les associations secrètes et de préparer les insurrections. Des ventes, correspondant avec la grande vente centrale de Paris, furent organisées à Nantes et à Saumur. La grande *vente* de Paris, formée à peu près des mêmes hommes que le comité directeur déjà entrevu dans les conjurations précédentes, comptait parmi ses principaux initiés les Corcelles, les Kœchlin, les de Schonen, les Mérilhou, les Buchez, les Bazard, les Arnold Scheffer.

La Fayette le présidait. Son nom, prononcé à voix basse de vente en vente, dans les régiments, dans les écoles, dans les ateliers, autorisait, accrédidait, illustrait ces complots. Infatigable et intrépide, il livrait sa personne, sa famille, sa vie même, pour servir la révolution et garantir sa mémoire. Il liait des intelligences avec Belfort et avec Saumur, se préparant à reprendre au besoin, à la tête de l'armée, le rôle qu'il avait eu jadis à la tête de la garde nationale : constance que trente années de déceptions et de captivité n'avaient pu lasser.

Le carbonarisme français ainsi que le carbonarisme des Calabres ne s'entendait que dans sa haine commune contre les Bourbons. Les vieux militaires espéraient faire sortir de la révolution un troisième règne de Napoléon rappelé de Sainte-Hélène; les jeunes, Napoléon II arraché à Schœnbrunn; ceux-ci le duc d'Orléans, ceux-là la république, La Fayette la gloire et l'arbitrage décisif entre tous ces partis.

XXXIV

Une rumeur immense interrompit un instant ces trames et suspendit la respiration de la France : Napoléon venait de mourir. Arrêtons-nous un instant nous-même pour raconter cette mort, comme l'Europe s'arrêta pour en écouter alors le récit. La vie politique de Napoléon avait cessé le jour où il était monté sur le vaisseau anglais pour voguer vers Sainte-Hélène; mais la vie morale avait survécu en lui comme pour laisser l'acteur descendre de la scène après le drame, en spectacle à l'histoire et en entretien avec lui-même. La Providence lui avait accordé, pour mettre le comble à toutes ses faveurs, la dernière faveur qu'elle puisse faire à un grand homme, celle d'avoir un intervalle de paix entre sa vie et sa mort, de se recueillir dans la satisfaction et dans le repentir de ses actes, et de jouir dans ce lointain, qui donne leur vraie perspective aux choses humaines, du regard, de l'admiration et de la pitié de la postérité. Ni Alexandre ni César n'obtinrent de leur fortune ce don suprême des dieux. L'un mourut dans la fièvre de la jeunesse et dans le vertige de la prospérité;

l'autre tomba sous vingt-sept coups de poignard, ayant à peine le temps de reconnaître la main des meurtriers, ou la justice des dieux. Napoléon vit à loisir et de loin les deux faces de sa destinée; il entendit se prolonger à satiété l'écho de son nom; il descendit pas à pas, en voyant grandir son ombre derrière lui, la pente occidentale de sa vie. Des hommes légers ont regretté pour lui qu'il ne se fût pas évanoui comme Romulus dans une tempête, à l'apogée de sa gloire et de sa puissance; ils ont appelé malheur et décadence sa captivité et sa relégation loin de la scène qu'il avait remplie de son bruit; nous l'appelons son dernier bonheur. Il eut, comme *Dioclétien* au jardin de Salone, ou comme *Charles-Quint* au monastère de Saint-Just, ces années de crépuscule qui laissent la pensée, troublée par l'action, déposer le limon de la vie avant de s'écouler dans l'éternité, et qui préparent l'âme, par le jugement qu'elle porte sur elle-même, au jugement de l'avenir et au jugement de Dieu. Il eut de plus ces adversités éclatantes et ces expiations amères qui donnent satisfaction à l'envie et qui attendrissent par la pitié l'arrêt de la postérité. Que les insensés plaignent un pareil sort; les hommes religieux de tous les cultes et les hommes qui auront dans l'âme l'instinct de la vraie gloire dans tous les siècles y reconnaîtront une faveur du ciel.

XXXV

Seulement, il faut le déplorer pour sa mémoire et pour la dignité de l'infortune, Napoléon profita peu de cette faveur des races prédestinées. Homme accoutumé trop jeune à une constante et merveilleuse complaisance de la prospérité, il supporta la disgrâce avec plus d'apparat que de véritable grandeur d'âme. Il disputa avec l'adversité, comme si elle eût été une offense des hommes, au lieu de la reconnaître et de s'y résigner comme à une souveraineté clémente de Dieu. Il n'eut ni le détachement volontaire et philosophique de Dioclétien, ni l'abnégation solitaire et pieuse de Charles-Quint. Vaincu, jamais soumis, contestant au sort ses dernières bribes, rarement homme, toujours empereur, même après que l'empire lui avait échappé, il oublia trop que ce qu'il y a de plus grand dans le grand homme, ce n'est pas l'empire, c'est la nature. Il pouvait donner ainsi à penser aux philosophes que, s'il n'eût pas été le maître du monde par les circonstances et par le génie, il aurait pu être une âme ordinaire dans les conditions privées de l'existence. Il ne sépara pas assez sa fortune de lui-même. Il se confondit perpétuellement avec son rôle.

Ce monologue de six ans qu'il adressa au monde du haut de son rocher, et dont ses courtisans enregistrèrent les moindres paroles pour les transmettre à ses séides comme un évangile de parti, ne fut qu'une longue note diplomatique sans bonne foi, adressée à ses partisans, et parlant tour à tour la langue de toutes les factions qu'il voulait nourrir de sa mémoire, au lieu d'être l'épanchement désintéressé, sincère et religieux d'une âme qui se lègue avec ses grandeurs, ses faiblesses, ses vérités et ses repentirs au monde. Le livre qui contient ce monologue, le *Mémorial de Sainte-Hélène*, n'est que le protocole d'une politique tombée qui veut se justifier par les sophismes, et le martyrologe d'une ambition qui s'acharne encore à des étiquettes et à des titres quand elle ne peut plus retenir l'univers. Ce livre, qui passionna un moment l'Europe, soit qu'il ait été dicté par Napoléon, soit qu'il ait été inspiré par un désir inhabile de populariser sa cause après lui, fut un malheur pour le grand homme, qu'il diminue en voulant l'exagérer. La sincérité eût été plus sublime, le silence même eût été plus grand. Quand on veut léguer une grandeur colossale à l'admiration de la postérité, il ne suffit pas d'être un colosse, il faut encore que la main qui le transmet au monde ait le compas assez large pour le mesurer. Aucun des serviteurs fidèles qui illustrèrent leur nom par leur exil avec le maître déchu n'avait cette mesure : un Quinte-Curce a manqué à cet Alexandre. Napoléon seul pouvait écrire Napoléon. Il l'a tenté dans quelques pages ; elles sont d'airain et de granit comme ses monuments : héros de style comme il l'était d'action. Celles des Las Cases sont d'un chambellan, serviles comme la domesticité, aveugles comme le dévouement, honorables seulement par son cœur, parce que c'est en lui le dévouement désintéressé au malheur et l'aveuglement pieux de l'enthousiasme.

XXXVI

Napoléon, pendant la longue navigation du *Northumberland* qui le transportait à l'île de Sainte-Hélène, avait conquis par l'ascendant de son nom, par le contraste entre sa puissance d'hier et sa captivité d'aujourd'hui, comme par la liberté calme de son attitude, l'admiration de l'équipage anglais. Les soldats aiment le soldat jusque dans leurs ennemis. Les geôliers eux-mêmes sont accessibles au rayonnement de renommée et de grandeur qui transpire du captif. Un grand nom est une majesté universelle. Le vaincu régnait sur les vainqueurs. Il passa ses heures sur l'Océan dans un repos qui semblait le délasser de lui-même, et qui ressemblait à l'indifférence plus qu'à l'abattement. Les longs sommeils, les lectures sans but, les repas avec l'amiral et son état-major, les jeux de réflexion et de calcul, les promenades sur le pont, les entretiens avec les officiers et les matelots, les spectacles de la mer et du ciel, les préméditations sur le site et sur les occupations de son exil, quelques retours rapides sur les dernières vicissitudes de l'Europe, qui semblaient déjà à une distance toute philosophique de lui, par la distance des vagues qui l'en séparaient chaque jour davantage, remplirent ces deux mois de sa traversée. Il ne sentait pas encore le vide que laissait en lui la perte du monde. Il faut du temps pour que ce vide se creuse dans l'âme, et qu'il y fasse éprouver son néant. Pendant les premiers jours, elle est encore remplie par l'ombre de ce qu'elle a possédé longtemps. La réalité n'est jamais qu'une impression du lendemain. Napoléon ne parut la sentir qu'en apercevant à l'horizon l'île aride, montagneuse et noire qui surgissait dans un océan désert devant lui. Il y aborda cependant avec l'empressement et la précipitation convulsive d'un homme impatient de connaître la prison qu'on lui prépare, et de conjecturer le sort qu'il pourra se faire dans son ostracisme. A peine le pied sur le rivage, il monta à cheval, galopa sur les routes qui conduisaient aux sommets de l'île, afin de l'embrasser d'un seul regard et d'y choisir la résidence conforme à sa pensée et à ses goûts. L'aspect de ce bloc de rochers volcaniques entrecoupé de vallées creuses, de pentes pastorales, de villas rustiques, où la passion des Anglais pour la nature faisait verdir quelques végétations naissantes, de sommets nus, d'autres tapissés de bruyères et de chênes-liéges, d'une petite ville commerçante et d'un port animé par les relâches des vaisseaux qui vont de l'Inde en Europe; cette île, enfin, perdue dans une mer immense et éblouissante souvent peuplée de voiles, sous un ciel ardent, mais dans un climat tempéré par l'élévation et les nuées des montagnes, ne lui fit pas l'impression sinistre que l'ennui, l'aigreur, la maladie et la plainte de ses compagnons de solitude changèrent plus tard en imprécations contre cette Corse d'un autre Océan. Il avait une telle soif d'air des montagnes, d'isolement dans la nature, d'éloignement des lieux habités par la foule, de solitude et de liberté d'esprit, qu'il refusa de redescendre à la ville même pour une nuit, et qu'il s'établit dans une chaumière de plaisir d'une famille anglaise de l'île, nommée Balcombe, où il fit apporter son lit et ses livres. Une tente abrita ses serviteurs. Il y vécut deux mois dans un loisir qui paraissait rafraîchir son âme, partageant ses heures entre la lecture, le travail, des courses à cheval et à pied dans les différents sites de l'île, et des entretiens enjoués avec la famille de ses hôtes. Pendant ce campement dans cette chaumière et sous ces tentes, le gouvernement lui faisait construire une maison plus vaste et définitive à *Longwood*, ancienne ferme sur un site culminant, mais nu, qu'il avait choisi lui-même. Il ne tarda pas à s'y établir avec la nombreuse suite de généraux, d'amis et de serviteurs, de femmes et d'enfants d'exil dont il était entouré. Le maréchal du palais, Bertrand, sa femme et leur fils, M. et madame de Montholon, le général Gourgaud, le médecin O'Meara, son premier valet de chambre Marchand, son maître d'hôtel Cypriani, son chef d'office Pierron, ses valets de chambre ordinaires, Saint-Denys, Noverras, son huissier d'honneur Santini, son argentier Rousseau, ses écuyers, ses piqueurs, ses cuisiniers, ses valets de pied et les domestiques de ses compagnons formaient sa maison. Une somme de trois cent mille francs par an, accrue souvent par des allocations supplémentaires, était consacrée par le gouvernement anglais aux frais de table de cette petite cour de l'exil. Une bibliothèque, des chevaux de selle, des jardins, un bois, des travaux champêtres, des communications libres et constantes de toutes les heures entre les exilés, des correspondances limitées avec l'Europe, des réceptions, des audiences données aux voyageurs curieux qui relâchaient au port et qui demandaient la faveur d'être admis : telles étaient les distractions quotidiennes de Longwood. Des postes de soldats commandés par un officier supérieur surveillaient l'enceinte des bâtiments et des jardins. Un camp était établi à une certaine distance et hors de vue de la maison pour ne pas offusquer les regards. Napoléon et les généraux pouvaient sortir à pied ou à cheval, depuis le lever du soleil jusqu'à la nuit, et parcourir les sommets de l'île et même l'île entière, accompagnés de loin par un officier anglais chargé seulement de prévenir toute tentative d'évasion. Telle était dans le commencement la captivité respectueuse que les plaintes de Napoléon et de ses compagnons de solitude appelèrent le cachot et le martyre de Sainte-Hélène. Il parut la trouver tolérable dans les premiers temps. Elle était adoucie par les égards de l'amiral gouverneur de l'île, par l'admiration des visiteurs. Les journées se commençaient en entretiens entre l'empereur et ses familiers, en lectures des feuilles publiques arrivées d'Europe, en dictées de Napoléon à Bertrand et à Montholon sur ses campagnes, notes épiques du poëme de sa vie, comparables à celles de César par l'ampleur du récit, à Tacite par la sûreté et la profondeur du sens politique. L'historien, dans ces notes, est égal au poëte, le poëte au politique, le politique au général. L'historien, le poëte, le politique, le général, n'y sont qu'un seul homme, et cet homme est Napoléon! Les heures oisives du reste du jour se dépensaient en stations sous une tente élevée dans les jardins, en courses à cheval dans le bois de chênes-liéges, en causeries familières autour de la lampe du soir, en retours sur le passé et sur la patrie, en conjectures et en espérances d'un autre avenir.

XXXVII

L'âme active se lasse du repos plus que de la fatigue. La monotonie de cette existence sans autres événements que sa pensée lassa vite Napoléon. Les divisions, les rivalités, les mécontentements, les murmures de quelques-uns de ses serviteurs l'attristèrent et l'aigrirent lui-même. Il souffrit de voir souffrir impatiemment pour lui et autour de lui. Il y eut des commérages à Longwood comme il y en avait dans le palais des Tuileries. Le rapprochement trop continu produisit les antipathies et les griefs. Les âmes blessées sont plus sensibles : la sensibilité surexcitée rend injuste. L'humeur de Napoléon, viciée par ce malaise intérieur, s'anima contre sa captivité, qui lui rendait ses amis mêmes importuns. Il convertit en poisons les tolérances et les libertés de sa résidence. Il s'obstina, avec une affectation que ses flatteurs trouvent héroïque, que l'histoire jugera puérile, parce qu'elle est un contre-sens à sa fortune, à exiger les titres d'*Empereur* et de *Majesté*, que l'Angleterre, qui n'avait jamais reconnu l'empire, ne lui devait pas officiellement. Il en appela à la terre et au ciel de cette offense de l'étiquette. Il dicta des notes sur cette vétille, comme il en aurait dicté sur la conquête ou sur la perte de l'Europe. Fils de ses œuvres, il préféra à ses œuvres ses dignités. L'insulaire sorti de la Corse pour distribuer des trônes à sa famille oublia que l'homme était plus grand en lui que le fondateur de dynasties déjà écroulées, et que la seule majesté dont on ne pouvait pas le découronner était son nom. Après avoir débattu, sans pouvoir l'épuiser, ce texte d'altercations pendant des années avec les pouvoirs de l'île, il refusa les distractions et les respects que les visiteurs des deux mondes lui apportaient dans sa solitude, s'ils ne se conformaient pas à ce protocole. Bientôt il se refusa à lui-même les courses à cheval dans les sites de l'île, pour ne pas subir, disait-il, par la présence même éloignée des officiers du gouverneur, l'apparence et l'humiliation de la captivité, comme si l'île sous ses pieds, l'Océan sous ses yeux et le ciel même au-dessus de sa tête n'étaient pas des murailles et des témoins de sa relégation ! Il rétrécit ainsi de ses propres mains l'enceinte de sa résidence, et changea peu à peu sa demeure champêtre en prison. Sa santé, qui avait besoin du mouvement et du cheval, comme son âme de perspective, s'altéra de l'altération de son humeur. Il poursuivit lentement et obstinément le suicide de sa captivité. L'arrivée à Sainte-Hélène d'un nouveau gouverneur, sir Hudson Lowe, riva plus étroitement ses chaînes volontaires. Ce gouverneur, que les séides de Napoléon et Napoléon lui-même poursuivaient d'inculpations gratuites et passionnées telles que les hallucinations de la captivité peuvent en inspirer, traité par eux de sbire et d'assassin, n'avait ni crime dans la pensée contre son captif, ni offense dans le cœur contre l'infortune. Seulement, écrasé sous la responsabilité qui pesait sur lui dans le cas où il laisserait s'évader l'agitateur que l'Europe lui avait donné en garde, étroit d'idées, jaloux de police, ombrageux de formes, maladroit de moyens, odieux par ses fonctions à ses hôtes, il fatigua Napoléon de restrictions, de surveillances, de consignes, de visites, de déférences même. Il donna trop, au devoir du gouverneur de l'île et du gardien d'un otage européen, l'apparence et la rudesse d'un geôlier. Toutefois, on put lui reprocher des inconvenances, non des sévices. Il fut l'occasion plus que la cause de la triste fin de Napoléon. En lisant attentivement les correspondances et les notes échangées à tout prétexte entre les familiers de Napoléon et Hudson Lowe, on est confondu des outrages, des provocations, des invectives dont le captif et ses amis insultent à tout propos le gouverneur. Napoléon, dans ce moment, cherchait à émouvoir par des cris de douleur la pitié du parlement anglais, et à fournir un grief aux orateurs de l'opposition contre le ministère, afin d'obtenir son rapprochement de l'Europe. Le désir de provoquer des outrages par des outrages, et de présenter ensuite ces outrages comme des crimes à l'indignation du continent et de faire de sir Hudson Lowe le Pilate de ce Calvaire napoléonien transpire dans toutes ces notes. Il est évident que le gouverneur, souvent irrité, quelquefois inquisiteur, toujours inhabile, se sentait lui-même victime de sa responsabilité. L'Angleterre, qui avait revendiqué le rôle odieux d'enchaîner ce Prométhée de l'Europe, subissait la réprobation de ses cris et de ses malédictions.

XXXVIII

La meilleure partie du temps de cette captivité se consumait dans ces interminables querelles entre le captif et son gardien, le reste en conversations entrecoupées avec ses compagnons d'exil, conversations évidemment destinées à retentir en dehors de l'intimité et au delà de l'Océan pour pallier sa mémoire, raviver sa popularité posthume, flétrir ses ennemis et fanatiser ses partisans. Ces commentaires verbeux et incohérents de sa vie, rédigés par des mains partiales, n'ont ni l'abandon ni la sincérité des épanchements d'une âme désintéressée de l'empire et de la postérité. Ce sont des confidences de parade où l'on sent l'intention dissimulée sous la franchise. Elles ne jettent aucun jour vrai sur une pensée qui se transforme et se diversifie sous tant d'aspects contradictoires, qu'il est impossible de discerner la vérité sous le sophisme, et la nature sous l'affectation. En religion, philosophe pour les philosophes, athée pour les athées, déiste pour les déistes, chrétien pour les chrétiens, superstitieux pour les superstitieux, indifférent pour les indifférents; en politique, républicain pour les républicains, démocrate pour les démocrates, royaliste pour les royalistes, constitutionnel pour les libéraux, despote pour les despotes, prophétisant tour à tour le triomphe des rois, le triomphe des peuples, la domination européenne de l'Angleterre, le joug universel de la Russie, la démocratie irrésistible de la France, l'explosion des idées, le règne du canon, et s'offrant à tous les systèmes comme le seul pondérateur du monde, capable de tout pouvoir, de tout accomplir, de tout préserver, Napoléon, dans ces entretiens, profère comme l'oracle des énigmes ou des axiomes à triple sens, au passé, au présent, à l'avenir, afin que la destinée ne puisse en démentir un sans justifier l'autre. Tribun du monde dont ce rocher est le trépied et qui cherche, non à éclairer, mais à agiter de là l'Europe, il jette à tous les vents un écho dont le retentissement est Napoléon. Toujours acteur après le drame, il représente encore un rôle quand le rideau du monde est tiré sur lui, oubliant que le seul rôle éternel dans l'homme c'est l'homme, et que la seule grandeur immuable c'est la vérité. Aussi ces conversations de Sainte-Hélène fanatisent sans toucher. Elles ne sont d'aucun témoignage pour l'histoire, de peu d'intérêt pour l'esprit humain, d'aucune émotion pour le cœur. Excepté pour ses idolâtres, cet homme qui a parlé six ans sur le bord de sa tombe a parlé en vain!

XXXIX

Ses amis et ses serviteurs lassés, non du devoir, mais de la patience, de l'isolement de leurs familles, du climat, de la maladie, de l'inquisition, le quittaient ou aspiraient à le quitter sous prétexte de lui être arrachés par la persécution du gouverneur ou de lui rendre des services plus utiles en Europe. La langueur l'envahissait avec le désespoir. Il ressentait les atteintes croissantes du mal qui avait abrégé les jours de son père. « J'ai parfois envie de vous quitter, disait-il à ses derniers compagnons, Montholon et Bertrand. Cela n'est pas difficile. Je vous échapperais d'autant plus facilement par le suicide que mes principes religieux ne me gênent nullement. Je suis de ceux qui croient que les peines de l'autre monde n'ont été imaginées que comme un supplément aux attraits insuffisants qu'on nous y présente. Qu'est-ce après tout que de revenir un peu plus tôt à Dieu?» Il souffrait des douleurs, des langueurs, des insomnies, des défaillances de force qui lui rendaient la lumière du jour aussi odieuse que les ténèbres. Son esprit seul ne faiblit jamais. Il assistait, et il assistait ferme et impassible, à sa lente destruction. Sa pensée veillait toujours sur lui-même, et il se drapa même pour mourir. « Je végète, je ne vis plus, » disait-il à ses serviteurs. Cependant la nature prévalut au dernier moment sur la froideur de sa fin, dans les nombreux testaments et codicilles qu'il dicta pour léguer des souvenirs aux hommes et aux femmes qui avaient laissé des traces d'affection, de services ou de reconnaissance dans sa vie. Sa mère, qui vivait encore à Rome, ses frères, ses sœurs, les compagnons, les serviteurs de son exil, ses généraux, leurs fils, leurs filles, ceux qu'il avait eus pour protecteurs dans son enfance, pour amis dans ses études, pour premiers frères d'armes dans les camps, pour favoris dans sa puissance, reçurent de sa main des sommes d'argent sur les millions qu'il avait laissés en sortant de Paris dans les coffres de M. Laffite son banquier, des statues, des tableaux, des armes, des meubles, des manuscrits, des vases, de petits meubles domestiques consacrés par l'usage qu'il en avait fait, distribution de son cœur où les plus lointaines réminiscences étaient recherchées avec attendrissement au fond de sa mémoire. Sa femme même, qui l'avait délaissé, n'y fut ni accusée par lui ni maudite. Il se souvint qu'elle était la fille des Césars et que la protection de l'Autriche se retirerait d'un fils dont il aurait offensé la mère. Ce fils, prisonnier comme lui, dans le palais de Vienne, était le seul grand sentiment par lequel il se survécût sur la terre, son orgueil, son amour, sa dynastie, son nom, sa postérité. Il n'eut de larmes qu'à cette image.

XL

Soit abandon du mourant à ces habitudes de l'âme, qui se ravivent au terme de la vie, et qui la livrent aux pratiques de son premier culte, soit prévision politique du fondateur de dynastie affectant de mourir en communion officielle avec le culte national dont il s'était fait le restaurateur, Napoléon, qui n'avait jamais parlé de la religion que comme d'une institution politique, instrument indifférent de tous les gouvernements, voulut mourir en chrétien, et attesta une foi authentique et pour ainsi dire impériale par le cérémonial de sa mort. L'image du Christ mourant, collée sur sa bouche, ferma les lèvres de ce martyr de l'ambition. Il ne témoigna, au moment de la séparation de l'âme et du corps, aucune défaillance indigne de lui. Il attendit la mort en représentation, et composa son attitude, jusqu'au dernier souffle, devant sa renommée. Il demanda à être enseveli avec ses armes, et dans son costume de soldat, sous deux saules, auprès d'une source dont l'ombre et la fraîcheur lui avaient été douces dans ses derniers temps. Il expira enfin sans agonie et en silence, pendant une convulsion des éléments, la nuit du 5 mai 1821. Il balbutia pour dernières paroles les mots d'*armée* et de *France*, sans qu'on pût comprendre si c'était songe, délire ou adieu !

On craignit que son cercueil n'ébranlât le continent européen en y abordant. On l'ensevelit avec les honneurs militaires sous le saule qu'il avait indiqué lui-même. Au bruit de cette mort, l'immense terreur qui avait assiégé l'Europe tant qu'il avait vécu se changea en une immense pitié. En cessant de le craindre on cessa de le haïr. La justice commença pour lui dans les esprits impartiaux. On ne lui contesta ni le génie ni la gloire ; on déplora seulement que tant de génie et tant de gloire n'eussent été consacrés qu'à la grandeur personnelle d'un homme, au lieu d'être dévoués à l'amélioration du monde. C'est par là qu'il manqua à sa destinée, à Dieu, à l'humanité, à la France et à lui-même. Le beau en lui ne se confond pas avec le bien. Le plus grand des hommes modernes, il en fut aussi le plus stérile en résultats pour le genre humain. Il dépensa quatorze ans la France et l'Europe sans leur faire acquérir ni une idée, ni une liberté, ni une vertu. Il remua le monde sans le déplacer. Toutefois la France, qui lui doit un jugement sévère, lui doit aussi une impartiale reconnaissance. Il l'illustra, il la fit retentir de tout le bruit de son propre nom, pendant tout le commencement d'un siècle, dans l'univers. C'est un service que d'agrandir le nom de son pays; car le nom d'un peuple c'est son prestige dans le temps, et dans l'histoire c'est l'immortalité.

LIVRE TRENTE-NEUVIÈME

Nouvelle de la mort de Napoléon. — Son effet sur l'opinion. — Recrudescence du bonapartisme. — Son alliance avec les meneurs du libéralisme. — Immoralité de cette coalition. — Retraite du second ministère Richelieu. — Nouveaux ministres. — Leurs portraits. — Leur histoire. — MM. de Villèle, de Corbière, de Montmorency, de Peyronnet, de Clermont-Tonnerre. — Le ministère battu en brèche par la coalition. — Activité de cette dernière. — Conspirations. — La Fayette âme de la résistance et des conjurations contre les Bourbons. — Explosions avortées. — Affaire de Belfort. — Tentative du colonel Caron. — Affaire des sergents de la Rochelle. — Entreprise de Berton. — Son arrestation. — Son supplice. — Résultat général des conspirations de 1823.

I

La mort de Napoléon, en délivrant la maison de Bourbon d'une concurrence toujours redoutable au trône par un compétiteur si populaire dans l'armée, n'éteignit pas le bonapartisme, elle le raviva sous une autre forme. Le fanatisme se nourrit des récits du martyre. Le parti libéral ou républicain qui redoutait Napoléon vivant, affecta de le diviniser après sa mort. Son nom devint le contraste que les ennemis de la restauration opposèrent aux noms encore sans gloire des princes qui occupaient ou qui entouraient le trône. Ils firent de l'un le synonyme de la jeunesse, de la grandeur, de la gloire de la nation ; des autres le symbole de la vétusté, de la décadence et de l'asservissement du pays à l'étranger. Injustice odieuse ; car les désastres des deux invasions, l'occupation de Paris, le rétrécissement des frontières de la France, avaient été la liquidation des guerres de Napoléon, et la maison de Bourbon n'avait apparu après nos revers que pour partager et réparer ces malheurs, en sauvant peut-être la patrie commune d'un démembrement.

La mémoire de Napoléon, emprisonnée avec lui dans son île, se répandit plus libre, plus prestigieuse et plus intarissable, de son tombeau. Les soldats et le peuple semblèrent vouloir venger le grand captif de l'ostracisme européen, en lui restituant un empire et en lui élevant des autels dans leurs foyers et dans leurs cœurs. Son nom devint en peu de temps une sorte de divinité soldatesque et populaire à laquelle il ne manqua qu'un culte public. A l'inverse des choses réelles et matérielles qui diminuent à l'œil à mesure qu'on s'en éloigne, la distance et la mort le grandirent comme elles grandissent toutes les choses de l'imagination. Sa naissance, son enfance, son élévation rapide et mystérieuse, ses exploits en Italie et en Égypte, le vaisseau qui l'avait rapporté aux côtes de France en fugitif pour en faire le maître du monde, ses armées innombrables comme des migrations de peuples, ses champs de bataille vastes comme des provinces, ses triomphes, ses revers, ses abdications, sa prison titanique au sein des mers reculées, ses paroles jetées du haut de son rocher à tous les partis, pour donner une pâture, une adulation, un regret à toutes les pensées; enfin, sa mort répercutée et commentée en reproches et en imprécations contre l'Angleterre et contre les Bourbons, firent de Napoléon l'entretien de l'univers, la merveille des chaumières, l'épopée des casernes, le levier de cette même révolution dont il avait été le fléau.

Le bonapartisme posthume emporta tout : il se confondit avec l'orgueil de la gloire et avec la pitié des désastres de la patrie : il nourrit dans le peuple une de ces popularités fatales à la liberté contre laquelle la raison du petit nombre protestera toujours, mais que le préjugé, génie de la multitude, rendra d'autant plus impérissable qu'il aura désormais le prestige de la distance et l'inviolabilité du tombeau.

II

L'opposition aux Bourbons puisa donc une nouvelle force dans la disparition du héros leur antagoniste. Sa tombe encore leur enfanta des ennemis. Du jour où le libéralisme ne craignit plus son retour sur la scène, il en fit son idole, et il feignit de le plaindre, de le regretter et de l'adorer. Il lui fallait un nom à jeter à l'armée pour grouper les mécontentements, les haines et les ambitions autour d'une ombre. Il prit celui-là. Ce fut l'époque de cette alliance hypocrite entre les hommes de la révolution et les hommes de l'empire, qui coalisa à la fois contre les Bourbons les passions contradictoires de la liberté et de l'absolutisme, pour en former, momentanément du moins, une seule faction. C'est cette faction dont les meneurs, semblables aux augures de Rome, ne pouvaient se regarder sans rire, et qui ourdit sans trêve et sans autre sincérité que la sincérité de la haine ce qu'on a appelé plus tard la comédie de quinze ans. Funeste exemple et leçon immorale donnée au peuple par ces faux libéraux et ces faux despotes qui, en enlevant toute vérité aux doctrines, dépravaient l'opposition, et rendaient après eux également impossibles la république et la monarchie. Une opposition peut vivre d'un sophisme, un gouvernement ne peut vivre que d'une vérité. La république était la vérité du parti révolutionnaire, le despotisme était la vérité du parti militaire : mais ces deux vérités en s'alliant devenaient mensonge, se condamnaient à une éternelle hypocrisie pendant la lutte, à une irrémédiable stérilité après le triomphe, et n'étaient plus propres qu'à nourrir d'orageuses et redoutables faction dans l'État. Legs terrible que la mémoire de Napoléon laissait après lui au monde, le fanatisme du pouvoir absolu allié au fanatisme du radicalisme populaire, pour saper ensemble toute institution de république représentative ou de monarchie modérée.

III

Le second ministère de M. de Richelieu touchait à sa fin. Attaqués dans les deux chambres par les violences du parti ultraroyaliste, dépopularisés au dehors par cette ligue des bonapartistes et des libéraux maîtres de la presse et des tribunes, affaiblis dans l'esprit du comte d'Artois par le départ de MM. de Villèle et de Corbière, qui se lassaient d'assumer la responsabilité du ministère sans y exercer un pouvoir réel, ébranlés dans le cœur du roi lui-même par l'ascendant de madame du Cayla qui préparait les voies à un ministère d'Église et de cour secrètement désiré par le comte d'Artois, dont elle servait les desseins, les ministres remirent leurs démissions à Louis XVIII. Ce prince reçut des mains de son frère le nouveau ministère que les sourdes combinaisons entre le parti de l'Église, le parti de la majorité royaliste, le parti de l'aristocratie de cour négociée par madame du Cayla et le parti du comte d'Artois lui avaient préparé.

Le roi, plus pénétrant qu'aucun homme de son temps, se rendait parfaitement compte des ambitions, des influences et des intrigues qui lui présentaient ce ministère. A l'exception de M. de Villèle, dont il avait jugé par lui-même la capacité et la modération, et qui était à ses yeux le ministère tout entier, il s'inquiétait peu de la valeur personnelle ou de l'opinion des autres ministres. Il accordait volontiers à chacune des pensées ou des ambitions de chambre, d'église ou de palais, l'homme qui personnifiait dans son conseil cette portion d'influence pour former ainsi un faisceau de majorité. Un ministère, aux yeux de Louis XVIII, comme dans la réalité des choses, n'était jamais qu'un homme. L'homme, pour lui, était M. de Villèle. Ce ministre, qu'on peut appeler *le bon sens du royalisme*, et qui aurait sauvé la restauration si la restauration avait consenti à être sauvée, a occupé une trop large place et laissé un trop grand vide dans les destinées de cette monarchie, pour que l'histoire se contente de le nommer sans l'étudier et sans le définir, au moment où il prend sérieusement la direction de la monarchie. L'homme public est en germe dans l'homme privé, le passé d'un homme d'État raconte d'avance son avenir.

IV

M. de Villèle n'avait rien dans l'extérieur qui attirât sur sa personne la faveur ou même l'attention de la multitude. La nature n'avait doué que son intelligence. Petit de taille, étroit de forme, maigre de corps, courbé et vacillant d'attitude, inaperçu au premier aspect dans les foules, s'insinuant plutôt que se posant aux tribunes, c'était une de ces figures qu'on ne regarde pas avant de savoir qu'elles ont un nom. Son visage, où dominait comme trait principal une grande puissance d'attention, n'était remarquable que par la perspicacité. Ses yeux pénétrants, ses traits aigus, son nez mince, sa bouche fine sans astuce, sa tête penchée en avant comme une tête d'étude, ses bras grêles, ses mains qui feuilletaient sans cesse le papier, ses gestes rares, où le mouvement indicateur du doigt qui démontre prévalait presque toujours sur l'ampleur du mouvement qui entraîne, tout, jusqu'au timbre nasal et guttural de la voix, semblait contrarier en lui la puissance oratoire nécessaire à un premier ministre d'un gouvernement de parole. Mais l'intelligence se révélait en lui sans autre organe qu'elle-même. Sa pensée créait sa physionomie, son élocution suppléait sa voix, sa conviction illuminait son geste, sa lucidité intérieure s'insinuait entre toutes les parties de son discours, et contraignait ses auditeurs à suivre malgré eux un esprit qui voyait si juste, qui marchait si droit, et qui, sans éblouir jamais, éclairait toujours. On s'étonnait de tant de lueur dans une nature en apparence si terne; on commençait par l'indifférence et par l'inattention, on passait à l'estime, on arrivait à l'admiration. Tel était M. de Villèle, homme de seconde impression, mais homme d'une impression qui ne s'effaçait plus et qui s'approfondissait toujours.

V

Sa naissance, ses études, ses vicissitudes d'existence, sa longue absence de sa patrie pendant les bouleversements révolutionnaires, son retour après le calme rétabli, sa vie tout à la fois studieuse et rurale dans sa province, sa neutralité, suite d'un long éloignement des affaires et des passions de son temps et de son parti, l'avaient merveilleusement prédisposé pour la direction du régime représentatif d'une restauration où l'homme d'État doit tout comprendre, sans trop aimer et sans trop haïr, afin de faire à chaque intérêt et à chaque idée la part de justice, de tolérance et de faveur qui leur est due dans le gouvernement.

Il était né à Toulouse d'une famille originairement espagnole, établie dans le Languedoc depuis plusieurs siècles. Destiné au service de la marine, et attaché à M. de Saint-Félix, commandant l'escadre des Indes en 1792, il naviguait dans ces mers éloignées pendant les convulsions de la mère patrie. Les équipages s'étant

révoltés contre leurs officiers qui refusaient de violer
leur serment au roi captif, l'amiral se réfugia dans l'île
Bourbon. Le jeune officier y suivit son chef, se dévoua
à son sort, préserva ses jours, fut mis en jugement
devant le tribunal révolutionnaire de l'île, se défendit
lui-même avec une éloquence qui le fit remarquer, acquitter et honorer d'une estime précoce dans la colonie,
épousa la fille d'une famille créole, fomenta à la fois la
résistance au gouvernement de la Convention et à l'Angleterre, conserva l'indépendance et l'ordre dans la colonie,
devint l'âme du conseil colonial, et s'y forma à la discussion et au maniement des hommes. Il repassa en Europe
en 1807, après ce long apprentissage du gouvernement, se
retira dans sa terre de Marville, auprès de Toulouse, s'y
livra à l'agriculture, se révéla comme un homme utile aux
populations du Midi, se signala par ses aptitudes dans les
conseils délibérants de la ville et du département. Il suivit
ou devança en 1814 l'élan de l'opinion royaliste du Midi,
protesta témérairement contre la charte dans un pamphlet
qui flattait les opinions ardentes de l'ancien régime, acte
dont il ne tarda pas à déplorer l'inopportunité, mais qui
l'accrédita alors dans le parti royaliste, et qui lui valut la
confiance du comte d'Artois; fut nommé député à la
chambre de 1815, et ne tarda pas à y prendre l'ascendant
lent, mais continu, que les partis politiques décernent
involontairement aux hommes qui, en inspirant confiance
à leurs passions, les délivrent cependant de l'étude de leurs
affaires. Il s'y maintint dans un équilibre habile et sage
entre les exagérés de la chambre et les insensés de la cour,
y étudia sur un plus grand théâtre les hommes, les choses,
les opinions de son pays qu'il n'avait entrevus jusque-là

qu'à travers les mers ou du fond de sa province, grandit en modération et en libéralisme, à mesure qu'il grandissait en influence, et se popularisa d'autant plus dans son parti, que sa nature modeste et sans éclat excitait moins l'envie. Homme heureux, dont la nature voilait ainsi le mérite réel sous l'apparente médiocrité d'un talent qui n'offusquait aucune rivalité. Ministre sans portefeuille pendant quelques mois sous M. de Richelieu, il avait fait le noviciat du gouvernement. En se retirant de cette situation semi-ministérielle, acceptée par dévouement au roi et à son parti, mais qui avait assez duré, il voyait le gouvernement tomber nécessairement dans ses mains. M. de Villèle, modeste toujours, même dans le triomphe, ne revendiqua pas le titre de président du conseil des ministres. La nature le lui assurait. Il laissa au temps à le lui donner. Il se borna à désigner au roi ses collègues.

VI

Le plus intime et le plus dévoué à sa politique personnelle était M. de Corbière, membre comme lui de la chambre de 1815. Homme plus parlementaire par le caractère que par le talent, M. de Corbière avait aux yeux de la cour et de la noblesse le mérite de défendre l'ancien régime par conviction plus que par intérêt : il était né plébéien, il ne s'était élevé que par le travail et par le barreau à cette importance politique que les partis accordent volontiers à ceux qui les servent sans les offusquer, sorte de volontaires de l'aristocratie qu'on enrôle aux jours de lutte et qu'on relègue après le triomphe dans leur obscurité natale. Avocat plus qu'orateur, rude, sauvage, épigrammatique, M. de Corbière, contraste de M. de Villèle, était un de ces hommes de mérite qui s'élèvent dans les assemblées par leurs défauts, plus encore que par leurs qualités. Probité antique, mais blessante, qui forçait l'estime sans jamais inspirer l'attrait, M. de Corbière était la sévérité de ce ministère; il était destiné à le faire craindre des libéraux et même des royalistes, redouté des premiers, inflexible aux seconds, onéreux à tous, plus propre à faire des ennemis que des amis à la royauté. On lui donna l'administration de l'intérieur. Son premier titre était son attachement dominateur, mais fidèle, à M. de Villèle.

VII

M. Matthieu de Montmorency reçut le ministère des affaires étrangères. Nul homme n'était plus créé par la fortune et par le rang pour représenter dignement la France et l'ancienne monarchie rajeunie par ses institutions devant l'Europe. Premier nom de la noblesse nationale, ayant reçu de la nature la beauté des traits, de la famille la dignité, de l'éducation la grâce, du sang le courage, des traditions la franchise, des tribuns l'élocution, de la révolution l'intelligence des réformes politiques de son siècle, des cours l'élégance, de l'adversité les leçons, de la religion la sainteté et la tolérance à la fois, M. de Montmorency était à cette époque le gentilhomme accompli, retrempé dans la révolution qui avait donné à cette chevalerie quelque chose de plus mâle et de plus civique; aristocrate et citoyen, dévoué et libre, noble et populaire, respectueux pour le roi, fidèle à la nation, fait pour concilier les deux régimes que la restauration remettait en présence, en faisant estimer le patricien par le plébéien, et respecter la France en lui dans son passé et dans son présent par l'Europe.

Né avec les premières idées qui avaient préludé aux grands actes de la révolution, combattant avec La Fayette en Amérique pour la démocratie naissant sous l'épée de ces jeunes aristocrates, rentré en France pour représenter sa caste aux états généraux, disciple de Sieyès et de Mirabeau, prêtant le cinquième le serment du Jeu de Paume, abdiquant le premier dans la nuit du 4 août les priviléges et les inégalités de la noblesse, votant à l'Assemblée nationale pour une représentation unique, signe de l'unité du peuple français régénéré, demandant pour les apôtres de la révolution, Rousseau et Voltaire, les honneurs de la sépulture publique au Panthéon, aide de camp de Luckner dans les premières guerres de la France contre l'émigration, menacé après le supplice de son général, émigrant comme La Fayette devant les excès de cette démocratie qui dévorait ses adorateurs, rentré dans sa patrie après le rappel des proscrits, rebelle aux séductions de Bonaparte, lié avec madame de Staël et avec madame Récamier par ce culte qu'une âme virile et tendre porte naturellement au génie, à la beauté, à la persécution, il était de cette cour intellectuelle que la fille de M. Necker réunissait dans sa retraite au bord du lac de Genève, et où elle entretenait le feu de la liberté à la frontière du despotisme impérial. Les années, l'exil, le sang répandu de ses amis et de ses proches, les instincts d'une âme naturellement tendre et contemplative avaient fait fléchir les premières opinions philosophiques de M. de Montmorency sous la foi pieuse de sa première éducation, refuge de ses désillusions et de ses tristesses. Mais cette foi ardente chez lui n'avait ni fanatisme, ni intolérance, ni sévérité pour les autres. Elle influait sur ses idées et sur ses actes, nullement sur ses amitiés. Elle était, comme dans M. de Chateaubriand, son ami alors, la poésie de son imagination, le culte de ses souvenirs. En 1814, M. de Montmorency, libre de toute servitude à l'empire, avait volé au-devant du comte d'Artois en Franche-Comté, et avait été nommé son aide de camp. Plus tard il avait été choisi par la duchesse d'Angoulême pour son chevalier d'honneur. Les places d'intimité à la cour et la pairie à laquelle son nom l'avait élevé lui donnaient une double influence dans le parti royaliste. Ce parti lui avait pardonné ses premiers principes en considération d'un retour à la religion et à la monarchie qui avait précédé de longtemps l'heure où ce retour pouvait être un gage de faveur politique. L'Église comptait sur lui avec d'autant plus de sécurité, que sa piété était née pendant ses persécutions. M. de Montmorency était affilié à ce qu'on appelait la congrégation à l'époque où cette société, toute religieuse, n'était encore qu'une réunion de prières et une émulation de vertus. Il en servait la piété, il n'en prévoyait pas les intrigues. Ce parti, qui comptait avec orgueil ce beau nom et ce beau caractère, le poussait, à son insu, de faveur en faveur, pour se faire un appui à la cour et dans le gouvernement. M. de Villèle, qui connaissait la popularité du nom de M. de Montmorency dans le parti royaliste, dans le parti religieux et dans l'intimité du comte d'Artois, et qui n'avait à redouter d'un tel homme ni infidélité de cœur ni supériorité d'esprit, avait placé avec confiance la politique étrangère sous le patronage de ce grand nom.

VIII

Il avait donné le ministère de la justice à un jeune homme de Bordeaux, inconnu jusque-là, M. de Peyronnet. Un royalisme éclatant prouvé avec courage aux jours tragiques où la duchesse d'Angoulême luttait dans le Midi contre l'insurrection des soldats ; des services rendus dans le barreau à madame du Cayla redemandant sa liberté, sa fortune et ses enfants à un mari qui la persécutait ; des fonctions d'accusateur public, implacablement remplies contre les conspirateurs de 1819 devant la chambre des pairs ; des discours de tribune où le zèle de la fidélité méridionale s'exaltait jusqu'à la passion pour le trône et pour l'autel, et cherchait l'éloquence dans l'excès et dans le défi ; une audace de paroles qu'appuyait la résolution du cœur, une belle figure, une vie aventureuse, une attitude qui rappelait plus le héros de guerre civile que le magistrat, les applaudissements de la majorité, la brigue de la duchesse d'Angoulême, la reconnaissance de la favorite, une fortune politique à faire, gage de constance et de déférence aux chefs de son parti, avaient déterminé le choix de M. de Villèle en faveur de ce jeune orateur, capable de bien servir, mais aussi de trop servir, et de perdre peut-être un jour en voulant sauver.

IX

Le ministère de la guerre fut donné à un maréchal de France sorti du rang des simples soldats, Victor, duc de Bellune. Ce choix était heureux et irréprochable. Il représentait dans un seul homme l'égalité plébéienne, la bravoure héroïque, la fidélité militaire donnée en gage, en exemple et en émulation à l'armée.

Un homme d'un grand nom, patricien, M. de Clermont-Tonnerre, reçut le ministère de la marine. Issu d'une race dont le talent s'était illustré pour des opinions à la fois constitutionnelles et monarchiques à la tribune de l'Assemblée constituante, et dont le sang avait coulé en expiation de sa modération, élevé en France dans les écoles militaires de la république, ayant conquis ses grades dans les armées de la patrie, estimé pour ses connaissances, aimé pour son caractère, M. de Clermont-Tonnerre n'avait d'autre inconvénient dans le conseil qu'un dévouement trop affiché aux intérêts politiques de cette partie du clergé qui commençait à s'immiscer à tout dans les avenues du pouvoir.

Enfin M. de Villèle ne s'était réservé que le ministère, jusque-là subalterne, des finances. Il aurait préféré celui des affaires étrangères. Il en fit le sacrifice à M. de Montmorency, dont le nom sonnait plus aristocratiquement que le sien dans les cours. Peu importe le titre à qui a le talent supérieur dans un conseil. La modestie de M. de Villèle lui conquérait le cœur de cette aristocratie française qui voulait bien être inspirée, mais non subalternisée par un homme nouveau.

X

Le véritable premier ministre compléta son administration politique en nommant à la direction de la police générale M. Franchet, homme jusque-là obscurément employé dans les bureaux, mais indiqué par le parti de l'Église comme un serviteur sûr, capable et zélé; M. de Lavau, magistrat actif et dévoué, à la préfecture de police de Paris; enfin le duc de La Rochefoucauld-Doudeauville à la direction générale des postes. On s'étonnait de voir un La Rochefoucauld, chef d'une maison illustre et opulente, dont le fils avait épousé la fille de M. de Montmorency, et qui s'était jusque-là signalé lui-même par une vie prodigue de désintéressement et de bienfaits, accepter un emploi secondaire, dans les utilités du pouvoir. Les liaisons de M. de La Rochefoucauld, son fils, avec la favorite et avec M. de Villèle, son intervention active, quoique voilée, dans la formation du ministère, la direction des beaux-arts qu'il accepta bientôt après pour lui-même, les affiliations de toute cette maison avec un parti ambitieux dans l'Église, firent supposer que madame du Cayla elle-même n'était que la négociatrice de ce parti, et que M. de Villèle, étranger et peut-être suspect à ce gouvernement occulte, avait subi des maîtres dans ses auxiliaires. Il était évident, désormais, qu'il avait accepté la main de la congrégation religieuse pour entrer au pouvoir. Trop sagace et trop politique pour croire que la France se plierait longtemps au joug de ce parti posthume, qui rêvait un pouvoir sacerdotal sur une nation qui pouvait à peine supporter un pouvoir monarchique, M. de Villèle prévoyait avec raison que ses concessions au parti de l'Église n'auraient pas pour lui de danger sérieux; que l'opinion, les chambres, la presse, les tribunes, les élections, le roi lui-même, lui prêteraient une force surabondante; que le parti sacerdotal était un anachronisme de peu de temps dans les destinées de la Restauration; que la domination politique de ces hommes abusés, les uns par le zèle, les autres par l'ambition, serait promptement repoussée par la nation; qu'ils auraient recours à sa sagesse et à sa protection pour les défendre contre l'animadversion publique, et qu'après avoir été quelques jours leur favori et leur client, il redeviendrait pour un long règne leur modérateur et leur maître. Ces prévisions étaient justes, et se seraient réalisées pour un plus grand nombre d'années, si ce ministre négociateur avait mieux senti sa force, s'il avait eu dans ses relations futures avec le parti sacerdotal autant de caractère qu'il avait de prévoyance et de sagacité.

XI

A peine le ministère était-il formé, que les factions libérales et bonapartistes, militaires et révolutionnaires dont nous avons signalé la coalition au commencement de ce livre, factions contenues jusque-là par la présence du duc de Richelieu, ministre transactionnaire et modéré à la tête du gouvernement, sentirent que la nomination d'un ministère franchement royaliste était une déclaration de guerre de la couronne asservie désormais au comte d'Artois, et se précipitèrent de colère et d'effroi dans des tentatives désespérées. Le voile longtemps épaissi par la dissimulation parlementaire des orateurs de 1822 à 1829, qui couvrait des conspirations actives du nom d'opposition loyale et inoffensive, s'est déchiré depuis 1830. Les conciliabules, les plans, les complots, les instigateurs, les acteurs, les séides, les victimes de ces conspirations ont apparu dans toute la franchise de leurs rôles. Les casernes, les sociétés secrètes, les prisons, les échafauds même ont parlé. Sous cette opposition à haute voix et à visage découvert qui luttait contre les ministères en affichant le respect et l'inviolabilité de la royauté des Bourbons, on a vu quelles trames obstinées et implacables s'ourdissaient pour la renverser, les unes au profit de Napoléon II, les autres au profit de la république, celles-ci au profit de prétoriens subalternes, celles-là au profit d'un prince étranger, d'autres au profit d'un prince de la maison royale, d'autres enfin au hasard de toutes les anarchies pouvant soulever ou engloutir de téméraires dictateurs déjà éprouvés, dans des dictatures plus fortes que leur génie. Nous-même nous avons reçu d'acteurs principaux une partie de ces mystérieuses confidences. Nous empruntons le reste à des historiens initiés par eux-mêmes ou par leur parti à ces conspirations où ils furent confidents, instruments ou complices. Nous les empruntons surtout à un historien consciencieux, précis, et, pour ainsi dire, juridique, qui a rédigé procès par procès les annales secrètes de cette conjuration de quinze ans : M. de Vaulabelle, témoignage d'autant moins récusable que ses jugements sur la Restauration sont plus sévères, et que son opinion et ses sentiments conspiraient involontairement en lui avec les opinions et les sentiments des conspirateurs qu'il traduit en gloire et en reconnaissance devant la postérité.

XII

Après les complots avortés dans le sang de Didier, de Nantil et de quelques autres obscurs conspirateurs, les débris de ces conspirations, acquittés ou pardonnés, s'étaient réfugiés en Alsace ou en Vendée, provinces militaires où la garde des places fortes, les villes populeuses, les ateliers peuplés de prolétaires, les garnisons nombreuses, les écoles d'artillerie et de cavalerie de Metz ou de Saumur; enfin, le caractère mobile, ardent et soldatesque des populations, donnaient plus d'occasion et de chances à des mouvements concertés ou spontanés du peuple. L'instinct ou le calcul avait fixé sur ces deux centres militaires de la France les yeux et les pensées des ennemis de la maison de Bourbon. Là étaient aussi concentrées en plus grand nombre ces *ventes* ou affiliations secrètes du carbonarisme français, si antipathiques à nos cœurs ouverts et à notre nature généreuse, mais que les révolutions récentes de Naples, de Turin et de Madrid avaient introduites pour un moment parmi nous comme une arme étrangère à nos caractères et à nos mœurs. Ces ventes s'organisaient principalement dans l'armée, seul instrument désormais des révolutions décisives. Le 20 mars, l'Italie, le Piémont, l'Espagne, venaient de donner aux troupes l'initiative des révolutions, qui appartenait jadis aux peuples. Les carbonari français enrôlaient de préférence les baïonnettes. Les sous-officiers, hommes jeunes, résolus, ambitieux de grades, puissants sur le soldat, jaloux de l'officier, tenant au peuple par la subalternité, à la bourgeoisie par l'instruction, à l'armée par l'uniforme, au bonapartisme par les souvenirs, au libéralisme par les journaux, les pamphlets, les chansons patriotiques qui circulaient dans l'oisiveté des casernes, étaient les agents les plus séductibles et les plus séducteurs de ces enrôlements dans les régiments et dans les garnisons. Ils étaient le noyau de l'armée, l'attente de l'insurrection; un régiment enlevé par les sous-officiers enlèverait l'autre; une place forte ferait tomber à l'instant toute une province. L'exemple impuni gagnerait de proche en proche de nouveaux corps d'armée et de nouvelles provinces à la cause insurrectionnelle ; le drapeau tricolore volerait de lui-même de rempart en rempart, de clocher en clocher ; un gouvernement provisoire insurrectionnel imprimerait le concert et l'unité à ces soulèvements armés. Les Bourbons, cernés avec leur garde dans une capitale désaffectionnée, suffiraient à peine à s'y défendre contre le peuple répondant aux cris des soldats; ils fuiraient, ou ils tomberaient dans les mains de l'universelle révolution. Quelle serait cette révolution? l'avenir le dirait. En attendant que cet avenir s'expliquât, on laissait le caractère de cette révolution dans le vague, dans la crainte de décourager une seule des espérances qui concouraient à la ruine. Les fanatiques espéraient Napoléon II, ombre et illusion populaire de son père; les politiques, le duc d'Orléans, popularité à la fois princière et révolutionnaire qui donnerait au jacobinisme, réhabilité dans son nom le plus éclatant, la force et les bénéfices de la monarchie; les sous-officiers des rôles de Pepe et de Riégo à prendre et à illustrer à la tête de corps d'armée imposant leurs baïonnettes et leurs conditions à des gouvernements militaires; M. de La Fayette et ses amis, enfin, on ne sait quoi d'indéfini et d'illimité dans les désirs, entre la république et la monarchie, présidence, tribunitiat perpétuel du peuple, mairie du palais, arbitrage souverain des partis, dictature civique, protectorat de l'ordre et de la liberté, semblable sans doute à ce rôle convoité, obtenu et écroulé, de 1789 à 1792, par cet homme illustre, tour à tour terreur de la royauté, idole et jouet du peuple.

XIII

Ce quart de siècle écoulé depuis son apparition dans la crise du monde, ses élans vers la liberté, ses popularités exigeantes et insatiables, sa main si souvent forcée, comme au 5 octobre, par les frénésies du peuple, ses rigueurs envers le roi, ses faiblesses envers la révolution, ses tentatives généreuses, mais évanouies dans la suite contre le jacobinisme, au 20 juin et au 10 août 1792, son émigration sur le territoire étranger, sa captivité, son cachot, son martyre à Olmutz, son retour obscur en France, sa retraite de dix ans dans la solitude, son sourire à la restauration des Bourbons, sa joie à leur départ au 20 mars, sa réapparition à la tribune comme un vétéran de la liberté pendant la seconde et courte dictature de Napoléon, le signal de l'insurrection contre le vaincu de Waterloo, donné par lui à l'Assemblée, l'impatience de la chute définitive de l'empereur, l'abdication imposée par lui à Bonaparte à l'Élysée, comme elle l'avait été si souvent à Louis XVI aux Tuileries, son rôle de Cromwell libéral lui échappant encore au moment où il croyait le saisir sur les ruines de Napoléon, son voyage de commissaire auprès des armées étrangères, cherchant dans un prince étranger on ne sait quelle royauté temporaire, aussi facile à congédier qu'elle était absurde à inaugurer sur la France; tout avait trompé, rien n'avait lassé dans M. de La Fayette cette ambition à la fois désintéressée et personnelle, qui s'obstinait au triomphe de la liberté, sans doute, mais qui voulait que cette liberté triomphât par lui. Homme de tendance et de pressentiment, plus que de décision et de politique, il avait su temporiser jusque-là et s'accommoder à tout, en ne demandant aux circonstances que la part de progrès qu'elles pouvaient donner d'elles-mêmes; il avait fomenté plus que conspiré; la légalité avait été son arme et son bouclier contre les pouvoirs; la probité du citoyen avait couvert les pensées du philosophe et les ambitions de l'homme populaire; on avait pu le haïr, mais non l'accuser.

Cette fois, pressé sans doute par les années qui s'accumulaient, et craignant que la mort ne lui ravît, comme à Moïse, la terre promise de la liberté, il avait manqué à son rôle de tribun légal, à son caractère, à son serment civique de député, à ses habitudes d'opposition en plein jour, et il avait consenti, au risque de sa sécurité, de sa vie et de sa conscience, à devenir le moteur, le centre et le chef d'une ténébreuse conspiration. Toutes les sociétés secrètes des ennemis des Bourbons et le carbonarisme, qui les résumait toutes en ce moment, partaient de ses conciliabules et aboutissaient à lui ; son impatience ardente de l'anéantissement des préjugés et des servitudes qui avilissent l'esprit humain, une passion sainte des progrès de l'humanité sur tout le globe, un fanatisme froid, mais réfléchi et constant pour l'amélioration des conditions religieuses, morales, politiques et matérielles de l'homme en société, un courage de sectaire et de martyr, plus encore que de tribun et de héros, une importance personnelle qui comptait pour rien sa vie, mais qui comptait son nom pour tout, et qui lui donnait envers lui-même cette sorte de culte et de superstition que les fanatiques ont pour leur idée, étaient à la fois la vertu, le tort et l'excuse de M. de La Fayette. Il faut ajouter à ces traits que la nature avait donné à ce chef de parti deux qualités qui le rendaient éminemment propre au rôle de conspirateur, une froideur extérieure qui, masquant l'enthousiasme concentré et systématique de son âme, ne se trahissait par aucune agitation devant le danger, et une modération de caractère qui ne correspondait pas assez à la grandeur de ses pensées, mais qui, en écartant de sa personne l'envie, cet ennemi implacable des hommes supérieurs, laissait à tous les chefs de parti, groupés autour de sa popularité volontaire, la satisfaction de servir ses idées, sans avoir l'humiliation de fléchir sous son génie.

XIV

M. de La Fayette, longtemps oublié de la nation, et dont l'histoire ne rappelait le nom aux royalistes ou aux républicains que pour l'accuser devant les uns de la captivité de Louis XVI, devant les autres du sang versé au champ de Mars ou de la désertion de son armée en pays ennemi, renaissait et grandissait dans l'opinion libérale à mesure que la Révolution, dont il était le symbole, paraissait plus menacée ou plus anéantie par la Restauration. Tous les mécontents s'offraient à lui, et il les enrôlait tous. Un petit nombre d'hommes, animés à des degrés divers contre les Bourbons de haines politiques ou personnelles, républicains par souvenirs, libéraux par sentiment, révolutionnaires par fanatisme, bonapartistes par ambition ou par ressentiment, députés, généraux, orateurs militaires, journalistes, pamphlétaires, artistes, les uns vieillis dans les aspirations de la liberté, les autres enflammés de l'ardeur inquiète de la jeunesse, et brûlant d'agir sous un chef dont l'expérience et la renommée donnaient un prestige de civisme à leur témérité, ceux-ci aigris par l'ingratitude dont ils accusaient les Bourbons envers leurs services à la patrie méconnus, ceux-là affectant pour la liberté un zèle récent et hypocrite, mais espérant se servir de la popularité du grand tribun pour reconquérir un empereur, se réunissaient en comité secret chez M. de La Fayette, délibéraient les tendances, les mesures, les mots d'ordre que des messagers discrets portaient aux carbonari des villes et des régiments, concertaient les discours, recevaient les informations, expédiaient les émissaires, préparaient les complicités, et fixaient le jour des explosions.

Les principaux membres de ces comités suprêmes étaient Manuel, flottant un moment, pendant les cent-jours, entre l'empire, l'orléanisme et la république, enclin par sagesse d'esprit à la monarchie libérale, mais rejeté dans la république par les excès de 1815 et par les menaces de la contre-révolution; Dupont (de l'Eure), sans amour et sans haine pour ou contre les dynasties, mais implacable aux théocraties et aux aristocraties renaissantes, sous un trône qu'elles tendaient à usurper sur la nation; d'Argenson, honnête homme fanatisé par un amour réel, mais inintelligent, de la vertu publique; Jacques Kœchlin, représentant jeune et dévoué d'une puissante famille manufacturière d'Alsace; le comte de Thiard, ancien aide de camp pendant l'émigration du jeune et infortuné duc d'Enghien, devenu plus tard chambellan de l'empereur, mécontent de tous les régimes, homme de cour qui s'était fait homme populaire, ayant tour à tour combattu la république comme émigré, servi le despotisme comme courtisan de l'empereur, salué et abandonné la Restauration à son retour, et servant maintenant la conspiration contre les Bourbons, non comme une cause, mais comme une attitude; le général Tarayre, le général Corbineau, officiers des armées impériales; M. de Schonen, magistrat passionné, gendre de M. de Corcelles; M. de Corcelles, ancien émigré, homme fougueux, mais pur, chez qui les impulsions honnêtes du cœur dominaient facilement les emportements d'esprit; son fils, jeune homme plus froid et aussi téméraire que M. de La Fayette, élevé aux dévouements républicains dans les confidences périlleuses de ces conjurations; M. Mérilhou, jeune avocat de haute espérance, précipité par l'impétuosité de l'âge dans les affiliations qu'il devait combattre plus tard; d'autres, enfin, dont les noms restés obscurs n'ont éclaté que parmi les agents de ces longues machinations.

Au premier rang de ces affidés, M. de La Fayette, qui n'épargnait pas même son propre sang, comptait son fils unique, Georges de La Fayette, homme excellent, qui avait tous les principes et toutes les vertus de celui dont il portait le nom, sans autre ambition que celle de servir les opinions et les destinées de sa race, et qui ne s'était jeté dans ces complots que par une vertu : la tendresse filiale et le devoir de suivre et de défendre son père.

XV

Des conjurés inférieurs, affiliés aux ventes des carbonari civils et militaires dans les villes fortes de l'Alsace, avaient tout préparé pour une explosion simultanée dans les régiments de Neubrisach et à Belfort. Ces deux insurrections armées devaient se rencontrer à Colmar, enlever le régiment de cavalerie qui s'y trouvait, se propager dans les Vosges et dans la Lorraine, à Metz, à Nancy, à Épinal, fermer par là les communications avec Paris, bloquer Strasbourg, qui fermenterait à leur approche, proclamer un gouvernement provisoire, triumvirat dont les membres désignés étaient M. de La Fayette, M. d'Argenson et M. Kœchlin, arborer le drapeau tricolore, signe irrésistible de gloire et de liberté, et attendre dans une expectative formidable que l'exemple entraînât les autres corps d'armée et les autres provinces, et, enlevant Paris lui-même, fît crouler le trône des Bourbons. La nuit du 29 au 30 décembre était le moment fixé par les conjurés. M. d'Argenson et M. Kœchlin, propriétaires tous les deux d'immenses usines aux environs de Mulhouse et de Colmar, et membres du gouvernement futur, étaient partis depuis plusieurs jours de Paris sous le prétexte plausible de visiter leurs manufactures. M. de La Fayette devait les rejoindre au dernier moment, et il avait déjà quitté Paris pour se rendre à sa terre de Lagrange, afin de pouvoir plus librement se porter sur Belfort. On l'attendait pour donner le signal des mouvements militaires dans les garnisons.

Cependant une pieuse superstition de famille, étrange dans un pareil moment et dans une telle entreprise, faisait suspendre à M. de La Fayette son départ. Les émissaires de Neubrisach, de Belfort, de M. Kœchlin, de M. d'Argenson, le pressaient en vain. Il répondait qu'un anniversaire religieux consacré tous les ans par lui au deuil et à la mémoire de sa femme, compagne de son cachot d'Olmutz, et victime de sa tendresse pour lui, le retenait invinciblement quelques jours encore à Lagrange. Rien ne put vaincre cette obstination dans son cœur, soit qu'en jouant sa vie pour sa cause il voulût faire éventuellement ses adieux à l'existence sur la tombe de la femme qu'il avait le plus vénérée, soit qu'il regardât comme un mauvais augure pour son entreprise de manquer à un devoir de famille pour remplir un devoir d'opinion. Ce délai produisit quelques hésitations, des contre-ordres, des malentendus entre les conjurés militaires de Neubrisach et de Belfort. M. d'Argenson ne se prononçait pas; M. Kœchlin pressait ses deux collègues, l'un de ses visites, l'autre de ses dépêches. Les amis de La Fayette, Manuel, Dupont (de l'Eure), s'opposaient au départ du chef de la conjuration avant d'avoir reçu un rapport circonstancié et décisif de M. d'Argenson et de M. Kœchlin, plus rapprochés du centre de la trame. M. de La Fayette s'en rapportait à sa présence, au génie de la révolution, à l'électricité de la liberté que le premier choc ferait, selon lui, jaillir de l'armée et du peuple. Quant à sa vie, il la prodiguait sans compter avec la prudence, ambitieux peut-être de la perdre héroïquement pour grandir encore sa mémoire. « J'ai déjà beaucoup vécu, disait-il à son fils et à ses familiers qui lui recommandaient la prudence, il me semble que je couronnerais dignement ma vie en montant sur l'échafaud, combattant, victime et martyr de la liberté. »

XVI

Le jour de son deuil passé dans les souvenirs et dans les cérémonies pieuses, M. de La Fayette monte en voiture à la chute du jour, pour cacher sa route à la police dont il se croyait observé. Un de ses vieux serviteurs, qui devait rester au château de Lagrange et à qui son maître n'avait rien confié du but et de l'objet de son voyage, s'élança sur le siége de sa calèche à l'instant où les chevaux allaient l'emporter : « Mon ami, lui dit M. de La Fayette, que fais-tu? Mon fils et moi nous allons jouer notre tête; je dois t'avertir que la mort attend peut-être ceux qui seront saisis avec nous. — Vous ne m'apprenez rien, répondit d'une voix ferme le domestique, ne vous reprochez rien si je succombe avec vous dans ce voyage; j'y vais pour mon compte, et c'est mon opinion aussi à laquelle je me dévoue. » M. de La Fayette et son fils s'attendrirent, et ne doutèrent plus du succès d'une cause où le fanatisme de la révolution était descendu jusque dans les classes inférieures, et où les hommes les plus étrangers aux systèmes politiques voulaient leur part dans la mort comme ils la prenaient dans l'opinion.

XVII

Pendant que M. de La Fayette, son fils et derrière eux une élite de jeunes conjurés des ventes de Paris s'avançaient sous des prétextes divers et par des routes différentes vers Belfort, où la conjuration prête et impatiente les attendait pour éclater, ces retards mal expliqués du chef de la conjuration avaient semé à Brisach, à Belfort, à Colmar, quelques incertitudes et quelques timidités dans les rangs des carbonari militaires. Un jeune officier, célèbre depuis dans les luttes de plume et d'épée contre la monarchie de 1815 et contre la monarchie de 1830, le jeune Carrel, lieutenant d'un des régiments en garnison en Alsace, et le colonel de l'ancienne garde impériale, Pailhès, accouraient à Belfort, l'un de Neubrisach, l'autre de Paris, pour donner des chefs aux soldats.

On était arrivé de délai en délai au 1ᵉʳ janvier. On savait que La Fayette, parti de Lagrange, arriverait dans le jour ou dans la nuit aux portes de Belfort. La ville était pleine d'une jeunesse affiliée au complot, accourue des provinces voisines et de la capitale pour créer, au moment où le signal serait donné dans la nuit prochaine, un de ces courants irrésistibles de groupes, de mouvement, de bruit, d'acclamations qui entraînent les soldats et le peuple. Les réunions, les tumultes, les banquets de ce jour de fête qui ouvre l'année servaient à masquer aux yeux des autorités civiles et militaires de Belfort les rassemblements inusités d'un si grand nombre d'étrangers dans les places publiques, dans les hôtelleries de la ville et des faubourgs. L'heure du soulèvement était si prochaine, et le succès si certain aux yeux des conjurés, qu'ils dédaignaient déjà à la fin du jour de dissimuler leur dessein, qu'ils revêtaient leur uniforme et les insignes de leurs anciens grades dans l'armée à peine recouverts de leurs manteaux, qu'ils arboraient à leurs chapeaux la cocarde aux trois couleurs, s'armaient de sabres et de pistolets, et portaient dans des explosions prématurées, entendues par les passants à travers les murs des hôtels, des toasts à l'empire, à la république, à la gloire et à la liberté.

La nuit venue, un sous-lieutenant du régiment caserné à Belfort laisse ses complices dans la joie et dans l'ivresse de ces festins qui doivent se prolonger jusqu'à l'heure du sang; il prend, sous un prétexte de complaisance, le tour d'un de ses camarades étranger au complot, et va commander le poste de soldats chargé de veiller à la porte principale de la ville, afin de l'ouvrir à La Fayette et d'y introduire avec lui la révolution.

XVIII

A la même heure, un des sous-officiers les plus hardis et les plus sûrs parmi les initiés du régiment, l'adjudant Tellier, rentre à la caserne, convoque tous les sergents dans sa chambre, et, sans leur révéler à tous le motif de cette réunion connu seulement de quelques-uns, il leur donne ordre au nom du commandant de tenir tous leurs soldats debout dans leurs chambrées, de leur faire préparer les sacs et mettre des pierres aux fusils comme pour une alerte, et de les tenir prêts à descendre dans les cours au premier rappel. Cette injonction prématurée de l'adjudant est comprise par les initiés. Obéie par tous, cependant elle étonne quelques-uns des sous-officiers nouveaux venus dans le régiment. Deux d'entre eux, soit inquiétudes secrètes sur un ordre si étrange et si mystérieux donné par un simple adjudant à une telle heure, soit pour accomplir plus littéralement l'ordre reçu dans tous ses détails, sortent de la caserne après les portes fermées et vont demander des instructions plus précises au capitaine de leur compagnie, qui passait la soirée dans une maison particulière de la ville. Le capitaine se levant de table à l'interpellation de ses sergents s'étonne d'un tel ordre donné à ses soldats à son insu et en son absence; il suppose que l'ordre est émané directement du lieutenant-colonel, et sort pour l'interroger à son tour. Le lieutenant-colonel, non moins surpris d'une telle sommation faite à son régiment sans qu'elle ait passé par sa bouche, l'attribue au commandant de la ville, le colonel Toustain. Il court chez lui avec le capitaine pour s'assurer des motifs de cet appel nocturne à ses soldats : le commandant de la place lui renvoie ses questions et son étonnement. L'idée d'un complot militaire qui flotte dans l'air depuis quelques jours se présente simultanément à leur esprit. Le lieutenant-colonel vole à la caserne pour donner contre-ordre aux soldats et pour éclaircir ce mystère. Pendant qu'il y court, l'un des sergents qui étaient allés interroger leur capitaine rentre à son poste, et raconte naïvement lui-même à l'adjudant Tellier ce qu'il vient de faire et l'étonnement de son officier. Tellier pressent que tout va s'éclaircir au retour du capitaine et du lieutenant-colonel ; il s'évade et court avertir le colonel Pailhès et les conspirateurs réunis dans un café sur la place d'armes de pourvoir à leur sûreté. Pailhès, déjà armé et revêtu de son uniforme, se dépouille ainsi que ses amis des insignes qui peuvent les dénoncer, s'enfuit dans les ténèbres vers la porte gardée par le conjuré Manoury, et la franchit avec ses principaux complices.

Au même instant, le commandant de la place Toustain, suivi du premier groupe de fusiliers qu'il rencontre sous sa main, s'avance vers la porte de la place pour visiter les postes ; un groupe d'officiers à demi-solde, vêtus en bourgeois, s'était arrêté pour causer avec Manoury sous la voûte du pont-levis ; le commandant Toustain les aborde, les somme de déclarer leurs noms, les reconnaît à la lueur de la lanterne du poste, les arrête et les consigne à Manoury. Alarmé de cette rencontre, indice de quelques rassemblements mystérieux de l'autre côté des remparts, l'intrépide commandant se fait ouvrir la porte, dépasse les premières fortifications, aperçoit de loin, dans l'ombre, le groupe des carbonari étrangers et des complices du colonel Pailhès, à peine sortis de la ville et attendant sous ses murs l'arrivée de La Fayette ; il s'avance, son épée à la main, vers un des conjurés les plus rapprochés de lui, qu'il reconnaît à son uniforme et à ses armes pour un officier de la garnison, et tend la main pour l'arrêter. Cet officier, sous-lieutenant, nommé Peugnet, au lieu de se rendre, tire un coup de pistolet en pleine poitrine sur M. de Toustain, et l'étend à ses pieds baigné dans son sang. Au bruit de l'arme, les conjurés se dispersent par diverses routes dans la campagne, prévoyant que le meurtre du commandant va donner l'éveil à la garnison.

Cependant M. de Toustain, qui n'était que blessé, sur la poitrine duquel la croix de Saint-Louis avait amorti la balle, se relève, rentre sous la voûte, redemande les prisonniers qu'il a consignés tout à l'heure au poste, et n'y trouve que les soldats abandonnés à eux-mêmes par Manoury, qui s'était hâté de fuir avec ses camarades au coup de feu sur le commandant ; les troupes, rassemblées à sa voix et à l'ordre du lieutenant-colonel, se rangent en bataille sur les places et sur les remparts ; les conjurés, encore dans les faubourgs, se hâtent d'échapper sous des déguisements ou de se soustraire dans des asiles sûrs aux recherches de l'autorité. Carrel repart dans la nuit pour Neubrisach. M. de Corcelles, le fils, un des affiliés les plus sûrs du comité directeur du carbonarisme, et le précurseur le plus affectionné et le plus vigilant des pas de M. de La Fayette à Belfort, s'élance au galop de ses chevaux avec un autre carbonaro de Paris, M. Bazard, au-devant du chef suprême de la révolution avortée, sur la route de Belfort à Paris ; ils rencontrent à quelques lieues de la ville la voiture du général, l'arrêtent, lui racontent en peu de mots les événements qui rendent son arrivée tardive, son voyage même suspect, lui font rebrousser chemin, et prendre la direction de Gray au lieu de celle de Belfort, et continuent eux-mêmes leur course vers Paris. M. de La Fayette, arrêté assez à temps pour que sa présence même ne soit pas un indice, se rend à la campagne aux environs de Gray, chez M. Martin, ancien député de la Haute-Saône, lié d'opinion et d'amitié avec le général, et y réside quelques jours sous l'apparence d'une visite de simple délassement.

XIX

Le mystère et les serments des carbonari, l'avortement avant l'explosion du complot, la confusion et la rapidité des mouvements dans une seule soirée, la fuite nocturne des carbonari par la connivence du sous-lieutenant Manoury; la vigilance et la rapidité de M. de Corcelles fils volant à temps à la rencontre de M. de La Fayette pour lui faire changer de route au moment où il allait tomber dans les débris de sa trame et dans le sang encore chaud du commandant de la place; la disparition de la voiture d'un des complices, contenant les uniformes du général, les couleurs, les signes matériels de la révolution, arrêtés dans une auberge de Belfort, scellés par la police, puis soustraits et brûlés à prix d'or pendant la nuit pour enlever tout corps matériel à l'attentat, ne laissaient entre les mains de la justice et de la politique que l'ombre et le fantôme évanoui d'une conjuration. L'autorité civile et militaire ne savait sur qui porter la main dans ces ténèbres, nul ne dénonçait ce que tous savaient. La mort tragique d'un sergent-major, nommé Watebled, qui s'était enfui avec l'adjudant Tellier en Suisse, où les gendarmes le poursuivaient, donna seule un corps à l'accusation. Watebled, au moment où les gendarmes frappaient à la porte de l'auberge dans laquelle il était descendu près de Bâle, se tua d'un coup de pistolet, pour échapper, par le silence de la mort, à la tentation de révélation. Tellier fut arrêté à côté du cadavre de son complice. On tenait en lui le fil indicateur par lequel on pouvait remonter, homme à homme, au doigt moteur de la conjuration. Ce fil, néanmoins, fut brisé avant qu'on pût le rattacher à M. de La Fayette, à Manuel, à M. de Corcelles, aux directeurs et aux agents occultes des ventes et des sociétés secrètes de Paris. Les recherches et les peines de la loi ne tombèrent que sur des noms obscurs et sur des coupables subalternes ; ces peines mêmes furent modérées par l'insuffisance des preuves et par le temps qui avait amorti les vengeances. Le colonel Pailhès, Tellier, et deux ou trois des conjurés les plus évidents, subirent seuls une condamnation à quelques années de captivité : tous les autres étaient absents ou absous. La justice, au lieu de remonter, descendit sur les têtes les plus infimes, comme si elle eût craint, en cherchant trop haut, de rencontrer des coupables dont les noms auraient donné trop de popularité et trop de dignité à la cause ; ils purent renouer impunément dans l'ombre la série des conspirations civiles et militaires, dont les membres coupés çà et là, pendant deux ans, laissaient en périssant les têtes inviolables dans les ventes directrices à Paris.

XX

Un autre complot, moitié spontané, moitié provoqué par l'astuce des provocateurs, celui du lieutenant-colonel Caron, se rattacha peu de jours après au complot de Belfort. Caron était un de ces mécontents de l'armée impériale licenciée attendant avec impatience dans l'oisiveté de leur résidence qu'une révolution militaire leur rendît les grades, la fortune, l'ascendant dont ils avaient joui dans les camps de Napoléon, et dont la privation par la paix générale leur semblait une déchéance et une injustice du sort. Ces parvenus des champs de bataille, bien que le trésor public s'épuisât à leur payer la juste indemnité de leur sang, ne pardonnaient pas aux Bourbons la réduction forcée de l'armée et le désarmement de la France. Instruments toujours prêts pour la main des factions civiles, ils s'offraient à tous les partis, même aux républicains, pour relever avec leur épée une liberté qu'ils avaient abattue pendant vingt ans sous la tyrannie du pouvoir militaire, et dont ils ne redevenaient les partisans suspects et insensés que depuis que cette liberté se proclamait l'ennemie des Bourbons. Cet officier visitait assidûment dans la prison de Colmar le colonel Pailhès, qui y était détenu en attendant le procès de Belfort, et M. Buchez, qui préludait alors aux doctrines et aux dévouements républicains qui l'ont rendu célèbre depuis par sa constance et par sa modération. Caron, qui voulait renouer sous sa main les tronçons rompus de la conspiration de Belfort, mais qui n'avait ni la prudence, ni la discrétion, ni la temporisation d'un véritable conspirateur, s'occupait avec plus de bruit que de mesure d'un plan d'évasion de ses amis. Pressé d'accomplir ce dessein et de tenter à Colmar une explosion plus heureuse que celle de Belfort, il laisse facilement percer ses plans. La police militaire, qui les soupçonne, veut les mûrir, et les mener plus vite pour les faire avorter plus sûrement. Elle ordonne à quelques sous-officiers abordés par Caron de simuler le dévouement absolu à sa cause. Ces sous-officiers, par l'ordre de leurs chefs, l'assurent du concours de leurs camarades. Le jour est fixé entre le colonel et ses faux complices pour enlever un régiment de chasseurs à cheval et pour amener les escadrons à un rendez-vous à un quart de lieue de la ville, où Caron doit les attendre pour en prendre le commandement et les conduire à travers l'Alsace afin d'insurger les villes, les villages et les garnisons. Le crédule officier n'entrevoit aucun piége dans une si complaisante et si unanime insurrection ; il se rend armé et revêtu de son uniforme au poste indiqué. L'escadron, dressé par ses chefs à cette comédie d'insurrection, monte à cheval, sort de Colmar à l'heure convenue aux cris de : « Vive Napoléon II ! » rencontre Caron, qui le harangue et qui en prend le commandement ; le suit de village en village sur la route de Mulhouse pour connaître ses complices en les provoquant ainsi au soulèvement, ne rallie personne, et finit par arrêter comme un embaucheur le chef de sa feinte insurrection. On le ramène désarmé et garrotté sur une charrette au cri de : « Vive le roi ! » à Colmar, et il est traduit, quoique licencié du service, devant un tribunal militaire à Strasbourg. Le général Foy s'élève en vain, dans la chambre des députés, contre une forme de jugement qui enlève un citoyen à ses juges naturels, et contre une provocation perfide et lâche qui punit de mort un coupable du crime qu'on a préparé sous sa main. Le colonel, condamné à mort par le conseil de guerre, est fusillé derrière un bastion de la citadelle, et les officiers et les soldats de l'escadron qui l'ont entraîné au piége reçoivent en grades, en avancements et en or le prix du sang et de la trahison !

XXI

D'autres supplices expiaient à Marseille et à Toulon d'autres conjurations avortées des carbonari militaires. A Paris, un sous-officier du 45° régiment, nommé Bories, présenté à M. de La Fayette, travaille son régiment, et enrôle quelques camarades dans le carbonarisme. Ces jeunes gens, dirigés sur la garnison de la Rochelle, reçoivent avant de quitter Paris les encouragements et les instructions des chefs occultes du comité insurrectionnel. Avertis d'un prochain mouvement qui doit éclater à Saumur, et qu'ils ont ordre de seconder, ils ont sur la route de la Rochelle des entrevues mystérieuses avec un officier d'artillerie nommé Delon, qui leur annonce l'ajournement du complot. Trahis par un de leurs complices au moment où ils se concertaient avec les émissaires du général Berton pour enlever Saumur, ils sont arrêtés. On trouve sur eux les cartes découpées en deux et les poignards, signes de leur enrôlement dans la *vente*, qui leur ont été remis par Larèche, intermédiaire de La Fayette. On remonte par les aveux de quelques-uns d'entre eux jusqu'aux instigateurs de Paris. Le sergent Bories et le capitaine Massias sont convaincus d'avoir eu des relations avec La Fayette lui-même, mais ils gardent un silence stoïque sur la nature de ces relations. L'organisation entière du carbonarisme français militaire et civil apparaît enfin dans les accusations de M. Marchangy. L'air est plein de conspirations, de machines, d'instruments de complot, mais le comité qui les souffle et qui les meut reste invisible, quoique évident. L'intrépide Bories revendique pour lui seul le crime et la mort ; elle est prononcée par les juges contre lui et contre trois des sous-officiers complices de sa faute et de son silence. Les quatre condamnés adolescents, dont l'enthousiasme, la séduction, la jeunesse, sont tout le crime, se jettent dans les bras les uns des autres et s'entre-consolent de mourir, en envoyant des regrets à leurs mères et en jetant leur sang à la liberté ! La nuit, les flambeaux, les sanglots des spectateurs, ajoutent à l'horreur et à la pitié de cette tragédie. Le tribunal prononce entouré à son insu des complices des quatre victimes. Douze mille carbonari des ventes de Paris jurent aux condamnés de les enlever au supplice en se rangeant derrière la haie des gendarmes qui doivent border les rues, et en poignardant chacun un des exécuteurs de la sentence. D'autres tentent de corrompre le directeur de leur prison et de les faire évader à prix d'or. Le directeur, qui veut assurer, en fuyant avec ses prisonniers, le sort de sa famille, demande soixante-dix mille francs pour leur rançon. On porte ces propositions à M. de La Fayette ; elles sont acceptées. Les carbonari se cotisent, les soixante-dix mille francs sont portés en or à celui qui répond des portes du cachot. La police, avertie, surprend les libérateurs au moment où ils comptent l'or au geôlier. Les carbonari de la capitale en reviennent au plan de délivrance à force ouverte ; ils conviennent de se grouper en masse irrésistible aux abords de la place de Grève, d'entourer les chars, de couper les liens, de disperser les soldats, de noyer les quatre martyrs dans la foule, de les déguiser sous des costumes d'emprunt, de leur préparer, de leur assurer des moyens de fuite hors de France. Le colonel Fabvier, ancien aide de-camp de Marmont, le plus obstiné et le plus aventureux des conspirateurs de l'armée, dirige ces tentatives de salut et s'y dévoue à nom et à visage découverts. On transporte Bories et ses compagnons de supplice à la Conciergerie. On les enferme dans des cachots séparés, témoins de l'agonie civique des Girondins. Ils s'entretiennent ensemble à haute voix à travers les murs. L'un d'eux s'endort ; son voisin de cachot le réveille : « Tu es bien pressé, lui crie-t-il ; dans deux heures ne dormirons-nous pas tous ensemble ? Entretenons-nous du moins jusque-là. »

XXII

Les deux heures écoulées, ils montèrent chacun dans une des charrettes qui devaient les porter à l'échafaud. Une foule immense encombrait derrière la haie des troupes les rues, les ponts, les places que le cortége avait à traverser. Les condamnés, pleins d'une secrète espérance, promenaient leurs regards sur cette foule, ne doutant pas qu'elle ne fût pleine de leurs complices, et que des milliers de cœurs n'y battissent de pitié, d'indignation, de vengeance pour eux. Ils croyaient à chaque mouvement de ce peuple voir des milliers de bras se lever pour leur délivrance. Aucun ne se leva ; ces innombrables carbonari dont leur supplice était la condamnation et la honte, et qui s'étaient promis dans l'ombre de leurs réunions de ne pas laisser s'accomplir impunément la mort de leurs victimes, s'évanouirent comme il arrive toujours à tous les conspirateurs isolés devant le danger individuel : chacun, comptant sur un autre ou se défiant de son voisin, s'enferma dans sa demeure ou feignit l'indifférence à l'heure de l'explosion et du dévouement. Ces sociétés secrètes subirent immobiles en impuissance et en lâcheté le contre-coup de la hache qui trancha les quatre têtes de leurs jeunes martyrs.

XXIII

Leur sang n'éteignit pas le foyer des conspirations militaires que le comité directeur fomentait maintenant dans l'Ouest, bien que les départements voisins de la Vendée fussent la partie de la France où la maison de Bourbon comptait le plus de partisans dans le peuple. C'était là aussi qu'elle comptait les ennemis les plus implacables. Les guerres civiles sèment les longues haines dans les populations. Vingt ans passés sur ces haines des *bleus* et des *blancs* n'en avaient pas effacé les traces et les souvenirs. C'était là qu'un plus grand nombre d'émigrés ou de victimes des échafauds de la suite des guerres civiles avait laissé une plus grande masse de confiscations et de dépouilles à distribuer entre les acquéreurs de biens vendus des proscrits. Ces acquéreurs de domaines nationaux enlevés à l'Église et aux émigrés formaient, dans ces départements surtout, une caste inquiète sur la conservation de ses richesses acquises à vil prix, possédées avec crainte, et dont elle ne croyait jamais jouir avec sécurité tant que les premiers des émigrés, les Bourbons, occuperaient le trône et méditeraient la restitution à leurs partisans des foyers et des terres perdus par fidélité à leur dynastie. Rennes,

Brest, Saint-Brieuc, Saint-Malo, Angers, Saumur, Nantes, surtout, étaient des foyers auxiliaires des ventes de Paris. Nulle part les régiments cantonnés dans les provinces n'y étaient travaillés avec plus d'activité par les carbonari civils, et entretenus dans un état de conspiration plus permanent par les ventes centrales et directrices de Paris. Déjà, à l'époque du soulèvement prémédité à Belfort et du voyage de M. de La Fayette et de ses complices d'opinion en Alsace, un mouvement simultané avait été convenu à Saumur entre le lieutenant d'artillerie Delon, le général Berton et le comité insurrectionnel de Paris. Ce mouvement, arrêté à temps par l'avortement de celui de Belfort, conservait tous ses éléments d'explosion; et le comité directeur le provoquait avec plus d'instance, pour réparer par une victoire éclatante la défaite de ses plans en Alsace et à Nantes. Il embrassait une immense étendue de provinces, de villes et de garnisons. Le général Berton en avait brigué et arraché plutôt que reçu le commandement des meneurs politiques de Paris. Ce comité, qui se défiait non de l'ardeur mais de la prudence de Berton, lui avait préféré le général Pajol; mais Berton, devançant les ordres, s'était élancé d'abord à Nantes, puis dans les environs de Saumur, et était parvenu à se faire reconnaître pour chef militaire par les nombreux conjurés de l'Ouest. Un conseil d'action composé de trente commissaires des sociétés secrètes et des ventes de ces départements s'était réuni le 17 février chez un médecin nommé Caffé, dans le voisinage de Saumur; il avait été unanimement convenu que Berton, revêtu de l'uniforme de général, escorté de tous les membres des associations révolutionnaires, paraîtrait à cheval sur la place le jour où le marché attire la foule des paysans à Saumur, qu'il appellerait à lui l'école de cavalerie et un détachement du 44ᵉ régiment, dont plusieurs officiers, sous-officiers et soldats étaient d'avance initiés au mouvement; qu'il ferait occuper le château par la garde nationale de Saumur, dévouée presque unanimement à la cause commune; qu'il proclamerait la déchéance des Bourbons et le règne de la liberté; et que, formant une colonne insurrectionnelle des élèves de l'école de cavalerie, du détachement du 44ᵉ régiment et des volontaires de la ville et des campagnes, il marcherait rapidement sur Angers pour surprendre cette ville et pour enlever la garnison. Après cette décision, le conseil se sépara et subordonna les détails d'exécution à un comité de dix membres plus constamment rapprochés du général Berton et plus aptes à modifier ou à compléter les résolutions au gré des circonstances.

XXIV

Mais à peine le conseil était-il dispersé, que le comité d'exécution changea le plan et décida que la petite ville de Thouars serait le point de départ du mouvement, et que le général, groupant d'abord autour de lui les conjurés des campagnes, marcherait à leur tête sur Saumur, où l'exemple d'une insurrection déjà en armes forcerait plus certainement les portes et enlèverait plus irrésistiblement les troupes. Le général Berton, indifférent au moyen, pourvu qu'il signalât sa haine contre les Bourbons et qu'il se vengeât des persécutions dont il se disait la victime, se plie à ces injonctions du comité d'action, se rend à Thouars, y est accueilli en libérateur, se concerte avec le commandant de la garde nationale initié d'avance au complot, fixe au 24 février le jour du soulèvement, appelle à Thouars à l'heure convenue les conjurés des villages voisins et les commissaires des comités éloignés, revêt son uniforme, monte à cheval, fait sonner le tocsin, arbore le drapeau tricolore, arrête les autorités royalistes, adresse des proclamations à l'armée et au peuple, fait répandre qu'un gouvernement composé du général La Fayette, du général Foy, du général Demarçay, de Benjamin Constant, de M. d'Argenson, de M. de Kératry, tous noms populaires dans l'Ouest, est installé à Paris; puis il marche à la tête de quelques centaines d'hommes fanatisés ou trompés sur Saumur.

XXV

Cette faible colonne étonne les contrées qu'elle traverse sans les soulever; le vide se fait autour d'elle, le bon sens du peuple lui défend de comprendre comment une révolution accomplie à Paris aurait besoin d'une centaine de gardes nationaux de Thouars pour contraindre la ville et les troupes de Saumur à la reconnaître. Quelques gendarmes, courant au galop vers la ville, par des chemins détournés, vont avertir les autorités. Berton, en arrivant au pont sur la rivière qui coule sous les remparts de Saumur, trouve le passage barricadé et un détachement de l'école de cavalerie en bataille en face de lui; il parlemente, il perd la nuit en colloques impuissants avec les citoyens et les soldats qui défendent les portes. Le commandant du château envoie un détachement d'infanterie et une pièce de canon pour renforcer la défense, le sous-préfet ordonne de charger les bandes de Berton, la ville reste immobile et neutre malgré les serments tant de fois prêtés par les conjurés. Berton, convaincu de l'avortement de l'entreprise, donne le signal de la retraite, et sa colonne, dispersée à sa voix dans les ténèbres, s'évanouit comme le fantôme d'une révolution qui avait agité la nuit d'une ville en ne laissant d'autre trace, après le réveil, que des fugitifs, des procès et des échafauds.

XXVI

Cependant Berton, consterné, mais non découragé par sa déroute, s'était réfugié plein de honte et de colère dans un asile secret du département des Deux-Sèvres. Delon, son mauvais génie et l'infatigable promoteur de nouvelles trames, connaissait le lieu de sa retraite; il informe le général de l'arrivée à la Rochelle d'un régiment infesté de ventes séditieuses, et prêt à prêter ses baïonnettes à de nouvelles tentatives de révolution. Les conspirateurs, comme les émigrés, ont les crédulités de la passion, parce qu'ils ont les délires de l'impatience. Berton avait un motif de plus pour tout croire et pour tout tenter. Aussi malheureux que malhabile dans son expédition de Thouars, ses complices l'accusaient en outre de lâcheté pour avoir ramené sa colonne sans avoir ni tiré ni reçu un coup de feu. Ce reproche, calomnie inique des partis vaincus, qui cherchent des excuses pour eux-mêmes dans les accusations contre leur chef, était intolérable à Berton; il voulait réhabiliter son caractère même dans son sang. En vain les officiers le plus compromis avec lui dans la nuit fatale de Saumur et Delon lui-même s'étaient-ils embarqués secrètement à la Rochelle pour gagner la côte d'Espagne, Berton s'obstina à rester et à renouveler, à tout hasard, le coup de main que les carbonari de Paris et de l'Ouest lui demandaient comme une revanche de Saumur. Il épiait l'occasion, caché dans les marais de Rochefort.

L'arrivée à Saumur d'un régiment de carabiniers qu'on lui dépeignit comme un corps d'élite vendu secrètement aux carbonari; les sollicitations de quelques chefs de cette secte des environs de Saumur, qui revenaient de Paris, où ils avaient pris, disaient-ils, les ordres de La Fayette, et assisté dans sa maison à des réunions clandestines; la connivence assurée d'un maréchal des logis du régiment de carabiniers, nommé Woelfeld, accrédité auprès de Berton par les amis de La Fayette; quelques entretiens secrets de Berton et de ce sous-officier, qui lui répondait de son régiment, avaient décidé le général à précipiter le mouvement.

Une dernière rencontre, pour concerter le plan et pour fixer l'heure, avait été assignée, dans une maison de chasse dans les forêts au bord de la Loire, entre Berton, ses principaux complices, Woelfeld et quelques-uns de ses camarades engagés en apparence par lui dans le complot. Berton, avec cette naïveté crédule qui avait livré le colonel Caron aux piéges les plus grossiers de la police, et qui caractérise souvent les conspirateurs militaires, court les yeux fermés à sa perte. Pendant que le général, accompagné seulement d'un négociant du pays, nommé Baudrillet, attend sans soupçon, dans la maison de chasse, l'arrivée des chefs carbonari de la contrée qui doivent assister à l'entrevue, le maréchal des logis Woelfeld arrive suivi de quatre sous-officiers de son régiment armés de sabres, de pistolets et de carabines, reconnaît les lieux, monte dans la salle où Berton, désarmé, se reposait sur un lit de camp avec Baudrillet, présente ses camarades au général comme des hommes dévoués à son entreprise, inspire confiance aux deux conspirateurs et boit avec eux le vin de l'hospitalité. Puis, changeant tout à coup de rôle, il les arrête au nom du roi, les retient couchés en joue et immobiles sous les carabines de ses quatre camarades, redescend lui seul dans la cour de la maison isolée, s'embusque le fusil à l'épaule dans l'avenue, étend mort à ses pieds le premier des conspirateurs qui arrivait à cheval au rendez-vous assigné par Berton, fait fuir les autres au bruit de son coup de feu, se barricade dans la maison en attendant un détachement de carabiniers averti d'avance de sa ruse et de sa proie, leur livre Berton et Baudrillet, et les ramène garrotés et demi-nus au cri de : « Vive le roi ! à bas les bonapartistes ! » dans la prison de Saumur.

Berton soutint son revers avec intrépidité. Baudrillet déclara qu'il était allé à Paris recevoir les instructions du comité directeur, chez M. de La Fayette, et que ce chef de parti avait dit à Grandmenil, un des témoins de cette entrevue, en lui serrant la main : « Allons, courage ! » Réprimandé bientôt pour cet aveu par un de ses compagnons de prison, Baudrillet s'était rétracté et avait soutenu ne pas connaître le général La Fayette, il avait prétendu qu'on l'avait trompé à Paris, en lui faisant voir à la place de La Fayette un homme de convention destiné à jouer son rôle ;

il avait dépeint ce faux La Fayette sous les traits d'un homme obèse, velu, sanguin, de taille épaisse et courte, d'âge jeune ou à peine mûr, de chevelure touffue et noire, au lieu de l'apparence presque sénile, de la taille élevée, du visage pâle, de la perruque blonde, de l'attitude voûtée, véritables traits de La Fayette vieilli. Cette ruse désarmait la justice de preuves matérielles de la complicité de La Fayette. On ne désirait pas rencontrer si haut des coupables, on craignait d'illustrer des échafauds ; le procès fut lent, acerbe, mémorable par le nombre des accusés. Berton y livra généreusement sa vie pour épargner autant qu'il était en lui celle des victimes de ses témérités.

Six des principaux moteurs du mouvement furent condamnés à mort. La duchesse d'Angoulême, implorée par les femmes ou les mères des coupables, obtint du roi la grâce de quatre d'entre eux ; Berton et le médecin Caffé, qui lui avait donné longtemps asile, et qui lui avait remis dans les mains les fils de la conjuration, furent seuls sacrifiés en exemple à l'extinction de la secte des carbonari. L'infortuné médecin, homme digne d'un meilleur sort par ses qualités privées, et coupable seulement de trop d'ardeur pour la liberté, prévint le supplice par le suicide. Pendant que le prêtre appelé au chevet de son lit pour l'exhorter à la résignation accomplissait son pieux ministère, Caffé, soulevant sa couverture et la ramenant sur son front comme pour cacher des larmes, s'ouvrit sans bruit les veines et laissa en silence couler sa vie avec son sang ; le râlement de l'agonie avertit seul le prêtre du suicide de son prisonnier, et en relevant le drap, il ne trouve plus qu'un cadavre.

XXVII

Berton brava l'échafaud et mourut en criant : « Vive la France et la liberté ! » Les procès et les supplices continuèrent à consterner et à ensanglanter pendant plusieurs mois les provinces de l'ouest et de l'est de la France et à dévorer des victimes obscures, pendant que les chefs des ventes, des comités insurrectionnels et des sociétés centrales de Paris coupaient par le mystère les fils de complicité qui pouvaient remonter jusqu'à eux, défiaient audacieusement les accusations, et s'indignaient du haut de la tribune de soupçons qu'ils renvoyaient à la calomnie.

Cette hypocrisie de légalité et d'innocence, que les principaux membres de ces conspirations occultes affectaient à la face du gouvernement de la France et de la postérité, corrompait la conscience de la jeunesse libérale et la liberté même. Les hommes qui se masquent se dégradent du plus noble attribut de la vérité, la franchise. La plupart de ceux qui trempèrent alors dans ces sourdes machinations de sectes souterraines y contractèrent des habitudes de dissimulation, de patriotisme soumis, de pensées à l'ombre, de duplicités d'opinion, d'audaces couvertes et d'apostasies publiques qui sont le contraire du véritable civisme. La liberté, qui est une vertu, veut être servie par des vertus et non par des vices. L'obscurité est un vice dans les luttes d'opinion. Quand on veut défendre la liberté, il faut avoir le courage de l'avouer et de mourir pour elle. Les chefs et les députés des ventes de Paris, dont l'histoire nous révèle aujourd'hui les trames sous les voiles du *carbonarisme* qu'ils avaient importé de Naples et de Madrid, agitaient stérilement leur patrie en cachant la main qui remuait les sectaires. Ils la dépravaient aussi à leur insu, en apprenant à la vérité et à la vertu les ténèbres, les manœuvres, les pratiques du mensonge et du crime; ils creusaient de leurs propres mains les catacombes où des conjurés plus pervers et plus radicaux devaient ensevelir leurs trames contre la liberté elle-même; ils formaient les cadres, ils recrutaient les camps des conspirations. Ils accusaient quelquefois avec raison le jésuitisme de dissimuler, de manœuvrer, de mentir, de faire de la plus sainte des choses humaines, la religion, une sorte de conspiration de Dieu, et ils faisaient eux-mêmes de la liberté une secte de zélateurs de l'humanité, une conspiration de coupables se défendant de leur pensée comme d'un crime. Ce n'est pas ainsi qu'on sert Dieu, ce n'est pas ainsi qu'on sert les hommes. Monk et Marat se cachent, l'un dans ses hypocrisies, l'autre dans son souterrain, pour vendre, celui-ci la liberté, celui-là le sang de sa patrie. Sidney se montre, meurt en plein jour pour elle et fonde la constitution libre de son pays. Voilà la vraie conspiration, parler et mourir dans son droit à la face de la tyrannie. Toute autre est impuissante ou criminelle, parce qu'au lieu de s'avouer elle dissimule, et qu'au lieu de combattre elle s'enfouit. La liberté et la moralité publiques en France expient encore et expieront longtemps cette erreur des bonapartistes, des libéraux de l'opposition de ce temps. Chez les hommes jeunes, comme M. de Corcelles et ses complices de secte, la jeunesse, la parenté, l'inexpérience, l'ardeur, la déférence pour l'autorité morale des hommes plus mûrs, la gloire de servir une cause populaire et républicaine, sous un homme dont le nom était le synonyme de popularité et de république, jusqu'au jour où il perdit l'une et l'autre en les abjurant devant un usurpateur du trône, pouvaient excuser cette erreur; mais chez un chef de parti comme M. de La Fayette, vieilli dans les épreuves et dans les leçons de la politique, ces conspirations étaient plus qu'une erreur, elles étaient un contre-sens à sa cause, et une corruption de la liberté.

LIVRE QUARANTIÈME.

La France en face de la révolution espagnole. — Nouvelles complications. — Insurrection à Madrid. — Victoire du parti populaire. — L'*armée de la Foi* en Catalogne et dans les Pyrénées. — Perplexité du gouvernement français. — Louis XVIII peu enclin par caractère à l'intervention. — Examen de la question à ses divers points de vue, droit international, intérêt et dignité de la couronne. — Hésitations de M. de Villèle. — Congrès de Vérone. — MM. de Montmorency et de Chateaubriand; fluctuations de ce dernier. — Diplomates étrangers : lord Castlereagh, MM. de Nesselrode, Pozzo di Borgo, Metternich, Hardenberg. — Conférences ; le congrès décide presque unanimement l'intervention. — Dissidences intérieures du ministère à ce sujet. — M. de Montmorency se retire. — Ouverture des débats aux chambres : MM. Molé, Royer-Collard, Hyde de Neuville. — Discours de M. de Chateaubriand. — Discours de Manuel ; incident orageux, expulsion de l'orateur. — Protestation de l'opposition. — L'intervention est décidée (1823).

I

Quelles que soient les fautes du gouvernement de la Restauration à cette époque, il est impossible à un historien impartial de se dissimuler les dangers extrêmes contre lesquels Louis XVIII et ses ministres avaient à se prémunir devant les conspirations intérieures que nous venons de raconter et devant l'exemple de l'Italie, de l'Espagne et du Piémont, d'où la contagion des révolutions militaires et des sociétés secrètes se propageait jusque dans les armées, ce dernier appui des trônes. Ce n'était plus la cause des Bourbons de France seulement qui chancelait, c'était la cause de tous les souverains et de toutes les monarchies. C'était plus, c'était la cause de toutes les institutions antiques sapées dans tout le midi de l'Europe par les idées et par les institutions nouvelles. Le Nord même, l'Allemagne, la Prusse, la Russie, se sentaient pénétrés jusque dans les veines par cette passion du renouvellement des choses, du rajeunissement des idées, de la réforme des lois et des cultes, de l'émancipation des peuples, de la participation active des gouvernés au gouvernement. Des nationalités entières, endormies jusque-là comme la Grèce dans la servitude, s'agitaient sous leurs fers, et donnaient aux confins de l'Asie le signal des commotions et des résurrections des peuples. C'était l'œuvre de sept ans de paix et de liberté de pensée en France. Les Bourbons avaient rendu la presse et la tribune libres à leur pays, et cette paix et cette liberté de pensée, répercutée de Paris et de Londres en Italie, en Espagne, en Grèce, n'avaient pas tardé à faire faire explosion aux éléments révolutionnaires, accumulés et comprimés depuis des siècles dans les capitales de ces pays. Par un contre-coup naturel, ces révolutions, comprimées à Turin et à Naples, fermentant et combattant en Grèce, en Moldavie, en Valachie, triomphantes et exaspérées en Espagne, réagissaient avec une terrible puissance d'émulation en France sur le journalisme, sur la tribune, sur la jeunesse et sur l'armée. La constitution proclamée à Cadix, qui ne laissait subsister que le nom de la royauté, qui dépassait en démocratie la constitution française de 1791, et qui n'était en réalité que la république masquée par un trône, dépopularisait la charte de Louis XVIII et la constitution mixte de la Grande-Bretagne. La France révolutionnaire ou libérale rougissait de sa timidité dans les théories de gouvernement moderne, en présence d'une nation qui, comme le peuple espagnol, s'élançait du premier pas jusques aux réalisations complètes de la philosophie de 1789, jusqu'à la liberté des cultes dans une terre d'inquisition, jusqu'à la revendication de son sol sur le pouvoir sacerdotal dans un pays de féodalité monastique, jusqu'au détrônement des rois dans une nation où la royauté absolue était un dogme, et où les rois étaient une religion. Chaque audace de la révolution à Madrid était applaudie et proposée en imitation à l'armée et au peuple en France. Les discours les plus véhéments des orateurs des cortès, les articles des journaux exaltés de la Péninsule, les émotions, les soulèvements, les anarchies de la révolution espagnole fanatisaient d'enthousiasme l'opposition libérale à Paris ; chaque triomphe des exaltés à Madrid sur le clergé ou sur le trône était un triomphe publiquement célébré par les révolutionnaires français. L'Espagne touchait à la république, et la république proclamée de l'autre côté des Pyrénées entraînait le trône des Bourbons en France. L'Europe glissait sous les monarchies, tout le monde le sentait, et avant tout les révolutionnaires de Paris eux-mêmes. Comment les Bourbons et leurs partisans auraient-ils été les seuls à ne pas le sentir ? La guerre entre leurs ennemis et eux était déclarée, le champ de bataille était l'Espagne ; c'était là qu'il fallait, pour les Bourbons, vaincre ou mourir. Qui peut les accuser de n'avoir pas consenti à mourir?

II

Le roi Louis XVIII et ses ministres étaient loin de la pensée d'aller combattre par une intervention armée la révolution en Espagne. Ils ne l'avaient ni osé ni voulu à Naples et à Turin, ils l'osaient et le voulaient bien moins encore à Madrid. Louis XVIII, prince imbu dès sa jeunesse des principes réformateurs de 1789, hostile aux aristocraties, rebelle au joug sacerdotal, plein de dédain pour le despotisme monastique, d'horreur pour l'inquisition, de doute sur le pouvoir absolu, habitué depuis par son long séjour en Angleterre aux régimes de représentation, de liberté et d'opinion qui déchargent les rois d'une grande responsabilité, et qui les aident à régner selon les besoins et l'esprit des peuples, en les arrêtant dans le faux et en les soutenant dans le juste, convaincu de plus, par le tact très-sûr de son intelligence, de la nécessité de pactiser avec les temps, et d'enlever aux trônes leur vétusté, si l'on voulait les rendre acceptables aux peuples rajeunis; Louis XVIII avait vu avec satisfaction les Bourbons de Naples et les Bourbons de Madrid donner ou accepter des institutions représentatives analogues à sa propre charte. Il eût été flatté même, dans son génie, par ces imitations de sa sagesse; il aurait joui de voir l'Europe représentative et la monarchie constitutionnelle dater de lui. Le titre de législateur des trônes était le seul titre de gloire pacifique auquel il pût aspirer à son âge. Ce titre se serait agrandi pour sa mémoire à toutes les branches de sa famille et à toutes les monarchies libérales dont il aurait été l'exemple et le patron dans l'avenir. Un système qui conciliait en lui et dans sa race la majesté royale avec la liberté républicaine n'avait rien qui ne répondît à sa nature, à sa naissance et à ses idées. Sa pensée n'était pas d'étouffer la révolution d'Espagne, mais de la conseiller et de la modérer. Il croyait au commencement, et avec raison, qu'une monarchie constitutionnelle régulière et progressive, affermie de l'autre côté des Pyrénées, sous un Bourbon, affermissait, au lieu de l'ébranler, la monarchie constitutionnelle de sa famille en France. Il avait pensé de même à Naples et à Turin. L'Europe, entraînée par l'Autriche, lui avait forcé la main à Troppau et à Laybach; ce n'était pas par pure conviction, c'était par isolement et par faiblesse qu'il avait toléré plus qu'accepté l'intervention européenne en Italie.

III

Mais les révolutions se modèrent rarement avant d'avoir parcouru le cercle fatal d'exagération de leur principe, d'illusions et de violences qui sont la loi de ces grands déplacements de choses et d'idées. Pour que les révolutions restent innocentes, équitables et modérées, il faut que les peuples qui les accomplissent y soient déjà et depuis longtemps préparés par un exercice de leur liberté et de leur opinion qui ait répandu beaucoup de lumières et beaucoup de moralité dans les masses. L'Espagne n'avait aucune de ces conditions quand sa révolution éclata comme une conspiration militaire bien plus que comme une volonté mûre de la nation. Son peuple, magnifiquement doué par la nature d'héroïsme, d'intelligence et de grandeur d'âme, était le plus arriéré de l'Europe en institutions. La lutte à la fois nationale et religieuse qu'il avait eu à soutenir contre les Maures pour reconquérir son territoire et son indépendance, confondant alors en lui son culte et sa nationalité, avait laissé dans son caractère, dans ses lois et dans ses mœurs quelque chose de superstitieux et de violent, où le prêtre, le soldat et le bourreau se mêlaient dans un même peuple et se résumaient dans l'inquisition. Supplice à perpétuité de toute conscience et de toute liberté, cette institution, inventée par la guerre de races pour purger le sol, avait endurci le caractère du peuple espagnol. La cruauté sanctifiée par la religion, des victimes humaines brûlées à petit feu pour leur croyance sur les bûchers, offertes en spectacle, en holocauste au ciel et aux hommes, avaient étouffé le sens de l'humanité dans cette nation. Elle avait de plus muré l'Espagne à tout rayonnement de lumière et de liberté du reste de l'Europe; la science et la civilisation n'y avaient pénétré que comme des méfaits; la philosophie s'y cachait comme un mystère et s'y couvait comme une vengeance; les mœurs s'y étaient dépravées, les moines y avaient survécu au moyen âge, ici possesseurs de toutes les richesses, là sanctifiant la mendicité; la cour même n'était absolue sur le peuple qu'à la condition d'être asservie aux moines. La police sacerdotale pouvait citer jusqu'à la conscience des rois, et ne s'arrêtait pas même devant le souverain pontife. L'Égypte dans les institutions, l'Afrique dans le caractère, l'Italie dans les mœurs, telle était l'Espagne quand l'invasion de Napoléon vint à main armée en forcer les portes et réveiller dans ce grand peuple endormi l'héroïsme de l'indépendance, et l'âpreté de la vengeance contre l'étranger qui venait faire violence à sa nationalité.

IV

Tels étaient les éléments d'une révolution intérieure en Espagne, quand le besoin de la défense commune pendant l'interrègne réunit les cortès à Cadix, et quand la nation, profitant de l'indépendance reconquise, voulut se donner à elle-même son salaire en se faisant reconnaître par le roi, à qui elle avait rendu sa couronne. Le peuple était agité sans être éclairé, l'armée était insurgée sans être forte, le roi vaincu sans être enchaîné, l'Église menacée sans être déracinée du cœur du peuple, les moines dépouillés sans être détruits. Il y avait dans un tel état de choses toutes les conditions d'anarchie et de longues guerres civiles à traverser avant d'arriver à une de ces transactions régulières qui fixent une révolution. Ces conditions, comme nous l'avons raconté précédemment, avaient produit leurs conséquences. La constitution des cortès n'avait été depuis son installation qu'une arène légale ouverte à toutes les conspirations du parti du roi et de l'Église, à toutes les séditions du parti exalté ou démagogique. Une république franchement proclamée aurait eu autant d'orages, mais moins de violences que ce conflit perpétuel et intestin entre une royauté dégradée qui ne pouvait subir son avilissement sans résistance, et une liberté toujours menacée qui ne pouvait se défendre qu'en opprimant. C'était la faute de 1791 renouvelée en Espagne ; un roi sans les conditions de la monarchie, une assemblée souveraine sans les conditions de la république. Ferdinand VII, aussi malheureux mais moins vertueux que Louis XVI, marchait comme lui, de crise en crise, à la captivité et à l'échafaud. Cette ressemblance dans la destinée des deux monarques et des deux pays épouvantait l'Europe. Chaque prince se sentait outragé sur son trône par les outrages que la révolution faisait subir à Ferdinand, menacé par le glaive suspendu sur sa tête. Il n'était plus seulement le roi des Espagnols, il était le prototype de la royauté, le client de toutes les couronnes : l'abandonner à son sort, c'était pour les rois s'abandonner eux-mêmes. Après Charles Ier en Angleterre et Louis XVI en France, le jugement et le supplice impunis d'un roi par son peuple à Madrid auraient constitué en faveur des nations européennes un droit public des révolutions et des peuples, qui faisait des trônes un marchepied de l'échafaud.

On ne pouvait se dissimuler que l'Espagne se précipitait à cette crise.

V

Le peuple de Madrid venait, le 7 juillet, d'assiéger la garde royale jusque dans les cours du palais. Le sang des défenseurs du roi avait été vengé par le sang de quelques gardes nationaux fauteurs de l'émeute. Les soldats de la garde avaient même massacré un jeune officier nommé

Landaburru, qui s'efforçait de contenir leur fureur. Le cadavre de Landaburru, connu du peuple pour ses opinions populaires, avait été le drapeau d'une sédition plus unanime. L'armée elle-même, entraînée par la garde nationale ou par la multitude exaltée, avait entouré le palais et sommé les gardes de se disperser. Le roi, qui se croyait sûr du secours d'autres corps cantonnés dans les environs de la capitale, se refuse au désarmement et au licenciement de ses gardes. Une trêve perfide s'établit pour quelques heures entre les partis. Le peuple se retire à distance du palais; Ferdinand s'y renferme avec ses six bataillons dévoués, le reste de sa garde campe hors de la ville. Dans cette attitude réciproquement menaçante du roi et du peuple, on négocie entre le prince et les cortès quelques modifications pacificatrices à la constitution, pour donner satisfaction à la royauté de ses principaux griefs.

Le roi pouvait les accepter. La nouvelle du soulèvement de quelques régiments qui s'avançaient sur Madrid pour venger ses insultes le raffermit dans sa résistance; il redemande un pouvoir presque illimité. Son exigence porte jusqu'au délire la fureur du peuple. Les bataillons de la garde campés hors des murs se rapprochent, marchent dans les ténèbres en trois colonnes sur la place de la Constitution pour faire leur jonction avec les bataillons barricadés dans le palais, enlever le roi ou dompter la ville. La garde nationale et le peuple, d'abord étonnés, se rallient, foudroient les colonnes royalistes de décharges à mitraille dans les rues de Madrid, et les refoulent vaincues dans la campagne. Le roi, forcé dans ses appartements, affecte d'avoir été délivré par le peuple de la contrainte de ses gardes; il bat des mains sur son balcon à sa propre défaite, et signe, sous une contrainte plus réelle, l'arrestation de ses défenseurs. Les supplices sanctionnent les séditions. Les troupes flottent indécises d'un parti à l'autre; les clubs démagogiques règnent dans les villes à la place des lois; les moines soulèvent les campagnes au nom de la religion et du roi. Des bandes se forment : elles deviennent des *armées de la Foi;* elles instituent une régence nomade qui insurge des provinces, qui interdit l'obéissance au roi captif et à la constitution réprouvée, qui se cantonne dans les montagnes adossées aux Pyrénées, qui lève des impôts et des troupes, qui lance des colonnes libératrices jusqu'aux portes de Madrid.

Ces insurrections royalistes et catholiques font de la Catalogne et de la Biscaye des Vendées, mais où les combats sont des assassinats, où les soldats sont des bourreaux, où le feu et le sang se répliquent par des incendies et des crimes. Le ciel ajoute à ces fléaux de l'Espagne une maladie pestilentielle qui décime Barcelone et les villes du littoral. La guerre civile donne à Madrid le pouvoir aux exaltés de la révolution ; d'une main ils enchaînent le roi, de l'autre ils triomphent de l'insurrection royaliste. La régence et les débris de l'*armée de la Foi* se réfugient en France comme dans un autre Coblentz, d'où ils agitent leur patrie, se recrutent et s'arment pour l'envahir de nouveau.

Le gouvernement français, forcé par ses chambres à une apparente neutralité, forme, sous prétexte de défendre nos frontières de l'invasion de la fièvre jaune, une armée d'observation aux Pyrénées. Les libéraux français s'indignent de cette mesure, qui cache, selon leurs orateurs, une hostilité sous une prudence. La tribune retentit des accusations de Benjamin Constant, de Manuel, de Casimir Périer, du général Foy contre la complicité masquée du gouvernement avec l'*armée de la Foi*. Le parti religieux et le parti royaliste murmurent au contraire contre la timide inaction du roi, qui contemple sans oser se prononcer la déchéance d'un prince de sa maison, la dissolution de la monarchie, la profanation du culte de ses pères dans un royaume déchiré par les mêmes factions qui ont immolé son frère. Les puissances du Nord, un moment indécises aux conférences de Troppau et de Laybach, et qui semblent attendre de nouveaux excès en Espagne un droit plus évident d'intervention dans cette crise des monarchies, convoquent la France au congrès de Vérone, où l'empereur de Russie, l'empereur d'Autriche, le roi de Prusse, les plénipotentiaires de la Grande-Bretagne et les ambassadeurs de France doivent se rencontrer pour délibérer de concert la guerre ou la neutralité dans la Péninsule.

Telle était la situation de l'Espagne, celle de la France et celle de l'Europe, au moment où M. de Villèle allait avoir à se prononcer par ses plénipotentiaires à ce congrès. Jamais ministre ne fut sommé par les circonstances de prendre une résolution plus urgente, plus décisive et plus irrévocable entre deux dangers presque égaux pour une monarchie constitutionnelle. M. de Villèle avait une intelligence assez vaste et assez lucide pour délibérer ce problème. Avait-il assez de liberté et assez de caractère pour le résoudre? Le récit le dira.

VI

D'un côté, l'intervention de la France, non provoquée, dans la crise intérieure de l'Espagne, était une violation des principes de droit public et d'équité naturelle sous lesquels repose l'inviolabilité des nations. C'était donner soi-même, au lendemain de la grande intervention de l'Europe en France, l'exemple de la violation de ce libre arbitre des peuples qu'on avait avec tant de raison revendiqué pour la France au congrès de Vienne; c'était abandonner la nature des institutions, la modification ou la destruction des gouvernements de chaque partie indépendante de l'Europe, à l'arbitrage et à la pression de je ne sais quelle souveraineté collective et extranationale, instituée dans un conseil des puissances, promulguant des volontés dans un congrès et les imposant par ses armes. Ce droit public reconnu, c'en était fait de l'individualité des peuples, leur libre arbitre cessait d'exister, leur gouvernement ne leur appartenait plus, leurs réformes ou leurs progrès s'arrêtaient devant un protocole des cours étrangères; un Russe, un Autrichien ou un Prussien décidaient du degré de liberté ou de servitude qui convenait à un Italien, à un Espagnol, à un Français, et réciproquement. Le gouvernement n'était plus national, il était européen et uniforme comme la moyenne de gouvernement que ces congrès auraient délibérée à la majorité des voix. Les peuples n'étaient plus des peuples, ils devenaient des peuplades gouvernées par des vice-rois au gré et à la mesure des pensées de la sainte alliance. L'Europe indépendante était finie, la monarchie universelle passait à un congrès perpétuel. Une telle transformation devait faire trembler la royauté elle-même en France.

D'un autre côté, intervenir en Espagne contre une révolution constitutionnelle, c'était pour la France révolutionnaire et constitutionnelle donner au monde et surtout à elle-même un démenti éclatant de sa révolution et de sa constitution. C'était démasquer dans la Restauration une antipathie qu'on lui soupçonnait contre les libertés populaires et contre les institutions qu'elle avait été obligée d'afficher elle-même; c'était donner une arme à ses ennemis et à ses calomniateurs; c'était déclarer la guerre ouverte au parti constitutionnel et libéral puissant dans sa chambre, dans ses élections, dans son journalisme, dans son armée, et se dévouer aux accusations, aux incriminations, et peut-être aux séditions incessantes des partis intérieurs qu'on allait jeter dans des oppositions désespérées; c'était jouer la fidélité suspecte de l'armée sur un coup de dé, s'exposer aux inimitiés de l'Angleterre, à qui son parlement ne permettrait pas de s'associer à une croisade antilibérale; c'était passer de l'alliance anglaise, gage d'équilibre européen pour la France, à une alliance austro-russe qui n'avait rien à offrir aux Bourbons que le rôle d'exécutrice de ses décrets despotiques au midi de l'Europe; enfin, c'était grever la France à peine restaurée d'impôts, de subsides, de conscriptions, de blocus de ses ports, de cessation de commerce et d'exportation, causes de murmures et de désaffection contre les Bourbons, pour aller entreprendre sur une terre inconnue, mal sondée, dévorante, une guerre qui pouvait redevenir nationale, et renouveler les hontes et les désastres de la guerre espagnole de Napoléon en 1810.

Voilà ce que se disait M. de Villèle en considérant le côté national, libéral et administratif de la question.

VII

Mais en considérant le côté monarchique, l'intérêt vital et présent de la Restauration, l'existence même de la maison de Bourbon sur le trône, l'affermissement de la dynastie à laquelle il était dévoué, la politique intérieure et parlementaire, la dignité du roi, la popularité des princes, l'union à cimenter entre l'armée et la couronne étrangères pour ainsi dire jusque-là l'une à l'autre, et qui ne s'uniraient indissolublement qu'au feu, M. de Villèle se répondait à lui-même par une raison qui renversait tous les scrupules de droit public ou de constitutionnalité : la nécessité pour une restauration de la maison de Bourbon en France d'agir ou de périr en face de la révolution qui se dressait devant elle en Espagne, et qui de Madrid la détrônait inévitablement jusque dans les Tuileries. C'était la vie ou la mort pour la Restauration. Devant une question ainsi posée par les circonstances, il n'y avait plus à délibérer, il fallait agir, ou se déclarer vaincu avant le combat.

La Restauration était récente, contestée, mal affermie en France; renversée une première fois d'un souffle par Napoléon en 1815, elle avait eu besoin d'être une seconde fois ramenée et étayée par l'Europe pour se naturaliser à Paris. Le parti qui attaquait la monarchie de Bourbon à Madrid était le même parti qui harcelait d'opposition, de machinations, de conspirations, la maison de Bourbon en France.

Les sociétés secrètes de carbonari des deux pays ne formaient qu'une seule et même armée souterraine, minant à la fois les deux trônes et les deux familles. Le langage des deux factions dans leurs feuilles et dans leurs tribunes, la propagande réciproque, les encouragements mutuels, l'émigration des condamnés français dans les villes les plus démagogiques de la frontière espagnole, leur présence dans les rangs des exaltés des clubs ou de l'armée, leurs excitations au renversement de Ferdinand, leur promesse à haute voix du concours du parti révolutionnaire en France, leurs manifestes rédigés et publiés à Madrid, à Barcelone, à Saragosse, à Vittoria, contre le trône et contre la dynastie des Bourbons dans les deux pays, ne permettaient pas au gouvernement du roi de s'y tromper ou de feindre même de séparer les deux causes. Faiblir, temporiser, reculer devant les exaltés de Madrid, maîtres alors du gouvernement, c'était faiblir, temporiser, reculer devant les factieux en France. Les factions hostiles à la Restauration ne se seraient pas contentées de ce triomphe; tôt ou tard elles l'auraient complété, en insurgeant l'armée et le peuple contre une dynastie vaincue à Madrid par la force ouverte, vaincue à Paris par sa propre faiblesse. La monarchie des Bourbons de France pouvait compter d'avance les jours qui lui restaient à régner, par les audaces et par les excès de la révolution espagnole à Madrid. Ne valait-il pas mieux pour la maison de Bourbon oser à son tour un acte de vie, même téméraire, et où elle avait du moins la chance d'un succès, que de succomber à coup sûr sous la timidité, sous l'hésitation et sous les scrupules de ses conseils? L'héroïsme disait *oui* comme le bon sens, et ce n'était pas même là de l'égoïsme dynastique, c'était du patriotisme aussi. Car à si peu d'années d'une double invasion qui avait décimé, énervé et menacé de déchirer la patrie; quand le bonapartisme éteint de fait avec Napoléon n'était plus qu'un fantôme de faction puissant à troubler, impuissant à ressaisir la nation; quand l'usurpation de famille du duc d'Orléans n'était encore que le rêve de quelques mécontents de cour sans réalité dans les masses populaires, et par conséquent sans force au dehors; quand la république, trop rapprochée de ses souvenirs sanglants de 1793, n'était que l'hypothèse de quelque théoriciens sans adhérents et trop avancés d'espérances ou trop arriérés de souvenirs, n'était-il pas évident pour tout homme d'État impartial que la maison de Bourbon était à la fois pour la France la seule préservation, au moins temporaire, contre l'anarchie au dedans, contre l'invasion au dehors, contre la dissolution et le déchirement de la patrie? Préserver la dynastie d'une catastrophe imminente alors, n'était-ce pas aussi sauver son pays? On tenterait la fidélité de l'armée, disait-on, en lui commandant de combattre contre l'indépendance et contre les institutions révolutionnaires de l'Espagne. Ce danger était possible; mais ne la tentait-on pas tous les jours davantage, en la laissant exposée, immobile et l'arme au bras, au triomphe impuni d'une milice insurgée à Cadix, aux propagandes et aux machinations des carbonari français, qui faisaient des régiments des foyers armés de conspiration contre la monarchie? N'y avait-il pas mille fois moins de péril à remuer l'armée française, lasse d'inaction, avide de mouvement, d'avancement et de gloire, qu'à la laisser se corrompre dans une oisiveté dont les ennemis de la Restauration lui faisaient honte? Et le moyen le plus sûr de l'arracher aux factions et de l'attacher à la nouvelle dynastie n'était-il pas de la faire combattre sous ses nouveaux princes et pour une cause qui deviendrait la cause même du soldat, une fois qu'il lui aurait donné son sang?

Quant à la question de droit public d'intervention ou de non-intervention, débattue par les publicistes de l'opposition libérale à la tribune et dans les journaux, s'ils avaient raison dans les théories générales et dans une situation régulière et longuement constituée de l'Europe, ces scrupules étaient-ils fondés dans leur bouche et dans un état de choses encore récent et oscillant, quand les guerres de la république, celles de l'empire, et les deux invasions de la France venaient de bouleverser le droit public européen? La révolution française avait-elle proclamé jamais de la voix et de l'épée une autre doctrine que cette propagande armée universelle de la liberté chez les peuples asservis? Ses premiers pas en Belgique avec Dumouriez, en Allemagne avec Custine, en Savoie et à Nice avec Montesquiou, en Hollande avec Pichegru, en Irlande avec Hoche, en Italie et en Égypte avec Bonaparte, n'avaient-ils pas été des interventions non-seulement sur les territoires, mais dans le gouvernement intérieur des États violés et conquis par nos doctrines comme par nos armes? Les guerres et les conquêtes de l'empire, sans cesse offertes en exemple et en émulation à nos soldats par les adorateurs de ce régime transformés aujourd'hui en juristes si scrupuleux de l'inviolabilité des révolutions, étaient-elles autre chose qu'une intervention incessante, universelle de Napoléon, de sa dynastie, de ses armées, de sa politique de famille, à Venise, à Rome, à Naples, à Turin, à Gênes, à Berlin, à Vienne, à Madrid, à Moscou, partout où l'intérêt de sa gloire, de son ambition ou de ses frères, avait renversé ou fondé des trônes?

Les deux invasions qui venaient de refluer sur nous de toutes les nationalités soulevées contre les interventions de ce dominateur du monde n'étaient-elles pas à leur tour une intervention générale de l'Europe, motivée par son salut commun et par la nécessité de rasseoir sa propre indépendance en renversant ce trône impérial d'où la monarchie universelle menaçait avec lui le continent? Les traités de Vienne, qui avaient recomposé, en la modifiant çà et là, l'Europe, distribué les territoires et compté les âmes, élevé ou effacé de petites puissances pour les ajouter à de grands États, qu'étaient-ils donc, sinon une intervention de l'Europe entière sur elle-même, pour se reformer et se rasseoir sur des bases antiques et nouvelles, au gré de son appréciation souveraine et au nom du salut public européen? Ces bases à peine établies depuis cinq années étaient-elles donc assez cimentées et assez immuables, pour qu'il fût raisonnablement interdit à l'Europe d'y reporter la main pour les garantir et les consolider, si elles venaient à osciller encore et à menacer le système continental d'un ébranlement général des trônes et des empires? Évidemment, le sol de l'Europe secoué par tant de commotions, d'invasions, de guerres par Napoléon, n'était pas assez raffermi pour que les gouvernements encore debout et armés, sortis des traités de 1815, pussent se désintéresser si tôt de leur propre ouvrage, abdiquer tout droit de consolidation des États qu'ils avaient à peine assis, et détourner avec indifférence leurs regards et leurs mains des événements qui menaçaient l'équilibre et la stabilité de leur œuvre.

Enfin, ces libéraux et ces bonapartistes de l'opposition et de la presse qui prétendaient interdire à la maison de Bourbon, intéressée par le sang, par l'alliance, par l'éventualité même de l'hérédité du trône, au salut d'un Bourbon et à la perpétuité du gouvernement monarchique en Espagne, d'intervenir contre la révolution et contre l'anarchie dans la Péninsule, n'étaient-ils pas les mêmes qui, par une contradiction criante, ne cessaient d'accuser la maison de Bourbon de ne pas intervenir assez vite et assez généreusement en Grèce, pour déchirer à main armée le territoire ottoman, et pour arracher une nation opprimée à ses maîtres et à ses oppresseurs? Comment ce qui était légitime et sacré en Grèce pour une révolution devenait-il illégitime et sacrilége en Espagne contre une anarchie révolutionnaire? La différence des causes ne faisait-elle pas toute la différence des doctrines? et l'intervention ne leur paraissait-elle pas coupable ici, méritoire là, uniquement parce qu'en Grèce elle servait leur principe, et qu'en Espagne elle menaçait leur faction? Ce n'était donc pas l'intervention en elle-même que ces publicistes réprouvaient, c'était la cause pour laquelle la Restauration voulait intervenir.

Un autre motif plus personnel se présentait naturellement à l'esprit de M. de Villèle, et, portant tour à tour son hésitation d'une résolution à l'autre, augmentait sa perplexité. Il ne succédait au ministère du duc de Richelieu qu'à titre de ministre plus hardiment monarchique, plus agréable à la majorité royaliste dans les chambres, plus dévoué au parti du comte d'Artois, et plus affilié aux intérêts et aux opinions de ce parti ultracatholique qui se confondait dans les deux assemblées et dans le palais avec le parti ultramonarchique, qui possédait la faveur du frère du roi par M. de Montmorency, celle de la duchesse d'Angoulême par MM. de Clermont-Tonnerre et Peyronnet, et qui s'insinuait dans l'oreille et dans le cœur du roi lui-même par madame du Cayla. Ce parti voulait l'intervention à deux titres : comme parti royaliste indigné de l'avilissement du trône en Espagne, et comme parti religieux défendant de ses vœux et de ses désirs, dans la Péninsule, l'influence ecclésiastique, les possessions de l'Église, les richesses des évêques et les institutions monacales. Refuser à ces deux partis l'intervention en Espagne, c'était pour M. de Villèle démentir toutes les espérances qui reposaient sur lui ; c'était reprendre la politique intermédiaire de M. Decazes, de M. de Richelieu, de M. Pasquier; c'était se dévouer, sans appui à la cour et dans les chambres, d'un côté aux colères de l'opposition libérale et révolutionnaire qu'il aurait à combattre au dedans, de l'autre côté aux reproches, aux invectives et aux dégoûts de la majorité royaliste et du parti sacerdotal, qui ne verraient en lui qu'un transfuge de leurs rangs, monté au pouvoir sur leur faveur, pour y trahir de plus haut ses promesses et leurs passions. Quelle durée aurait un ministre posant ainsi sur le vide, entre deux opinions, l'une hostile par nature, l'autre implacable par ressentiment? Il fallait se prononcer entre ces motifs presque également décisifs pour ou contre l'intervention en Espagne. Les chambres allaient s'ouvrir, les cours étrangères pressaient, les partis exigeaient, le comte d'Artois reprochait l'hésitation, le roi répugnait, sans gêner toutefois la détermination de ses ministres. M. de Villèle ne se prononçait pas. Plus accessible, par la nature de son intelligence administrative et parlementaire, aux petites considérations qu'aux grandes vues de l'homme d'État, qui passent par-dessus les difficultés de détail pour arriver aux grands horizons d'ensemble et aux résultats généraux, il ajournait de toutes ses lenteurs la résolution à prendre, espérant toujours que les événements ne le sommeraient pas impérieusement de passer ce Rubicon de sa diplomatie temporisatrice ; que l'Espagne, mieux conseillée par l'Angleterre et la France, modifierait elle-même sa constitution anarchique, rendrait au roi la liberté et la dignité constitutionnelle de sa couronne, et fournirait ainsi à la France le prétexte de se refuser à une guerre de principes dont il redoutait également pour son pays les efforts, les entraînements et les revers. Telle était l'hésitation de M. de Villèle et du roi lui-même au moment où la réunion prochaine des souverains à Vérone commandait à la France d'avoir une opinion ou de subir l'impulsion de l'Europe.

VIII

Les infirmités du roi ne lui permettaient pas de se rendre lui-même à ce rendez-vous des souverains ; son titre de roi constitutionnel et irresponsable lui défendait également de négocier lui-même. M. de Montmorency, ministre des affaires étrangères, était appelé par son nom, par ses fonctions, comme par la confiance du parti de la cour et de l'Église, à représenter la France au congrès. M. de Villèle craignait l'entraînement monarchique et religieux de son collègue, bien qu'il eût une confiance absolue dans la sûreté et dans la fidélité de son caractère. Mais M. de Montmorency, cœur ouvert, esprit de premier mouvement, lié d'honneur à la cause monarchique, de foi à la cause religieuse, de relations aux hommes de la congrégation, de reconnaissance et de dévouement au comte d'Artois, ne dissimulait à personne qu'une restauration de la monarchie en Espagne par la main de la France était, à ses yeux, la logique, la grandeur, comme la nécessité de la Restauration. Il voyait dans la révolution espagnole une imitation anarchique et sanguinaire de la révolution française de 1793, l'échafaud de Ferdinand VII lui semblait déjà dressé dans la fatalité des événements de Madrid. Arracher un roi au fer de ses bourreaux, et le replacer sur son trône par la main d'un neveu de Louis XVI commandant une armée française, lui paraissait à la fois une généreuse expiation du sang de Louis XVI par la France, et une restauration du principe monarchique par la magnanimité et par l'héroïsme d'un Bourbon plus glorieuse et plus solide que la restauration par l'Europe. M. de Chateaubriand, ami jusque-là de M. de Montmorency, qui avait été dans tous les temps son admirateur, son protecteur et son patron, avait confirmé par ses paroles et par ses écrits M. de Montmorency dans ses impulsions naturelles à l'égard de l'Espagne. Les feuilles du *Conservateur*, journal des sentiments religieux et des passions royalistes, illustré par le génie de M. de Chateaubriand, éclataient de cet héroïsme de style qui reprochait aux Bourbons leur timidité dans leur droit, et qui les incitait à oser la gloire. Le tocsin d'une intervention chevaleresque et politique en Espagne y retentissait depuis la révolution de Cadix. On devait naturellement penser que l'écrivain royaliste et religieux, entré dans la politique par l'ambassade de Londres qu'il occupait alors, serait le plus ardent négociateur de l'expédition destinée à relever le trône et l'Église dans le pays qu'il avait représenté dans ses écrits comme la dernière terre de la monarchie, de l'héroïsme et de la chrétienté. M. de Chateaubriand conservait en effet ces impressions dans son cœur. Son génie politique était égaré quelquefois par la recherche d'une popularité littéraire, fausse image de la gloire; mais il était vaste, sûr, éclairé plus qu'ébloui par sa splendide imagination; il s'élevait haut, et il planait sur les événements et sur les hommes de toute l'élévation de son talent. A l'inverse des hommes littéraires, qui portent souvent leur supériorité dans leur style et leur infériorité dans leurs actes, M. de Chateaubriand avait plus de justesse en politique qu'en imagination. Il voyait loin, et il voyait juste; quand il s'égarait, c'était par passion, et non par erreur. Ses fautes fatales à la monarchie, que nous aurons bientôt à raconter, ne furent pas des fautes d'intelligence, mais des fautes de caractère et de vertu publique. Semblable en cela à Mirabeau, ses faiblesses viciaient sa conduite, jamais son bon sens.

IX

Le temps, les circonstances, l'ambition qui croît avec l'âge, le contact avec les hommes, avaient beaucoup modifié ses opinions depuis 1815 et 1816. Le rôle de Tyrtée de la contre-révolution, qu'il avait affecté depuis la rentrée des Bourbons dans sa patrie, ses invectives contre Napoléon, ses adulations hyperboliques à l'Église, à l'émigration, à l'ancien régime, son culte ostentatoire de vieux trône et de vieux sanctuaire, ses encouragements malheureux à une terreur royale, à des lois draconiennes contre les adversaires de la Restauration, ses appels à la proscription, ses vœux et ses votes pour la peine de mort appliquée aux crimes de la pensée et aux forfaits de l'opinion, pesaient maintenant sur sa vie. Il aurait voulu les effacer de sa mémoire comme de la mémoire de son temps; il pouvait du moins les racheter par ces retours de raison, de modération et de justice, que les partis accueillent toujours quand un grand talent donne un grand prix à ces conversions du génie. Déjà, sous le ministère de M. Decazes, la nécessité de ne pas laisser briser ses armes dans sa main par la censure et par l'arbitraire imposés à la pensée royaliste lui avait fait adopter et défendre avec ardeur la liberté de la presse et les garanties constitutionnelles. Il était devenu libéral par défi contre les libéraux. Exclu du titre et des fonctions de ministre d'État par un coup de la défaveur royale, pour avoir lancé des imprécations au nom des royalistes contre l'ordonnance du 5 septembre, le ressentiment l'avait enfoncé plus avant dans l'opposition. Le ministère de M. de Richelieu l'avait indemnisé et reconquis par l'ambassade de Londres, et par toutes les grâces qui pouvaient ajouter la fortune et les honneurs à ces hautes fonctions. Son séjour splendide à Londres, ses relations politiques et sociales avec les hommes d'État de l'Angleterre, ses échanges d'admiration et d'amitié avec le plus éloquent et le plus littéraire des orateurs de la Grande-Bretagne, M. Canning, qui avait commencé comme lui par des hymnes à la contre-révolution, par des diatribes poétiques contre le jacobinisme, par la politique de Burke et de Pitt, et finissait par des professions de foi européennes à la puissance de la révolution, et par le libéralisme de Fox et de Sheridan; l'éloignement enfin qui donne de l'impartialité à la passion même, et qui, en affranchissant l'homme de ses liens de parti, de faction, de société, lui fait discerner, par-dessus la tête de ses amis et de ses ennemis, le véritable courant de son siècle et de l'esprit humain; toutes ces choses avaient transformé M. de Chateaubriand en un homme nouveau. Il avait trop le sentiment de la conformité avec lui-même et des convenances personnelles de sa gloire pour abandonner le rôle qu'il avait adopté à la tête des défenseurs chevaleresques de l'Église, du trône et des Bourbons; il ne voulait donner à personne le droit de lui reprocher une défection ou une apostasie; seulement, en défendant toujours les mêmes partis, il voulait les défendre avec d'autres armes. Il prétendait emprunter à la liberté ses doctrines et son drapeau pour faire triompher la cause de la Restauration. Sa propre gloire, perpétuel objet de sa sollicitude, y était intéressée comme sa fortune politique. Il s'apercevait que le monde dérivait vers la liberté, et que ceux qui se cramponnaient aux vieilles choses, abandonnés bientôt par le siècle et par l'avenir, resteraient sur la vase du passé, comme les débris auxquels ils s'attachaient en arrière du temps, de la postérité et de la gloire. M. de Chateaubriand avait adopté la Restauration pour les nouveautés qu'elle promettait à son imagination, plus que pour les vétustés qu'elle traînait après elle. En s'attachant à elle, il voulait l'entraîner et la rajeunir.

X

Ses liaisons avec M. de Villèle, pendant qu'ils gouvernaient ensemble le parti ultraroyaliste, l'un par la plume, l'autre par la tactique, l'avaient convaincu de la sagacité et de l'aptitude de cet homme encore enfoui dans l'obscurité des réunions parlementaires. M. de Villèle, homme sans bruit, sans prétentions à la gloire des lettres et sans éclat, n'avait rien dans sa nature qui pût offusquer la splendeur plus ambitieuse de M. de Chateaubriand. Il n'en coûtait rien à l'écrivain de témoigner de la déférence à l'homme d'affaires. M. de Villèle, de son côté, sans rivalité de popularité et de style avec le génie extérieur de son parti, empruntait volontiers au grand écrivain et au favori des aristocraties, des théocraties et des cours, le rayonnement de renommée, d'enthousiasme et de supériorité de talent dont M. de Chateaubriand illuminait et solennisait le parti royaliste. C'était pour complaire à M. de Villèle et à son parti dans la chambre que l'ambassade de Londres avait été déférée à M. de Chateaubriand. Ces deux hommes, entrés le même jour aux affaires, l'un au conseil, sans portefeuille, l'autre dans la diplomatie, se réservaient, sans aucun doute, de s'entr'aider à monter plus haut ensemble et de se compléter l'un par l'autre dans un ministère entièrement royaliste, quand le temps aurait usé les ministres intermédiaires et quand la majorité aurait vaincu les répugnances du roi. Ils avaient entretenu une correspondance intime pendant la durée du dernier ministère, et le triomphe de M. de Villèle avait été en même temps le triomphe de M. de Chateaubriand. Aussitôt que le congrès de Vérone fut officiellement annoncé à l'Europe, M. de Chateaubriand ne dissimula pas à son ami, devenu l'âme et le chef du gouvernement, sa passion d'aller représenter la France à cette réunion des souverains et des diplomates du continent. M. de Villèle se hâta d'appeler M. de Chateaubriand à Paris et de le proposer au roi pour un des plénipotentiaires qui devaient accompagner M. de Montmorency à ce conseil des rois. En demandant cette faveur pour l'illustre écrivain qui représentait la France à Londres, M. de Villèle avait un sentiment et deux pensées. Il faisait preuve de fidélité à l'homme politique avec lequel il avait combattu dans les rangs de l'opposition royaliste, et cédait à l'amitié. Il se donnait dans le congrès un interprète et un observateur à lui, qui servirait de contre-poids à la politique trop indépendante, trop aristocratique et trop chevaleresque de M. de Montmorency. Enfin, il se préparait un collègue pour le ministère des affaires étrangères en initiant ainsi M. de Chateaubriand aux grandes transactions diplomatiques, en le présentant au nom du roi aux souverains dont il flatterait l'orgueil et dont il conquerrait la confiance personnelle; et si la nécessité venait à éloigner M. de Montmorency, cher aux royalistes, M. de Villèle leur donnerait dans la personne de M. de Chateaubriand un nom sous lequel ils ne pourraient murmurer et une gloire qu'ils seraient forcés de subir. M. de Montmorency, ami lui-même plus ancien de M. de Chateaubriand, et qui ne soupçonnait pas un rival d'ambition et un remplaçant au ministère dans le plénipotentiaire qu'on lui adjoignait à Vérone comme pour illustrer davantage sa mission, l'accueillit sans ombrage.

XI

Mais M. de Chateaubriand, à cette époque de sa vie, avait plus d'ambition que de scrupules de reconnaissance envers M. de Montmorency et même envers M. de Villèle au fond de l'âme. Sa conduite dans cette circonstance, et le récit qu'il a fait lui-même de ses dispositions secrètes d'esprit en sollicitant et en accomplissant sa mission au congrès de Vérone, attestent qu'il dissimulait avec l'un et avec l'autre sa véritable pensée. Il voulait l'intervention par les hautes raisons d'État que lui dévoilait son génie, et qui ne pouvaient laisser hésiter selon nous un esprit lucide et ferme dévoué à l'affermissement de la Restauration. Mais il savait, par la correspondance intime de M. de Villèle avec lui, que ce ministre flottait irrésolu dans ses pensées sur le rôle de la France dans cette crise, et qu'il répugnait au fond à une entreprise trop aventureuse pour son intelligence et pour son audace. M. de Chateaubriand, caressant habilement dans ses réponses et dans ses entretiens ces timidités d'esprit du ministre dirigeant, non-seulement ne lui dévoilait pas ses tendances ardentes à engager la France dans l'intervention, mais il feignait de redouter autant que lui des engagements téméraires de la politique française dans les résolutions européennes du congrès, et laissait espérer ainsi à M. de Villèle qu'il entraverait l'impulsion des souverains du Nord vers la guerre, au lieu de la précipiter, comme il en avait le secret dessein.

D'un autre côté, M. de Chateaubriand, qui voulait l'intervention autant que M. de Montmorency la voulait lui-même, allait ravir à ce ministre, son ami, l'honneur de décider la guerre au congrès, et, après le congrès, la gloire de la diriger et de l'accomplir. Cette double attitude de M. de Chateaubriand envers les deux hommes auxquels il s'associait pour abuser l'un, pour écarter l'autre, témoignait plus d'ambition que de scrupule et d'élévation. Elle fit triompher le parti de la guerre au congrès, et elle renversa M. de Montmorency pour porter M. de Chateaubriand au ministère. Mais ce triomphe valut bientôt à M. de Chateaubriand la défiance d'un collègue droit dans M. de Villèle, et le refroidissement de l'amitié d'un homme de bien dans M. de Montmorency.

M. de La Ferronays, ancien aide de camp du duc de Berri, ambassadeur de France en Russie, accompagna aussi l'empereur Alexandre à Vérone. Il avait plu à ce prince par cette grâce loyale et franche du soldat qui négocie à cœur ouvert, et qui a pour habileté la droiture d'esprit. Ce jeune ministre, qu'une brusquerie du duc de Berri, quoique rachetée par des déférences, avait éloigné de la cour, était un de ces hommes de cœur que l'émigration avait laissés Français tout en les gardant fidèles à leur prince, et qui ne se trouvèrent pas dépaysés en rentrant dans les camps, dans les chambres ou dans les services publics de leur patrie.

Deux jeunes diplomates de haut rang et de haute aptitude, M. de Gabriac et le duc de Rauzan, gendre de la duchesse de Duras, furent désignés par le roi pour accompagner ses plénipotentiaires de Paris au congrès, et pour accroître la force et la dignité de sa diplomatie. M. le comte de Caraman, ambassadeur à Vienne, ministre influent par sa longue pratique de M. de Metternich, véritable dictateur de la politique européenne; M. de Rayneval, ministre à Berlin, le plus consommé, le plus sûr et le plus gracieux à la fois de nos envoyés; enfin M. de Serre, l'orateur le plus célèbre du parti royaliste, relégué à Naples pour l'écarter de la tribune, furent conviés à Vérone. La

France monarchique se faisait représenter par toutes les puissances d'honneur, de gloire et de génies divers devant les rois.

XII

Les représentants de la diplomatie européenne n'étaient pas moins l'élite des hommes d'État de toutes les cours. L'Angleterre allait y envoyer son premier ministre, lord Castlereagh, le continuateur moins populaire, mais aussi obstiné, de M. Pitt, quand, dans un accès de fièvre chaude et de délire causé, dit-on, par l'excès de son impopularité, il se donna la mort de Sénèque. Lord Wellington le remplaça au congrès : guerrier aussi dévoué au raffermissement des monarchies que lord Castlereagh, mais plus tempéré et plus véritablement négociateur que lui. M. Canning saisit à Londres, sur le cadavre de lord Castlereagh, la direction de la police britannique, qu'une main habile et qu'une parole souveraine pouvaient seules relever de son anéantissement.

L'empereur de Russie y conduisait, outre son ministre des affaires étrangères, M. de Nesselrode, le comte Capo-d'Istria, et M. Pozzo di Borgo, deux étrangers naturalisés par la faveur en Russie, l'un et l'autre passionné pour la grandeur de son rôle, voulant l'agrandir encore en lui donnant d'un côté un patronage libérateur en Grèce, de l'autre un patronage monarchique en Espagne.

Le prince de Metternich se préparait par des conférences préliminaires à Vienne avec MM. de Montmorency et de

Nesselrode à porter à Vérone le poids de résolutions collectives et déjà concertées contre les résistances à la guerre qu'il pressentait du côté de M. Canning. L'intervention triomphante que M. de Metternich avait dirigée l'année précédente à Naples et à Turin contre les révolutions de l'Italie lui donnait une confiance, une autorité morale et une direction prépondérante. Il était alors pour l'Europe l'Agamemnon des monarchies.

Le roi de Prusse, suivi de M. de Hardenberg, lumière et tradition de ses conseils, l'empereur d'Autriche, l'empereur Alexandre, le roi de Naples, le roi de Sardaigne, les impératrices, les princesses, les cours, les diplomates, les envoyés de la régence royaliste d'Espagne et les agents de l'armée de la Foi se réunirent à Vérone le 15 octobre. Les conférences, précédées par des pompes et par des fêtes, s'ouvrirent et se poursuivirent lentement. On était plus disposé à s'observer et à s'entretenir qu'à négocier. On semblait craindre d'aborder une pensée commune, mais qui devait rencontrer dans les plénipotentiaires de la Grande-Bretagne, et peut-être dans les hésitations de la France, des résistances d'où pouvaient éclater, avec des dissentiments entre les cours, des encouragements aux révolutions. Les plénipotentiaires français, et M. de Chateaubriand lui-même, subordonnés par leur rang au congrès à M. de Montmorency, leur ministre, se tenaient dans une respectueuse inaction, et se bornaient à des entretiens avec les souverains dans lesquels ils pressentaient leurs tendances et ouvraient eux-mêmes leur âme. L'empereur Alexandre parla à M. de Chateaubriand en héros de l'humanité et en philosophe religieux sur le trône, qui se croyait comptable, non à lui-même, mais au ciel, du sort et de l'action des soixante millions d'hommes obéissant à sa voix. Il ne déguisa pas le découragement dont les tentatives révolutionnaires, les sociétés secrètes, les conspirations des libéraux qu'il avait protégés en 1814 et 1815 avaient attristé ses premières convictions, et sa résolution d'employer toute son énergie et toute sa puissance en Europe à comprimer de nouvelles explosions, à refouler le génie des tempêtes, à maintenir contre la ligue des passions populaires la sainte alliance des souverains qu'il avait instituée, disait-il, pour la moralité, le progrès régulier et le repos du monde. L'accent mystique de sa voix ajoutait à la sincérité de la politique la sincérité de la foi. On sentait le chrétien sous le monarque. L'empereur, dans ses entretiens, donna en témoignage de son désintéressement personnel dans les actes qu'il sollicitait du congrès, sa conduite relativement à la Grèce. Cette nation insurgée contre les Turcs tendait les mains vers lui et se donnait à la Russie pour échapper aux Ottomans. La communauté de religion, la fraternité de race, la gloire de régénérer une grande famille humaine, l'avantage de diviser et d'affaiblir la Turquie, seul obstacle à l'expansion de la Russie en Asie, en Valachie, en Moldavie, les instances des Grecs de sa cour, entre autres du comte Capo-d'Istria, son courtisan, son ministre et son ami, celles de l'impératrice sa mère, tout le provoquait à étendre les mains sur la cause des Hellènes, et il suspendait ou retenait cette main dans la crainte, ajoutait-il encore, de donner un encouragement et un triomphe au parti révolutionnaire, même quand ce parti révolutionnaire était légitimé par le martyre, par l'indépendance et par la croix.

M. de Chateaubriand, heureux de rencontrer dans les chefs des conseils de l'Europe des dispositions si analogues aux siennes, écoutait avec une admiration sympathique ces paroles d'Alexandre. Il oubliait facilement dans ces entretiens la mission de temporisation et de froideur qu'il avait reçue de M. de Villèle. Il encourageait, bien loin de les contester, ces indignations de l'empereur de Russie contre les perturbateurs de l'ordre européen et des institutions monarchiques en Espagne. Il se conquérait à lui-même la faveur d'Alexandre et des souverains ses collègues ou ses clients de trône, en leur conseillant de tout oser dans l'intérêt de Ferdinand VII, et en leur faisant entendre que le cœur des royalistes en France conspirait d'avance avec eux. Il ne voulait pas trahir, mais il espérait ainsi entraîner M. de Villèle, capter par la conformité des sentiments la faveur intime des cours du Nord, leur montrer l'homme d'État des monarchies dans l'homme de lettres, et en les persuadant de ses services comme il les éblouissait de son génie, éclipser M. de Montmorency, contraindre M. de Villèle, s'emparer par droit de supériorité de la direction de l'affaire d'Espagne, et attacher ainsi à sa personne un de ces grands actes accomplis qui se personnifient dans un nom et qui le portent malgré l'envie elle-même à l'estime de la postérité.

XIII

M. de Montmorency, sous l'impulsion de sa propre pensée et sous l'inspiration du parti royaliste et du parti religieux en France, agissait et parlait dans le même sens, peu soucieux de faire violence aux timidités et aux prudences de M. de Villèle et du roi lui-même. Il se sentait soutenu contre eux par la cour du comte d'Artois, par l'influence de madame du Cayla, amie de son gendre M. de La Rochefoucauld, et par la majorité de la chambre, pressée de livrer ce combat décisif à la révolution. Il l'était de plus par M. de Metternich, avec lequel il était allé se concerter à Vienne avant de se rendre à Vérone. Sûr de l'empereur de Russie et du roi de Prusse, maître de l'oreille du roi et du cœur de sa famille, ministre des affaires étrangères presque aussi absolu dans ses négociations à Vérone que M. de Talleyrand l'avait été à Vienne; dévoré d'ardeur pour la religion et pour la monarchie qu'il avait contristées dans sa jeunesse, brûlant de signaler son retour sincère à leurs principes par une de ces ferveurs qui font pardonner de nobles déviations; redevable envers son nom associé depuis tant de siècles à l'origine, aux gloires, aux revers et aujourd'hui à la restauration de la dynastie des Bourbons, il crut n'avoir rien à ménager à Paris; et il négocia comme s'il eût eu dans ses instructions la plénitude du libre arbitre de la France. Ces instructions cependant, rédigées sous l'influence de M. de Villèle en conseil des ministres, présidé par le roi lui-même, étaient pleines de réserves et par conséquent de restrictions aux pouvoirs du négociateur, de recommandations d'en référer à son gouvernement, et d'éviter tout acte qui forcerait la main au roi et qui placerait la France en hostilité immédiate et irrévocable avec Madrid.

M. de Montmorency brisa, dès le premier jour, ce cercle de timidités, de réserves et de temporisations dans lequel on avait prétendu l'enfermer. Il agit en ministre de la sainte alliance, plus qu'en négociateur de son pays. Il soumit au congrès une note énergique et franche, dans laquelle il présentait l'Espagne comme un foyer révolutionnaire menaçant de s'étendre et d'incendier de nouveau le continent. Il demandait aux puissances, au nom de son gouvernement, quels seraient leur sentiment et leur concours dans l'éventualité probable d'une guerre entre la France et l'Espagne. Ces questions semblaient avoir été posées ainsi dans un accord préliminaire avec les cours du Nord, pour provoquer des réponses de nature à imprimer la terreur à l'Espagne, et à enlever tout scrupule de déclaration de guerre à la France. La Prusse répondit que si la France retirait son ambassadeur à Madrid, elle retirerait le sien, et qu'elle prêterait l'appui de ses armes à la cause de l'ordre établi. L'Autriche répondit qu'elle appuierait la France, en exigeant seulement que le contingent de troupes qu'elle prêterait à la cause commune serait déterminé avant les hostilités par de nouvelles conférences. La Russie répondit avec plus d'énergie qu'elle prêterait sans condition son appui moral et ses forces matérielles à la guerre de la France en Espagne pour la délivrance de Ferdinand. L'Angleterre déclara que ses principes constitutionnels sur l'indépendance des peuples lui interdisaient de discuter une guerre d'intervention dans un État indépendant. Son plénipotentiaire, lord Wellington, refusa en conséquence de signer les procès-verbaux des séances du congrès, dans lesquelles les questions attentatoires aux droits des nations avaient été posées. Mais, bien que cette attitude irréprochable de l'Angleterre présageât à M. de Montmorency et aux partisans de la guerre une résistance et des notes diplomatiques qui compliqueraient les choses, ni M. de Montmorency, ni M. de Chateaubriand, ni les souverains, ni leurs ministres ne pensaient que ce défaut d'unanimité du congrès fût de nature à suspendre la volonté de l'Europe, et à jeter le gouvernement britannique dans une alliance armée avec la révolution espagnole. Il y avait à Londres, comme à Paris, une politique de chambres et de publicité qui parlait à haute voix, et une politique d'aristocratie et de cour qui poussait dans l'ombre. On s'attendait à des discours hostiles de M. Canning; on ne craignait pas ses flottes. L'Espagne, si ingrate envers l'Angleterre, qui avait combattu pour elle pendant les guerres de la délivrance, n'était pas assez populaire à Londres pour entraîner le gouvernement de la Grande-Bretagne au delà des protestations.

XIV

Armé de ces réponses et fier de son succès, M. de Montmorency arriva à Paris. Les élections avaient eu lieu pendant le congrès, et avaient renforcé encore dans la chambre élective le parti de la guerre. D'un autre côté, les succès de Mina, de San Miguel et des généraux constitutionnels contre l'armée de la Foi, avaient accru l'audace des factions extrêmes à Madrid et les périls de Ferdinand. Tout annonçait en Espagne les dernières convulsions de l'anarchie et les dernières catastrophes de la royauté. La France, émue de crainte, de pitié, d'horreur ou d'espérance, selon qu'elle applaudissait ou qu'elle répugnait à ces scènes, assistait tout entière à cette lutte à mort entre le roi et la révolution de l'autre côté des Pyrénées. Les cours de Russie, de Prusse et d'Autriche adressaient à l'Espagne des notes menaçantes concertées entre elles et M. de Montmorency. Ce ministre, créé duc de Montmorency par le roi à son retour du congrès, pressait ses collègues d'adresser au cabinet de Madrid une note conforme aux engagements qu'il avait cru devoir prendre à Vérone. Le roi temporisait; lord Wellington, en revenant à Londres, s'arrêtait à Paris, et entretenait ce prince des dangers d'une adhésion aux vœux des puissances du Nord et d'une intervention sous leurs auspices, qui ferait de son règne un contre-sens avec ses institutions, et qui relâcherait, si elle ne les rompait pas, les liens de son trône avec l'Angleterre.

Le roi, qui avait su discerner depuis longtemps dans le duc de Wellington l'homme d'État sous le guerrier, s'émouvait à ces paroles. Il redoutait également de trop résister à l'ascendant de la Russie et de lui trop obéir. Il partageait l'anxiété de M. de Villèle; il ajournait toute décision, mécontent cependant de l'indépendance que M. de Montmorency avait affectée à Vienne et à Vérone. Il avait senti la nécessité de prévenir l'anarchie dans son ministère, et d'y constituer l'unité d'action en nommant M. de Villèle président du conseil des ministres. Cette élévation avait blessé non le cœur, mais la dignité de M. de Montmorency. D'égal, ce ministre devenait subordonné. M. de Villèle, en vertu de son titre de chef du cabinet, adressait à M. de Lagarde, ambassadeur de France à Madrid, des dépêches conciliatrices, soustraites aux regards du ministre des affaires étrangères. Il conjurait, dans ces dépêches, M. de Lagarde d'obtenir des chefs révolutionnaires des cortès des tempéraments et des modifications à la constitution espagnole, qui rendraient au roi la dignité et la sûreté, promettant, à ce prix, l'immobilité et même l'alliance de la

France. M. de Montmorency et ses amis de la chambre s'offensaient et s'indignaient de ces faiblesses transformées en trahisons à la cause des trônes et des autels. M. de Montmorency sentit que c'était le moment de sommer le roi et ses collègues d'avouer ou de désavouer sa politique. Il lut au conseil la note qu'il adressait à notre ambassadeur à Madrid. Elle respirait l'énergie et la guerre. Cette note, discutée devant le roi, fut soutenue par M. de Peyronnet, par le maréchal Victor, par M. de Clermont-Tonnerre, combattue par M. de Villèle, par M. de Corbière, par M. de Lauriston. Le roi trancha la discussion en se rangeant du côté de son premier ministre, et en adoptant des termes mitigés et indécis qui laissaient en suspens la paix et la guerre. M. de Montmorency se refusa avec dignité à démentir par ses actes à Paris les promesses qu'il avait faites à Vérone. Il offrit respectueusement sa démission au roi, qui l'accepta. M. de Villèle triompha pour un jour.

XV

Cependant la retraite de M. de Montmorency, ministre cher à la fois au congrès, à la cour, aux royalistes, à la faction sacerdotale, allait être le signal de la rupture entre la majorité de la chambre et le gouvernement. M. de Villèle se trouverait jeté dans la voie de M. Decazes avec le soupçon de trahison de plus. Il le sentit, et soit qu'il ignorât les dispositions habilement masquées jusque-là de M. de Chateaubriand à la politique d'énergie, soit qu'il feignît de les ignorer pour ne pas rompre à la fois avec les deux chefs du royalisme, il appela M. de Chateaubriand au ministère des affaires étrangères. M. de Chateaubriand, après quelques égards et quelques scrupules décents pour son ancien ami M. de Montmorency, scrupules facilement vaincus par l'impatience d'un grand rôle et par la perspective d'un grand intérêt politique, accepta la dépouille de M. de Montmorency, puni d'un crime d'opinion qu'il partageait en secret avec ce ministre. L'ambition a ses sophismes qui expliquent ces inexplicables contradictions de rôles.

M. de Montmorency s'attrista de cette infidélité d'un ami dont il avait admiré le génie et protégé la détresse. Il ne récrimina pas, et ne permit pas même à son cœur de murmurer tout haut; il ne chercha point de compensation dans la popularité ou de vengeance dans l'opposition. Inférieur de talent, supérieur d'âme, il avait une de ces rares vertus qui n'empruntent à la piété que ses douceurs, ses humilités et ses pardons. Il continua à honorer, tantôt dans l'obscurité, tantôt à la cour, le roi qui le désavouait, le ministre qui le congédiait, l'ami qui l'abandonnait : exemple presque unique dans ces partis et dans ces assemblées, où les triomphes endurcissent les cœurs, où les chutes les dépravent, et où les changements de situation sont si souvent des changements de langage, de cause et de fidélité.

XVI

Les autres ministres restèrent, rejetant sur M. de Montmorency seul le désaveu et le malheur de leurs pensées communes. M. de Villèle, pour apaiser les ressentiments de la famille et des amis du ministre congédié, offrit au duc de Doudeauville, père de M. Sosthène de La Rochefoucauld, le ministère de la maison du roi qu'avait occupé M. de Blacas, et des participations au gouvernement à son fils. Tout se calma dans la région de la cour et du pouvoir, sous les faveurs ou sous les espérances. La présence et la popularité de M. de Chateaubriand couvraient le ministère de M. de Villèle et la royauté.

La note envoyée à Madrid par le ministère français après cette crise, rédigée dans la double vue de satisfaire les puissances en menaçant indirectement l'Espagne, et de rassurer cette nation en ménageant les menaces, était une énigme indigne de la franchise d'un gouvernement qui n'y laissait lire que sa pusillanimité et son hésitation. Des dépêches plus confidentielles défendaient à notre ambassadeur de rompre avec les cortès, et lui ordonnaient de s'entendre avec l'ambassadeur d'Angleterre à Madrid, pour arracher à la révolution une transaction qui prévînt la nécessité de la guerre. Mais l'ambassadeur d'Angleterre lui-même, sir William A'Court, semblait, ou par le hasard, ou par l'inattention, l'homme le plus mal choisi pour protéger sincèrement une révolution en Espagne. Dévoué de cœur et de tradition à la cause des anciens régimes sur le continent, lié avec l'aristocratie des cours, hostile aux peuples, incrédule à leurs efforts pour s'affranchir du joug des vieilles institutions et pour se régir par la liberté régulière, d'un esprit sceptique, d'un extérieur froid, d'une humeur acerbe, il avait assisté déjà comme ambassadeur à la révolution de Naples, et nul n'avait désespéré plus vite de l'héroïsme de l'Italie, ni raillé plus amèrement ses défaites. On ne pouvait sérieusement attendre de lui, à Madrid, des vœux bien sincères ou des efforts bien efficaces pour prévenir les extrémités dans lesquelles les exaltés se précipitaient. D'ailleurs, sir William A'Court eût-il été aussi ardent que M. Canning lui-même à s'interposer entre les révolutions et les contre-révolutions sur le continent, on sait assez que les révolutions n'écoutent que trop tard leurs modérateurs, et que les peuples comme les rois ne reçoivent de leçons que du malheur.

XVII

Telles étaient la situation de l'Europe et la fluctuation d'idées du gouvernement français, quand les notes des souverains et celle de la France arrivèrent à Madrid. Le gouvernement révolutionnaire y répliqua dans le style de Rome devant Annibal, ou de la Convention devant l'Europe coalisée. Ces répliques d'un peuple indigné des ordres qu'on prétendait lui donner jusque dans ses propres foyers contraignirent les ambassadeurs de la Russie, de la Prusse et de l'Autriche à demander leurs passe-ports au gouvernement espagnol. Ils les reçurent dans des termes qui poussaient jusqu'à l'insolence et à l'outrage le sentiment de la dignité offensée. L'ambassadeur français, M. de Lagarde, se sépara, ainsi que M. de Villèle le lui avait prescrit, de ses collègues des cours du Nord; il demeura à Madrid et continua, de concert avec sir William A'Court, à offrir sa médiation officieuse entre le roi et la révolution. La Russie, l'Autriche, la Prusse, réclamèrent vivement à Paris contre une faiblesse qui rompait le faisceau des résolutions de Vérone, et qui encourageait la résistance des exaltés de toute l'hésitation que la France montrait à se prononcer. Les royalistes de la chambre, déjà arrivés à Paris pour la session, s'emportèrent en récriminations et en menaces contre le ministère. M. de Villèle et le roi tremblèrent devant cette indignation de leur parti et devant les reproches mérités des cours. M. de Chateaubriand, rejetant alors la feinte modération qu'il avait affectée jusque-là pour complaire au roi et à M. de Villèle, porta à son tour la menace et le défi à Madrid dans une dépêche à M. de Lagarde, qu'il fit subir au conseil des ministres. Il résuma, dans une note indignée, les griefs dont la révolution de Madrid armait la France, les bons conseils repoussés, la conciliation dédaignée, les sommations insolentes adressées au gouvernement français de dissoudre ses forces d'observation sous les Pyrénées, et de rendre au supplice qui les attendait les Espagnols fugitifs abrités sur le sol protecteur de la France; les conspirateurs français, au contraire, reçus, encouragés, enrôlés, soldés, armés, investis de dignités, de grades et de commandements en Espagne, enfin toutes les relations internationales des deux pays suspendues sur terre et sur mer par les excès d'une anarchie qui ne laissait de sûreté à personne, et les intérêts du commerce français sacrifiés trop longtemps à un état d'hostilité sourde, qui n'était ni la paix ni la guerre, et qui ne pouvait se prolonger sans dégrader à la fois la dignité et la prospérité des deux peuples.

Il ordonnait en conséquence à M. de Lagarde de demander ses passe-ports au gouvernement espagnol et de quitter l'Espagne avec toute sa légation, ajoutant, pour laisser un faux et dernier espoir à la conciliation, que ce départ n'était pas encore une déclaration de guerre, et que le duc d'Angoulême, que le roi allait investir du commandement de l'armée d'observation, se réservait de traiter plus efficacement avec Ferdinand en personne, si ce roi, affranchi par les cortès de sa captivité déguisée, se présentait entre les deux armées pour conférer avec son cousin sur les bords de la Bidassoa.

Cette note, publiée à Paris, fut appuyée par des concentrations de troupes aux Pyrénées qui laissaient peu d'espoir à la paix. M. de Villèle seul espérait encore la retenir tout en la proposant. Lié par ses relations comme ministre des finances avec toute l'aristocratie financière et mercantile de Paris, qui affectait de craindre la guerre pour ses intérêts tout en spéculant effrontément sur les oscillations du crédit public, M. de Villèle s'acquérait une secrète popularité sur ce parti des banquiers royalistes dans le cabinet, libéraux à la chambre, en leur laissant lire, dans l'intimité de ses entretiens avec eux, sa répugnance à une intervention monarchique contre laquelle ils tonnaient dans leurs réunions et dans leurs journaux. Mais M. de Villèle était déjà entraîné lui-même par le mouvement instinctif du salut public pour la cause de la monarchie qu'il avait été trop lent à comprendre, et qu'il était maintenant impuissant à retenir. M. de Chateaubriand, appuyé sur le vœu des cours du Nord, sur la passion des royalistes, sur l'honneur de la Restauration, sur l'élan militaire de l'armée impatiente, avide de mouvement et de gloire, triomphait dans le conseil. Il dicta, malgré les corrections, les retouches et les atténuations de M. de Villèle, le discours du roi à l'ouverture de la session; ce discours fût le cri de guerre des royalistes, le coup de foudre de l'opposition.

« J'ai tout tenté, dit le roi avec l'accent d'une résolution d'autant plus irrévocable qu'elle avait été plus patiente; j'ai tout tenté pour garantir la sécurité de mes peuples et pour préserver l'Espagne elle-même des derniers malheurs. L'aveuglement avec lequel ont été repoussées les représentations faites à Madrid laisse peu d'espoir de conserver la paix. J'ai ordonné le rappel de mon ministre. Cent mille Français commandés par un prince de ma famille (le duc d'Angoulême) sont prêts à marcher en invoquant le Dieu de saint Louis pour conserver le trône d'Espagne à un petit-fils d'Henri IV, préserver ce beau royaume de sa ruine et le réconcilier avec l'Europe... Si la guerre est inévitable, je mettrai tous mes soins à en resserrer le cercle et à en abréger la durée; elle ne sera entreprise que pour conquérir la paix que l'état de l'Espagne rendrait impossible. Que Ferdinand VII soit libre de donner à ses peuples les institutions qu'ils ne peuvent tenir que de lui, et qui, en assurant le repos, dissiperaient les justes inquiétudes de la France, dès ce moment les hostilités cesseront. J'ose prendre devant vous, messieurs, ce solennel engagement. J'ai consulté la dignité de ma couronne, l'honneur et la sûreté de la France. Nous sommes Français, et nous serons toujours d'accord pour défendre de tels intérêts! »

XVIII

Ces paroles, si longtemps attendues par la majorité royaliste des deux chambres, par le parti de l'aristocratie, par le parti épiscopal, et, il faut le dire, par le parti de l'honneur national, qui ne se séparait pas en cela de l'honneur du trône, firent éclater dans la chambre et dans le pays un applaudissement qui fit trembler l'Espagne. Le crédit public, artificieusement ébranlé un moment par les spéculations de feinte terreur des banquiers de l'opposition libérale, se releva malgré eux par la confiance qu'une grande résolution porte toujours avec elle. L'armée y répondit par une acclamation; les indécis se rallièrent, les timides se rassurèrent. M. de Chateaubriand avait eu le courage et le génie de la solution, M. de Villèle n'en avait eu que les objections et les prudences. Le salut de la royauté était cette fois dans le cœur de la France, si longtemps menacée, si impunément outragée en Espagne. M. de Chateaubriand, en faisant éclater le cœur comprimé des royalistes, en avait arraché le salut commun. Le roi le sentit au contre-coup de ses paroles; il se plaça enfin lui-même à la tête du sentiment national dont M. de Villèle l'avait trop fait douter; il comprit que la France serait royaliste toutes les fois que son honneur, sa dignité et ses armes seraient avec la royauté. La résistance au mouvement presque unanime qui emportait les opinions et les sentiments vers la guerre se réfugia dans les réunions et dans les journaux de l'opposition de la chambre.

A la chambre des pairs, les hommes d'État qui n'avaient pas eu un murmure contre les envahissements armés, contre les conquêtes sans prétexte et contre les guerres sans fin de Napoléon, dont ils avaient été les instruments et les conseils, les Daru, les Molé, les Talleyrand, les Pasquier, les Barante, les Ségur, tous débris de l'empire recueillis par la restauration, mais ligués pour l'arracher aux royalistes, protestèrent seuls avec plus ou moins d'audace contre une guerre qui n'avait pour motif aucune ambition, qui était précédée des appels les plus longanimes à la transaction et à la conciliation des partis en Espagne, et qui proclamait d'avance, sinon l'inviolabilité des anarchies, du moins l'inviolabilité du trône et de la nation espagnole. Contradiction de rôles qu'expliquait la diversité des époques. Le parti bonapartiste flattait en 1810 l'ambition d'un conquérant qui l'enrichissait des dépouilles du monde, il flattait en 1823 un libéralisme antibourbonien qui lui promettait le pouvoir ou la popularité. M. de Talleyrand et M. Molé, privés de la tribune par la promptitude du vote, publièrent les discours qu'ils avaient préparés. M. de Talleyrand se vantait dans le sien d'avoir déconseillé à Napoléon la fatale invasion de l'Espagne. L'opposition, complaisante et crédule pour ce qui la sert, feignait de croire à ces résistances de M. de Talleyrand, que Napoléon muet dans son sépulcre ne pouvait plus démentir. Ce discours, colporté par tous ses organes, ne trompa que ceux qui voulaient être trompés. M. de Talleyrand, dans les rares occasions où il paraissait aux tribunes, y faisait de la diplomatie plus que de l'histoire. Ses oppositions et ses prédictions à Napoléon étaient des mérites posthumes qu'il lui convenait de s'attribuer à la fois devant les partisans et devant les ennemis de son bienfaiteur. Il voulait que de prétendus avertissements parussent avoir motivé les défections et les revers.

« Il y a aujourd'hui seize ans, disait-il avec cette impassibilité magistrale qui défie le passé quand le passé n'a plus de voix pour répondre, il y a aujourd'hui seize ans qu'appelé par celui qui gouvernait alors le monde à lui dire mon avis sur une lutte qui allait s'engager avec le peuple espagnol, j'eus le malheur de lui déplaire en lui dévoilant l'avenir, en lui révélant tous les dangers qui allaient naître en foule d'une agression non moins injuste que téméraire : la disgrâce fut le prix de ma sincérité. Étrange destinée que celle qui me ramène après ce long espace de temps à renouveler auprès des souverains légitimes les mêmes efforts, les mêmes conseils !... Il m'appartient, à moi qui ai pris une si grande part aux événements de la double restauration, qui par mes efforts, j'ose dire par mes succès, ai mis ma gloire et ma responsabilité tout entières dans ce renouvellement d'alliance entre la France et la maison de Bourbon, d'empêcher autant qu'il est en moi que l'ouvrage de la sagesse et de la justice ne soit compromis par des passions folles et téméraires ! »

« Où irons-nous ? disait à son tour M. Molé, orateur plus innocent des grandes fautes extérieures de Napoléon, mais aussi responsable de son système despotique au dedans. On ira, dit-on, à Madrid ? Hélas ! nous y sommes déjà allés ! Une révolution s'arrête-t-elle lorsque l'indépendance du peuple qui la subit est menacée ? Et n'avons-nous pas l'exemple de la révolution française, qui est devenue invincible quand sa cause est devenue celle de notre indépendance ? D'ailleurs les partis font souvent des choses sans le vouloir, et *chez eux les crimes sont quelquefois des nécessités!* » Cette phrase du discours de M. Molé répondait aux prédictions sinistres des partisans de la guerre sur le sort qui attendait selon eux Ferdinand VI. Manuel, quelques jours après, fut proscrit de la chambre des députés pour une allusion moins terrible. Mais le nom, les opinions, les antécédents de M. Molé, homme de la race des proscrits et non des proscripteurs de 1793, ne laissèrent pas de doute sur le sens de ses expressions, et les firent accepter sans soulèvement d'indignation par les royalistes. Les partis ont deux poids et deux mesures, dans lesquels ils pèsent non les paroles, mais les noms. Ces deux discours, sans écho dans la chambre des pairs, en eurent un profond dans le cabinet du roi. Il craignait les prophéties de M. de Talleyrand, qui lui avait apparu depuis si longtemps comme en confidence avec la fortune. « Cet homme, dit-il à un de ses familiers, me confirme dans le système de M. de Villèle, de temporiser et d'éviter la guerre, si cela est possible ! »

XIX

A la chambre des députés, l'opposition et le royalisme se disputèrent avec un plus terrible acharnement la guerre et la paix, entre lesquels M. de Villèle et le roi semblaient s'arrêter encore malgré les déclarations du discours royal. M. Hyde de Neuville présenta un projet d'adresse en réponse au roi, qui reçut les applaudissements de la majorité. Nul homme dans la chambre n'était plus fait pour élever la voix dans cette crise de la maison de Bourbon. M. Hyde de Neuville lui avait dévoué sa jeunesse, sa fortune, sa tête ; né de sang anglais, il avait apporté en France ce fanatisme obstiné des partisans des Stuarts, qui personnifie dans une race royale, l'honneur, la religion, la patrie, et à qui l'expatriation et l'échafaud ne paraissent que des devoirs de leur culte. Conspirateur infatigable sous la république et sous l'empire, émissaire courageux du roi et des princes à Paris, vivant la moitié de sa vie sous de faux noms, se jouant de la police du Directoire et de Bonaparte par une police plus occulte dont il avait ourdi les fils jusque dans la capitale au profit des Bourbons ; lié avec les Polignac, les Bourmont, les Rivière, les Moreau, les Pichegru, les Georges, les Clichiens, les Vendéens ; soupçonné même de complicité avec les fabricateurs de la machine infernale, soupçon aussi odieux qu'injuste, car nul caractère par son courage et sa franchise même n'était plus ardent à la guerre, plus antipathique au crime ; réfugié aux États-Unis pendant les dernières années de l'empire, ayant dépouillé dans ce pays de la liberté une partie de ses préventions contre les institutions populaires et conservé seulement sa fidélité de sujet dans l'âme du citoyen, M. Hyde de Neuville était rentré en France avec ses princes. Envoyé à la chambre par le Berri, sa patrie, il se signalait parmi les royalistes exaltés par quelques emportements de doctrines d'épuration et de zèle qui se calmèrent depuis, et par une éloquence fougueuse, virile et franche, sous laquelle on sentait l'homme d'action plus que l'orateur. Sa noble figure, sa tête élevée, son geste martial, ses dangers courus pour la monarchie, ses aventures, ses cachots, ses persécutions, ses exils, lui donnaient une grande autorité sur les royalistes et faisaient de M. Hyde de Neuville une sorte de tribun de la royauté.

Un tel homme ne pouvait hésiter à pousser ses princes et son parti politique aux aventures de la monarchie en Espagne. Tout ce qui ressemblait à l'héroïsme l'entraînait. Ses opinions n'étaient que de l'honneur exalté.

XX

« Les factions, disait M. Hyde de Neuville dans son adresse, ont enfin perdu tout espoir d'impunité. La France montre à l'Europe comment les malheurs publics se réparent. Destiné par la Providence à fermer l'abîme des révolutions, le roi a tout tenté pour garantir ses peuples et pour sauver l'Espagne des suites funestes de la rébellion de quelques soldats parjures. Une aveugle obstination a repoussé les conseils du chef de la maison de Bourbon. Sire, nous sommes Français! aucun sacrifice ne coûtera à vos peuples pour défendre la dignité de votre couronne, l'honneur, la sûreté de la France!... C'est à vous d'étouffer l'anarchie pour conquérir la paix, de rendre la liberté à un roi de votre sang, de délivrer de l'oppression un peuple qui vous aida à briser vos fers. Votre armée courageuse et fidèle, cette armée qui sut mépriser les lâches insinuations de la révolte, s'élance avec ardeur sous l'étendard des lis à votre voix; elle ne prend et elle ne gardera les armes que pour maintenir l'ordre social, et pour préserver de tout principe contagieux et désorganisant notre pays et nos institutions. »

Cette adresse expressive des royalistes les plus impatients de la chambre dépassait dans les termes les pensées de M. de Villèle, et faisait en réalité violence au roi en paraissant applaudir à son énergie. M. de Chateaubriand, le comte d'Artois, ses amis, la cour, l'armée, apparaissaient derrière les paroles de M. Hyde de Neuville. Les repousser, c'était pour le gouvernement se déclarer en rupture de sentiments avec la majorité; les accepter, c'était subir le joug de ses amis, renoncer à toute transaction avec le parti libéral, à toute négociation avec les constitutionnels de Madrid, à tout concert avec l'Angleterre. M. de Villèle, contraint par la nécessité de choisir entre ces deux partis extrêmes auxquels il répugnait également, se décida pour le moins immédiatement dangereux à la couronne et à son ministère. Il fut entraîné, et il feignit d'imprimer lui-même le mouvement qu'il ne pouvait plus retenir. M. de Chateaubriand triompha. Cependant les confidences qui révélaient aux royalistes exaltés les hésitations et les répugnances du premier ministre circulaient dans la chambre. Ces confidences nourrissaient contre lui les animosités de M. de la Bourdonnaie, de M. de Lalott et de leurs amis, hommes de passion qui voulaient servir leur parti par des excès, et que des rivalités secrètes d'importance, de talent, d'ambition, irritaient sourdement contre le chef du cabinet. Ce groupe de mécontents n'osait refuser les subsides demandés pour la guerre, puisque leur refus aurait été un contre-sens à leur royalisme, mais ils voulaient saper le ministre en votant ses propositions, et l'écraser sous les votes mêmes qu'ils lui jetteraient. Ce fut l'origine de cette contre-opposition royaliste qui se forma dans les chambres sous les auspices de deux mauvaises passions, la colère et l'envie; qui coalisa plus tard les hommes extrêmes de la monarchie avec les hommes extrêmes de la révolution; qui recueillit dans son sein tous les germes de factions habilement fomentés par M. de Chateaubriand lui-même; qui, en divisant les royalistes, enleva au gouvernement une base fixe plus large pour asseoir la monarchie constitutionnelle, et qui, après avoir renversé M. de Villèle, dont la modération et la prudence groupaient les centres, ne laissa à la restauration que l'option de se livrer à l'extrême gauche, aux ennemis qui conspiraient sa perte, ou de se livrer à l'extrême droite, aux amis aveugles et rétrogrades qui la rendaient antipathique à la nation.

XXI

M. Royer-Collard ouvrit la discussion par un discours, qui répétait en meilleur langage les prédictions de M. de Talleyrand et de M. Molé contre la guerre d'intervention dans la Péninsule : orateur incomparable pour la philosophie d'une discussion de principes et pour la formule du discours, M. Royer-Collard n'avait aucune de ces illuminations d'instinct qui éclairent et qui décident l'homme d'État dans des questions extérieures. Il réfléchissait tout et ne sentait rien. Le génie, en de telles délibérations, est dans le sentiment. Il en manqua, et les événements démentirent ses augures, comme ceux de M. Molé et de M. de Talleyrand. Sa parole fut terne comme ses idées. Elle ne flatta que des scrupules, des timidités ou des malveillances dans la chambre. Le général Foy montra la main cachée de la contre-révolution et le pouvoir sacerdotal faisant violence au gouvernement lui-même pour aller reconquérir à Madrid le droit d'opprimer en France. Il annonça des désastres à nos armes et des réactions à nos libertés. M. de Villèle lui répondit en confessant en effet des pensées de transaction et de paix tant qu'elles avaient été compatibles avec la dignité et la sécurité de la France, mais en démontrant que les outrages du gouvernement espagnol, qui nous sommait de retirer même notre armée d'observation, ne nous laissaient le choix qu'entre l'humiliation ou la guerre. M. de Chateaubriand n'était point orateur, mais il était éloquent. Dépourvu de cette flamme d'improvisation que la contradiction fait saillir, qui illumine et qui foudroie du haut de la tribune, il préméditait, il ordonnait, il colorait à loisir ses pages, et en les déroulant devant les assemblées, il obtenait du lendemain et de la postérité l'effet que l'orateur obtient du moment. Son discours laborieusement étudié était à la fois le manifeste de son génie et le manifeste du royalisme devant l'Europe. La renommée qui le devançait le fit écouter, non comme un discours, mais comme un oracle. Quand de tels hommes parlent, ce n'est plus l'orateur politique qu'on écoute, c'est l'artiste souverain. L'opinion se récuse devant l'art, et la grandeur même de la discussion disparaît devant la grandeur de l'homme.

XXII

M. de Chateaubriand, imitant l'orgueilleuse déférence de Mirabeau envers Barnave, le plus considérable de ses contradicteurs dans la question du droit de paix ou de guerre, affecta, en commençant la lecture de son discours, de se tourner du côté du général Foy, et d'adresser ses paroles au plus populaire et au plus digne de ses adversaires dans l'opposition.

» Messieurs, dit-il avec l'accent ému que sa timidité devant la foule donnait à sa voix, et avec la physionomie concentrée que la réflexion donnait à son visage, j'écarterai d'abord les objections personnelles : les intérêts de mon amour-propre ne doivent trouver aucune place ici. Je n'ai rien à répondre à des pièces mutilées, imprimées par je ne sais quel moyen dans les gazettes étrangères. J'ai commencé ma carrière ministérielle avec l'honorable préopinant pendant les cent-jours, nous avions tous les deux un portefeuille par intérim, moi à Gand, lui à Paris; je faisais alors un *roman*, lui s'occupait de *l'histoire;* je m'en tiens encore au roman.

» Je vais parcourir la série des objections présentées à cette tribune. Ces objections sont nombreuses et diverses. Pour ne pas m'égarer dans un aussi vaste sujet, je les rangerai sous différents titres...

» Examinons d'abord la question de l'intervention. Un gouvernement a-t-il le droit d'intervenir dans les affaires intérieures d'un autre gouvernement? Cette grande question du droit des gens a été résolue en sens opposé; ceux qui l'ont rattachée au droit naturel, tels que Bacon, Puffendorf, Grotius et tous les anciens, ont pensé qu'il est permis de prendre les armes au nom de la société humaine contre un peuple qui viole les principes sur lesquels repose l'ordre général, de même que dans un État particulier on punit les perturbateurs du repos public.

» Ceux qui voient la question dans le droit civil soutiennent, au contraire, qu'un gouvernement n'a pas le droit d'intervenir dans les affaires d'un autre gouvernement.

» Ainsi les premiers placent le droit d'intervention dans les devoirs, et les derniers dans les intérêts.

» J'adopte, messieurs, le principe émané du droit civil ; je me range au parti des politiques modernes, et je dis comme eux : Nul gouvernement n'a le droit d'intervenir dans les affaires intérieures d'un autre gouvernement.

» En effet, si ce principe n'était pas admis, et surtout par les peuples qui jouissent d'une constitution libre, aucune nation ne serait en sûreté chez elle ; il suffirait de la corruption d'un ministre ou de l'ambition d'un roi pour attaquer tout État qui chercherait à améliorer son sort. Aux divers cas de guerre déjà trop multipliés, vous ajouteriez un principe perpétuel d'hostilité, principe dont chaque homme au pouvoir serait juge, puisqu'on aurait toujours le droit de dire à ses voisins : Vos institutions me déplaisent ; changez-les, ou je vous déclare la guerre.

» J'espère que mes honorables adversaires conviendront que je m'explique avec franchise.

» Mais, si je me présente à cette tribune pour soutenir la justice de notre intervention dans les affaires d'Espagne, comment vais-je me soustraire au principe que j'ai moi-même si nettement énoncé ? Vous allez le voir, messieurs.

» Lorsque les politiques modernes eurent repoussé le droit d'intervention en sortant du droit naturel pour se placer dans le droit civil, ils se trouvèrent très-embarrassés. Des cas survinrent où il était impossible de s'abstenir de l'intervention sans mettre l'État en danger. Au commencement de la révolution, on avait dit : « Périssent les

» colonies plutôt qu'un principe ! » et les colonies périrent. Fallait-il dire aussi : « Périsse l'ordre social plutôt qu'un » principe? » Pour ne pas se briser contre la règle même qu'on avait établie, on eut recours à une exception au moyen de laquelle on rentrait dans le droit naturel, et l'on dit : « Nul gouvernement n'a le droit d'intervenir dans les » affaires intérieures d'une nation, excepté dans le cas où la » sûreté immédiate et les intérêts essentiels de ce gouver- » nement sont compromis. » Je citerai bientôt l'autorité dont j'emprunte les paroles.

» L'exception, messieurs, ne me paraît pas plus contestable que la règle : nul État ne peut laisser périr ses intérêts essentiels, sous peine de périr lui-même comme État. Arrivé à ce point de la question, tout change de face ; nous sommes transportés sur un autre terrain ; je ne suis plus tenu à combattre victorieusement la règle, mais à prouver que le cas d'exception est venu pour la France.

» Avant de déduire les motifs qui justifient notre intervention dans les affaires d'Espagne, je dois d'abord, messieurs, m'appuyer sur l'autorité des exemples.

» J'aurai souvent l'occasion, dans la suite de mon discours, de parler de l'Angleterrre, puisque mes honorables adversaires nous l'opposent à tout moment, et dans leurs discours improvisés, et dans leurs discours écrits, et dans leurs discours imprimés. C'est la Grande-Bretagne qui, seule à Vérone, a défendu ces principes, c'est elle qui s'élève seule aujourd'hui contre le droit d'intervention ; c'est elle qui est prête à prendre les armes pour la cause d'un peuple libre ; c'est elle qui réprouve une guerre impie, attentatoire au droit des gens, une guerre qu'une petite faction bigote et servile veut entreprendre pour revenir ensuite brûler la charte française après avoir déchiré la constitution espagnole. N'est-ce pas cela, messieurs? Nous reviendrons sur tous ces points : parlons d'abord de l'intervention.

» Je crains que mes honorables adversaires aient mal choisi leur autorité. L'Angleterre, disent-ils, nous donne un grand exemple en protégeant l'indépendance des nations.

» Que l'Angleterre en sûreté au milieu des flots, et défendue par de vieilles institutions, que l'Angleterre qui n'a subi ni les désastres de deux invasions, ni les bouleversements d'une révolution de trente années, pense n'avoir rien à craindre de l'Espagne et ne veuille pas intervenir dans ses affaires, rien sans doute n'est plus naturel; mais s'ensuit-il que la France jouisse de la même sûreté et soit dans la même position? lorsque dans d'autres circonstances les intérêts essentiels de la Grande-Bretagne ont été compromis, n'est-ce pas elle qui a, pour son salut, et très-justement sans doute, dérogé aux principes que l'on invoque en son nom aujourd'hui?

» L'Angleterre, en entrant en guerre contre la France, donna, au mois de novembre 1793, la fameuse déclaration de White-Hall. Permettez-moi, messieurs, de vous en lire un passage; la déclaration commence par rappeler les malheurs de la révolution, puis elle ajoute :

» Les desseins annoncés de réformer les abus du gou-
» vernement français, d'établir sur des bases solides la
» liberté personnelle et le droit des propriétés, d'assurer à
» un peuple nombreux une sage législature et une adminis-
» tration, des lois justes et modérées, toutes ces vues salu-
» taires ont malheureusement disparu; elles ont fait place à
» un système destructeur de tout l'ordre public, soutenu

» par des proscriptions, des exils, des confiscations sans
» nombre, par des emprisonnements arbitraires, par des
» massacres dont le souvenir seul fait frémir... Les habitants
» de ce malheureux pays, si longtemps trompés par des
» promesses de bonheur, toujours renouvelées à l'époque
» de chaque nouveau crime, se sont vus plongés dans un
» abîme de calamités sans exemple.

» Cet état de choses ne peut subsister en France, sans
» impliquer dans un danger commun toutes les puissances
» qui l'avoisinent, sans leur donner le droit, sans leur im-
» poser le devoir d'arrêter les progrès d'un mal qui n'existe
» que par la violation successive de toutes les lois et de
» toutes les propriétés, et par la subversion des principes
» fondamentaux qui réunissent les hommes par les liens de la
» vie sociale. Sa Majesté ne veut certainement pas contes-
» ter à la France le droit de réformer ses lois, elle n'aurait
» jamais désiré d'influer par la force extérieure sur le mode
» de gouvernement d'un État indépendant. Elle ne le désire
» actuellement qu'autant que cet objet est devenu essentiel
» au repos et à la sûreté des autres puissances ; dans ces
» circonstances, elle demande à la France, et elle lui de-
» mande à juste titre, de faire cesser enfin un système
» anarchique qui n'a de force que pour le mal, incapable
» de remplir envers les Français le premier devoir de gou-
» vernement, de réprimer les troubles, de punir les crimes
» qui se multiplient journellement dans l'intérieur du pays ;
» mais disposant arbitrairement de leurs propriétés et de
» leur sang pour troubler le repos des autres nations et pour
» faire de toute l'Europe le théâtre des mêmes crimes et
» des mêmes malheurs. Elle lui demande d'établir un gou-
» vernement légitime et stable, fondé sur les principes re-

» connus de justice universelle, et propre à entretenir avec
» les autres nations les relations usitées d'union et de paix...
» Le roi leur promet d'avance de sa part suspension d'hos-
» tilités, amitié autant que le permettront les événements
» dont la volonté humaine ne peut disposer, sûreté et pro-
» tection à tous ceux qui, en se déclarant pour un gouver-
» nement monarchique, se soustrairont au despotisme d'une
» anarchie qui a rompu tous les liens les plus sacrés de la
» société, brisé tous les rapports de la vie civile, violé tous
» les droits, confondu tous les devoirs, se servant du nom
» de la liberté pour exercer la tyrannie la plus cruelle, pour
» anéantir toutes les propriétés, pour s'emparer de toutes
» les fortunes, fondant son pouvoir sur le consentement
» prétendu du peuple, et mettant elle-même à feu et à sang
» des provinces entières pour avoir réclamé leurs lois, leur
» religion et leur souverain légitime ! »

» Eh bien, messieurs ! que pensez-vous de cette déclaration ? N'avez-vous pas cru entendre le discours même prononcé par le roi à l'ouverture de la présente session ; mais ce discours développé, interprété, commenté avec autant de force que d'éloquence ? L'Angleterre dit qu'elle agit de concert avec ses alliés, et on nous ferait un crime d'avoir des alliés ! L'Angleterre promet secours aux royalistes français, et on trouverait mauvais que nous protégeassions les royalistes espagnols ! L'Angleterre soutient qu'elle a le droit d'intervenir pour se sauver, elle et l'Europe, des maux qui désolent la France ; et nous, il nous serait interdit de nous défendre contre la contagion espagnole ! L'Angleterre repousse le prétendu consentement du peuple français ; elle impose à la France pour obtenir la paix la *condition d'établir un gouvernement fondé sur les principes de la justice, et propre à entretenir avec les autres États les relations naturelles*, et nous, nous serions obligés de reconnaître la prétendue souveraineté du peuple, la légalité d'une constitution établie par une révolte militaire, et nous n'aurions pas le droit de demander à l'Espagne pour notre sûreté des institutions légitimées par la liberté de Ferdinand !

» Il faut être juste pourtant : quand l'Angleterre publia cette fameuse déclaration, Marie-Antoinette et Louis XVI n'étaient plus. Je conviens que Marie-Joséphine n'est encore que captive, et que l'on n'a encore fait couler que ses larmes; Ferdinand n'est encore que prisonnier dans son palais, comme Louis XVI l'était dans le sien avant d'aller au Temple et de là à l'échafaud. Je ne veux point calomnier les Espagnols, mais je ne veux point les estimer plus que mes compatriotes. La France révolutionnaire enfanta une Convention, pourquoi l'Espagne révolutionnaire ne produirait-elle pas la sienne?... Direz-vous qu'en avançant le moment de l'intervention on rend la position de ce monarque plus périlleuse? Mais l'Angleterre sauva-t-elle Louis XVI en refusant de se déclarer? L'intervention qui prévient le mal n'est-elle pas plus utile que celle qui le venge? L'Espagne avait un agent diplomatique à Paris lors de la célèbre catastrophe, et ses prières ne purent rien obtenir. Que faisait là ce témoin de famille? Certes il n'est pas nécessaire pour constater une mort connue de la terre et du ciel. Messieurs, c'est déjà trop dans le monde que le procès de Charles Ier et celui de Louis XVI. Encore un assassinat juridique, et on établira par l'autorité des *précédents* une espèce de droit de crime, et un corps de jurisprudence à l'usage des peuples contre les rois.

» Mais peut-être que l'Angleterre, qui avait admis le cas

d'exception dans sa propre cause, ne l'admet pas pour la cause d'autrui. Non, messieurs, l'Angleterre n'a pas une politique si étroite et si personnelle. Elle reconnaît aux autres les droits qu'elle réclame pour elle-même. Ses intérêts essentiels n'étaient pas compromis dans la révolution de Naples, elle n'a pas cru devoir intervenir; mais elle a jugé qu'il pouvait en être autrement pour l'Autriche, et c'est à propos de cette transaction que lord Castlereagh s'explique nettement dans sa circulaire du 19 janvier 1821. Il combat d'abord le principe d'intervention, qu'il trouve trop généralement posé par la Russie, l'Autriche et la Prusse dans la circulaire de Laybach, puis il ajoute : « Il » doit être clairement entendu qu'aucun gouvernement ne » peut être plus disposé que le gouvernement britannique à » maintenir le droit de tout État ou États à intervenir » lorsque sa sûreté immédiate ou ses intérêts essentiels sont » sérieusement compromis par les transactions domestiques » d'un autre État. » Rien de plus formel que cette déclaration, et le ministre de l'intérieur de la Grande-Bretagne, l'honorable M. Peel, n'a pas craint de dire, dans une des dernières séances de la chambre des communes, que l'Autriche avait eu le droit d'intervenir dans les affaires de Naples. Certes, si l'Autriche avait eu le droit d'aller à Naples renverser la constitution espagnole, on ne nous contestera peut-être pas le droit de combattre cette constitution dans son propre pays lorsqu'elle met la France en péril...

» Il faut prouver maintenant que nous sommes dans le cas légal d'exception, et que nos intérêts essentiels sont blessés. D'abord nos intérêts essentiels sont blessés par l'état de souffrance où la révolution d'Espagne tient une partie de notre commerce. Nous sommes obligés d'entretenir des bâtiments de guerre dans les mers de l'Amérique qu'infestent des pirates nés de l'anarchie de l'Espagne. Plusieurs de nos vaisseaux marchands ont été pillés, et nous n'avons pas, comme l'Angleterre, les moyens de forces maritimes pour obliger les cortès à nous indemniser de nos pertes.

» D'une autre part, nos provinces limitrophes de l'Espagne ont le besoin le plus pressant de voir se rétablir l'ordre au delà des Pyrénées. Dès le mois de juin 1820 (et alors il n'était pas question de guerre) un honorable député a dit à cette chambre que la révolution espagnole, en interrompant les communications avec la France, diminuait de moitié la valeur du département des Landes... Espère-t-on que les guerres civiles cesseront et laisseront le champ libre à notre commerce? N'y comptez pas. Rien ne finit de soi-même en Espagne, ni les passions ni les vertus.

» Nos consuls menacés dans leur personne, nos vaisseaux repoussés des ports de l'Espagne, notre territoire violé trois fois, sont-ce là des intérêts essentiels compromis?

» ... Notre territoire violé, et comment? et pourquoi? Pour aller égorger quelques malheureux blessés de l'armée royaliste qui croyaient pouvoir mourir en paix dans le voisinage et comme à l'ombre de notre généreuse patrie. Leurs cris ont été entendus de nos paysans, qui ont béni dans leur chaumière le roi auquel ils doivent le bonheur d'être délivrés des révolutions.

» Nos intérêts essentiels sont encore compromis par cela seul que nous sommes obligés d'avoir une armée d'observation sur les frontières de l'Espagne. Combien de jours, de mois, d'années, faudra-t-il entretenir cette armée? Cet état de demi-hostilité a tous les inconvénients de la guerre sans avoir les avantages de la paix ; il pèse sur nos finances, il inquiète l'esprit public, il expose les soldats trop longtemps oisifs à toutes les corruptions des agents de discorde. Les partisans de la paix à tout prix veulent-ils, pour l'obtenir, que nous obéissions à la déclaration de M. San Miguel, que nous retirions l'armée d'observation? Eh bien! fuyons devant la compagnie du *Marteau* et des bandes *Landaburriennes*, et que le souvenir de notre faiblesse, au premier acte militaire de la Restauration, s'allie pour jamais au retour de la légitimité.

» Mais pourquoi a-t-on établi une armée d'observation? Que ne laisssait on l'Espagne se consumer elle-même? Quelle neutralité! Quoi! si nous étions certains d'être à l'abri des maux qui désolent nos voisins, nous les verrions de sang-froid s'égorger les uns les autres sans essayer d'étendre entre eux une main généreuse! Et si nous étions sûrs d'être respectés, fallait-il par notre imprévoyance laisser les Espagnols vider leur querelle au milieu de nous, brûler nos villages, piller nos paysans? La violation de notre territoire ne suffirait-elle pas pour justifier l'établissement d'un cordon de sûreté? L'Angleterre elle-même a prouvé la sagesse de cette mesure. Dans cette note officielle de Sa Grandeur le duc de Wellington, présentée au congrès de Vérone, se trouve ce passage : « En considérant qu'une
» guerre civile est allumée sur toute l'étendue des frontières
» qui séparent les deux royaumes, que des armées actives
» opèrent sur tous les points de cette frontière du côté de la
» France, et qu'il n'y a pas une ville ou un village placé sur
» cette frontière du côté de la France qui ne risque d'être
» insulté ou inquiété, personne ne saurait désapprouver la
» précaution prise par Sa Majesté Très-Chrétienne de for-

» mer un corps d'observation pour la protection de ses fron-
» tières et la tranquillité de ses peuples. »

» Une note adressée le 11 janvier dernier au chargé d'affaires de Sa Majesté Très-Chrétienne à Londres par le principal secrétaire d'État des affaires étrangères de Sa Majesté Britannique contient ces paroles : « Le duc de
» Wellington n'a point établi d'objection au nom du roi son
» maître contre les mesures de précaution prises par la
» France sur ses propres frontières, parce que ces mesures
» étaient évidemment autorisées par le droit de sa propre
» défense, non-seulement contre les dangers sanitaires qui
» furent l'origine de ces mesures, et le motif exclusivement
» allégué jusqu'au mois de septembre pour les maintenir,
» mais encore contre les inconvénients que pourraient avoir
» pour la France des troubles civils dans un pays séparé
» d'elle uniquement par une délimitation de convention
» contre la contagion morale des intrigues politiques; enfin
» contre la violation du territoire français par des excur-
» sions militaires fortuites. »

» La *contagion morale*, messieurs, ce n'est pas moi qui l'ai dit. Je prends acte de cet aveu; je conviens que cette contagion morale est la plus terrible de toutes, que c'est elle surtout qui compromet nos intérêts essentiels. Qui ignore que les révolutionnaires d'Espagne sont en correspondance avec les nôtres? N'a-t-on pas, par des provocations publiques, cherché à porter nos soldats à la révolte? Ne nous a-t-on pas menacés de faire descendre le drapeau tricolore du haut des Pyrénées, pour ramener le fils de Bonaparte? Ne connaissons-nous pas les desseins, les complots et les noms des coupables échappés à la justice, qui prétendent venir à nous sous cet uniforme des braves, qui doit mal convenir à des traîtres? Une révolution qui soulève parmi nous tant de passions et de souvenirs ne compromettrait pas nos intérêts essentiels! Cette révolution, dit-on, est isolée, renfermée dans la Péninsule, dont elle ne peut sortir, comme si, dans l'état de civilisation où le monde est arrivé, il y avait en Europe des États étrangers les uns aux autres! Ce qui est arrivé naguère à Naples et à Turin n'est-il pas une preuve suffisante que la contagion morale peut franchir les Pyrénées? N'est-ce pas pour la constitution des cortès que l'on a voulu renverser le gouvernement de ce pays? Et qu'on ne vienne pas même nous dire que les peuples voulaient cette constitution à cause de son excellence : on la connaissait si peu à Naples, qu'en l'adoptant on nommait une commission pour la traduire. Aussi passa-t-elle comme tout ce qui n'est pas national, comme tout ce qui est étranger aux mœurs d'un peuple. Née ridicule, elle mourut méprisable entre un carbonaro et un caporal autrichien.

» Sous les rapports de la politique extérieure, nos intérêts essentiels ne sont pas moins compromis. M. le président du conseil l'a déjà dit à la chambre des pairs, nous ne prétendons en Espagne ni à des avantages particuliers ni au rétablissement des traités que le temps a détruits : mais nous devons désirer une égalité qui ne nous laisse rien à craindre. Si la constitution de Cadix restait telle qu'elle est, elle mènerait infailliblement l'Espagne à la république; alors nous pourrions voir se former des alliances, se créer des relations qui, dans les guerres futures, affaibliraient considérablement nos forces. Avant la révolution, la France n'avait qu'une seule frontière à défendre. Elle était gardée au midi par la Méditerranée; à l'occident par l'Espagne; au nord par l'Océan; à l'orient par la Suisse : il ne restait entre le nord et l'orient qu'une ligne assez courte, hérissée de places fortes, et sur laquelle nous pouvions porter tous nos soldats. Changez cet état de choses : soyez forcés de surveiller vos frontières occidentales et orientales, et à l'instant vos armées partagées vous obligent, pour faire face au nord, à ces efforts qui épuisent les États. De cette position pourraient résulter les plus grands malheurs; oui, messieurs, les plus grands malheurs, et je suis fondé à le dire. Que l'expérience nous instruise : par où sont passées les armées qui ont envahi notre territoire? Par la Suisse et par l'Espagne, que l'ambition insensée de la fausse politique d'un homme avait détachées de notre alliance. Politiques à vue bornée, n'allons pas croire que ce n'est rien pour nous que les innovations de l'Espagne, et exposer, par le contre-coup de nos fautes, l'indépendance de notre postérité.

» J'arrive, messieurs, à la grande question de l'alliance et des congrès : l'alliance a été imaginée pour la servitude du monde; les tyrans se sont réunis pour conspirer contre les peuples; à Vérone la France a mendié les secours de l'Europe pour détruire la liberté; à Vérone nos plénipotentiaires ont compromis l'honneur et vendu l'indépendance de leur patrie; à Vérone on a résolu l'occupation militaire de l'Espagne et de la France; les Cosaques accourent du fond de leur repaire pour exécuter les hautes œuvres des rois, et ceux-ci forcent la France à entrer dans une guerre odieuse, comme les anciens faisaient quelquefois marcher leurs esclaves au combat.

» C'est ici, messieurs, que je suis obligé de faire un effort sur moi-même pour mettre dans ma réponse le sang-froid et la mesure qui conservent la dignité du caractère. Il est difficile, j'en conviens, d'entendre sans émotion porter de si étranges accusations contre un ancien ministre qui commande le respect à tout ce qui l'approche. Je n'ai qu'un regret, et il est sincère, c'est que vous n'entendiez pas, de la bouche même de mon prédécesseur, des explications auxquelles ses vertus ajouteraient un poids que je ne me flatte pas de leur donner. On l'a appelé à cette tribune le duc de Vérone. Si c'est à cause de l'estime qu'il a inspirée à tous les souverains de l'Europe, il mérite d'être ainsi nommé; c'est un nouveau titre de noblesse ajouté à tous ceux que possèdent déjà les Montmorency.

» Quant à mes nobles collègues au congrès de Vérone, ce serait les insulter que de les défendre...

» En lisant les journaux de l'opinion opposée à la mienne, j'y vois sans cesse l'éloge très-mérité d'ailleurs du gouvernement anglais. De bons Français laissent entrevoir qu'il n'y aurait pas de mal que l'Angleterre rompît la neutralité, et prît les armes contre leur patrie. Dans la cause de la liberté, ils oublient les injures qu'ils prodiguaient à cette même Angleterre il n'y a pas encore un an, les caricatures dont ils couvraient les boulevards, les brochures dont ils inondaient Paris, et le patriotisme qu'ils croyaient faire éclater en insultant, de la manière la plus grossière, de pauvres artistes de Londres. Dans leur amour des révolutions, ils semblent avoir oublié toute leur haine pour les soldats qui furent heureux à Waterloo : peu leur importe à présent ce qu'ils ont fait, pourvu qu'ils servent à soutenir contre un Bourbon les révolutionnaires de l'Espagne. D'une autre part, ces alliés du continent dont ils cherchaient les suffrages sont devenus l'objet de leur animadversion. Pourquoi ne se plaignait-on pas de la perte de notre indépendance, lorsque les étrangers exerçaient une si grande influence sur notre sort, lorsque l'on consultait les ambassadeurs sur les lois mêmes qu'on portait aux deux chambres? L'Europe, nous disait-on alors, applaudit à l'ordonnance du 5 septembre; l'Europe approuve le traitement que l'on fait subir aux royalistes; l'Europe, dans des actes publics, vient de déclarer qu'elle est satisfaite du système que l'on suit; et, par considération pour ce système, elle retire ses soldats, elle fait remise des subventions. Qui, à cette époque, messieurs, a protesté contre cet abandon de la dignité de la France? serait-ce, par hasard, ceux-là mêmes qui auraient été abaisser cette dignité à Vérone? Dans ce cas, il serait juste de les entendre avant de les condamner, et de ne pas conclure trop précipitamment qu'ils ont changé d'intérêts et de principes, parce que d'autres en ont changé.

» Messieurs, je dois vous faire un aveu : je suis arrivé au congrès avec des préjugés qui lui étaient peu favorables; je me souvenais encore des méprises de l'Europe. Sincère ami des libertés publiques et de l'indépendance des nations, j'avais été un peu ébranlé par ces calomnies qu'on répète encore tous les jours. Qu'ai-je été forcé de voir à Vérone? Des princes pleins de modération et de justice, des rois honnêtes hommes que leurs sujets voudraient avoir pour amis, s'ils ne les avaient pour maîtres. J'ai mis par écrit, messieurs, les paroles que j'ai entendues sortir de la bouche d'un prince dont mes honorables adversaires ont loué eux-mêmes la magnanimité et recherché la faveur à une autre époque :

« Je suis bien aise, me dit un jour l'empereur Alexandre,

» que vous soyez venu à Vérone, afin de rendre témoignage
» à la vérité. Auriez-vous cru, comme le disent nos enne-
» mis, que l'alliance est un mot qui ne sert qu'à couvrir
» des ambitions? cela peut-être eût été vrai dans l'ancien
» état des choses; mais il s'agit bien aujourd'hui de quel-
» ques intérêts particuliers, quand le monde civilisé est en
» péril !

» Il ne peut plus y avoir de politique anglaise, française,
» russe, prussienne, autrichienne; il n'y a plus qu'une po-
» litique générale qui doit, pour le salut de tous, être ad-
» mise en commun par les peuples et par les rois. C'est à
» moi à me montrer le premier convaincu des principes sur
» lesquels j'ai fondé l'alliance. Une occasion s'est présen-
» tée, le soulèvement de la Grèce : rien, sans doute, ne
» paraissait plus dans mes intérêts, dans ceux de mes
» peuples, dans l'opinion de mon pays, qu'une guerre
» religieuse contre la Turquie; mais j'ai cru remarquer
» dans les troubles du Péloponèse le signe révolutionnaire.

» Dès lors, je me suis abstenu. Que n'a-t-on point fait
» pour rompre l'alliance ! On a cherché tour à tour à me
» donner des préventions ou à blesser mon amour-propre ;
» on m'a outragé ouvertement : on me connaissait bien
» mal, si on a cru que mes principes ne tenaient qu'à des
» vanités ou pouvaient céder à des ressentiments. Non, je
» ne me séparerai jamais des monarques auxquels je suis
» uni : il doit être permis aux rois d'avoir des alliances pu-
» bliques pour se défendre contre des sociétés secrètes. Qui
» est-ce qui pourrait me tenter? qu'ai-je besoin d'accroître
» mon empire? La Providence n'a pas mis à mes ordres
» huit cent mille soldats pour satisfaire mon ambition, mais
» pour protéger la religion, la morale et la justice, et pour

» faire régner ces principes d'ordre sur lesquels repose la
» société humaine. »

» De telles paroles, messieurs, dans la bouche d'un tel souverain, méritaient bien d'être recueillies... La modération est le trait dominant du caractère d'Alexandre; croyez-vous donc qu'il ait voulu la guerre à tout prix, en vertu de je ne sais quel droit divin et en haine des liberté des peuples? C'est, messieurs, une complète erreur; à Vérone, on est toujours parti du principe de la paix; à Vérone, les puissances alliées n'ont jamais parlé de la guerre qu'elles pourraient faire à l'Espagne; mais elles ont cru que la France, dans une position différente de la leur, pourrait être forcée à cette guerre; le résultat de cette conviction a-t-il fait naître des traités onéreux ou déshonorants pour la France? Non. S'est-il même agi de donner passage à des troupes étrangères sur le sol de la France? Jamais. Qu'est-il donc arrivé? Il est arrivé que la France est une des cinq grandes puissances qui composent l'alliance, qu'elle y restera invariablement attachée, et qu'en conséquence de cette alliance, qui date déjà de huit années, elle trouvera, dans des cas prévus et déterminés, un appui qui, loin d'affecter sa dignité, prouverait le haut rang qu'elle occupe en Europe.

» L'erreur de mes honorables adversaires est de confondre l'indépendance avec l'isolement; une nation cesse-t-elle d'être libre parce qu'elle a des traités? est-elle contrainte dans sa marche, subit-elle un joug honteux, parce qu'elle a des rapports avec des puissances égales en force à la sienne, et soumises aux conditions d'une parfaite réciprocité? Quelle nation fut jamais sans alliance au milieu des autres nations? En existe-t-il un seul exemple dans l'histoire? voudrait-on faire des Français une espèce de peuple juif, séparé du genre humain? A quel reproche bien autrement fondé serait exposé le gouvernement, s'il n'avait rien prévu, rien combiné, et si, dans le cas d'une guerre possible, il eût ignoré jusqu'au parti que prendraient d'autres puissances!

» Lorsque nous n'avions point d'armée; lorsque nous ne comptions pour rien parmi les États du continent; lorsque de petits princes d'Allemagne envahissaient impunément nos villages, et que nous n'osions nous en plaindre, personne ne disait que nous étions esclaves; aujourd'hui que notre résurrection militaire étonne l'Europe; aujourd'hui que nous élevons dans le conseil des rois une voix écoutée; aujourd'hui que de nouvelles conventions effacent le souvenir des traités par lesquels on nous a fait expier nos victoires; aujourd'hui on s'écrie que nous subissons un joug humiliant! Jetez les yeux sur l'Italie, et voyez un autre effet du congrès de Vérone : le Piémont, dont l'évacuation sera complète au mois d'octobre; le royaume de Naples, dont on retire dix-sept mille hommes, dont on diminue la contribution militaire, et qui serait totalement évacué, s'il avait recréé son armée.

» Cependant, l'Autriche n'aspirait-elle pas à la domination entière de l'Italie? le congrès de Laybach ne lui avait-il pas livré ce beau pays? et en général, tous ces congrès ne sont-ils pas inventés pour étendre l'oppression, pour étouffer les libertés des peuples sous de longues occupations militaires? Toutefois, un an s'est à peine écoulé, et voilà *l'ambitieuse* Autriche qui commence à rendre à leurs souverains légitimes les États qu'elle a sauvés des révolutions!...

» La France ne prétend point, messieurs, imposer des institutions à l'Espagne : assez de libertés nationales reposent dans les lois des anciennes cortès d'Aragon et de Castille pour que les Espagnols y trouvent à la fois un remède contre l'anarchie et le despotisme. Il faudrait cependant être d'accord avec soi-même et ne pas nous reprocher, d'une part, d'avoir l'intention de soutenir l'arbitraire en Espagne; de l'autre, d'avoir le projet d'y naturaliser la charte.

» Nous ne pouvons vouloir à la fois l'esclavage et la liberté.

» Messieurs, je le dirai franchement, la France ne doit point se mêler des établissements politiques de l'Espagne. C'est aux Espagnols à savoir ce qui convient à l'état de leur civilisation; mais je souhaite de toute mon âme à ce grand peuple des libertés dans la mesure de ses mœurs, des institutions qui puissent mettre ses vertus à l'abri des inconstances de la fortune et du caprice des hommes. Espagnols! ce n'est point votre ennemi qui parle, c'est celui qui a annoncé le retour de vos nobles destinées quand on vous croyait descendus pour jamais de la scène du monde. Vous avez surpassé mes prédictions, vous avez arraché l'Europe au joug que les empires les plus puissants n'avaient pu briser : vous devez à la France vos malheurs et votre gloire; elle vous a envoyé ces deux fléaux : Bonaparte et la révolution; délivrez-vous du second comme vous avez repoussé le premier[1].

---

[1] La prédiction à laquelle on fait allusion ici se trouve dans le *Génie du Christianisme,* III⁰ partie, liv. III, ch. v. « L'Espagne, séparée des autres nations, présente encore à l'historien un caractère plus original : l'espèce de stagnation de mœurs dans laquelle elle repose lui sera peut-

»« Qu'il me soit permis, messieurs, de repousser la comparaison que l'on prétendait faire entre l'invasion de Bonaparte et celle à laquelle on contraint la France aujourd'hui; entre un Bourbon qui marche à la délivrance d'un Bourbon et l'usurpateur qui venait saisir la couronne d'un Bourbon, après s'être emparé de sa personne par une trahison sans exemple; entre un conquérant qui marchait brisant les autels, tuant les religieux, déportant les prêtres, renversant les institutions du pays, et un petit-fils de saint Louis qui arrive pour protéger tout ce qu'il y a de sacré parmi les hommes, et qui, jadis proscrit lui-même, vient de faire cesser les proscriptions.

» Bonaparte pouvait ne pas rencontrer d'amis parmi les sujets d'un Bourbon et chez les descendants du héros de la Castille; mais nous n'avons ni assassiné le dernier des Condé, ni exhumé le Cid, et les bras armés contre Bonaparte combattront pour nous.

» J'aurais désiré que l'on eût parlé avec moins d'amertume de ces royalistes espagnols qui soutiennent aujourd'hui la cause de Ferdinand. Je me souviens d'avoir été banni comme eux, malheureux comme eux, calomnié comme eux…

» Et pourquoi avoir été rappeler ce message au Sénat, touchant l'occupation de l'Espagne par Bonaparte? Ce monument de dérision et de servitude nous accuse-t-il? Je le connaissais; je n'avais pas voulu m'en servir, dans la crainte de blesser ceux qui s'élèvent aujourd'hui contre la guerre : on la faisait en silence quand le Sénat eut dé-

être utile un jour, et lorsque les peuples européens seront usés par la corruption, elle seule pourra reparaître avec éclat sur la scène du monde, parce que le fond des mœurs subsiste chez elle. »

claré que l'invasion de Bonaparte était juste et politique...

» Quant aux ministres, messieurs, le discours de la couronne leur a tracé la ligne de leurs devoirs. Ils ne cesseront de désirer la paix, de l'invoquer de tous leurs vœux, d'écouter toute proposition compatible avec la sûreté et l'honneur de la France; mais il faut que Ferdinand soit libre, il faut que la France sorte à tout prix d'une position dans laquelle elle périrait bien plus sûrement que par la guerre. N'oublions jamais que si la guerre avec l'Espagne a, comme toute guerre, ses inconvénients et ses périls, elle aura eu pour nous un immense avantage. Elle nous aura créé une armée, elle nous aura fait remonter à notre rang militaire parmi les nations, elle aura décidé notre émancipation et rétabli notre indépendance.

» Il manquait peut-être encore quelque chose à la réconciliation complète des Français; elle s'achèvera sous la tente : les compagnons d'armes sont bientôt amis, et tous les souvenirs se perdent dans la pensée d'une commune gloire.

» Le roi, ce roi si sage, si paternel, si pacifique, a parlé. Il a jugé que la sûreté de la France et la dignité de la couronne lui faisaient un devoir de recourir aux armes après avoir épuisé les conseils.

» Le roi a voulu que cent mille soldats s'assemblassent sous les ordres du prince qui, au passage de la Drôme, s'est montré vaillant comme Henri IV. Le roi, avec une généreuse confiance, a remis la garde du drapeau blanc à des capitaines qui ont fait triompher d'autres couleurs; ils lui rapprendront le chemin de la victoire; il n'a jamais oublié celui de l'honneur. »

XXIII

Jamais les royalistes n'avaient entendu leurs raisons et leurs passions révélées à eux-mêmes avec plus d'art, et présentées à la France et à l'Europe sous de plus plausibles aspects et sous de plus éclatantes couleurs. En applaudissant M. de Chateaubriand, ils s'applaudissaient eux-mêmes, et croyaient avoir pensé tout ce qu'il avait dit. Leurs applaudissements se prolongèrent jusqu'à la fin de la séance. Ils ne permirent à aucune réplique d'affaiblir dans le pays l'effet de ce manifeste de parti. Il fut immense.

Manuel, qui s'était réservé comme le plus exercé et le plus soudain des orateurs de l'opposition pour répondre à ce discours, ne put aborder la tribune que le lendemain. Argumentateur pressant et adversaire incisif, Manuel, que l'habitude du barreau avait accoutumé à frapper plus qu'à persuader ses adversaires, était de tous les orateurs révolutionnaires le plus redouté et le plus odieux à la majorité. Elle se souvenait de ses liaisons suspectes avec Fouché, de son discours à double sens pour obtenir, à l'exclusion des Bourbons, la feinte proclamation de Napoléon II, de sa renommée d'agitateur dans le Midi, de ses rapports avec M. Laffitte, banquier populaire dont il passait pour polir les discours et pour recevoir les inspirations. Elle le soupçonnait de conspiration permanente avec La Fayette et de participation souterraine à la direction du carbonarisme. Manuel était, aux yeux des partisans de la légitimité, deux ou trois complots dans un seul homme. Le républicanisme, le jacobinisme, le bonapartisme, l'orléanisme, leur apparaissaient à la fois en lui. Sous chacune de ses paroles, ils croyaient entendre un mot d'ordre à leurs ennemis, une menace à la monarchie, un outrage aux Bourbons, une invocation à leur ruine. Il y avait dans ces sentiments des royalistes plus de préventions que de justice. Manuel était profondément dévoué à la cause libérale, il redoutait pour cette cause les ressentiments naturels d'une dynastie que la révolution avait trop offensée pour qu'elle pût lui pardonner jamais de bonne foi; il voulait prendre contre les entraînements des Bourbons les gages les plus irrévocables dans la force des institutions libérales; il aspirait peut-être au renversement des Bourbons et à la substitution à leur dynastie d'une dynastie révolutionnaire, qui devrait tout au peuple et qui s'affranchirait plus entièrement du sacerdoce et de l'autorité contre lesquels surtout la révolution avait été faite en 89. Mais il était loin de rêver ou même d'excuser les anarchies, les échafauds, les spoliations de 1793. Il y avait en lui du Girondin de 92, c'était un Vergniaud avec le génie inférieur, l'honnêteté égale, le courage d'action de plus. Une constitution de 1791 et un Bourbon même légitime, enchaîné par le trône aux intérêts populaires, n'auraient rencontré dans Manuel ni un ennemi, ni un conspirateur. Mais Manuel et la majorité se soupçonnaient mutuellement de crimes d'opinion qui rendent les partis irréconciliables. Entre des adversaires ainsi prévenus il n'y a plus de justice, parce qu'il n'y a plus de lumières. On ne se juge pas, on se proscrit.

XXIV

» Messieurs, dit-il en provoquant par sa seule présence à la tribune l'attention et les ombrages des royalistes, c'est, nous dit-on, dans le but de comprimer l'esprit révolutionnaire que l'on veut porter la guerre dans la Péninsule. Sans doute l'esprit révolutionnaire est dangereux : mais l'esprit contre-révolutionnaire l'est-il moins? Une contre-révolution n'est-elle pas, au contraire, la pire des révolutions? D'abord il faut détruire tout ce que la révolution a élevé, il faut replacer la nation dans son état ancien, c'est-à-dire dans la même situation où elle était quand un bouleversement lui a semblé le seul remède possible à ses maux : il faut enfin ajouter aux maux que la révolution a produits ceux qu'entraîne forcément sa chute, et tout cela pour arriver à une inévitable et nouvelle révolution. Je veux adopter les suppositions les plus favorables, je vous accorde l'Espagne envahie, toutes les résistances abattues, mais enfin vous vous retirerez, vous ne pouvez rester éternellement dans la Péninsule. Comment ferez-vous, lorsque vous aurez quitté son territoire, pour y empêcher l'explosion d'une révolution nouvelle? Messieurs, consultez l'histoire : quelle est la révolution faite en faveur de la liberté qui a jamais été vaincue? On peut comprimer momentanément une telle révolution, mais le génie qui l'a produite, le génie de la liberté, est impérissable : semblable à Antée, le géant reprend ses forces chaque fois qu'il a touché la terre.

» Oubliez-vous que quelques pâtres de l'Helvétie ont pu braver toutes les forces de l'Autriche, et quelques pêcheurs de la Hollande triompher des formidables armées de Philippe II? Nous-mêmes, de nos jours, n'avons-nous pas vu un petit nombre d'Américains résister victorieusement à la puissance de l'Angleterre? enfin, la France elle-même n'a-t-elle pas bravé pendant trente ans les forces de toute l'Europe conjurée contre sa gloire et sa liberté?

» D'un autre côté, quel sera pour les Espagnols le résultat de la guerre que vous allez porter chez eux? quel gouvernement sera substitué à la constitution des cortès? qui donnera les institutions nouvelles? sera-ce Ferdinand? mais nous savons comment les souverains tiennent leurs promesses. Le roi de Prusse et le roi de Naples, dans les temps de détresse, avaient promis des constitutions à leurs peuples : Léopold annonça aussi des institutions libres à l'Italie; enfin lord William Bentinck souleva les Génois contre nous en les appelant à l'indépendance; toutes ces promesses furent formelles, authentiques; où sont les constitutions? L'imagination s'épouvante à la seule pensée des vengeances qui menacent l'Espagne. Lorsque Ferdinand fut replacé en 1814 sur le trône de ses pères, il n'avait pas à punir, mais à récompenser; eh bien! loin de reconnaître les services de ces amis de la liberté qui venaient au prix de leur sang de lui restituer la couronne, il les livra aux jésuites et à l'inquisition, il les récompensa par l'exil, les tortures et les supplices. Il se montra terrible et son gouvernement fut atroce. Que sera-ce donc lorsqu'il aura des injures personnelles à punir? lorsque les affaires se trouveront aux mains d'hommes qui auront leur exil, des persécutions subies et les angoisses de leur ambition déçue à venger? Mais on insiste. Les Espagnols s'égorgent, nous dit-on, nous devons intervenir pour arrêter le cours de ces désastres. C'est, il faut l'avouer, une singulière manière de diminuer les horreurs de la guerre civile que d'y ajouter les maux d'une guerre étrangère. La guerre civile est une calamité sans doute, mais elle cesse du moins par la défaite d'un des deux partis. Eh bien! qu'allez-vous faire? l'insurrection est vaincue en Espagne; elle a mis bas les armes; elle est anéantie; vous allez la ressusciter, et, comme si ce n'était pas assez de rallumer une guerre civile éteinte et faire couler de nouveau le sang espagnol, vous allez répandre en Espagne des flots de sang français. Je dirai plus : la guerre civile était en grande partie votre ouvrage, les *soldats de la Foi* n'ont pris les armes et soutenu la lutte que dans la croyance que vous étiez prêts à les soutenir, à les défendre. Comment pouvez-vous donc trouver dans des circonstances créées par vous-mêmes la justification de votre intervention? Vous justifierez donc une violence par une perfidie ?

» Vous invoquez une autre considération : vous voulez, dites-vous, sauver Ferdinand et sa famille. Ne relevez donc pas les mêmes circonstances qui, dans d'autres temps, ont conduit à l'échafaud les victimes pour lesquelles vous manifestez chaque jour un intérêt si vif et si légitime. Eh quoi! messieurs, auriez-vous donc oublié que les Stuarts n'ont été renversés du trône que parce qu'ils cherchaient un appui chez l'étranger? avez-vous donc oublié que c'est à la suite des armées étrangères que Louis XVI a été précipité du trône?

» Et au récit des faits qui ont laissé des traces si durables et si douloureuses, comment ignorer que c'est la protection accordée par la France aux Stuarts qui a causé la perte de ces princes? Cette protection était clandestine, il est vrai, mais elle encourageait les Stuarts dans leur résistance à l'opinion publique; de là, le soulèvement de cette opinion et les malheurs de cette famille, malheurs qu'elle eût évités si elle avait cherché son appui dans la nation. Ai-je besoin d'ajouter que les dangers de la famille royale en France sont devenus surtout plus graves lorsque l'étranger eut envahi notre territoire, et que la France, la France révolutionnaire, sentant le besoin de se défendre par des forces nouvelles et par une nouvelle énergie... »

XXV

A ces mots les royalistes croient entendre le crime échapper enfin comme une explosion sinistre et involontaire aux lèvres et au cœur du Catilina des cent-jours. Ils se hâtent de le surprendre pour avoir le droit de l'exécrer. Ils interrompent par un soulèvement d'indignation unanime la phrase qui ne contenait selon eux que la moitié du blasphème, et refoulent le reste dans le cœur du blasphémateur. « A l'ordre! à l'ordre! s'écrie-t-on de tous les bancs de la droite. C'est le régicide justifié et provoqué! Qu'on nous venge de pareils blasphèmes! Président, faites votre devoir! L'expulsion! l'expulsion! Chassons cet indigne de nos rangs! » Le président, M. Ravez, hésite d'abord à rappeler l'orateur à l'ordre sur une phrase dont le sens a été suspendu par une interruption anticipée, et dont le crime est évidemment dans la prévention de l'auditoire plus que dans la conviction. Il fléchit cependant sous l'injonction réitérée et passionnée de la majorité de la chambre; il feint de croire à plus de perversité qu'il n'en a saisi d'abord dans les paroles, il inflige la peine du rappel à l'ordre à Manuel. Mais cette satisfaction donnée à l'irritation des royalistes leur paraît inégale à l'outrage, et surtout à leur colère. Ils se lèvent en masse, quittent leurs bancs, descendent par groupes dans l'espace libre de la salle qui est au pied de la tribune, se pressent en masse sur les degrés qui montent au bureau du président, gesticulent, vocifèrent en s'adressant à lui et lui reprochent sa patience. Un d'entre eux, que le bouillonnement de son sang prive en ce moment de toute justice et de toute magnanimité envers un collègue seul contre une foule, s'élance à la tribune, écarte Manuel, lui arrache la parole avec laquelle il cherche en vain à se justifier, et s'écrie qu'il demande à venger la France et l'armée d'un langage qui les calomnie devant la France et devant l'Europe! Sa voix se perd dans le bruit; d'autres membres de la droite prennent d'assaut comme lui la tribune, s'adressent tantôt à l'Assemblée, tantôt au président, demandant à grands cris que l'apôtre prétendu du régicide soit à l'instant chassé de la chambre. Il semble, à leur impatience et à leur rivalité d'imprécations, que l'échafaud d'un roi va se dresser de nouveau sur la place de la Révolution, et que chacun d'eux défie le glaive des bourreaux et se précipite aux roues du char qui conduit la victime au supplice. Si quelques centaines de ces royalistes si ardents aujourd'hui à interpréter un mot équivoque et à le venger par l'immolation d'un seul homme avaient montré le 21 janvier la moitié de cet héroïsme, le sang de Louis XVI n'aurait pas coulé. Mais ainsi sont les hommes, d'autant plus implacables dans le ressentiment qu'ils ont été plus muets et plus immobiles dans le danger!

XXVI

Cependant Manuel, sûr de l'innocence de la phrase qu'il avait eu l'intention de prononcer, et dont l'interruption seule faisait le doute et le crime, demandait de la voix, de l'attitude et du geste à l'achever. L'impassibilité de son visage, expression en lui de son courage, de sa sécurité de conscience et même de son mépris pour ses accusateurs, accroissait, au lieu de l'amortir, la fureur des royalistes. Ils prenaient le calme pour l'insolence et la patience pour un défi. Des éclats de rage et des explosions d'invectives lui fermaient la bouche chaque fois qu'il tentait de jeter un mot dans le tumulte. Après d'inutiles efforts pour obtenir un moment de silence, le président donna le signal de son impuissance et de sa détresse en se couvrant et en suspendant ainsi la séance.

A ce signe, les royalistes se précipitent hors de la salle pour aller concerter dans leurs bureaux l'accusation et l'expulsion de l'orateur. Manuel descend de la tribune et monte lentement à son banc, où ses collègues de l'opposition, Laffitte, Dupont (de l'Eure), Gérard, Foy, Chauvelin, l'entourent, et semblent, par leur attitude à la fois indignée et consternée, déplorer la fureur et l'injustice de ses ennemis. Il s'assied au milieu d'eux, et, pendant que ses accusateurs rédigent hors de l'enceinte les motifs de sa proscription, il écrit au président la lettre suivante, témoignage irrécusable d'innocence sous la main d'un homme qui ne savait pas trembler.

« Monsieur le président,

» L'état d'irritation dans lequel se trouve une partie de l'Assemblée me fait craindre de ne pouvoir trouver dans cette séance un moment de silence pour achever l'expression d'une pensée qui, je l'espère, ne trouvera plus d'improbateurs de bonne foi dès l'instant qu'elle sera connue telle que j'ai voulu l'émettre, telle que devait la faire présumer d'avance ce que je venais de dire, telle enfin que vous n'eussiez pu sans injustice me blâmer vous-même, si vous m'eussiez, cette fois comme dans une autre circonstance, permis d'achever ma phrase.

» M. le ministre des affaires étrangères prétendait trouver un motif de guerre dans le besoin de prévenir en Espagne des catastrophes pareilles à celles qui ont ensanglanté la révolution d'Angleterre et la révolution française. Je répondais que le moyen qu'il adoptait me paraissait précisément le plus capable d'augmenter ces dangers au lieu de les diminuer, et j'en donnais pour preuve les événements qui avaient amené le renversement des Stuarts et la mort de l'infortuné Louis XVI.

» Je demandais si on avait oublié qu'en France ce malheur avait été précédé par l'intervention armée des Prussiens et des Autrichiens, et je rappelais comme un fait connu de tout le monde que c'est alors que la « France ré-
» volutionnaire, sentant le besoin de se défendre par des
» forces et une énergie nouvelles... »

» C'est ici que j'ai été interrompu. Si je ne l'eusse pas

été, ma phrase eût été prononcée ainsi : « Alors la France
» révolutionnaire, sentant le besoin de se défendre par des
» forces et une énergie nouvelles, mit en mouvement toutes
» les masses, exalta toutes les passions populaires, et
» amena ainsi de terribles excès et une déplorable cata-
» strophe au milieu d'une généreuse résistance. »

» Personne plus que moi n'est résigné d'avance à toutes
les préventions et même aux violences d'une partie des
membres de cette chambre dont j'ai cru devoir combattre
hautement les principes et les efforts, parce que je crois
dans mon âme et conscience que ces efforts et ces principes
compromettent à la fois les intérêts du trône et ceux de la
nation. Mais je ne dois pas être privé par des interruptions
et un tumulte que vous même avez trouvés sans excuse du
droit d'être entendu avant d'être jugé. Je ne veux pas qu'il
soit permis, même à la mauvaise foi, de me supposer l'absurde projet d'insulter lâchement sans motifs, sans intérêt,
aux malheurs d'augustes victimes dont la destinée affligea
tous les cœurs généreux. Lorsque j'aurai parlé, je braverai
le jugement des hommes passionnés comme j'attendrai sans
crainte celui des hommes justes.

» J'ai l'honneur d'être, monsieur le président, votre très-
humble serviteur,

» MANUEL.

» Ce 26 février 1823. »

XXVII

Cette lettre, communiquée à mesure qu'il l'écrit aux chefs les plus intrépides et les plus loyaux de l'opposition, reçoit leur approbation. La séance est rouverte dans ce silence anxieux qui ressemble aux remords des assemblées après les excès. Un orateur du Midi, homme qui dans une autre cause rappela les emportements et la fougue d'Isnard à la Convention, M. Forbin des Essarts, monte le premier à la tribune et demande l'expulsion de l'orateur qui a prononcé, dit-il, « des paroles aussi infâmes, attendu qu'aucun règlement ne peut condamner une assemblée au supplice d'entendre un homme dont les maximes et les discours appellent ou justifient le régicide! ».

Manuel veut répliquer à la tribune. Les royalistes lui en défendent l'accès par leurs clameurs et par leurs gestes. « Non, non! s'écrient-ils. A bas de la tribune, l'indigne! A bas de la tribune, l'infâme! A bas le régicide! » Assourdi par ces cris, foudroyé par ces menaces, Manuel, qui était parvenu à la tribune, renonce à s'y faire entendre, et, se tournant vers le président, il lui tend la lettre qu'il vient de rédiger et redescend à sa place. A ce geste, la majorité croit que l'orateur a donné de lui-même sa démission de député. « Il se rend justice, s'écrie-t-on de toutes parts, il nous purge de sa présence! A bas l'apologiste de l'échafaud des rois! » En vain le président supplie l'Assemblée d'entendre au moins la lettre que l'accusé vient de lui remettre; le tumulte reprend à sa voix, et il obtient avec peine que la discussion de la proposition d'exclusion soit ajournée au lendemain. Les royalistes exaltés célèbrent cette oppression de la parole comme une victoire, et sortent au cri de : « Vivent les Bourbons! »

XXVIII

La nuit ne tempéra ni leur indignation ni leur vengeance. M. de La Bourdonnaie, chef des bancs extrêmes de la droite, revendique l'honneur d'irriter et de satisfaire son parti au lieu de l'avertir et de l'apaiser. Homme de passion, la passion était sa justice. Il proposa en son nom l'expulsion, et lisant un acte d'accusation écrit dans la nuit, où il incriminait l'homme tout entier dans l'orateur et l'opinion dans le discours, il demanda que la chambre proscrivît Manuel de son sein et le dépouillât de son titre de député en expiation et en exemple contre de pareils attentats!

Défendu par quelques orateurs modérés de la gauche et du centre, attaqué de nouveau par M. Hyde de Neuville et par M. de Lalot, Manuel obtint avec peine d'être entendu de la pudeur plus que de la justice de ses collègues.

« Messieurs, dit-il, ce que je veux en paraissant à cette tribune, ce qui m'importe, c'est que vous soyez bien convaincus que je ne prends la parole ni dans l'espoir ni dans le désir de conjurer l'orage amassé contre moi. Je veux uniquement constater que la mesure proposée est un acte de violence que rien ne justifie et que je n'ai nullement provoqué.

» On a senti qu'il serait difficile de trouver l'espèce de crime dont on m'accuse dans les phrases inculpées du discours que j'ai prononcé : aussi, par un art que je ne veux pas qualifier, on s'est bien gardé de citer ces phrases; on a fait appel à d'autres souvenirs; on a soigneusement reproduit devant vous des allégations destinées naguère à servir un projet qu'on a été contraint d'abandonner. On s'était proposé, au début de la session, de faire annuler les opérations des deux colléges qui m'ont élu. On s'en était hautement vanté d'avance : on avait partout mendié des protestations dans ce but. Il a fallu renoncer à cette tentative illégale, on s'enhardit aujourd'hui : on se prévaut de nouvelles imputations : j'ai, dit-on, prêché le régicide.

» Quoi! j'ai pu prêcher le régicide au moment même où je m'efforçais de vous détourner de faire ce qui pouvait l'amener! Quoi! je prêchais le régicide en vous exhortant à le prévenir! En vérité, messieurs, supposer que conseiller le régicide était le but de mon argumentation, c'est me prêter une étrange absurdité. Quels mots ont pu vous le faire croire? Quel intérêt d'ailleurs pouvait me porter à soutenir cette doctrine? Mais les termes dont je me suis servi ne vous laissent pas même cette triste ressource. Je disais qu'au moment où l'invasion des Autrichiens et des Prussiens vint menacer notre pays, la France révolutionnaire sentit qu'elle avait besoin de se défendre par de nouvelles forces et une énergie nouvelle.

» Je suis bien aise de déclarer à la chambre qu'avant d'écrire hier à M. le président la lettre dont vous avez refusé d'entendre la lecture, j'avais consulté sur le texte précis de mes paroles bon nombre de mes collègues, ainsi que des notes de plusieurs journalistes : tous, à l'exception du rédacteur du *Moniteur*, ont entendu *forces*, et je suis sûr, en effet, d'avoir employé ce mot. Mais peu importe, j'accepte l'une ou l'autre expression. Il est évident que je préparais par des prémisses la conclusion à laquelle je voulais arriver. Je disais qu'il fallait écarter, à l'égard de l'Espagne, l'emploi des moyens qui, en effrayant les révolutions, les font recourir pour se défendre aux plus terribles ressources, les poussent à exaspérer toutes les passions, à soulever les masses, et les entraînent ainsi dans une voie où les intelligences les plus fermes n'aperçoivent pas le point où l'on peut s'arrêter. Voilà ce que constatent les écrits mêmes de nos adversaires. Lisez les mémoires du marquis de Rivière, ceux de M. de Ferrière, et vous verrez que l'un et l'autre attribuent la mort du roi à l'invasion étrangère, et qu'ils font dériver le mal du remède même qu'on voulait lui opposer. Mais en admettant que mes expressions eussent présenté la moindre équivoque, l'usage, la sagesse, la justice exigeaient du moins qu'avant de me condamner sur une phrase commencée, au milieu d'un discours improvisé, dans une question aussi grave et compliquée de tant d'incidents, je fusse entendu jusqu'au bout. Vous ne l'avez pas voulu : vous avez refusé de me laisser continuer; vous appartient-il, dans de telles circonstances, d'interpréter une phrase interrompue?

» Eh ! messieurs, vous parlez de régicide ! oubliez-vous donc que, par mon âge, j'ai dû rester plus étranger que vous aux événements de la révolution ? j'étais alors aux armées, dans les rangs où vous prétendez que l'honneur national s'était réfugié ; non que j'accepte assurément pour ces armées un hommage qu'on leur rend aux dépens de la nation. L'honneur français était partout, et à quelques excès que la révolution se soit portée, nous n'oublierons jamais qu'appelée par les vœux de la France, défendue par elle au prix de son sang et d'immenses sacrifices, cette révolution lui a laissé en échange une gloire impérissable et d'immenses bienfaits : nous n'oublierons jamais que nous n'existons, et vous-mêmes avec nous, que par les résultats qu'elle a produits, résultats sacrés que tous les efforts de ses ennemis n'ont pu et ne pourront nous enlever. Je le répète, ajoute l'orateur avec force, loin de moi la pensée de reporter sur l'armée seule les titres glorieux acquis à cette grande, à cette généreuse nation tout entière : mais du moins est-il vrai de dire que, pendant tout le cours d'une révolution qui a été sanglante, l'armée n'a versé d'autre sang que le sien et celui de l'ennemi.

» Ma vie entière répondrait donc, au besoin, à vos reproches. Mais j'ai combattu avec énergie à cette tribune le parti ennemi de la révolution : voilà mon véritable tort, voilà mon crime. Loin de moi la pensée de m'en défendre. Si j'avais déployé moins de chaleur, moins de courage peut-être, vous auriez laissé passer des phrases plus répréhensibles. Je le sais, mais je suis résigné depuis longtemps à toutes les conséquences de mon langage. Je n'ai jamais eu qu'un but, faire mon devoir, et je l'ai rempli, quoi qu'il pût advenir.

» Voulez-vous, messieurs, que je vous donne la preuve que l'esprit de parti seul, et non un esprit de justice, me poursuit en ce moment? Dans une de vos précédentes séances, un orateur a pu déclarer à cette tribune que la charte était une garantie odieuse, et vous l'avez écouté en silence.

» ..... Épargnez-vous, mes collègues, ajoute l'orateur en

se tournant vers la gauche, le soin de discuter pour montrer cette vérité. Ne la sentent-ils pas aussi bien que vous? ne savent-ils pas comme vous que mes intentions ont été irréprochables? Si je n'étais fort de ma conscience, dit-il en s'adressant à la droite, viendrais-je à cette tribune combattre et braver vos murmures? c'est elle qui soutient mon courage; avec un tel appui... on ne craint personne, pas même ceux qui s'établissent nos juges. Ah! vous voulez me repousser de cette enceinte! eh bien, faites! Je sais qu'il peut arriver aujourd'hui ce que nous avons vu il y a trente ans. Les passions sont les mêmes. Je serai votre première victime. Puissé-je être la dernière! Et si jamais un désir de vengeance pouvait arriver jusqu'à moi, victime de vos fureurs, je léguerais à vos fureurs le soin de me venger. »

L'extrême gauche de l'Assemblée, Laffitte, Casimir Périer, La Fayette, Chauvelin, Gérard, Demarçay, Dupont (de l'Eure) et leurs amis applaudissent seuls à ces paroles aussi généreuses qu'inoffensives. M. Dudon, qui affecte parmi les royalistes le rôle de Benjamin Constant parmi les libéraux, qui prête son audace à leurs excès et son esprit à leurs passions, soutient la proposition d'exclusion de M. de La Bourdonnaie, et la fait renvoyer à l'examen immédiat des bureaux. Trois jours après, la commission nommée par ces bureaux dénotait assez sa partialité, en chargeant M. de La Bourdonnaie lui-même du rôle de rapporteur, que son rôle d'accusateur devait lui interdire.

La discussion s'ouvrit le 3 mars. L'émotion produite dans Paris et dans la France par ce premier acte de proscription tenté à la chambre sous les auspices du nouveau ministère, avait agité la jeunesse et le peuple, et attroupé la multitude sur les quais, sur le pont, à tous les abords et à toutes les tribunes publiques de l'Assemblée. On voulait savoir jusqu'à quel excès de témérité la majorité royaliste porterait l'imitation des proscriptions parlementaires, signal des proscriptions pénales dans la Convention, et jusqu'à quel degré d'irritation l'oppression d'un de leurs plus chers orateurs porterait le ressentiment des libéraux : c'était la guerre civile des opinions déclarée dans le sanctuaire de la liberté et des lois avant de descendre en armes dans la place publique. On allait compter les voix avant de compter les bras. Le peuple s'indignait sans trembler; le roi et ses ministres s'affligeaient sans oser intervenir; les ultraroyalistes, aveuglés par l'esprit de parti, se précipitaient de violence en violence, par cette émulation de zèle qui saisit les corps du vertige de quelques fanatiques ou de quelques ambitieux.

XXIX

Le beau-père de M. Decazes, M. de Saint-Aulaire, ouvrit la discussion par quelques considérations plutôt irritantes que convaincantes adressées à la majorité. Sa parole, quoique courageuse, n'avait pas la proportion de cette grande cause; il eut des épigrammes contre le ministère au lieu de foudres contre les excès des assemblées. M. Royer-Collard, par sa philosophie, par son attachement non suspect à la couronne, par sa pureté de toute teinte révolutionnaire, par le caractère en quelque sorte auguste de son éloquence, était l'homme attendu de tous comme arbitre entre les deux partis réconciliés à sa voix. La raison ne manqua pas à son discours, mais la flamme y manqua. Son argumentation trop préméditée s'était refroidie en tombant sur ses pages. Il n'entraîna pas, parce qu'il n'était pas entraîné par ce mouvement de l'improvisation, tourbillon de l'orateur véritable, qui, en le soulevant lui-même, soulève les assemblées et les peuples. Seulement il donna un puissant témoignage à l'innocence de Manuel, en attestant qu'il avait entendu sans faveur comme sans défaveur la phrase incriminée par les ennemis de l'orateur, et que, dans sa conviction de juré, Manuel n'avait ni justifié ni provoqué le régicide.

XXX

M. Hyde de Neuville, oubliant que les exclusions étaient le prélude de ces proscriptions dont il avait lui-même été victime, insista sur la nécessité de purger la représentation nationale d'un membre indigne de délibérer dans son sein. Il adjura les ministres muets de marcher hardiment dans la route de la vérité au dedans et au dehors. Il se résuma, en proposant que Manuel fût exclu pour un an de la chambre. Manuel remontant à la tribune non plus pour se justifier ou se défendre, mais pour protester devant son pays :

« Messieurs, dit-il, alors même que j'aurais formé le projet de me justifier devant vous de l'accusation portée contre moi, le zèle de mes honorables amis aurait d'avance rempli ma tâche. L'absence de droit, l'usurpation, l'arbitraire, l'innocence de mes intentions, tout a été parfaitement établi par eux, et si l'un de mes défenseurs, égaré sans doute par d'anciennes préventions, a laissé échapper quelques mots improbateurs au moment où je viens de braver tant de colères, je puis dédaigner un acte de faiblesse ou de rancune. Mais ce n'est pas moi qui donnerai à mes adversaires la satisfaction de me voir placé sur une sellette où ils n'ont pas le droit de me faire descendre. Que d'autres cherchent à avilir la représentation nationale, ils y ont sans doute un coupable intérêt; mais, poussé par un sentiment bien différent, je ferai tout ce qui dépendra de moi pour lui conserver son lustre.

» Je déclare donc que je ne reconnais à personne ni le droit de m'accuser ni celui de me juger. Je cherche vainement ici des juges, je n'y trouve que des accusateurs; je n'attends pas un acte de justice, c'est à un acte de vengeance que je me résigne. Je professe du respect pour les grands pouvoirs de ce pays, mais je respecte bien plus encore la loi qui les a fondés; leur puissance cesse pour moi dès l'instant qu'au mépris de cette loi ils usurpent des droits qu'elle ne leur a pas donnés.

» Dans un tel état de choses, je ne sais si la soumission est un acte de prudence, mais je sais que dès que la résistance est un droit elle devient un devoir. Elle est surtout un devoir pour ceux qui, comme nous, doivent connaître mieux que personne la mesure de leurs droits; elle l'est pour moi qui dois me montrer digne de ces citoyens de la Vendée qui ont donné à la France un si noble exemple de courage et d'indépendance en m'accordant deux fois leurs suffrages.

» Arrivé dans cette chambre par la volonté de ceux qui avaient le droit de m'y envoyer, je ne dois en sortir que par la violence de ceux qui n'ont pas le droit de m'en exclure; et si cette résolution doit appeler sur ma tête les plus grands dangers, je me dis que le champ de la liberté a été quelquefois fécondé par un sang généreux! »

XXXI

Ces dernières paroles du député déjà proscrit dans le cœur des royalistes furent accueillies par l'opposition comme un adieu suprême à la tribune et à la liberté, par les membres de la majorité comme une importunité de l'éloquence. L'expulsion est votée à une effrayante majorité. « Infâme coup d'État! s'écrie M. de La Fayette. — Malheureux! vous tuez le gouvernement représentatif! reprend le général Foy. — Je demande que l'accusé ait la faculté de récuser ses ennemis! ajoute Casimir Périer. — La charte est détruite, reprend le général Demarçay en faisant le geste de l'ensevelir; cette chambre est peuplée des ennemis de la révolution, des séides de la contre-révolution! — Nous faisons tous cause commune avec Manuel! proclame de nouveau La Fayette. — Oui, tous! tous! » s'écrient en se levant soixante membres de la gauche. Ces cris, ces protestations, ces apostrophes, ces émotions, ces fureurs de la chambre se communiquent électriquement de l'enceinte aux tribunes, des tribunes aux couloirs, des couloirs aux attroupements rassemblés aux portes et sur les quais de la chambre des députés. En vain des escadrons de cavalerie les contiennent, les refoulent, les dispersent. Ces attroupements, immobiles depuis le matin jusqu'à la nuit, attendent, comme l'avant-garde d'un peuple, la proclamation du vote de la chambre. Quand ce vote se répand dans la multitude, elle y répond par les cris de : « Vive Manuel ! vive la gauche ! » et, se dirigeant en masse compacte vers la rue Saint-Honoré, devant la demeure du proscrit, elle le venge par de longues acclamations de la répudiation de la chambre. D'un orateur à peine populaire, la violence royaliste avait fait un tribun du peuple et un chef de faction.

La nuit seule ramena non le calme dans les esprits, mais le silence sur les places publiques. Le peuple attendait avec espérance, le gouvernement avec inquiétude le lendemain. Si Manuel se décidait à désobéir au vote illégal de l'Assemblée, il faudrait employer la force, la force pouvait amener la résistance. Le nouveau Mirabeau pouvait dire comme le premier : « Je reste ici par l'autorité du peuple ! » Les troupes furent consignées; aux abords de la chambre, les huissiers et les postes du palais eurent ordre d'interdire l'entrée des portes au député proscrit. Mais il trompe cette vigilance en entrant sans être reconnu au milieu d'un groupe de ses amis qui l'enveloppe, et il apparaît tout à coup revêtu de son costume et assis à son banc entre Casimir Périer et le général Demarçay.

A cet aspect la majorité se trouble; le président et les membres les plus violents de la droite se consultent sur la résolution à prendre; les ministres, au pied de la tribune, communiquent par des émissaires avec le président; les tribunes publiques, encombrées de spectateurs par l'attente de quelque événement inconnu et peut-être tragique, sont suspendues entre la curiosité et la terreur. A l'heure où la séance s'ouvre, M. Ravez annonce d'une voix sévère à l'Assemblée que le député interdit de ses fonctions a violé l'autorité de la chambre, et, se tournant vers le banc où siége Manuel, il le somme de se retirer. « J'ai annoncé hier que je ne céderais qu'à la force, répond Manuel, je viens tenir ma parole; » et il se rassied.

Le président invite l'Assemblée à évacuer la salle et à se retirer dans ses bureaux, afin de faire exécuter pendant cette suspension de la séance l'arrêt qu'elle a porté, et les ministres suivent le président. L'opposition reste et entoure Manuel. Un silence à la fois respectueux et menaçant règne dans la salle. Il semble couver de sinistres et froides résolutions. L'heure s'écoule, la porte s'ouvre; le chef des huissiers de la chambre, suivi du cortége de ses collègues, entre un papier à la main. Il lit à haute voix un ordre du président qui lui enjoint de faire sortir Manuel, et de se faire en cas de résistance assister par la force armée. « Votre ordre est illégal, répond le député, je n'y obéirai pas! »

Le cortége pacifique se retire, la porte se referme, le silence et l'anxiété redoublent. On entend les pas militaires des soldats dans les salles extérieures. Ces pas se rapprochent, les deux battants se rouvrent, un peloton de gardes nationaux et de vétérans entre en armes dans l'enceinte et se range en face du banc où siége le député. Un cri d'indignation s'élève des rangs de l'opposition qui entoure Manuel. La Fayette fait un geste d'horreur en voyant cette garde nationale, armée du peuple et de la révolution, prêter sa main et ses armes à la violation de la révolution et de la représentation du peuple. Les gardes nationaux, ébranlés par le lieu, par ces visages d'hommes populaires, par les interpellations qu'on leur adresse, par la responsabilité qui pèsera demain sur leurs noms, baissent les yeux et restent immobiles. L'officier de vétérans s'avance seul vers le banc qu'on lui désigne comme celui où siége le député expulsé; il le conjure d'éviter à sa troupe la douleur d'employer la force. « Nous ne connaissons pas ici la troupe de ligne, lui répond le général Foy en l'apostrophant avec autorité, nous ne connaissons que la garde nationale : donnez-lui vos ordres. » L'officier intimidé se retire pour consulter le président. Il rentre avec l'ordre de faire exécuter par la force la consigne qu'il a reçue. Il relit cet ordre, on y résiste. L'officier alors, se retournant vers le capitaine de la garde nationale, lui commande de faire saisir le député rebelle à son banc. Le capitaine à son tour ordonne à un sergent nommé Mercier, chef du détachement de gardes nationaux, d'exécuter le commandement. Le sergent, intimidé par les voix, les gestes, les objurgations, les signes d'intelligence des quatre-vingts membres de l'opposition debout devant lui, presque tous généraux, orateurs, grands noms de la république, de l'empire, de la monarchie, banquiers populaires, négociants considérés de la capitale, hommes qu'il entend célébrer tous les jours comme de grands citoyens, qu'il rencontrera demain dans les affaires, dans les théâtres, à la Bourse, partout, et qui le détournent sur leur responsabilité du sacrilége qu'il va commettre en arrêtant leur collègue et en attentant à leur inviolabilité, l'arme à la main, se trouble; il semble hésiter un instant entre la désobéissance à son chef, faute de discipline, et l'obéissance, crime contre la représentation. Il regarde ses soldats, tous citoyens comme lui, et cherche dans leurs yeux leur pensée pour raffermir la sienne. Les regards du chef et des soldats se rencontrent, se comprennent, s'impressionnent de la même répugnance et du même découragement. Leur attitude, leur immobilité, leurs visages qui se détournent avec répulsion des bancs qu'on leur dit de gravir, leurs armes qui retombent à leurs pieds refusent pour eux, et sont compris de l'opposition et des tribunes publiques. Des cris de : « Vive la garde nationale ! » éclatent dans la salle et célèbrent la victoire du sentiment public sur la discipline. L'arme du citoyen se brise d'elle-même entre les mains du gouvernement ; le coup d'État de la majorité peut se changer en coup d'État du peuple. Les royalistes tremblent à leur tour que la violence qu'ils ont tentée ne ressorte en sédition de la garde civique et peut-être en révolution de la chambre. Les collègues de Manuel battent des mains à la muette complicité des gardes nationaux. L'officier de vétérans court avertir le président et les ministres de son impuissance à faire exécuter l'arrestation par ses détachements, et du refus d'obéir du sergent Mercier.

La défection de la troupe de ligne et de la garde nationale avait été prévue par le gouvernement. Trente gendarmes, corps d'élite impopulaire par état, accoutumés à sévir contre les résistances civiles sans acception de rang ou de cause, étaient en réserve dans les couloirs sous le commandement de leur colonel, M. de Foucault, officier résolu à dévouer son nom comme sa vie au service du roi. Ils entrent la carabine à la main ; ils masquent les vétérans et les gardes nationaux. Le colonel Foucault s'avance vers le banc de la gauche qui couvre Manuel ; il somme les députés debout devant lui de ne pas protéger plus longtemps leur collègue contre les ordres de la chambre et contre les efforts de la garde nationale.

« La garde nationale, s'écrie La Fayette, c'est faux! Laissez-lui toute sa gloire! » Les voix des députés et leur attitude attestent qu'ils n'obéiront pas à cette sommation. M. de Foucault la renouvelle en vain trois fois. « Je n'obéirai pas plus à la troisième qu'à la première, dit Manuel en se découvrant, employez la force. — Eh bien! dit le colonel en se tournant à demi vers ses gendarmes et en leur indiquant de la main le député exclu, empoignez-moi cet homme-là! » Et montant lui-même suivi de ses soldats les degrés qui le séparait de Manuel, il s'approche de lui et l'invite à descendre. Manuel, qui veut qu'un outrage matériel signale en lui la brutalité du pouvoir, la victime de la violence, l'idole du peuple, demeure immobile; M. de Foucault le saisit par le bras, deux gendarmes par le collet de son habit, et cherchent à l'entraîner; les députés qui l'entourent lèvent les mains au ciel, poussent des cris d'indignation, s'efforcent de le couvrir de leurs corps et de le disputer aux soldats; il cède enfin et sort de la salle suivi par le cortége de l'opposition tout entière, qui se déclare solidaire de son inviolabilité et victime de l'attentat commis sur un de ses membres.

Pendant que Manuel, accompagné de Dupont (de l'Eure), monte en voiture et se retire dans sa demeure, ses collègues réunis chez un député de Paris, célèbre alors, inconnu depuis, nommé Gévaudan, rédigent et signent la protestation suivante :

« Nous soussignés, membres de la chambre des députés des départements, déclarons que nous n'avons pu voir qu'avec une profonde douleur et une indignation qu'il est de notre devoir de manifester devant toute la France, l'acte illégal, attentatoire à la charte, à la prérogative royale et à tous les principes de gouvernement représentatif, qui a porté atteinte à l'intégrité de la représentation nationale, et violé, dans la personne d'un député, les garanties assurées à tous, ainsi que les droits des électeurs et de tous les citoyens français.

» Nous déclarons à la face du pays que, par ses actes, la chambre des députés est sortie de la sphère légale et des limites de son mandat.

» Nous déclarons que la doctrine professée par la commission qui a proposé l'exclusion d'un de nos collègues, et d'après laquelle cette mesure a été adoptée, est une idée subversive de tout ordre social et de toute justice; que les principes émis dans le rapport de la commission sur l'autorité illimitée et rétroactive de la chambre ne sont que des principes subversifs qui ont amené à une autre époque d'odieux forfaits; que la confusion monstrueuse des fonctions de législateurs, d'accusateurs, de rapporteurs, de jurés et de juges, est un attentat qui n'a d'exemple que dans le procès même dont le souvenir a servi de prétexte à l'annulation des pouvoirs de M. Manuel; que les formes protectrices dont la loi couvre le plus obscur des accusés, et même l'appel nominal, qui, dans une grande circonstance, pouvait seul garantir l'indépendance des votes, ont été repoussés avec une obstination passionnée et turbulente;

» Considérant la résolution prise hier 3 mars contre notre collègue, comme le premier pas d'une faction pour se mettre violemment au-dessus de toutes les formes et pour briser tous les freins que notre pacte fondamental lui avait imposés :

» Convaincus que ce premier pas n'est que le prélude du système qui conduit la France à entreprendre une guerre injuste au dehors *pour consommer au dedans la contre-révolution et pour ouvrir notre territoire à l'occupation étrangère;*

» Ne voulant pas nous rendre complices des malheurs que cette faction ne peut manquer d'attirer sur notre patrie ;

» Nous protestons contre toutes les mesures illégales et inconstitutionnelles prises dans ces derniers jours pour l'exclusion de M. Manuel, député de la Vendée, et contre la violence avec laquelle il a été arraché du sein de la chambre des députés. »

Suivent les signatures de soixante-deux députés : le général Foy, MM. Méchin, Labbey de Pompierre, Lecarlier, Destutt de Tracy, Lefebvre-Gineau, de La Tour-du-Pin, Pavée de Vandœuvre, Vernier, Adam, de La Pommeraie, Pougeard du Limbert, général Sébastiani, de Chauvelin, Caumartin, Hernoux, Auguste de Saint-Aignan, Dupont (de l'Eure), de Kératry, de Bondy, Savoye-Rollin, Tasseyre, Jobez, Louis de Saint-Aignan, Alexandre Périer, Gautret, Pilastre, Étienne, Raulin, Saulnier, Villemain, Tronchon, Bastarrèche, de Saglio, Voyer-d'Argenson, Kœchlin, Bignon, Georges de La Fayette, général de La Poype, général de Thiard, général Maynaud de Lavaux, Nourrisson, général Gérard, Casimir Périer, Gévaudan, Gabriel Delessert, Gaspard God, Laffitte, Alexandre de Laborde, Stanislas de Girardin, Charles de Lameth, Cabanon, Leseigneur, de La Roche, de l'Aistre, Bouchard-Descarnaux, de Jouvencel, général de La Fayette, Gilbert des Voysins, Clerc de Lassale, général Demarçay.

Cette protestation, présentée le lendemain au président de l'Assemblée, pour être lue à la chambre, n'y reçut pas même les honneurs de la lecture ; les députés qui l'avaient signée sortirent de la salle pour n'y plus rentrer pendant toute la durée de la session, se proscrivant ainsi eux-mêmes afin d'annuler par leur absence la légalité des délibérations, et de se venger de la violence en frappant les lois elles-mêmes d'illégalité.

Le peuple, un moment ému du drame qui s'était déroulé dans la chambre, rentra, non dans l'indifférence, mais dans le calme. On se contenta de décerner des couronnes civiques au sergent Mercier, qui rentra dans l'oubli dont ce hasard et ce jour l'avaient un moment tiré.

Les lois de subsides proposées par le ministère pour la guerre d'Espagne furent votées sans contestation. L'armée de cent mille hommes, divisée en cinq corps d'armée sous les ordres du maréchal Oudinot, du général Molitor, du prince de Hohenlohe, du maréchal Moncey et du général Bordesoulle, se rassembla sous le commandement général du duc d'Angoulême. Le général Guilleminot, un de ces rares officiers des armées de la république et de l'empire, qui réunissaient des lumières et des aptitudes politiques aux mérites du soldat, fut nommé major général. Ce titre, qui faisait de lui l'âme de l'armée, inspirait confiance dans le généralissime, prince modeste, studieux et sage, dont on connaissait la bravoure et les vertus, mais qui ne pouvait emprunter ses inspirations militaires dans la grande guerre qu'aux élèves et aux compagnons de Napoléon. M. de Chateaubriand, pour qui le but principal de cette campagne était de fondre ensemble au feu d'une guerre nationale et dynastique les anciens et les nouveaux officiers de la patrie, et de donner une arme personnelle aux Bourbons, rencontra la même pensée dans le duc d'Angoulême; l'esprit de parti n'eut aucune part au choix des généraux chargés sous ce prince des différents commandements. On ne consulta que les services et les renommées, et on se fia à l'esprit militaire pour étouffer l'esprit de faction.

LIVRE QUARANTE ET UNIÈME

Préparatifs de la guerre d'Espagne; concentration de l'armée à la frontière. — Tentatives de l'opposition; elle essaye d'accréditer un agent près de la révolution d'Espagne; insuccès. — Envoi de secours de toute nature à l'Espagne. — Fausse alerte au ministère français; suspension du major général Guilleminot; réclamations du duc d'Angoulême. — Le passage de la Bidassoa est décidé; imprévoyance des ordonnateurs de l'armée. — M. Ouvrard vient en aide au général en chef; son rôle financier dans l'expédition. — Passage de la Bidassoa; le corps réfugié du colonel Fabvier essaye d'entraîner l'armée, il est dispersé à coups de canon. — Attitude de l'Angleterre; M. de Chateaubriand à Londres; ses fluctuations, sa correspondance avec M. de Marcellus; dispositions de Canning. — Succès de l'armée d'intervention; son entrée à Madrid; les constitutionnels se retirent avec Ferdinand dans l'île de Léon. — Le duc d'Angoulême arrive devant Cadix; proclamation pacificatrice d'Andujar; opérations du siége; capitulation de la ville. — Ferdinand est délivré; sa duplicité; il annule les déclarations d'Andujar et commence une réaction sanglante. — Lettres du duc d'Angoulême à M. de Villèle. — Suite des vengeances royales en Espagne. — Derniers efforts de Riégo; incidents dramatiques de sa fuite; son arrestation. — Procès dérisoire et mort stoïque de Riégo. — Rentrée triomphale du duc d'Angoulême en France et son arrivée à Paris.

I

Le duc d'Angoulême partit le 15 mars pour les Pyrénées. Pendant qu'il visitait ses différents corps pour les concentrer sous sa main sur l'extrême frontière à mesure qu'ils arrivaient de leurs différentes garnisons, une panique soudaine et mystérieuse saisissait le conseil des ministres à Paris, et jetait dans l'opinion publique, comme dans les premiers mouvements de l'armée, un trouble, une hésitation et des défiances qui pouvaient renverser tous les plans du gouvernement.

Les carbonari de Paris, dirigés par La Fayette et Manuel, sentaient, depuis les conspirations avortées à Belfort, à Saumur et à Paris, que leur cause se jugerait seulement en Espagne, et qu'une entente intime et concertée entre la révolution à Paris et la révolution à Madrid était la seule conjuration qui pût faire à la fois triompher l'une de ces révolutions par l'autre. Ils avaient en conséquence délibéré d'accréditer et d'entretenir auprès des meneurs des cortès un agent secret, sûr, et d'une haute renommée, qui inspirât et qui imposât par son autorité morale au gouvernement espagnol les conseils les plus capables de faire triompher les plans des libéraux européens, et de déconcerter ceux des royalistes de France. Leur choix, dit l'homme le plus compétent dans ces mystères, M. de Vaulabelle, était tombé sur Benjamin Constant. Cet homme politique, exclu en ce moment de la chambre par l'expiration de son mandat, était admirablement choisi pour cette diplomatie occulte qui devait troubler l'Europe et grouper les éléments des tempêtes civiles contre les Bourbons. Né en Suisse, mais revendiquant la France par droit d'origine; investi par l'esprit de parti d'une réputation qui dépassait ses talents; doué néanmoins d'une intelligence acérée et brillante, qui s'insinuait tantôt par le sarcasme, tantôt par l'adulation, dans les partis les plus divers, dogmatique et ténébreux dans les théories, lucide et souple dans les faits, aristocrate de naissance et de manières avec les nobles, populaire avec les démocrates, actif, secret, sachant toutes les langues, connaissant tous les hommes importants de l'Europe, Benjamin Constant était l'ambassadeur né d'une conspiration européenne auprès d'une révolution auxiliaire de toutes les conspirations de Madrid. Mais sa gêne et ses prodigalités étaient telles qu'il fallait lui offrir, pour le dépayser peut-être pour jamais, une indemnité de sa fortune d'homme de lettres et de sa patrie en France. Bien que les libéraux coalisés à Paris contre la Restauration possédassent, comme grands propriétaires, comme grands manufacturiers ou comme banquiers, des richesses immenses et disponibles, ils achetaient avec économie leur popularité même, et ils dépensaient plus facilement pour leur cause leurs discours que leur fortune. L'argent, dans les temps d'industrie, est le fond des choses humaines. Les grands fanatismes religieux ou politiques sont les héroïsmes des temps et des pays pauvres ; on sacrifie peu aux idées dans les temps et dans les pays où il faut pour conquérir des vérités immoler de puissants intérêts. C'est le secret de l'avortement de beaucoup de principes dans ces dernières agitations de l'Europe. Les nations agricoles et pauvres se dévouent, les nations industrielles et riches se lassent et reculent. Les révolutions de l'esprit humain ont leurs saisons.

On ne trouva pas dans la cotisation des banquiers et des carbonari opulents de Paris la somme suffisante et l'indemnité d'existence qu'il fallait assurer à Benjamin Constant. On s'adressa au duc d'Orléans, toujours confident, jamais complice des arrière-pensées des ennemis de sa famille. Ce prince refusa de solder une diplomatie contre le roi et sa patrie. Le plan avorta. On se borna à encourager par tous les moyens l'émigration en Espagne d'un certain nombre de conspirateurs acquittés dans les procès de 1820 et de 1823, de quelques officiers licenciés de leurs corps pour suspicion de complots, et de quelques jeunes gens aventuriers du carbonarisme, n'ayant rien à perdre dans leur patrie, tout à conquérir dans des entreprises désespérées, et à leur indiquer des lieux de rassemblement et d'armement sur la frontière d'Espagne. Ils y formeraient une armée française d'insurrection sous le drapeau tricolore, et ils y provoqueraient notre propre armée à l'insurrection et à le défection. Le colonel Fabvier, quoique étranger aux sociétés secrètes, était désigné pour aller prendre le commandement général de cette armée révolutionnaire au moment fixé. Cet officier, fanatisé par le patriotisme et par la gloire, ces deux météores de sa bouillante imagination, trouvait dans ces témérités mêmes la récompense de ses périls. Il faisait aux Bourbons la guerre d'Annibal.

II

Déjà ces rassemblements s'opéraient dans les environs de Bilbao et dans les villages voisins de la Bidassoa, petite rivière qui sépare les deux territoires, au nombre de quelques centaines d'hommes dans le Coblentz des carbonari. D'autres couraient par toutes nos routes pour s'y réunir. Quelques-uns de ces transfuges avaient pris le chemin de Toulouse, emportant avec eux dans leurs bagages les armes, les insignes et les cocardes destinés à provoquer nos soldats par la vue de nos anciennes couleurs. L'un d'eux, se défiant de la vigilance de la police à la porte des villes, et craignant que ces témoignages matériels de la conspiration ne s'élevassent contre lui s'ils étaient découverts, avait inscrit sur la caisse qui les contenait l'adresse et le nom du colonel de Lostende, aide de camp du général Guilleminot, chef d'état-major du duc d'Angoulême. Cette caisse, saisie aux portes de Toulouse au moment où le bruit vague d'une conspiration militaire assombrissait tous les esprits, fit croire à la complicité de M. de Lostende, et peut-être du général Guilleminot lui-même. La police de l'armée communiqua secrètement ces sinistres indices à la police de Paris. Le gouvernement alarmé crut marcher sur des mines. Le maréchal Victor, ministre de la guerre, ordonna l'arrestation du colonel de Lostende, la suspension immédiate du major général Guilleminot, et se rendit lui-même précipitamment à l'armée, abandonnant le ministère au général Digeon, et s'emparant, au nom de l'urgence et du salut de la monarchie, du titre de major général, sans consulter le duc d'Angoulême.

III

Ce prince, plus clairvoyant et plus confiant dans la loyauté de ses compagnons d'armes que le ministre de la guerre, la police et le gouvernement, protesta contre l'arrestation d'un brave officier sous ses yeux et contre l'éloignement du général Guilleminot de sa personne. Il écrivit au roi son oncle que ces chimères s'évanouiraient au feu du premier champ de bataille; il écrivit à la duchesse d'Angoulême sa femme que la mesure prise par le maréchal Victor, sa présence à l'armée et l'empire que ce ministre guerrier s'arrogeait dans son état-major compromettaient sa gloire et effaçaient son autorité. Il écrivit au conseil des ministres que le rôle de généralissime d'une armée d'observation immobile et vainement comminatoire ne convenait pas à l'héritier du trône, cousin de Ferdinand, et qu'il allait résigner ses fonctions si l'armée n'entrait pas immédiatement en campagne. Ces lettres, les impatiences énergiques de M. de Chateaubriand et le crédit de la duchesse d'Angoulême sur l'esprit du roi contraignirent plus qu'ils ne décidèrent le premier ministre. Le prince reçut enfin l'autorisation d'entrer en Espagne du 5 au 10 avril.

IV

Mais, comme il arrive toujours dans les choses faites à contre-cœur, où l'on se laisse entraîner par l'événement, au lieu de le devancer, rien n'était prêt pour l'entrée en campagne dans un pays où on devait se présenter en auxiliaires plutôt qu'en ennemis, épargner les populations, respecter les propriétés, et ne fouler qu'avec ménagements la terre, de peur qu'elle ne se soulevât sous nos pas comme dans la guerre de 1810. Le nom français était resté odieux en Espagne depuis l'invasion d'une armée de Napoléon que le sol avait dévorée. Il fallait repopulariser ce nom dans la Péninsule en prouvant, par la discipline et par la générosité, au peuple des provinces, la différence entre les Français envahisseurs venant opprimer et ravager une nation indépendante au nom d'une insatiable ambition, et les Français libérateurs venant secourir une dynastie captive et pacifier au nom d'un principe de politique et d'amitié une nation qui s'entr'égorgeait. Là était le succès ou la perte de l'entreprise. Le duc d'Angoulême et ses généraux se trouvaient, par l'imprévoyance et par l'éternelle temporisation du ministère, dans l'impossibilité de pourvoir aux besoins de l'armée. Tout manquait, vivres, magasins, charrois, fourrages pour une armée de cent mille combattants et pour une cavalerie nombreuse. On allait être contraint de donner contre-ordre à l'armée pour attendre les ressources de l'intérieur de la France, ou de traiter l'Espagne, en y entrant, comme pays conquis. Cent millions en argent étaient bien mis à la disposition du généralissime dans le trésor de l'armée, pour payer l'hospitalité qu'elle emprunterait sur la route de Bayonne à Madrid, mais aucune intelligence préexistante dans les pays qu'on allait traverser, aucun moyen de transport, aucun marché avec les fournisseurs espagnols n'avait été d'avance préparé ou conclu. On devait marcher le 5 avril, et le 3 on se demandait avec une anxiété pénible comment on nourrirait les hommes et les chevaux le surlendemain. Le prince et les généraux maudissaient l'impéritie ou l'inertie calculée de ceux qui, en permettant les hostilités, les rendaient impossibles au premier pas.

V

Ces embarras étaient l'objet des correspondances de l'armée avec Paris, des entretiens de la capitale, de la douleur des royalistes partisans de la guerre, et de la joie des libéraux triomphants des obstacles qui semblaient, avant la guerre même, donner raison à leurs prédictions. Un homme eut l'heureuse audace de fonder son importance et sa fortune sur ces difficultés, et de se présenter au quartier général du duc d'Angoulême pour trancher le nœud que personne n'osait dénouer.

Cet homme était M. Ouvrard. Son nom, beaucoup décrié par l'ignorance ou par l'envie, comme le nom de ceux qui dépassent ou qui devancent leur siècle, mérite d'être relevé à sa juste hauteur par l'impartialité de l'histoire. M. Ouvrard était, en affaires, un aventurier; mais en finances, un homme de génie : le génie ne consiste qu'en deux ou trois idées justes, simples et neuves, sur un objet quelconque de théorie ou de pratique, entrevues avant tout le monde par un homme dont la réflexion porte un peu plus droit et un peu plus loin que la vue confuse de son siècle. En mécanique, en science, en politique, en guerre, en administration, en finances, les inventeurs ne sont que des observateurs d'un sens plus exquis et plus pénétrant. De même qu'Archimède avait inventé le levier; Newton, la gravitation; Mirabeau, l'opinion publique; Frédéric II et Napoléon, la guerre moderne; Law, le crédit; M. Ouvrard avait inventé la confiance et la spéculation, puissances incommensurables et mystérieuses cachées au fond du commerce, et pouvant centupler en un moment, pour les particuliers, pour les compagnies et pour les États, les forces et les prodiges de la richesse privée et de la richesse publique. Son esprit net, pénétrant, était servi par une élocution confiante et persuasive, par une audace d'entreprise qui n'hésitait jamais, par une activité qui le transportait, aussi vite que sa pensée, d'une extrémité de l'Europe à l'autre, et par un bonheur de jeunesse permanente, de grâce, d'élégance grecque, qui imprimait sur ses traits la facilité et la séduction de son esprit. Ses idées justes et neuves sur les affaires, appliquées par lui à sa propre fortune, dans le commencement de sa vie et dans le chaos de détresses, de ressources, de fournitures des armées, de spéculations avec le trésor obéré du directoire et du consulat, lui avaient fait une richesse qui dépassait par moments celle de l'État. Il l'avait prodiguée avec autant d'enthousiasme qu'il l'avait acquise. Le luxe des Lucullus, des Jacques Cœur, des Médicis, des Fouquet, n'avait pas dépassé le sien; les femmes les plus renommées par leur esprit et par leur beauté, à cette renaissance de nos luxes et de nos vices, avaient été les idoles devant lesquelles il avait épanché ses trésors. Lié avec la plus belle de toutes, madame Tallien, il en avait eu plusieurs enfants, que la dépense d'une seule de ses fêtes aurait dotés. Courtisé, envié, persécuté tour à tour par les gouvernements, il avait plusieurs fois perdu et refait d'incalculables fortunes. Au moment où Napoléon affectait, au commencement de l'empire, la monarchie universelle du continent par les armes, M. Ouvrard venait de faire, de puissance à puissance, un traité à Madrid avec le roi d'Espagne, qui lui assurait le monopole des mines et du commerce maritime des Amériques, et un bénéfice annuel de deux cents millions. Ce traité et ces bénéfices lui permettaient de fournir au trésor français des avances et des subsides, pour lesquels il avait engagé son crédit. Ce traité trop gigantesque pour un particulier, connu de Napoléon, avait été violemment entravé et rompu par un coup de despotisme ; privé des ressources que le traité avec l'Espagne devait lui fournir, sommé d'exécuter des versements impossibles au trésor français, M. Ouvrard, ruiné, emprisonné par l'empereur, avait montré dans ses résistances aux avances du pouvoir un caractère, une obstination à la captivité, et une insouciance dans le martyre dignes d'une plus noble cause. La chute de Napoléon l'avait rendu à la liberté ; il avait, sous des noms d'emprunt, recommencé sa fortune. Ses conseils avaient été les sources secrètes où les ministres des finances avaient puisé les idées de crédit qui avaient libéré le territoire et relevé nos finances. Leur génie n'était que son inspiration. On allait à lui dès qu'on manquait d'idées ; il rectifiait les fausses, il prodiguait les véritables, il répandait la vérité financière et commerciale en Europe. Il aurait gouverné et enrichi seul, les uns par les autres, tous les trésors publics du continent, si son nom, trop décrédité par ses aventures de spéculation, avait eu la même valeur dans l'opinion que ses idées. Tel était l'homme qui pressentait de loin les inexpériences et les embarras d'une grande expédition mal préparée. Connaissant l'Espagne, rompu au rôle de munitionnaire général dès sa jeunesse, et apercevant à la fois un grand service à rendre et une grande fortune à faire, Ouvrard apparut tout à coup au quartier général du duc d'Angoulême. Le moment pressait et ne laissait ni espace aux délibérations, ni occasion à de vaines répugnances; en quelques heures M. Ouvrard eut percé la situation, convaincu les généraux et les intendants de leur impuissance, effrayé le ministre de la guerre lui-même de sa responsabilité, séduit l'état-major, entraîné le prince, et conclu un traité par lequel il se chargeait de toutes les fournitures et de tous les transports de l'expédition en Espagne, à des conditions avantageuses sans doute pour lui-même, mais plus avantageuses encore à l'expédition, et que lui seul pouvait oser et accomplir. On murmura longtemps en France contre ce contrat à forfait entre un homme suspect de corruption et une armée qu'on accusa de s'être laissé corrompre. La vertu du duc d'Angoulême, l'honneur de ses principaux officiers, la probité du maréchal Victor, repoussaient ces soupçons.

Les ministres, cédant à la nécessité et à l'ascendant de la duchesse d'Angoulême à Paris, ratifièrent le contrat, révoquèrent la nomination du maréchal Victor aux fonctions de major général, rendirent le général Guilleminot à l'amitié du généralissime, et rappelèrent le ministre de la guerre à Paris. L'armée reçut ordre de s'avancer jusqu'aux bords de la Bidassoa, autre Rubicon de la Restauration, où les deux principes allaient se rencontrer face à face.

VI

Le colonel Fabvier, chef du noyau d'armée insurrectionnelle que les carbonari de Paris avaient recruté pour provoquer au bord de ce fleuve une émeute militaire, l'avait déjà traversé pour aller prendre le commandement de cette poignée de réfugiés et de conspirateurs. Au lieu d'un corps d'armée que le colonel Fabvier comptait trouver à Irun sur la foi des comités et des *ventes* de Paris, il n'y trouva que deux cents condamnés politiques, aventuriers évadés ou transfuges, moitié Français, moitié Piémontais et Napolitains, que l'exil, l'indigence, le fanatisme de la liberté, la ruine de leur cause dans leur pays, la passion d'y rentrer, même par un acte plus semblable à un embauchement qu'à une expédition, poussaient à ces entreprises désespérées. Ils étaient commandés par un ancien chef de bataillon nommé Caron; ils comptaient dans leurs rangs quelques jeunes officiers ou sous-officiers, compromis dans des conjurations avortées, dignes d'intérêt malgré l'inconvenance de leur attitude; armés contre leur pays sur un sol ennemi, mus par des passions qui aveuglaient leur patriotisme, prêts à mourir, mais humiliés de se dégrader pour leur cause. Parmi eux était Carrel, ce jeune lieutenant accouru au-devant de M. de La Fayette à Belfort, soldat de trempe héroïque, dépaysé, ainsi que Fabvier, dans cette émigration révolutionnaire, dignes l'un de l'autre, comme ils le montrèrent plus tard, de combattre à visage découvert pour l'indépendance d'une nation en Grèce ou pour la liberté du monde à Paris. Fabvier, quoique trompé dans son attente, n'était pas homme à reculer devant un parti pris, surtout devant un danger. Averti par ses correspondances secrètes avec quelques complices cachés dans les régiments du duc d'Angoulême que l'armée avait ordre de se concentrer le 7 sur la Bidassoa et de passer ce jour-là la rivière au bac de Behobie, il s'y porta avec sa petite troupe dans la nuit du 6 au 7, et il prit position sur les culées d'un pont détruit par les Français en 1813, en face des avant-postes du 9ᵉ régiment de ligne, à portée de la voix. Cette bande, afin d'impressionner davantage les yeux des soldats français par l'apparition des vieux uniformes popularisés dans les camps par les guerres de l'empire, avait revêtu les costumes des grenadiers et des chasseurs de la garde de Napoléon ; un d'eux agitait à leur tête le drapeau tricolore accoutumé dans les batailles ou dans les revues à soulever de lui-même les acclamations. Ils chantaient en chœur la *Marseillaise*, cet hymne où la révolution et le patriotisme, fondus dans les mêmes strophes et dans les mêmes notes, ont leur écho dès l'enfance dans l'oreille des paysans et des soldats. Leurs gestes et leurs armes renversées appelaient autant que leurs voix et leurs chants l'explosion et l'embrassement des deux camps. On entendait d'une rive à l'autre les noms de camarades et de frères d'armes que les réfugiés adressaient aux soldats. Les soldats, étonnés et immobiles à cette apparition inattendue de leur vieille cause entre eux et l'Espagne, contemplaient avec tristesse cette démonstration. Mais la sédition perdait pour eux de son danger en éclatant sur la terre ennemie ; ils comprenaient mal comment la révolution était une cause distincte du patriotisme, et comment ceux qui les invoquaient de la rive opposée comme amis se trouvaient en armes devant eux parmi leurs ennemis. Les deux troupes s'observèrent ainsi quelque temps en silence, et déjà Fabvier espérait que la marée qui commençait à se retirer lui permettrait de traverser à gué la rivière et d'enlever de plus près nos bataillons en jetant ses soldats dans les bras des nôtres, quand le général Vallin, qui commandait cette avant-garde, accourt au galop et commande, sans parlementer, le feu d'une pièce de canon en batterie sur la culée française du pont. Les artilleurs obéissent, le coup part et n'atteint pas, soit indulgence, soit hasard. Fabvier et ses troupes croient que cette pièce tirée sans mitraille est le signe d'une complicité séditieuse avec eux, ils crient : « Vive l'artillerie! » en agitant leur drapeau. Le général Vallin fait recharger la pièce pour toute réponse; la mitraille cette fois foudroie et renverse un officier et plusieurs réfugiés. Ils tiennent encore; un troisième coup de canon déchire le drapeau tricolore, tue celui qui le porte et couvre de plusieurs cadavres la berge espagnole de la Bidassoa. Le sort de l'Espagne, de la France et de l'Europe avait été dans la résolution du général et dans l'obéissance de quelques canonniers. Ce premier feu échangé entre l'armée du roi et l'armée de la révolution séparait pour longtemps les deux causes. « Général Vallin, dit Louis XVIII en revoyant après la campagne ce brave soldat, votre coup de canon a sauvé l'Europe! »

Les compagnons de Fabvier se dispersèrent en Espagne, offrant vainement aux *exaltés* un concours presque partout dédaigné, humilié ou méconnu, et subissant le triste sort que l'émigration armée, quelle que soit sa cause, rencontre sur la terre et sous le drapeau étrangers, la répulsion, le dédain, l'ingratitude, et à la fin la haine, le reproche et la trahison.

VII

Ce n'était pas sans une vive résistance du cabinet anglais et sans une énergique impulsion de M. de Chateaubriand que l'armée française franchissait ainsi la frontière. Il y avait un grand hasard à braver pour la France dans cette expédition, indépendamment des hasards de la guerre elle-même. C'étaient la rupture avec l'Angleterre et les ressentiments de M. Canning. Les mémoires de M. de Chateaubriand et des révélations de M. de Marcellus encore inédites, mais qui vont être incessamment publiées, appuyées des correspondances intimes ou officielles entre les principaux personnages de cette époque, jettent un jour complet sur ces transactions. M. de Marcellus, alors premier secrétaire d'ambassade sous M. de Chateaubriand, puis chargé d'affaires de France à Londres après l'avénement de son ambassadeur au ministère, lié à la fois par son affection à M. de Montmorency, par son poste à M. de Chateaubriand, par une certaine intimité littéraire et diplomatique avec M. Canning, était à la fois le confident et l'intermédiaire des rapports de ces trois hommes d'État entre eux. Nul esprit plus pénétrant ne pouvait percer de plus près le mystère de ces pensées diverses, nul écrivain plus véridique ne pouvait les révéler, bien voir, bien comprendre et bien retracer : ce sont les trois qualités de ces témoins intelligents et probes de l'histoire ; elles étaient réunies dans ce jeune diplomate devenu plus tard son propre historien.

VIII

En arrivant à Londres quelques mois avant la guerre d'Espagne, M. de Chateaubriand n'avait que des incertitudes et des fluctuations dans l'esprit. Dans le premier éblouissement de son premier grand rôle politique, il jouissait avant tout de son élévation. Il se flattait de trouver à Londres une popularité de gloire analogue à celle dont son génie et son parti l'enivraient à Paris. Il voulait attirer à lui par cette renommée, par cette importance et aussi par l'importance du poste de Londres, toutes les affaires extérieures de l'Europe. Il était, par sa sensibilité et par sa mélancolie un peu morose, très-capable de désenchantement et de dégoût. Il n'avait pas tardé à éprouver ces ennuis et ces découragements de cœur qui prévalaient souvent en lui sur les activités et sur les ambitions de l'esprit. L'Angleterre avait trompé son amour-propre. L'homme littéraire n'y était connu que de nom, l'homme politique n'y était encore révélé aux hommes politiques que par ses excès de zèle, de plume, et de doctrines en faveur de l'autel et du trône. Ces titres n'inspiraient pas à un pays étranger, indifférent à nos querelles, le même engouement qu'à Paris. Ils faisaient de M. de Chateaubriand, aux yeux de l'Angleterre, un homme de parti plus qu'un homme d'État. D'un autre côté, sa naissance, quoique noble en France, ne lui assurait pas d'avance le respect et la déférence de ce monde aristocratique tout conventionnel. Après quelques mois de séjour employés à visiter cette capitale et ces campagnes qu'il avait habitées, pauvre, inconnu dans sa jeunesse, ce séjour, cette oisiveté, cet isolement du bruit de son nom, que tous les échos lui renvoyaient en France et que la distance et l'indifférence étouffaient à Londres, lui pesaient. Il brûlait du désir de rentrer en scène et de rappeler l'attention distraite sur lui en rentrant en France, en reprenant un rôle parlementaire à la chambre des pairs et en conquérant le ministère sur les répugnances du roi. M. de Villèle et M. de Montmorency connaissaient ces dispositions de son esprit inquiétantes ou menaçantes pour eux, et les redoutaient. Ses amis politiques et littéraires, et surtout les femmes éminentes qu'il avait toujours cultivées, autant par politique que par inclination, comme des complices de sa gloire et des instruments de sa fortune, madame de Duras, madame de Montcalm, madame de Castellane, madame Récamier, et plusieurs autres, consultées par lui sur l'opportunité de son retour, ne cessaient de lui représenter que le moment n'était pas venu, qu'il n'avait pas encore conquis par d'assez longs services à l'étranger le droit de revenir s'emparer de la direction des affaires de l'Europe, que le roi le redoutait, que M. de Villèle était bien aise de le tenir à distance, que M. de Montmorency lui-même, son ami, verrait avec douleur en lui un compétiteur et un rival, que sa fortune enfin, nulle par ses pères, obérée par ses dettes, à peine réparée par ses pensions et les traitements que lui prodiguait la cour, avait besoin pour se refaire des trois cent mille francs fixes et des nombreux suppléments de traitement de son ambassade; qu'il fallait attendre, patienter, mériter, et que son parti, ses amis et ses zélatrices ne laisseraient pas s'échapper l'heure de le rappeler et de l'élever à la hauteur où l'opinion, l'amitié, l'amour, le rappelaient par tant de désirs.

IX

Ces temporisations ne le ralentissaient pas; il avait la fièvre de retour, la nostalgie de l'ambition. La terre et le ciel de Londres lui étaient également ennemis. Sa physionomie maladive, inquiète, découragée, le monde et la solitude tour à tour recherchés et évités, l'affaissement de son attitude, la brièveté de ses paroles, l'oisiveté de sa plume, le feu sombre et amorti de ses yeux, tout révélait en lui à cette époque la consomption du génie. Il voulait partir. La passion même qui le dévorait secrètement alors pour une jeune femme, artiste d'une rare beauté, qui l'avait suivi à Londres, ne suffisait pas à le retenir.

Cependant, par un de ces retours soudains et capricieux que l'ambition explique autant que la nature, à peine M. de Chateaubriand eut-il connaissance de l'intention des souverains de se réunir en congrès à Vérone, qu'il témoigna dans ses entretiens, dans ses lettres confidentielles et dans ses dépêches même à M. de Villèle une extrême opposition à toute participation de la France à cette délibération en commun sur les affaires de l'Espagne et de l'Europe. Immixtion insolente, disait-il, des cabinets du Nord dans les affaires du Midi; compromission, amoindrissement, humiliation de la France, qui a sa sphère à elle, et qui doit la conserver indépendante et personnelle pour la grandir et la relever par la seule et libre détermination de ses intérêts, par la seule volonté de ses rois et par la seule force de ses armes. Il penchait alors pour l'extension des droits constitutionnels des peuples dans le midi de l'Europe, pour une alliance libérale et protectrice de ces droits avec l'Angleterre. Il s'était lié par analogie de goûts littéraires et par émulation d'action politique avec M. Canning, homme de bruit et de passion comme lui, et la popularité de cet homme d'État, alors dans l'opposition, lui semblait un modèle de vie à envier et à imiter à son retour en France. Ces deux hommes se voyaient fréquemment, et, également dégoûtés des petitesses des choses et des médiocrités envieuses des hommes, ils se consolaient dans l'imagination et dans l'amitié.

X

Mais, par un troisième revirement d'esprit, de situation et d'ambition, à peine M. de Chateaubriand eut-il connaissance des noms des ministres et des diplomates illustres que les souverains amenaient avec eux ou que les cours accréditaient pour assister à ce grand conseil européen, et à peine entrevit-il la haute importance que ces hommes allaient recueillir pour leur nom et pour leur fortune de cette participation aux résolutions de l'Europe, qu'il se passionna tout à coup jusqu'au délire de la volonté d'y assister lui-même au nom de la France. Il écrivit vainement à M. de Villèle et à M. de Montmorency pour les convaincre de la convenance et de la nécessité d'envoyer leur ambassadeur d'Angleterre à Vérone. Il leur représenta inutilement que tous les envoyés principaux de toutes les puissances, les Hardenberg, les Capo d'Istria, les Caraman, les Rayneval, les Laferronays, les Metternich, les Castlereagh, devançant ou accompagnant leurs maîtres à ces conférences, il était indispensable que l'ambassadeur de France à Londres y fût convié, sous peine de le dégrader de son prestige et d'humilier l'Angleterre elle-même en la traitant avec moins de déférence qu'on ne traitait Vienne, Pétersbourg, Berlin, Turin ou Naples. Ces deux ministres furent sourds à ces insinuations. M. de Villèle voulait être libre de ses mouvements au congrès et ne pas avoir à compter avec la popularité éclatante d'un ambassadeur qui effacerait son propre gouvernement. M. de Montmorency pressentait qu'au retour d'un congrès où la plume et la parole de M. de Chateaubriand auraient eu l'ascendant ou le retentissement que le génie donne aux délibérations diplomatiques comme aux délibérations parlementaires, M. de Chateaubriand le contraindrait par droit de supériorité à lui résigner le ministère. Il aimait M. de Chateaubriand, mais il le redoutait à la tête des affaires pour son pays. Il voulait l'intervention, et il se défiait de l'ascendant que l'opinion libérale de M. Canning exerçait en ce moment sur l'esprit de M. de Chateaubriand. Le roi lui-même pensait à cet égard comme M. de Villèle et comme M. de Montmorency. Il ne pouvait pas diminuer, il n'osait pas négliger, il ne voulait pas grandir un homme qui lui était imposé par sa renommée et par son parti, mais qui ne lui inspirait en réalité ni attrait ni sécurité. Saisi de ces refus, M. de Chateaubriand résolut de faire un dernier effort sur M. de Montmorency pour lui arracher son titre de plénipotentiaire au congrès. Convaincu de l'inefficacité des lettres, il envoya M. de Marcellus, son premier secrétaire d'ambassade, à Paris, chargé de cette négociation désespérée. « Allez, lui dit-il, et rapportez ma nomination ou mon désespoir. » M. de Marcellus arriva à Paris convaincu que la passion de son ambassadeur était plus dangereuse encore à contrarier qu'à satisfaire. Lié avec M. de Montmorency, il lui représenta que le mécontentement et l'exaspération d'un homme de l'importance de M. de Chateaubriand dans la monarchie étaient un élément de trouble et de ruine dans le gouvernement, que l'ambition aigrie d'un tel caractère ne s'arrêterait pas devant le sacrifice de son poste et de ses intérêts, qu'il prendrait un plus long refus pour une souveraine injure, qu'aucune hiérarchie, aucune obéissance, aucune considération ne le retiendrait à Londres; qu'à peine M. de Montmorency serait-il parti pour le congrès, que M. de Chateaubriand arriverait à Paris, qu'il y fomenterait dans le parti de l'opposition ultraroyaliste et dans la presse des divisions et des orages tels, que M. de Villèle, pour les conjurer, serait contraint de sacrifier M. de Montmorency lui-même, et de donner le ministère des affaires étrangères à M. de Chateaubriand, et que le seul moyen de contenir une si ardente et si implacable passion d'agir, c'était de lui céder le congrès pour sauver le gouvernement.

M. de Montmorency frémit et comprit; il aima mieux un collègue embarrassant à Vérone qu'un compétiteur certain à Paris. M. de Villèle et le roi, plus contraints aussi que convaincus, cédèrent aux instances de M. de Montmorency. M. de Marcellus, huit jours après, rapporta à son ambassadeur la nomination qu'il n'espérait plus. La joie du triomphe fut égale dans M. de Chateaubriand à l'anxiété de l'attente; mais, comme tous ses sentiments, elle fut courte et traversée de découragements anticipés et de dégoûts. L'ennui n'est que le vide de l'âme; plus l'âme est vaste, plus le vide est grand: M. de Chateaubriand avait l'ennui immense. Il s'achemina lentement vers Paris, ralentissant son voyage, qui dura huit jours, par les entrevues et les adieux prolongés à cette femme qui partageait alors son cœur entre l'amour, la gloire et l'ambition.

XI

A peine était-il rentré à Paris du congrès de Vérone et avait-il pris le timon des affaires, qu'on sent l'ennui qui le saisit au sommet de son ambition comme en bas. La correspondance intime échangée entre lui et son confident, M. de Marcellus, est un jour nouveau et complet jeté à la fois sur les dispositions de cette âme et sur la marche de cette affaire. On y sent à chaque ligne, dans les lettres de M. de Chateaubriand, d'un côté le désenchantement du poëte, de l'autre le coup d'œil juste et la volonté irrésistible de l'homme d'État résolu à faire violence aux obstacles et de laisser à son pays une trace illustre de son passage aux affaires.

« Me voilà enfin sur un théâtre bien orageux, écrit-il à M. de Marcellus le 28 décembre, le lendemain de son avénement au ministère, j'en descendrai peut-être bientôt comme tant d'autres, mais du moins je n'en descendrai pas sans honneur!... »

« J'ai remis votre lettre à M. Canning, répond M. de Marcellus. « *M. de Chateaubriand aime les crises*, m'a-t-il » dit. — Non, ai-je répondu à M. Canning; mais il veut les » solutions!... »

« Tout le bruit qu'on fait à Londres contre moi passera, écrit M. de Chateaubriand le 2 janvier. L'Angleterre aime la souveraineté des peuples, mais nous, *nous ne la reconnaîtrons jamais!* Les crises? je ne les aime ni ne les crains, la France fera face à tout le monde et n'a peur de rien...

Ne vous effrayez ni de la baisse des fonds publics, ni de tous les bruits de gazettes, c'est une crise, en effet, mais le succès est au bout... »

« Je ne vous trompais pas, mande M. de Marcellus, M. Canning, encore irrésolu, flotte entre les opinions monarchiques qui ont fait son ancienne renommée, et la faveur populaire qui lui ouvre un chemin plus sûr au pouvoir. Mais comme il écoute avant tout l'écho de l'opinion libérale, et tend sa voile au vent qui souffle, on voit d'avance de quel côté il va pencher. Élève de Pitt, conservateur jusqu'à ce jour, il va se faire à demi libéral ; il adoptera les principes démocratiques, si ces principes prévalent ici, il en veut surtout à l'aristocratie, il n'est pas aimé du roi ; mais le peuple, épris de ses talents, l'a placé où il est, et le peuple l'y maintiendra s'il obéit à l'engouement du peuple. »

« Laissez dire, écrit M. de Chateaubriand, la mauvaise humeur de M. Canning et du gouvernement anglais passera, et si elle ne passe pas, peu importe, délivrons Ferdinand, tenons-le dans nos mains, et nous serons en situation de braver toutes les menaces... Que feront les frégates anglaises dans la baie de Cadix? Ou bien elles forceront le blocus, et il y aura alors hostilité ; or, vous pouvez être sûr que, tant que je serai dans le ministère, je ne laisserai jamais insulter le pavillon français ; ou bien ces frégates ne feront rien, mais alors il est évident que leur seule présence encouragera les cortès à la résistance, et prolongera la captivité de Ferdinand. Est-ce là de la neutralité? »

Et plus loin, après le mémorable discours de M. Canning à la chambre des communes, dans lequel ce ministre déchaînait les vents sur l'Europe, et faisait des vœux impuissants, mais retentissants, pour le triomphe des cortès :

« Voilà l'orage enfin venu, écrit-il, je l'entendais gronder. M. Canning a fait des vœux contre nous et pour nos ennemis, au milieu des applaudissements passionnés de l'opposition qui se répercutent aujourd'hui dans la rue, et pendant le silence embarrassé de ses amis; oui, c'est bien là sa véritable pensée, son secret enfin lui échappe. L'amour de la popularité l'emporte; adieu son passé monarchique et le culte de M. Pitt! Je le redis néanmoins au fort de la tempête, nous triompherons ! »

On sent à ces paroles que M. de Chateaubriand avait le mot de la Russie et de l'Autriche, et qu'assuré de ces deux appuis depuis ses entretiens de Vérone avec l'empereur Alexandre et M. de Metternich, il croyait pouvoir braver impunément les murmures passagers de la tribune de Londres.

« Ne redoutez pas, lui réplique M. de Marcellus, la moindre intelligence entre les cours de Vienne et de Londres. M. de Metternich est blessé au cœur, il déplore la perte de lord Castlereagh et sa longue intimité avec ce ministre. M. Canning, de son côté, ne peut oublier les lamentations dont M. de Metternich a salué la mémoire de son prédécesseur, et ces mots de *perte irréparable* appliqués par lui à la mort tragique de lord Castlereagh tintent encore aux oreilles de M. Canning...

» Il est temps, continue-t-il, de jeter un regard sérieux sur l'avenir, et sur le dangereux ministre qui est venu se placer à la tête des destinées de l'Angleterre. Il nous faut sa chute ou sa conversion. Il ne tombera pas, ses ennemis n'ont pu l'exiler *sur le trône des Indes* (dont il avait été nommé gouverneur général avant la mort de lord Castlereagh). M. Peel, jeune, ferme et populaire, s'avance sans impatience vers le ministère qui ne peut lui manquer un jour; lord Wellington, guerrier peu redoutable sur le champ de l'intrigue, a dû céder aux talents et à l'habileté de M. Canning. Il ne tombera pas, il faut donc pour nous qu'il change de conduite, et que de *Breton* qu'il est, il se fasse *Européen;* faites reluire à ses yeux l'éclat d'une grande gloire diplomatique, assemblez un nouveau congrès, qu'il vienne y traiter à son tour des intérêts de l'Orient, des colonies américaines, de nos quatre dernières révolutions éteintes en deux ans, la Grèce, l'Italie, le Portugal, l'Espagne! que l'Europe le couvre de faveurs! inaccessible à l'or, il ne l'est pas à la louange; enfin, réconciliez-le avec ses anciennes opinions monarchiques, et pardonnez-moi si, malgré mon jeune âge, je parle si librement avec vous des plus hauts intérêts de mon pays! »

Tout le secret de la politique britannique relativement à l'Espagne était en effet alors dans l'âme, dans la parole et dans la double situation de M. Canning, fidèlement dépeintes par le jeune confident de M. de Chateaubriand dans cette correspondance, qui se résume ainsi :

« On prétend, disait récemment M. Canning, que je me suis trompé sur cette affaire d'Espagne. Il vaut mieux se tromper une fois que se tromper deux : et il vaut mieux se tromper deux fois que d'avouer qu'on s'est trompé une.

» C'est dans ces subtilités énigmatiques que vont se noyer les grands intérêts des nations. M. Canning s'est obstiné à considérer notre triomphe comme sa défaite, et tout ce qui diminuerait nos succès comme un adoucissement à ses amertumes. »

XII

Telle était la situation réciproque de M. Canning et de M. de Chateaubriand au moment où le duc d'Angoulême, sans regarder derrière lui, franchit la Bidassoa.

Nous ne raconterons pas militairement une expédition plus politique que militaire, qui n'offrit jusqu'à l'arrivée du généralissime sous les murs de Madrid et de Cadix qu'une marche rapide, une résistance molle et déconcertée par la division des cœurs dans le peuple espagnol, une admirable discipline, une intrépidité réfléchie. Si elle n'eut point l'éclat des sanglantes guerres de 1808, en Espagne, elle valut au nom français une renommée plus sérieuse de subordination, d'honneur et d'humanité. L'armée fut partout digne d'elle-même, de l'empire et de la restauration. Les anciens généraux qui avaient fait les expéditions de la république et de Napoléon y confirmèrent leur gloire, les nouveaux y méritèrent leur réputation. Cette guerre restera le modèle des guerres d'intervention, où il faut être à la fois l'ennemi des uns, l'auxiliaire des autres, l'arbitre de tous dans les pays conquis.

Ballesteros commandait en chef les armées espagnoles.

Le duc d'Angoulême, laissant à ses lieutenants le soin de préserver ses flancs et ses communications contre les corps d'armée de Mina en Catalogne, de Morillo dans la Galice et les Asturies, s'avança en masse contre Labisbal, qui commandait l'armée constitutionnelle du centre et couvrait Madrid. Le peuple, comprimé jusqu'à notre approche par la crainte des exaltés, ne se levait que pour accueillir nos troupes et pour se ranger en *guerrillas* sous les drapeaux de la régence. Un chef de partisans royalistes, Bessière, insultait presque impunément les faubourgs de Madrid. Labisbal s'y renfermait avec son armée, et négociait sourdement avec les émissaires de la régence pour éviter à la capitale des extrémités sanglantes qui ne pourraient que ravager l'Espagne sans parvenir à la soulever. Le roi, malgré son refus d'abandonner sa capitale, avait été contraint de quitter Madrid avec sa famille sous une escorte de six mille hommes, en prisonnier plus qu'en roi. Les cortès l'avaient rejoint à Séville pour garder aux yeux de l'Espagne et du monde ces dehors d'un gouvernement légal, où les trois pouvoirs constitutionnels représentaient encore la patrie. On lui faisait signer, en lui tenant la main, des manifestes semblables à ceux de Louis XVI en 1791, dans lesquels il répudiait les secours oppressifs de la France, et revendiquait la responsabilité des actes du gouvernement qui l'enchaînait.

Pendant que ces manifestes mentaient à l'Europe sans la tromper, Saragosse, Tolosa, toutes les villes occupées par nos troupes brisaient la pierre de la constitution et saluaient le drapeau français comme le signe de leur délivrance. Le duc d'Angoulême s'avançait vers la capitale sous des arcs de triomphe. Labisbal lui avait envoyé le général Zayas pour traiter de la capitulation de Madrid. Pendant que le prince et Zayas la délibéraient et la signaient, le peuple et les soldats, indignés de la faiblesse ou de la trahison de Labisbal, s'insurgeaient contre lui et le contraignaient à chercher son salut dans la fuite. Déguisé, fugitif, caché sous un faux nom et suivi seulement d'une femme dévouée vêtue en homme, Labisbal se dérobait aux poignards, atteignait les avant-postes du maréchal Oudinot, et, protégé par des détachements français, se réfugiait avec peine en France.

Le peuple donnait à sa place un autre général à son armée. Mais il se retirait également devant l'approche des Français, la désaffection des provinces, l'écroulement imminent des cortès. Zayas restait seul avec quelques escadrons pour imposer l'ordre aux exaltés et à la multitude et pour remettre la capitale intacte aux mains des Français. Le prince, avant d'y entrer, publiait une proclamation par laquelle, en conservant le pouvoir militaire, il remettait le pouvoir politique à la régence nationale. M. de Martignac, jeune avocat de Bordeaux, élève et ami de M. Lainé, qui suivait l'armée en qualité de commissaire général du gouvernement français, afin que les mesures du gouvernement ne cessassent pas, même dans les camps, d'appartenir aux ministres et d'engager leur responsabilité devant les chambres, avait conseillé, rédigé et signé cette proclamation. Elle satisfit l'orgueil castillan, releva le cœur des royalistes, abattit l'exaltation de la multitude et aplanit l'entrée de Madrid au prince. Une partie immense du peuple s'avança au-devant de lui hors des murs, des palmes et des lauriers dans les mains. Il comprima d'une main impartiale et ferme toute réaction et toute vengeance d'un parti contre l'autre. La magnanimité de son cœur l'élevait naturellement, à Madrid comme à Paris, au rôle de pacificateur et d'arbitre; il dédaignait celui de chef de parti.

XIII

Deux colonnes, l'une commandée par le général Bordesoulle, l'autre par le général Bourmont, s'élancèrent à la poursuite de l'armée de Madrid et s'efforcèrent de la devancer à Séville. Les cortès, à leur approche, sommèrent le roi de les suivre à Cadix, espérant toujours que l'Angleterre, qui avait accueilli avec ivresse leur ambassadeur, sortirait de la neutralité impopulaire à Londres dans laquelle M. Canning avait peine à la contenir, et se déclarerait protectrice armée de leur indépendance. Ses flottes pouvaient leur prêter à Cadix un secours que la révolution n'attendait plus de l'intérieur. Ferdinand, qui sentait du fond de son palais de l'Alcazar, à Séville, son peuple et l'Europe derrière une poignée de libéraux et de soldats, refusa avec énergie d'obéir autrement que par la force à leur sommation. Le député Galiano proposa de déclarer la déchéance temporaire d'un prince qui refusait de s'associer aux actes désespérés de ses geôliers. Une régence révolutionnaire fut nommée pour remplacer temporairement le pouvoir royal annulé dans Ferdinand. L'ambassadeur d'Angleterre ne reconnut pas cette déposition violente et s'éloigna lui-même de Séville. Le roi, entraîné par la violence avec sa famille dans les murs de Cadix, ne fut plus que l'otage de la révolution. A peine les troupes constitutionnelles qui opprimaient le sentiment du peuple, à Séville, furent-elles repliées sur Cadix, que Séville se souleva et massacra les partisans des cortès. Les provinces encore indécises, en apprenant l'enlèvement du roi et les outrages contre la couronne, frémissent comme d'un sacrilége et se déclarent partout pour les Français ses libérateurs. Le général Morillo, comte de Carthagène, chef d'une des armées constitutionnelles, passe avec la moitié de ses troupes dans les rangs des royalistes; toutes les villes fortes tombent l'une après l'autre au pouvoir des généraux du duc d'Angoulême. Mina, Riégo et quelques-uns des généraux les plus désespérés de l'île de Léon soutiennent seuls dans la Catalogne et dans les montagnes une cause abandonnée par la nation et qui s'est dépopularisée elle-même par ses anarchies et par ses excès. Le duc d'Angoulême peut concentrer avec sécurité son armée victorieuse sous les murs de Cadix. Cernée par terre, bloquée par mer, cette ville, peuplée de quatre-vingt mille âmes, défendue par vingt mille soldats, maîtresse de la personne du roi, refuge des cortès, était le dernier et redoutable asile de la révolution. Elle pouvait à la fois négocier et combattre. Ferdinand, comme en réparation des outrages et des dépositions de Séville, y avait reçu de nouveau la plénitude apparente du pouvoir royal, afin de sanctionner par le nom du roi les derniers efforts de la révolution et les négociations des cortès avec l'armée française; prisonnier cependant dans son palais, on lui interdisait jusqu'à la promenade sur la terrasse de sa demeure, de peur que sa présence ne soulevât de pitié ou de zèle le peuple attendri de sa captivité. Ballesteros, après Morillo et Labisbal, faisait sa soumission et celle de son armée auroi. La division des généraux et des membres des cortès agitait Cadix. Riégo en sortait comme il était sorti de l'île de Léon, au premier acte de la révolution, pour aller insurger les provinces derrière les Français. Les membres modérés des cortès, menacés par les exaltés, se réfugiaient à Gibraltar auprès de l'ambassadeur d'Angleterre. Le parti extrême et désespéré de cette Convention, enfermé dans la ville, jurait de s'ensevelir avec le roi sous les ruines de la place. On tremblait pour la vie de Ferdinand et de sa famille. Des sorties fréquentes, nombreuses, et toujours héroïquement repoussées par l'intrépidité de nos troupes, couvraient de cadavres espagnols les abords de la place et les rivages de la mer que se disputaient les deux armées. Le découragement chez les uns, le désespoir chez les autres, rentraient dans la ville avec les bataillons décimés des cortès. Les vivres et les munitions manquaient. L'héroïsme des constitutionnels ne s'affaissait pas. La révolution voulait périr les armes à la main pour laisser du moins une protestation sanglante au despotisme.

XIV

Le duc d'Angoulême n'avait plus qu'à recueillir, dans la reddition volontaire ou forcée de Cadix, le fruit de sa triomphante expédition. Il donnait des jours à la réflexion et aux retours de sagesse des cortès, dans la crainte de compromettre la vie de Ferdinand en poussant au désespoir ceux qui la tenaient dans leurs mains. Plein de sollicitude pour la pacification de l'Espagne et d'indignation contre les vengeances que les royalistes, triomphant à l'ombre de ses drapeaux, tentaient d'exercer déjà sur les constitutionnels, ce prince, retirant une partie de la dictature qu'il avait dû donner à la régence de Madrid, publiait à Andujar une ordonnance protectrice de la liberté et de la sécurité des vaincus. Il interdisait aux autorités espagnoles l'arrestation pour cause politique des Espagnols civils et militaires, et ordonnait la mise en liberté immédiate de tous ceux que la réaction avait emprisonnés. C'était l'amnistie générale proclamée au nom de la France, arbitre armé des partis qu'elle avait séparés, politique aussi sage que magnanime donnée en gage à la réconciliation et en exemple à Ferdinand.

XV

Pendant que le prince offrait ainsi une capitulation honorable à Cadix et une sécurité aux vaincus dans les provinces, il donnait un assaut décisif à la presqu'île du Trocadero, dont les fortifications éloignaient nos bombes de la ville. L'armée, la flotte, le prince, abordaient ce volcan d'artillerie avec cette valeur calme qui n'aperçoit pas la mort derrière le devoir, et qui constitue dans le général et dans les troupes ce qui n'est pour les Français que le sang-froid de l'héroïsme. Le duc d'Angoulême s'exposa au boulet comme le plus aguerri de ses grenadiers. Le prince de Carignan, exilé de sa patrie pour sa participation à la révolution de Turin, et qui voulait racheter sa faute par un repentir illustré sur le champ de bataille, marcha en volontaire à l'assaut de l'isthme au premier rang des grenadiers de la garde royale. Étrange et triste destinée de ce prince, brave mais indécis, qui avait soulevé l'armée de son oncle, le roi de Sardaigne, pour la constitution d'Espagne et venait aujourd'hui combattre cette même révolution dans les murs de Cadix, et qui, après avoir ensuite poursuivi et puni sur le trône, pendant un règne long et ingrat, les amis complices de sa première tentative révolutionnaire, devait arborer en Italie, en 1848, la cause de l'indépendance et de la révolution, et revenir enfin près de cette même mer d'Espagne mourir de sa défaite et de sa douleur : victime tour à tour des deux causes qu'il avait provoquées, désertées, combattues et servies toujours à contre-temps.

XVI

La prise du Trocadero plaçait Cadix sous les bombes de nos frégates et sous les boulets de nos batteries. Le peuple bouillonnait dans la ville et menaçait les ministres, les généraux et les cortès, qui menaçaient à leur tour le roi. Les membres du gouvernement envoyèrent le général Alava, militaire diplomate suspendu entre les deux causes, adresser des propositions de paix au duc d'Angoulême. Le prince répondit qu'il ne traiterait qu'avec le roi rendu à la liberté. « Quand Ferdinand sera libre, ajoutait-il, j'engagerai de tous mes efforts le roi à accorder une amnistie générale et à donner à ses peuples les institutions qu'il jugera en harmonie avec sa sagesse et avec les besoins de l'Espagne. »

Les cortès, à la fois satisfaites et inquiètes de cette réponse, renvoyèrent le même négociateur demander à quel signe le généralissime de l'armée française reconnaîtrait la liberté du roi. Le prince répondit que le roi ne serait libre à ses yeux qu'au milieu de son armée, à Port-Sainte-Marie, ou à Chiclana. Le duc de Guiche, fils du duc de Gramont, aide de camp du duc d'Angoulême, revenu avec lui d'émigration et devenu un des plus brillants officiers de la nouvelle armée, porta lui-même à Ferdinand la lettre qui le conviait à cette entrevue. L'espérance d'une médiation de l'Angleterre, l'arrivée à Cadix de sir Robert Wilson, officier anglais qui soufflait partout sur le continent la flamme des foyers révolutionnaires, la présence du premier complice de Riégo, le général Quiroga, rentré dans la ville pour relever le fanatisme expirant de la Péninsule là où il l'avait allumé, rompirent les négociations, resserrèrent la captivité de Ferdinand, firent convoquer les cortès pour nommer un conseil militaire chargé de défendre à tout prix le dernier rempart de la constitution. Le prince répondit à ces menaces par l'assaut du fort Santi-Petri, par la prise de l'île de Léon et par le bombardement de la ville, prélude d'un dernier assaut. Les cortès enfin, intimidées par l'agitation du peuple, par le découragement de leurs soldats et par l'imminence du péril, rendirent par un décret le pouvoir absolu au roi, et le conjurèrent de se rendre au camp du duc d'Angoulême pour y intervenir entre son peuple et l'armée française. Elles feignirent, pour sauver l'honneur de la révolution, de croire à la bonne foi et à l'intercession sincère de Ferdinand en faveur de la cause dont il était victime; elles ne crurent en réalité qu'à son ressentiment et à sa vengeance, écrite d'avance dans son caractère et dans le fanatisme des royalistes et des moines. Mais cette capitulation les préservait du supplice où des cachots qui les attendaient dans une ville emportée d'assaut, et leur donnait le temps de chercher un refuge sur les vaisseaux anglais et à Gibraltar. Elles rendirent leur otage pour racheter leurs têtes.

XVII

Le 1ᵉʳ octobre, à midi, le duc d'Angoulême, informé de la prochaine arrivée de Ferdinand, rangea l'armée française en bataille, au bord de la mer, à Port-Sainte-Marie, pour honorer le premier pas du roi d'Espagne sur son territoire affranchi. A midi, l'armée libératrice aperçut le cortége royal qui fendait les flots en s'avançant vers le môle. Une multitude d'embarcations légères, pavoisées des drapeaux de France et d'Espagne, pleines des amis de Ferdinand et des spectateurs de cette grande scène qui allait changer les destinées de l'Espagne, escortaient l'embarcation du roi. Ce prince, la reine, ses frères, compagnons de sa longue captivité, contemplaient avec une avide impatience le môle de Port-Sainte-Marie, les bataillons de l'armée française, l'état-major du duc d'Angoulême, où les attendaient enfin la vie, la liberté, la couronne. Ils tremblaient, jusqu'au dernier coup de rames, qu'un repentir ou une sédition des exaltés, entre les mains desquels ils étaient encore, ne les rappelât aux captivités, aux outrages, aux dangers qu'ils laissaient enfin derrière eux. Le général Alava, négociateur confidentiel entre le roi et les libéraux; l'amiral Valdès, qui avait protégé la veille sa personne contre l'insurrection des miliciens de Madrid, debout dans la chaloupe royale, s'entretenaient familièrement avec le roi. Ferdinand, qu'une longue habitude de déférence apparente avec ses ennemis pendant leur long triomphe avait accoutumé à la feinte de sentiments, de visage et de paroles, dissimula jusqu'au dernier coup de rames qui fit échouer la chaloupe sur le sable de Port-Sainte-Marie. Il parlait à Valdès et à Alava de sa reconnaissance, du besoin qu'il aurait de guides et de conseillers expérimentés et populaires pour son nouveau règne ; il les engageait à se fier à sa magnanimité, à débarquer avec lui et à quitter pour jamais cette ville agitée et peu sûre où leurs égards pour sa personne leur seraient peut-être imputés à crime. Soit devoir envers leur parti, soit défiance des caresses du roi, les deux généraux se refusaient à prendre terre avec la famille royale. Les officiers français qui bordaient le rivage s'attendaient à les voir récompenser par le roi, au moment où ce prince débarquerait sous leurs auspices, par un de ces pardons éclatants qui changent en faveurs les ressentiments effacés par la grandeur du service. Mais le roi, dès qu'il se sentit en sûreté sous les baïonnettes de l'armée libératrice, lança sur Valdès et sur Alava un de ces regards qui prophétisaient la mort. Ils comprirent ce coup d'œil en virant de bord ; sans attendre ni une autre récompense ni un autre avertissement, ils s'éloignèrent à force de rames d'un rivage qui ne leur présageait que la vengeance.

« Les misérables ! murmura le roi assez haut pour être compris des Français qui se pressaient autour du duc d'Angoulême, ils font bien de se soustraire à leur sort. »

XVIII

Le duc d'Angoulême, s'avançant vers le roi et pliant le genou comme s'il lui eût demandé pardon d'avoir foulé son royaume pour sauver sa royauté et sa vie, reçut Ferdinand dans ses bras. Une clameur unanime des Espagnols et des Français témoins du débarquement salua cet embrassement des deux princes et des deux branches de la maison de Bourbon sur la plage où les deux monarchies et les deux dynasties se relevaient l'une par l'autre. Le duc d'Angoulême présenta respectueusement au roi ses généraux et ses officiers, ses troupes fières d'avoir concouru à sa délivrance. Il voulut lui présenter aussi le général espagnol Ballesteros, qui s'était rallié avec son armée à la cause du roi et qui croyait trouver son pardon dans sa défection; mais Ferdinand en l'apercevant fronça le sourcil, détourna la tête et l'écarta du geste, comme un souvenir pénible de ses mauvais jours. L'Espagnol s'éloigna en silence et rejoignit son corps d'armée, plein de doutes sur le sort que son maître préparait aux infidélités et même aux repentirs.

La multitude, accourue des villes et des campagnes voisines pour réparer, par ses prosternements et ses acclamations, les offenses reçues par la majesté royale, et pour se précipiter dans la servitude avec la même rage que la populace de Madrid avait témoignée pour se précipiter dans les séditions et dans le sang, exalta la vengeance instinctive du roi par ses cris d'enthousiasme et de mort. Ces cris de : « Vive le roi absolu! vive la religion! meure la nation! meurent les constitutionnels! » accompagnèrent Ferdinand jusqu'au palais qu'on lui avait préparé et où le duc d'Angoulême le remit en frémissant au délire de son peuple. Ce prince et son armée comprirent d'un regard, mais comprirent trop tard, qu'en arrachant l'Espagne à une tyrannie ils allaient peut-être la remettre à une autre; qu'une restauration sans conditions préalables avec le nouveau gouvernement, si elle était plus respectueuse et plus chevaleresque, était moins politique et moins sûre pour les deux monarchies, et qu'en prenant le rôle de libérateur, le duc d'Angoulême avait pris par le fait même le devoir de rester arbitre entre les deux peuples qui allaient se disputer la Péninsule.

XIX

Il était déjà trop tard. L'ordonnance d'Andujar, dans laquelle le duc d'Angoulême, inspiré par sa modération et par sa sagesse, avait pris hardiment ce rôle d'arbitre de l'Espagne, excitait à Madrid et à Séville l'indignation des royalistes et des moines. Des réclamations forcenées s'élevaient de toutes les villes et de toutes les provinces affranchies contre la mansuétude des vainqueurs, et contre cet insolent arbitrage affecté entre les partis par le prince auxiliaire du roi et non son maître. Le ministère français, emporté par l'ivresse que nos triomphes inspiraient à la chambre, avait désavoué le duc d'Angoulême et lui avait interdit de s'immiscer dans le gouvernement intérieur de Ferdinand et de la régence. Ce prince, contraint d'obéir aux ordres du roi, détournait tristement ses regards des excès qu'il ne pouvait prévenir que par ses conseils. Il en donna de sages et de magnanimes dans la première entrevue qu'il eut avec Ferdinand, quelques heures après sa liberté reconquise. Mais ce prince ne les écouta qu'avec une feinte déférence, et avant la fin de la journée il avait déjà publié une proclamation royale qui annulait sans exception tous les actes et toutes les concessions consenties ou arrachées à sa main pendant le règne de la constitution.

La chute de Cadix entraîna la chute de tous les foyers où la révolution luttait encore, de Badajoz, de Carthagène, d'Alicante, de Tarragone. Mina seul résistait encore dans la Catalogne aux troupes du maréchal Moncey. Entouré des généraux, des bataillons et des miliciens les plus exaltés, il soutint jusqu'au mois de novembre une guerre de montagnes, de surprises et de coups de main contre nos troupes. Menacé lui-même dans Barcelone par l'exaltation des corps de transfuges français et italiens, milice sans patrie qui voulait contraindre leur patrie adoptive à s'ensevelir sous leur cause, il parvint avec peine à les éloigner et à les envoyer combattre, se disperser et mourir dans les expéditions aventureuses où ils furent décimés. Il capitula enfin lui-même et remit l'Espagne entière entre les mains des Français et du roi.

Le duc d'Angoulême, laissant à ses généraux le soin de remettre à la monarchie ses provinces pacifiées, et de ramener l'armée en France, alla présenter à Séville la soumission de tout le royaume à Ferdinand.

XX

Nous croyons enrichir l'histoire des témoignages d'une haute raison et d'un noble caractère, en insérant ici quelques fragments inconnus de la correspondance confidentielle de ce prince avec M. de Villèle, pendant la campagne qu'il venait de terminer si glorieusement. On y verra la modestie et le bon sens d'un prince si calomnié jusqu'ici par les partis, implacables envers son nom.

M. de Villèle lui écrit le 7 juillet :

« Monseigneur,

» Je reçois la lettre que Votre Altesse Royale m'a fait l'honneur de m'écrire le 2 de ce mois. Nous apprenons avec grand plaisir la décision du général Morillo. Si Ballesteros et les généraux de Catalogne avaient ainsi pris leur parti, nos affaires et les leurs en eussent été améliorées; l'Espagne eût été placée dans la véritable situation où elle finira par se trouver, c'est-à-dire avec toutes les opinions, tous les intérêts divers en présence, ce qui n'existe pas, tant que s'obstinant à rester dans une situation absurde et à défendre une cause perdue, que nous ne pouvons que combattre, une portion notable des Espagnols livre son pays aux prétentions et à l'exaltation du reste de la nation.

» La reddition de Cadix ou la délivrance du roi mettra fin, il faut l'espérer, à toute cette résistance partielle, et placera Votre Altesse Royale dans une bien meilleure situation, pour faire entendre et triompher les conseils de la raison et d'une saine politique; tant que ce dernier triomphe n'est pas obtenu, la régence, le ministère et l'opinion qui se montre à l'abri de nos baïonnettes resteront dans la voie de l'exaltation et de la violence; c'est dans la nature des choses, dans celle du cœur humain. Il y a plus de faiblesse et de crainte que d'autres choses dans cette disposition; il faut la supporter et la pardonner en la contenant tout juste ce que nous pourrons, sans nous exposer à l'exaspérer encore davantage par une contradiction qui ne serait pas ordonnée par la bienveillance.

» Le roi approuve tout à fait la conduite tenue par Votre Altesse Royale à l'égard de Morillo. Qu'il reconnaisse la régence de Madrid, qu'il emploie ses troupes de concert avec les vôtres à maintenir l'ordre dans son pays; c'est, je le répète, le meilleur parti que tous ces généraux auraient à prendre; mais le pourraient-ils? Nous voyons les folies de notre parti, ils sont soumis à celles du leur, et je ne serais pas étonné d'apprendre que Morillo a été abandonné de son monde en Castille, comme Labisbal à Madrid.

» Monseigneur aura la bonté, dans les ordres qu'il donnera à ses généraux, de ne pas oublier que la Corogne nous importe beaucoup, ainsi que la restitution des prises faites par les corsaires de ce port. Nous venons d'apprendre qu'ils ont capturé un second navire richement chargé venant de Saint-Domingue; c'est fort mauvais pour l'opinion en France, et doit continuer à exalter les mauvais sentiments à la Corogne; il faut mettre un terme à ce double mal le plus tôt que nous pourrons.

» Votre Altesse Royale me marquait dans une de ses dernières lettres qu'elle renonçait à faire faire le siége de Pampelune, sans m'en donner les motifs; elle avait pensé précédemment que cette ville ne se rendrait pas avant l'hiver, et que plus tard le siége n'en pouvait être fait; c'est une des places que nous devons occuper; dans tous les cas ne serait-il pas alors indispensable d'en faire le siége à tout événement? M. le maréchal prétend que tout est prêt à la frontière et qu'on trouverait avec facilité à louer tous les moyens de transport nécessaires; je soumets tout cela à la sagesse de Monseigneur.

» Je lui rappelle, à l'égard des divers systèmes d'occupation dont je l'ai entretenu ces jours derniers, que notre intention ne peut être de vouloir imposer aucune de ces mesures, mais seulement de les accorder avec plus ou moins d'étendue, selon que l'on usera de plus ou de moins de sagesse; nous serons trop heureux de n'avoir rien à occuper et de pouvoir ramener en France toute notre armée, et cela le plus tôt possible.

» M. de Martignac me parle de l'envie qu'aurait la régence d'envoyer un ambassadeur à Lisbonne, je ne vois aucun motif de nous opposer à cet envoi. L'attention et l'inquiétude générale se tournent maintenant sur Cadix. On a raison, c'est là que va être décidé le sort de notre entreprise. Je n'ai pas la moindre appréhension sur le résultat; mais quand j'en calcule les conséquences, je sens qu'il importe que nous ne négligions aucun des moyens de réussite qui seront à notre disposition. Si d'ici nous pouvions aider au succès, indiquez-nous en quoi, et pourvu que ce soit possible, nous le ferons.

» J'avais pensé à deux paquebots à vapeur que nous avons à Calais, je viens d'en faire demander des nouvelles, aucun n'est en état de vous être envoyé.

» Nous avons fait cette guerre sans avoir rien de ce qu'il

fallait, tirons-nous-en comme nous pourrons; mais n'oublions pas ensuite que nous ne sommes bien montés ni en marine, ni en administration de guerre, et attachons-nous à y pourvoir.

» Des Anglais sont venus me proposer de partir de Londres sur un bateau à vapeur qui fait quatre lieues à l'heure, d'aller à Cadix et d'y enlever le roi un jour de calme. Je n'ai pas voulu laisser mettre sous la main des cortès un tel moyen de nous enlever le roi. Il faut songer au parti qu'ils pourraient tirer de ce mauvais bateau à vapeur qu'ils ont à leur disposition; le seul moyen est que les canots à rames de notre escadre fassent bonne garde dans ces temps-là, et que, bien armés et montés par des hommes résolus, ils puissent s'emparer de ce bateau si jamais on le voyait tenter de profiter du calme pour sortir du port. Que Monseigneur ne craigne rien de l'Angleterre ni des dispositions des autres cabinets à soutenir l'absolu, ni des intrigues de nos coteries; tout cela viendra se briser contre une résolution sage et inébranlable : le succès de nos armes, la conduite admirable de Monseigneur, et par-dessus tout la main de Dieu, si évidente dans tout ceci, doivent nous donner une entière confiance.

» Je suis, etc.,
» J.-H. DE VILLÈLE. »

Le prince, le 30 août, écrit de Manzanarès :

« J'ai eu le plaisir de recevoir, mon cher comte, vos lettres des 22, 23, 24, 26 et 27. D'après les circonstances, je ferai usage du projet de proclamation pour Cadix, mais je serais porté à croire qu'une sommation verbale suffit, je verrai sur les lieux. J'ai envoyé l'ordre à l'amiral Hamelin de ne laisser passer aucun vaisseau de guerre de quelque nation qu'il soit.

» Nous n'avons guère à nous louer de notre marine sur aucun point; elle coûte pourtant soixante millions.

» Je crains que Bourke n'ait de la peine à réduire la Corogne. Lauriston a l'ordre de commencer le siége de Pampelune aussitôt que ses moyens seront réunis.

» Je viens de recevoir des nouvelles de Molitor jusqu'au 1er; il a eu, les 25 et 28, des affaires très-brillantes contre Ballesteros. Celle du 28 peut passer pour une bataille; l'ennemi a présenté en ligne douze mille hommes d'infanterie et douze cents chevaux. Molitor l'a attaqué avec quatorze bataillons. Loverdo a chargé plusieurs fois à la baïonnette à la tête de sa division, et Saint-Chamand à la tête de sa cavalerie. La perte de l'ennemi, y compris les déserteurs, a été considérable, et il était avant-hier à Fazorla avec sept mille hommes devant Foissac, qui n'a pour infanterie que trois bataillons de la garde. Ballesteros est toujours en pourparlers avec Molitor, mais jusqu'à présent les conditions qu'il propose sont inadmissibles; c'est à la conduite de la régence qu'on doit attribuer son opiniâtreté et la réunion d'une armée ennemie aussi considérable. Le bulletin ne pourra être envoyé que demain. La garnison de Carthagène a fait une sortie dans la nuit du 17 au 18; mais elle a été vigoureusement repoussée par le général Vincent. J'ai fait une note que je joins ici, mais que je désire que vous ne communiquiez qu'au roi et à mon père.

» Je viens de recevoir dans le moment votre lettre du 28; je vous renouvelle, mon cher comte, l'assurance de toute mon estime et affection.

» Louis Antoine.

» *P. S.* Je vais faire donner les ordres que vous demandez aux officiers de marine, qui peuvent se regarder comme sous mon commandement. »

Et quelques jours après :

« Cette campagne aura d'avantageux pour nous d'avoir assuré au roi une bonne armée, et d'avoir rendu à la France la considération qu'elle doit avoir en Europe ; mais on n'en retirera aucun autre bon parti.

» Le roi me ferait cent promesses qu'il ne les tiendrait pas le même jour que j'aurais tourné le dos. Si je n'ai pas pu empêcher la régence de faire toutes les sottises imaginables, et qui nous ont fait et nous font encore chaque jour beaucoup de mal, quelle plus grande influence pourrais-je avoir sur le roi ?

» Je travaille à former une armée à l'Espagne ; mais je crois la chose impossible, parce que les éléments manquent.

» Tenez pour certain qu'il n'y a rien de bon à faire ici, que ce pays se déchirera pendant bien des années, mais, je crois, sans aucun danger pour nous, en tenant une partie de nos troupes dans le midi de la France, où elles ne coûteront pas plus cher que dans le nord.

» La seule occupation possible est une division à Madrid, pour la sûreté du roi, de la famille royale, et l'occupation de Pampelune, Saint-Sébastien, Figuières, Hostalrich, Barcelone et Lérida, comme sécurité pour nous. »

Enfin, au moment où la victoire pouvait lui permettre l'orgueil et l'illusion, le prince écrit à M. de Villèle, le 27 octobre, de Madridejos :

« J'ai eu le plaisir de recevoir, mon cher comte, vos deux lettres des 19 et 20.

» Je joins ici une lettre que j'ai reçue avant-hier du roi

d'Espagne en réponse à la lettre du 14; je suis plus décidé que jamais à repartir le 4 avec mes troupes, et à ne pas attendre Sa Majesté à Madrid. Je ne veux plus me mêler en rien des affaires d'Espagne; je laisse de trente-sept à trente-huit mille hommes, en comptant les bataillons à cinq cents hommes et les régiments de cavalerie à trois cents; c'est un peu plus que vous ne m'y autorisiez. J'espère que tout le monde sera rentré en France avant le 1er janvier, comme vous le désirez, à moins que les siéges de Carthagène et de Barcelone ne se prolongent, ce qui n'est pas probable. Je crois devoir conserver le commandement de l'armée, quoique à Paris, jusqu'à la rentrée totale de ce qui ne doit pas faire partie de l'armée d'occupation. Je compte être le 23 novembre à Bayonne et le 2 décembre à Paris. Je vous prie de donner les ordres les plus positifs pour que mon voyage se passe comme les autres, c'est-à-dire sans aucune réception de cérémonie et sans gardes nationales, sans que les troupes prennent les armes, sans que les autorités aillent au-devant de moi.

» Le ministre de la guerre a envoyé des ordres au commandant en chef de mon artillerie, pour que les places d'Espagne aient un armement et un approvisionnement complet; cela coûterait des sommes immenses, et il faudrait plutôt commencer par celles de France qui ne le sont pas; on les mettra en état de résister.

» Conformément à vos instructions, j'ai informé M. de Talaru que les deux millions de subvention et la solde de nourriture de trente mille Espagnols finiraient à la fin de ce mois.

» J'ai reçu aujourd'hui, sur ce dernier ordre, une demande si pressante du ministre de la guerre de Sa Majesté Catholique, que j'ai cru devoir prendre sur moi de les faire continuer pour quinze jours, et vous demander si je devais les prolonger jusqu'à la fin de novembre. Je joins ici le rapport que je me suis fait faire sur cet objet par mon major général.

» Le ministère de Sa Majesté Catholique avait l'intention d'envoyer en Amérique le corps de Quesada au lieu d'un commissaire; d'abord je le regardai comme la plus grande folie, parce que ce corps se révolterait pour ne pas y aller, et puis cela n'en finirait pas.

» J'ai reçu depuis peu trois lettres de M. de Chateaubriand, avec qui je ne suis point en correspondance, ne l'étant qu'avec vous seul des ministres du roi, ne rendant compte qu'à vous ou à mon père, et ne recevant que par vous les instructions du roi. Par la première, il m'envoyait un *Journal des Débats* contenant un article de lui. Par la seconde, il m'offrait l'ambassade de Constantinople pour un de mes généraux, et, par la dernière, il m'annonçait l'arrivée de M. Pozzo, m'engageait à le bien traiter et à regarder la Russie comme notre meilleure alliée. J'ai répondu à la seconde que je ne me permettrais pas de désigner une personne au roi pour l'ambassade de Constantinople, mais que je citerais les généraux Guilleminot, Bordesoulle et Dode comme m'ayant parfaitement secondé. A l'égard de la troisième, concernant M. Pozzo, je le recevrai poliment, je ne lui parlerai de rien; s'il me parle politique, je lui répondrai que cela ne me regarde pas, la France est maîtresse de faire ce qu'elle veut, et n'a aucun compte à rendre à personne.

» Je vous renouvelle, mon cher comte, l'assurance de toute mon estime et affection.

» Louis Antoine.

» J'envoie Latour-Foissac à Cadix, et je fais revenir Bourmont pour prendre à Madrid le commandement de l'armée d'occupation ; d'ici à quinze jours je ferai connaître aux préfets ma marche et mes intentions pour mon voyage. »

XXI

Mais le sang de la vengeance inondait déjà l'Espagne. Celui de Riégo venait de couler sous les yeux de nos propres soldats.

Ce premier des conspirateurs militaires n'avait racheté par aucun exploit éclatant sa faute contre la discipline et contre le roi dans l'île de Léon. A peine la constitution avait-elle défini les pouvoirs et rétabli une autorité légale et parlementaire que Riégo, continuant son rôle de tribun militaire, avait agité l'armée, violenté le roi, intimidé le parlement, affronté les ministres, rempli tour à tour Madrid et les provinces des prétentions et des turbulences de son parti. L'agitation qu'il avait perpétuée dans la révolution et les institutions immodérées qu'il avait soufflées aux clubs étaient pour une grande part dans les anarchies de la Péninsule et dans la désaffection que la constitution, d'abord populaire, avait fini par inspirer à la nation. Les revolutions, plus promptement encore que les gouvernements établis, périssent sous leurs excès.

XXII

On a vu que Riégo, rêvant encore un soulèvement armé à sa voix dans les provinces pour la cause de la constitution, était sorti de Cadix dans l'intention de ramener des forces aux constitutionnels. Les cortès, pour se délivrer de sa présence plus encore que pour l'investir d'une autorité, l'avaient nommé commandant de l'armée de Malaga. Zayas, qui la commandait et qui avait évacué Madrid trop complaisamment devant le duc d'Angoulême, leur était suspect. Riégo, travesti en matelot et embarqué sur un bateau de pêcheurs, avait traversé sans être découvert la croisière française qui bloquait la baie de Cadix. Arrivé à Malaga, il s'était dévoilé aux troupes, et avait arrêté Zayas et tous les officiers de son armée suspects de trahison. Il les avait jetés avec une foule de citoyens, de prêtres et de moines sur un vaisseau qui devait les porter à la Havane pour y subir l'exil dû à leur faiblesse ou à leurs négociations avec les Français. Il avait levé sur les églises, sur les propriétés et sur les banques des contributions révolutionnaires distribuées par lui aux soldats pour les salarier par les dépouilles des royalistes. Il avait fait frapper des monnaies obsidionales à son effigie. Il voulait inspirer son désespoir à ses troupes et les rendre irréconciliables avec ses ennemis en ne leur laissant de salut et de justification que dans la victoire. Il était parvenu à réunir six mille hommes sous son commandement. Son plan était de se porter avec ces forces dans les provinces du royaume de Grenade. Le corps d'armée espagnol du général Ballesteros s'y trouvait encore sous les armes, indécis entre sa récente soumission au roi et ses souvenirs révolutionnaires mal comprimés. Riégo espérait l'enlever à son général comme il avait enlevé la garnison de Malaga à Zayas, échapper au corps d'armée du maréchal Molitor, et perpétuer ainsi la guerre au cœur de la patrie.

Mais à peine était-il sorti de Malaga pour accomplir ce dessein, que le maréchal Molitor lança sur cette ville le général Loverdo, et intercepta ainsi la mer à Riégo. Poursuivi et atteint dans la plaine de Grenade par le général Bonnemaison, autre lieutenant de Molitor, il se replia sur les avant-postes espagnols de Ballesteros, seul espace libre qui lui restât. A son approche, les soldats de Ballesteros, entraînés par la récente confraternité de cause et par la confraternité de patrie, embrassèrent ceux de Riégo et jurèrent de confondre leurs drapeaux et leur sang avec les drapeaux et le sang de leurs camarades. Ballesteros lui-même, feignant de partager une émotion qu'il était impuissant à combattre, parut entraîné par cette émeute militaire. Embrassé par Riégo et proclamé commandant suprême des deux armées réunies, il entra aux cris de : « Vive la constitution ! » à la tête des troupes ivres de sédition et de joie dans la ville de Priego, son quartier général. Mais pendant la nuit, ayant réuni en conseil les officiers de son corps d'armée et les ayant convaincus de la déloyauté d'une rupture de la capitulation conclue avec les Français, et de la honte de livrer leurs soldats à l'embauchage de Riégo, il fit sortir ses régiments de la ville pour les soustraire à la contagion de l'armée de Malaga. Riégo, en apprenant cette défection et cette retraite des soldats de Ballesteros, accourut chez ce général, le supplia inutilement de révoquer son ordre, de conserver le commandement des deux armées réunies, de relever le drapeau de la constitution, lui promettant de se ranger le premier sous ses ordres : mais n'ayant pu ni fléchir ni intimider cette fois Ballesteros, il fit désarmer le poste qui gardait sa maison, et le constitua prisonnier ainsi que son état-major dans son quartier général, menaçant du cachot et des supplices tous les traîtres qui refuseraient de s'associer à son désespoir. Au bruit de la captivité de leur général, les troupes de Ballesteros campées hors de la ville y rentrèrent les armes à la main pour venger l'outrage fait à leur chef. Riégo, à leur approche, rend la liberté à Ballesteros et s'éloigne avec ses soldats déconcertés et décimés vers les montagnes. Une partie de sa cavalerie l'abandonne et se range sous les drapeaux de Ballesteros. Poursuivi et défait sur la petite rivière de Jaën par le général Bonnemaison, il tente avec une poignée d'hommes qui lui reste de se jeter de nouveau vers un corps de l'armée de Ballesteros, commandé à Ubeda par le général espagnol Carondelet. Le colonel d'Argout, de l'armée de Molitor, lui coupe le passage et lui enlève ses derniers combattants. Témoin du haut des rochers de l'anéantissement de sa petite troupe, Riégo, presque seul et fugitif, erra quelque temps dans les montagnes, successivement abandonné par les compagnons et de sa popularité et de ses revers. Réduit par ces désertions consécutives à un groupe de sept ou huit hommes épuisés de lassitude et de faim, Riégo rencontra un jour un ermite de ces solitudes qui remontait à son ermitage accompagné d'un paysan de Vilches, nommé Lopez Lara. Pressé par le besoin de trouver des guides pour éviter les villes, les villages et les postes français et espagnols où son nom était un arrêt de proscription et un cri de mort, Riégo attira à l'écart l'ermite et son compagnon, et, sans se nommer à eux, il leur proposa une somme capable d'assurer leur fortune et celle de leurs familles s'ils voulaient le conduire par des sentiers infréquentés à un port de mer où il pourrait s'embarquer pour fuir à jamais sa patrie. L'ermite et son compagnon, soupçonnant à la magnificence de ces offres que le fugitif était quelque illustre criminel dont ils partageraient le crime en le protégeant, refusèrent obstinément de s'associer à son sort. Riégo alors, les saisissant de force, les fit jeter par ses soldats sur deux mules qui lui restaient, et attendant la nuit il leur ordonna, sous peine de la vie, de le guider inaperçu jusqu'à la mer.

XXIII

L'ermite et Lopez ignoraient encore quels étaient les fugitifs entre les mains de qui ils étaient tombés. Mais l'imprudence ou la distraction d'un des officiers de Riégo lui ayant fait prononcer le nom de son général en descendant la montagne sur les pas des guides, ceux-ci l'entendirent avec horreur, et animés de cette haine implacable des partis en Espagne qui ne calcule pas le danger pourvu qu'elle assure la vengeance, ils résolurent, au péril de leurs jours, de livrer mort ou vif le chef de l'insurrection de l'île de Léon à ses bourreaux. Le hasard les servait au gré de leur dessein. Une ferme isolée à une certaine distance du village d'Arquillo appartenait au frère du compagnon de l'ermite. Lopez, la montrant à Riégo, l'engagea à y demander asile pour le jour qui allait bientôt se lever, et s'offrit à l'y conduire. Riégo, laissant sa petite troupe cachée dans un ravin, s'avança avec Lopez et trois de ses officiers vers la ferme. Lopez s'en fit ouvrir la porte par son frère nommé Matéo, et, d'un geste lui commandant le silence, introduisit dans la cour les trois cavaliers. Un des compagnons de Riégo était un colonel anglais qui, craignant quelque surprise, referma derrière lui la porte de la cour et en garda la clef. Riégo et ses compagnons, descendant de cheval, s'étendirent, leurs armes sous la main, dans l'écurie, sur la litière de leurs chevaux, et s'endormirent après avoir pris leur repas.

A son réveil, Riégo, s'apercevant que son cheval avait perdu un de ses fers, demanda un maréchal ferrant afin de pouvoir reprendre sa route la nuit suivante. Matéo, à qui son frère Lopez avait eu le temps de glisser le nom de son hôte à l'oreille, se chargea d'aller à Arquillo chercher l'ouvrier. Au lieu de courir chez le maréchal, il courut chercher l'alcade, lui révéla la présence des fugitifs dans sa maison, et lui jura que son frère et lui étaient prêts à verser leur sang pour assurer la vengeance du roi, si les habitants d'Arquillo voulaient seconder leur fidélité et leur courage. Au nom de Riégo, les habitants d'Arquillo prirent les armes, et laissant Matéo retourner seul avec le maréchal à la ferme pour endormir la défiance de ses hôtes, ils s'avancèrent lentement et par des détours pour cerner la maison.

XXIV

Riégo, livrant son cheval aux mains du maréchal et de Matéo, s'était assis dans la maison pour prendre le repas qu'on lui avait préparé. Il se livrait à l'espoir d'une fuite prompte et sûre pendant la nuit prochaine, quand le colonel anglais, plus vigilant que son chef, se levant de table pour surveiller du regard la plaine, aperçut à distance des hommes armés qui se dérobaient derrière des arbres, et qui enveloppaient de toutes parts la maison. « Aux armes! s'écrie-t-il, nous sommes trahis; voilà des hommes armés. — Aux armes! » répéta Riégo en se levant de son banc et en cherchant à saisir les siennes. Mais Lopez et Matéo, plus prompts à s'emparer des carabines, en placèrent le canon sur la poitrine de leurs prisonniers, et leur dirent qu'au premier mouvement ils feraient feu. Riégo, désarmé, ne pouvait résister. Il se laissa lier les mains sans murmure, suppliant seulement Lopez de dire aux soldats qui s'avançaient d'épargner sa vie et celle de ses compagnons, et de les traiter en prisonniers de guerre. Les hommes armés entrèrent : Riégo demanda à l'alcade à l'embrasser en signe de réconciliation ou de clémence. L'alcade l'embrassa de mauvais cœur, plus en chrétien qui obéit à sa foi qu'en ennemi qui obéit à la compassion. Il défendit à sa suite d'accepter l'or que Riégo leur offrait pour les intéresser à son sort.

XXV

Un détachement de cavalerie arriva bientôt et escorta les captifs à Andujar. La fureur du peuple les disputait à leur escorte, et voulait devancer les bourreaux. La garnison française d'Andujar, quoique étrangère à cette arrestation opérée par les autorités espagnoles, fut forcée à prendre les armes pour prévenir le meurtre des prisonniers dans les rues. Riégo, au bruit de ces imprécations lancées sur sa tête, conservait sur sa physionomie cette impassibilité, triste mais dédaigneuse, qui apprécie sans s'en étonner ces versatilités des multitudes dont il était victime, à la même place où il avait été témoin à une autre époque du délire de sa popularité. En passant enchaîné sur la place d'Andujar, et en levant les yeux vers la façade de l'hôtel de ville, il ne put se défendre d'un retour sur sa fortune passée et sur son infortune présente. « Vous voyez, dit-il à un officier supérieur d'état-major du maréchal Moncey, M. de Coppens d'Hondschoote, qui le couvrait de sa personne contre les vociférations et les couteaux de la foule, ce peuple, qui s'acharne en ce moment contre moi, ce peuple qui sans les Français m'aurait déjà égorgé, ce même peuple, l'année dernière, sur cette même place, me portait en triomphe dans ses bras; la ville m'offrait malgré moi un sabre d'honneur; toute la nuit que je passai ici les maisons furent illuminées, le peuple dansa jusqu'au matin sous mes fenêtres, et m'empêcha, par ses acclamations, de prendre un moment de sommeil ! »

XXVI

La révocation de l'ordonnance d'Andujar, sage et clémente prévoyance du duc d'Angoulême, empêcha les généraux français de revendiquer le prisonnier d'Arquillo des mains des autorités de la ville. La justice ou la vengeance sur un prisonnier espagnol saisi par ses compatriotes appartenait désormais aux Espagnols. Mais l'armée française, en assistant un parti contre l'autre, assumait tristement sur elle la responsabilité des sévices du parti triomphant; rôle que son général avait voulu épargner à son humanité et à son honneur. Les détachements français, en escortant d'Andujar à Madrid le prisonnier qu'ils allaient livrer au roi d'Espagne, s'ils n'étaient pas ses exécuteurs, en paraissaient du moins les complices. Un seul acte pouvait pallier l'intervention : c'était l'amnistie. En refusant au duc d'Angoulême d'imposer cet acte au parti à qui il restituait un trône, le ministre français entachait de sang la gloire de son expédition. M. de Chateaubriand rendait la restauration en France solidaire devant l'Europe des sévérités, des cruautés, des implacabilités de la restauration en Espagne. L'armée française le sentit, et fut humiliée de son attitude.

La colère de Ferdinand attendait Riégo à Madrid. Son procès ne fut qu'une vaine formalité à laquelle il refusa d'assister, certain qu'il ne pouvait réclamer justice, qu'il ne trouverait pas pitié, et qu'il ne rencontrerait qu'outrages. La multitude, par ses cris de mort, commandait dans l'enceinte même le supplice aux juges. On lui lut la sentence le 7 novembre dans sa prison. Il l'écouta sans pâlir et sans se plaindre. Il perdait aux chances des révolutions une vie qu'il avait vouée dès sa jeunesse aux triomphes de la liberté, dont il avait pris la passion pendant sa captivité en France. Son tort fut de servir sa cause par la conspiration et par la sédition militaire, avec les armes qu'il avait reçues de son prince à d'autres conditions et sous d'autres serments. Le citoyen qui s'insurge contre la tyrannie de son gouvernement est un révolutionnaire ; le soldat qui prend les armes contre son prince est un parjure. La révolution espagnole avorta, parce qu'elle fut dans son origine une conjuration de l'armée au lieu d'être une explosion de la nation. Riégo en fut l'auteur, le symbole et la victime. Son supplice, en vengeant le roi, déshonora par son atrocité la justice même.

Dépouillé de son uniforme, revêtu d'une tunique de toile blanche, coiffé dérisoirement d'un bonnet vert, entouré d'une ceinture de chanvre, garrotté de liens à tous les membres, jeté comme une immondice sur une corbeille de claie traînée par un âne, Riégo, escorté de prêtres, précédé d'une croix, fut traîné à la place de l'exécution aux tintements d'une cloche qui sonnait son agonie dans la main d'un enfant de chœur. La multitude, avide d'émotions tragiques, se satisfaisait silencieusement de ce spectacle. Arrivé au pied de la potence démesurée où son cadavre devait être suspendu sur la ville qu'il avait si longtemps remuée de son nom, les bourreaux l'enlevèrent de sa claie où son corps avait été meurtri et souillé dans la poussière et le portèrent sur la plate-forme de l'échafaud. Là les prêtres lui donnèrent l'absolution de ses fautes, demandèrent pour lui le pardon suprême à ses ennemis en retour du pardon qu'il leur donnait lui-même. Pendu ensuite et déjà inanimé, son corps flotta bientôt à la hauteur de la foule. Un monstre, dont ce supplice n'avait pas assouvi la haine, le frappa encore au visage après sa mort. La foule, indignée de cet attentat sur un cadavre, y répondit par un murmure d'indignation et par le cri de : « Vive le roi ! »

Telle fut la fin de l'homme qui avait commencé, travesti et perdu la révolution espagnole, ourdie dans les casernes, poursuivie dans la démagogie, terminée dans la vengeance ; mais Riégo méritait moins que d'autres cette vengeance du roi, car au temps de ses triomphes il avait demandé l'amnistie pour les royalistes.

Cette révolution, humiliée par l'intervention étrangère, n'avait arraché qu'à demi la nation au joug de la race ignorante des moines espagnols, et la laissait livrée aux vengeances du despotisme. Mais elle avait formé dans ses cortès, dans ses tribunes et dans ses armées des ministres, des orateurs et des soldats dignes de l'admiration de l'Europe, et capables de profiter un jour, sous des institutions moins ébauchées et moins inapplicables, de l'expérience de l'anarchie et des leçons du malheur. Mais leur heure n'était pas venue, et ils devaient aller tous languir dans la proscription.

XXVII

L'œuvre de M. de Chateaubriand et de M. de Montmorency était accomplie. L'armée française, heureuse d'avoir retrouvé son nom en Espagne, avait ajouté à ses vertus militaires cette discipline, cette humanité pour les vaincus, ce respect pour les populations désarmées, qui firent de cette campagne le modèle des guerres d'intervention. Les opinions qui divisaient jusque-là l'armée française s'effacèrent et se confondirent dans un esprit de corps et dans un sentiment d'estime pour leur général, qui rendit les officiers et les soldats fiers de leur fidélité au roi, du moment où cette fidélité fut honorée à leurs yeux par une gloire acquise sous le drapeau des Bourbons. Ce drapeau, qui ne leur paraissait jusque-là que le drapeau de deuil de la France, leur parut le drapeau d'une gloire plus modeste, mais irréprochable. Ils ne rougirent plus de le faire flotter devant les factions qui l'avaient insulté et avili. Le carbonarisme, les affiliations secrètes, les complots, les murmures cessèrent de travestir ou d'agiter les régiments.

Le duc d'Angoulême les ramena à son oncle pénétrés d'estime pour sa bravoure, de confiance dans sa sagesse, de respect pour ses vertus. Sa modestie ajoutait encore à leur vénération pour leur chef. Il ne manquait à ce prince pour être un héros que l'extérieur et la flamme. Il n'en avait pas le visage, mais il en avait le cœur. Mal doué des grâces du corps par l'ingrate nature, élevé dans l'exil, comprimé par l'adversité, étranger dans sa patrie, sa timidité faisait trop douter de lui aux autres et à lui-même. Mais une âme probe, une religion humble, un esprit juste, le goût et le discernement des bons conseils l'élevaient toujours à la hauteur de ses devoirs, et le champ de bataille, en lui enlevant devant l'ennemi l'hésitation qu'il avait devant ses amis, le montrait à ses soldats ce qu'il était, un prince fait pour être le premier soldat de la couronne. Il renvoya, avec un désintéressement de gloire exemplaire, le mérite de sa campagne aux généraux qui l'avaient si habilement secondé. Oudinot, Molitor, Moncey, Lauriston, Bordesoulle, Guilleminot, Bourmont, le duc de Guiche, Bourke, le baron de Damas, Loverdo, Bonnemaison, et tous ses émules et ses compagnons de guerre, reçurent les récompenses, les avancements et les honneurs dus aux lieutenants de cette expédition heureuse. Il ne se réserva que la joie intime de son devoir bien accompli, les applaudissements de sa femme, les embrassements de son père et la satisfaction du roi.

XXVIII

Son retour en France fut un triomphe, non-seulement des royalistes et des soldats, mais de tous ceux qui voyaient dans cette campagne la résurrection de l'armée française, et la stabilité de la maison de Bourbon qui s'était enfin secourue elle-même et qui, en confondant la cause des pays dans la sienne au dehors, avait porté un défi victorieux à ses ennemis au dedans. L'arc de triomphe de l'Étoile fut consacré à l'armée libératrice. Le comte d'Artois, la duchesse d'Angoulême, la duchesse de Berri, veuve de son frère, accompagnée de ses deux enfants, allèrent, au retour du généralissime, recevoir le prince au château de Saint-Cloud. Des larmes de joie coulèrent enfin des yeux de cette infortunée famille, à qui les palais, les exils, les échafauds, les assassinats avaient coûté tant de larmes amères depuis trente ans!

Le lendemain, le généralissime, à cheval, entouré de

ses lieutenants et des maréchaux de France Oudinot, Marmont, Lauriston, Bordesoulle, le duc de Guiche, La Rochejaquelein, fit son entrée militaire dans Paris, au milieu d'un cortége immense de troupes et de peuple. Il fut reçu à l'arc de triomphe de l'Étoile, sous une tente commémorative de ses exploits, par des députations de tous les grands corps de la capitale et de l'État.

« Nos vœux vous suivaient à votre départ, lui dit le préfet de Paris, nos acclamations vous attendaient à votre heureux retour. Depuis trente ans le nom de guerre n'était qu'un cri d'effroi, qu'un signal de calamités pour les peuples; la population des États envahis comme celle des États conquérants se précipitant l'une sur l'autre offraient aux yeux du sage un spectacle lamentable. Aujourd'hui la guerre relève les nations abattues sur tous les points d'un vaste empire; elle apparaît humaine, protectrice et généreuse, guerrière sans peur, conquérante sans vengeance. Votre vaillante épée, à la voix d'un puissant monarque, vient de consacrer le noble et légitime emploi de la valeur et des armes. Les trophées de la guerre devenus la consolation d'un peuple opprimé, le volcan des révolutions fermé pour jamais, la réconciliation de notre patrie cimentée aux yeux du monde, la victoire rendue à nos marins comme à nos guerriers, et la gloire de tous les enfants de la France confondue dans un nouveau faisceau, les noms de Logroño, de Loret, de Pampelune, de Llano et de Llers, ceux de Trocadero et de Santi-Petri, unis désormais à ces noms célèbres dont votre famille toute française adopta la gloire : tels sont, monseigneur, les résultats de cette campagne, telle est l'œuvre que vous avez accomplie. Entrez dans ces murs, ils sont tout pleins de vos aïeux, dont la magnifique couronne se pare en ce moment d'un si beau fleuron; la grande cité retentit de louanges et d'allégresse, elle est fière de revoir ses guerriers; les avenues sont remplies d'un peuple immense qui sourit à de nouveaux triomphes. Plus loin, sous les antiques voûtes de son palais sacré, un père, un roi veut placer sur votre front une couronne de lauriers. Déjà son cœur tressaille à l'approche de celui qu'il nomme la joie de sa vieillesse et la gloire de la France. C'est dans ses bras que vous recevrez le double prix de la sagesse politique et de la valeur guerrière. »

XXIX

Ces paroles avaient dans le cœur des spectateurs un écho unanime. Le prince, s'inclinant sur son cheval, y répondit avec ce laconisme et cette modestie qui relevaient en ce moment sa gloire. « Je suis heureux, dit-il, d'avoir accompli la mission que le roi m'avait confiée, d'avoir rétabli la paix, et d'avoir montré qu'on peut tout faire à la tête d'une armée française. » La justice publique lui renvoyait d'autant plus d'estime qu'il l'écartait avec plus de convenance de sa personne, pour la renvoyer tout entière à ses soldats. Les régiments de la garde royale déjà rentrés d'Espagne et les troupes de la garnison de Paris lui firent un cortége martial jusqu'aux Tuileries, où il descendit de cheval pour se jeter aux pieds de son oncle, à qui il rendait une armée et peut-être un royaume. « Mon fils, lui dit le roi avec cette solennité brève et cet attendrissement qu'il savait si théâtralement affecter devant son peuple et devant l'Europe, je suis content de vous ! » Puis prenant son neveu par la main et le présentant à la foule du haut du balcon royal de son palais, il provoqua par ce groupe du vieillard et du guerrier, toujours sympathique aux multitudes, les enthousiasmes et les acclamations du peuple.

L'alliance de la famille royale, de l'armée et de la nation parut enfin scellée pour la première fois par la politique, par l'opinion et par la gloire.

FIN DU TOME CINQUIÈME DE L'HISTOIRE DE LA RESTAURATION.

TABLE DES SOMMAIRES

LIVRE TRENTE-CINQUIÈME.

Animosités des partis. — Réaction passionnée dans les départements; cours prévôtales. — Débats de la loi d'*amnistie*; MM. Royer-Collard, de La Bourdonnaie, Chateaubriand. — Production du testament de Marie-Antoinette. — Attendrissement de l'opinion. — Dissolution de la chambre. — Agitation des départements. — Conspiration de Grenoble. — Didier : son caractère, ses antécédents, ses relations avec le parti orléaniste. — Sa tentative avortée sur Grenoble. — Proclamations et vengeances draconiennes. — Fuite et mort courageuse de Didier. — Recrudescence de réaction. — Intrigues de palais; éclosion du parti *doctrinaire*. — Coup d'État du 5 septembre, ratifié par les élections. — Fureurs des royalistes extrêmes; leur *note secrète* au congrès d'Aix-la-Chapelle. — Évacuation de la France par les alliés. — Mémoire de Louis XVIII sur la crise ministérielle (décembre 1818).   3

LIVRE TRENTE-SIXIÈME.

1818-19. — État de la France; lutte des partis; la presse. — La *Minerve*; P.-L. Courier. — Le *Conservateur*: Chateaubriand, Lamennais, de Bonald. — Ouverture de la session. — Vote d'une récompense nationale à M. de Richelieu. — Proposition Barthélemy sur la loi électorale. — Discussion sur le rappel des bannis; M. de Serre. — Agitation croissante de l'opinion; développements du journalisme : le *Courrier*, le *Constitutionnel*, le *Censeur*, les *Débats*, la *Quotidienne*, le *Drapeau blanc*. — Débats orageux sur les massacres du Midi; scandales parlementaires. — Associations diverses ; les missions, les sociétés secrètes de Bruxelles, de Paris ; fermentation de l'Allemagne. — Élections de 1819; nomination de Grégoire ; le général Foy. — Esprit général des élections, hostile à la couronne. — Remaniement ministériel; ouverture de la session; exclusion de Grégoire. — Projet de modification à la loi électorale.. 97

LIVRE TRENTE-SEPTIÈME.

Portrait du duc de Berri. — Louvel ; ses antécédents, sa monomanie de régicide. — Il se décide à frapper le duc de Berri. — Nuit du 13 février. — Assassinat du duc à l'Opéra; son agonie. — Douleur de la famille royale. — Consternation de l'opinion. — Récriminations contre M. Decazes ; M. Clausel de Coussergues l'accuse de haute trahison. — Violents débats; intrigues de palais. — Madame du Cayla; son origine; sa faveur. — Le vicomte de La Rochefoucauld. — Chute de M. Decazes ; appréciation de sa carrière politique................... 135

LIVRE TRENTE-HUITIÈME.

Ouverture des débats sur la loi d'élection. — M. Royer-Collard, son passé, son caractère. — Discours de MM. Lainé, Camille Jordan, Foy. — Vote du projet de loi. — Jugement et exécution de Louvel. — Animosité croissante contre les Bourbons; sociétés secrètes, bonapartistes, contre-révolutionnaires. — M. Madier-Montjau dénonce aux chambres les conspirations royalistes du Midi. — Naissance du duc de Bordeaux. — Réveil de l'esprit d'indépendance en Europe : erreur de ceux qui en ont fait honneur à Napoléon. — Ses véritables causes : idées de nationalité semées par les rois européens pour résister à l'absorption napoléonienne. — *Révolution d'Espagne*. — Coup d'œil rétrospectif; décadence de cette monarchie; intrigues de palais, terrorisme théocratique. — Le prince de la Paix. — Charles IV, son abdication, sa captivité. — Héroïsme de l'Espagne; les cortès, la constitution de 1812. — Retour de Ferdinand VII; réaction; O'Donnell. — Explosion révolutionnaire; Riégo, Mina. — *Italie*; état de ce pays en 1820; opinions erronées sur son compte. — Carbonarisme. — Mouvement de Naples; Guglielmo Pepe. — Rôle équivoque de la cour. — Intervention des cours du Nord; congrès de Troppau, de Laybach; fin de la révolution de Naples. — Mouvement du Piémont. — Carbonarisme en France. — Napoléon à Sainte-Hélène; sa captivité. — Le *Mémorial*; justification malhabile de sa mémoire. — Hudson Lowe. — Maladie de Napoléon; sa mort; conclusion sur son règne........................ 191

LIVRE TRENTE-NEUVIÈME.

Nouvelle de la mort de Napoléon. — Son effet sur l'opinion. — Recrudescence du bonapartisme. — Son alliance avec les meneurs du libéralisme. — Immoralité de cette coalition. — Retraite du second ministère Richelieu. — Nouveaux ministres. — Leurs portraits. — Leur histoire. — MM. de Villèle, de Corbière, de Montmorency, de Peyronnet, de Clermont-Tonnerre. — Le ministère battu en brèche par la coalition. — Activité de cette dernière. — Conspirations. — La Fayette âme de la résistance et des conjurations contre les Bourbons. — Explosions avortées. — Affaire de Belfort. — Tentative du colonel Caron. — Affaire des sergents de la Rochelle. — Entreprise de Berton. — Son arrestation. — Son supplice. — Résultat général des conspirations de 1823..... 285

LIVRE QUARANTIÈME.

La France en face de la révolution espagnole. — Nouvelles complications. — Insurrection à Madrid. — Victoire du parti populaire. — L'*armée de la Foi* en Catalogne et dans les Pyrénées. — Perplexité du gouvernement français. — Louis XVIII peu enclin par caractère à l'intervention. — Examen de la question à ses divers points de vue, droit international, intérêt et dignité de la couronne. — Hésitations de M. de Villèle. — Congrès de Vérone. — MM. de Montmorency et de Chateaubriand; fluctuations de ce dernier. — Diplomates étrangers : lord Castlereagh, MM. de Nesselrode, Pozzo di Borgo, Metternich, Hardenberg. — Conférences; le congrès décide presque unanimement l'intervention. — Dissidences intérieures du ministère à ce sujet. — M. de Montmorency se retire. — Ouverture des débats aux chambres : MM. Molé, Royer-Collard, Hyde de Neuville. — Discours de M. de Chateaubriand. — Discours de Manuel; incident orageux, expulsion de l'orateur. — Protestation de l'opposition. — L'intervention est décidée (1823)...   385

LIVRE QUARANTE ET UNIÈME.

Préparatifs de la guerre d'Espagne; centralisation de l'armée à la frontière. — Tentatives de l'opposition; elle essaye d'accréditer un agent près de la révolution d'Espagne; insuccès. — Envoi de secours de toute nature à l'Espagne. — Fausse alerte au ministère français; suspension du major général Guilleminot; réclamations du duc d'Angoulême. — Le passage de la Bidassoa est décidé; imprévoyance des ordonnateurs de l'armée. — M. Ouvrard vient en aide au général en chef; son rôle financier dans l'expédition. — Passage de la Bidassoa; le corps réfugié du colonel Fabvier essaye d'entraîner l'armée; il est dispersé à coups de canon. — Attitude de l'Angleterre; M. de Chateaubriand à Londres; ses fluctuations, sa correspondance avec M. de Marcellus; dispositions de Canning. — Succès de l'armée d'intervention; son entrée à Madrid; les constitutionnels se retirent avec Ferdinand dans l'île de Léon. — Le duc d'Angoulême arrive devant Cadix ; proclamation pacificatrice d'Andujar ; opérations du siége ; capitulation de la ville. — Ferdinand est délivré ; sa duplicité ; il annule les déclarations d'Andujar et commence une réaction sanglante. — Lettres du duc d'Angoulême à M. de Villèle. — Suite des vengeances royales en Espagne. — Derniers efforts de Riégo; incidents dramatiques de sa fuite; son arrestation. — Procès dérisoire et mort stoïque de Riégo. — Rentrée triomphale du duc d'Angoulême en France et son arrivée à Paris.. 439

FIN DU TOME VINGT ET UNIÈME.

www.ingramcontent.com/pod-product-compliance
Lightning Source LLC
Chambersburg PA
CBHW071718230426
43670CB00008B/1050